Ute Brenneisen **Familien- und Erbrecht**

JURIQ Erfolgstraining
Herausgegeben von JURIQ® Juristisches Repetitorium, Köln

Liebe Leserinnen und Leser,

die Reihe „JURIQ Erfolgstraining" zur Klausur- und Prüfungsvorbereitung verbindet sowohl für Studienanfänger als auch für höhere Semester die Vorzüge des klassischen Lehrbuchs mit meiner Unterrichtserfahrung zu einem umfassenden Lernkonzept aus Skript und Online-Training.

In einem ersten Schritt geht es um das **Erlernen** der nach Prüfungsrelevanz ausgewählten und gewichteten Inhalte und Themenstellungen. Einleitende Prüfungsschemata sorgen für eine klare Struktur und weisen auf die typischen Problemkreise hin, die Sie in einer Klausur kennen und beherrschen müssen. Neu ist die **visuelle Lernunterstützung** durch
- ein nach didaktischen Gesichtspunkten ausgewähltes Farblayout
- optische Verstärkung durch einprägsame Graphiken und
- wiederkehrende Symbole am Rand

    ↻ = Definition zum Auswendiglernen und Wiederholen

    (P) = Problempunkt

    @ = Online-Wissens-Check

Illustrationen als „Lernanker" für schwierige Beispiele und Fallkonstellationen steigern die Merk- und Erinnerungsleistung Ihres Langzeitgedächtnisses.

Auf die Phase des Lernens folgt das **Wiederholen und Überprüfen** des Erlernten im **Online-Wissens-Check**: Wenn Sie im Internet unter **www.juracademy.de/skripte/login** das speziell auf das Skript abgestimmte Wissens-, Definitions- und Aufbautraining absolvieren, erhalten Sie ein direktes Feedback zum eigenen Wissensstand und kontrollieren Ihren individuellen Lernfortschritt. Durch dieses aktive Lernen vertiefen Sie zudem nachhaltig und damit erfolgreich Ihre familien- und erbrechtliche Kenntnisse!

Frage 1 (Punkte: 1)

Erblasser E hinterlässt seine ehelichen Kinder A und B. Sein uneheliches Kind C ist vor ihm gestorben. Von C stammen die Enkelkinder D und E.

Welche Aussage ist richtig:

Antwort

Aussagen	Antwort	Aussagerichtigkeit und Kommentar
a) A und B erben jeweils zu 1/2.	☐ ✓	Falsch. Der Stamm von C ist noch zu berücksichtigen, § 1924 II - IV BGB. Für die gesetzliche Erbfolge ist es ohne Einfluss, dass C unehelich ist.
b) A, B, D und E erben jeweils zu 1/4.	☐ ✓	Falsch. Nach dem Stammes- und Eintrittsprinzip treten D und E nur in die Erbquote des C ein, § 1924 III BGB.
c) A und B erben jeweils 1/3, D und E jeweils 1/6.	☑ ✓	Richtig. § 1924 BGB.
→ Richtig Punkte für diese Antwort: 1/1.		

Vorwort

Schließlich geht es um das **Anwenden und Einüben** des Lernstoffes anhand von Übungsfällen verschiedener Schwierigkeitsstufen, die im Gutachtenstil gelöst werden. Die JURIQ **Klausurtipps** zu gängigen Fallkonstellationen und häufigen Fehlerquellen weisen Ihnen dabei den Weg durch den Problemdschungel in der Prüfungssituation.

Das **Lerncoaching** jenseits der rein juristischen Inhalte ist als zusätzlicher Service zum Informieren und Sammeln gedacht: Ein erfahrener Psychologe stellt u.a. Themen wie Motivation, Leistungsfähigkeit und Zeitmanagement anschaulich dar, zeigt Wege zur Analyse und Verbesserung des eigenen Lernstils auf und gibt Tipps für eine optimale Nutzung der Lernzeit und zur Überwindung evtl. Lernblockaden.

Dieses Skript behandelt die im Examen geforderten Grundzüge des Erb- und Familienrechts. Die 1. Aufl. hat bereits die Änderungen enthalten, die im Familienrecht durch das Inkrafttreten des FamG sowie durch die Güterrechtsreform am 1.9.2009 und durch die seit dem 1.1.2010 aufgrund des Gesetzes zur Änderung des Erbrechts und des Verjährungsrechts sich ergebenden Neuerungen eingetreten sind. In der 2. Aufl. sind die sich daraus ergebenden Fragen anhand der dazu bislang ergangenen Rechtsprechung überarbeitet worden und im Bereich des Familienrechts das Unterhaltsrecht vertieft worden. In der 3. Aufl. sind die im Unterhaltsrecht und im Sorgerecht des nichtehelichen Vaters ergangenen Neuregelungen berücksichtigt und die neuere Rechtsprechung des Bundesgerichtshofs im Bereich des Scheinvaterregresses dargestellt worden. Im Erbrecht sind die klausurrelevanten Fragen anhand der zwischenzeitlich ergangenen Rechtsprechung der Oberlandesgerichte und des Bundesgerichtshofs weiter vertieft worden.

Das Anliegen der Skriptenreihe besteht darin, den Stoff anhand von Beispielen und Übungsfällen zu veranschaulichen und vertiefend darzustellen. Das Skript ist kein Lehrbuch. Es kann wegen des Umfangs nicht sämtliche familien- und erbrechtliche Fragen umfassend behandeln. Wegen einer vertiefenden Darstellung des Erb- und Familienrechts wird auf das im C.F. Müller Verlag erschiene Examens-Repetitorium von *Prof. Dr. Martin Lipp* verwiesen. Das Skript erhebt indes den Anspruch, den im Examen für eine Klausurbearbeitung erforderlichen Stoff darzustellen. Familien- und erbrechtliche Probleme werden im Rahmen einer Zivilrechtsklausur oft als Einstieg bei der Bearbeitung einer Klausur verlangt. Deshalb werden im Rahmen der Übungsfälle auch allgemeine zivilrechtliche Anspruchsgrundlagen behandelt, die häufig im Zusammenhang mit familien- oder erbrechtlichen Ansprüchen geprüft werden. Erläuternde Einleitungen erleichtern dabei das Verständnis des Stoffes; sie sind indes auf das notwendige Mindestmaß beschränkt. Das Skript ist für den Anfänger als Einstieg in den Stoff geeignet. Es richtet sich aber auch an Fortgeschrittene und Examenskandidaten, die den Stoff vertiefend bearbeiten und wiederholen wollen. Die angegebenen Fundstellen der zitierten Rechtsprechung sollen dabei als Leseempfehlung betrachtet werden. Die Entscheidungen sind meistens gut dargestellt, so dass sie zugleich der Wiederholung von bestimmten Themen dienen können.

Und noch etwas: Das Examen kann jeder schaffen, der sein juristisches Handwerkszeug beherrscht und kontinuierlich anwendet. Jura ist kein „Hexenwerk". Setzen Sie nie ausschließlich auf auswendig gelerntes Wissen, sondern auf Ihr Systemverständnis und ein solides methodisches Handwerk. Wenn Sie Hilfe brauchen, Anregungen haben oder sonst etwas loswerden möchten, sind wir für Sie da. Wenden Sie sich gerne an die C.F. Müller GmbH, Im Weiher 10, 69121 Heidelberg, E-Mail: kundenservice@cfmueller.de. Dort werden auch Hinweise auf Druckfehler sehr dankbar entgegen genommen, die sich leider nie ganz ausschließen lassen.

Jena, im Januar 2015   *Dr. Ute Brenneisen*

JURIQ Erfolgstraining – die Skriptenreihe von C.F. Müller mit Online-Wissens-Check

Mit dem Kauf dieses Skripts aus der Reihe „JURIQ Erfolgstraining" haben Sie gleichzeitig eine Zugangsberechtigung für den Online-Wissens-Check erworben – ohne weiteres Entgelt. Die Nutzung ist freiwillig und unverbindlich.

Was bieten wir Ihnen im Online-Wissens-Check an?
- Sie erhalten einen individuellen Zugriff auf **Testfragen zur Wiederholung und Überprüfung des vermittelten Stoffs**, passend zu jedem Kapitel Ihres Skripts.
- Eine individuelle **Lernfortschrittskontrolle** zeigt Ihren eigenen Wissensstand durch Auswertung Ihrer persönlichen Testergebnisse.

Wie nutzen Sie diese Möglichkeit?

Online-Wissens-Check

Registrieren Sie sich einfach für Ihren kostenfreien Zugang auf **www.juracademy.de/skripte/login** und schalten sich dann mit Hilfe des Codes für Ihren persönlichen Online-Wissens-Check frei.

Ihr persönlicher User-Code: 329704597

Der Online-Wissens-Check und die Lernfortschrittskontrolle stehen Ihnen für die **Dauer von 24 Monaten** zur Verfügung. Die Frist beginnt erst, wenn Sie sich mit Hilfe des Zugangscodes in den Online-Wissens-Check zu diesem Skript eingeloggt haben. Den Starttermin haben Sie also selbst in der Hand.

Für den technischen Betrieb des Online-Wissens-Checks ist die JURIQ GmbH, Unter den Ulmen 31, 50968 Köln zuständig. Bei Fragen oder Problemen können Sie sich jederzeit an das JURIQ-Team wenden, und zwar per E-Mail an: info@juriq.de.

Inhaltsverzeichnis

	Rn.	Seite
Vorwort		V
Codeseite		VII
Literaturverzeichnis		XVII

1. Teil
Familienrecht 1 1

	Rn.	Seite
A. Grundbegriffe und Rechtsgrundlagen des Familienrechts	1	1
I. Familie	2	1
II. Verwandtschaft	3	1
III. Schwägerschaft	4	2
B. Verlöbnis	6	2
I. Begriff und Rechtsnatur des Verlöbnisses	6	2
II. Rechtswirkungen	12	3
III. Beendigung des Verlöbnisses	13	4
1. Rücktritt und Schadensersatz	14	4
2. Rückgabe von Geschenken	18	5
C. Die Ehe	20	5
I. Begriff und Eingehung der Ehe	20	5
1. Begriff	20	5
2. Eingehung der Ehe	21	5
II. Allgemeine Ehewirkungen	25	7
1. Eheliche Lebensgemeinschaft, § 1353	26	7
a) Pflicht zur häuslichen Gemeinschaft	27	7
b) Pflicht zur Wahrung der ehelichen Treue	28	7
c) Pflicht zur gegenseitigen Rücksichtnahme und Achtung	29	7
d) Gewährung der Mitbenutzung von Hausratsgegenständen	30	8
e) Haushaltsführung und Erwerbstätigkeit, § 1356	31	8
f) Pflicht zur Mitarbeit in Beruf und Geschäft eines Ehegatten	38	9
g) Vergütungsanspruch des mitarbeitenden Ehegatten	39	10
2. Schutz der ehelichen Lebensgemeinschaft	42	11
a) Ansprüche gegen den Ehegatten	43	11
b) Ansprüche gegen den Ehestörer	49	13
c) Ansprüche wegen eines Ehebruchskindes	54	14
III. Schlüsselgewalt, § 1357	55	15
1. Mitverpflichtung und Mitberechtigung des anderen Ehegatten	56	15
a) Gesamtschuldverhältnis	58	16
b) Gesamtgläubigerschaft	59	16
2. Voraussetzungen der Mitverpflichtung	61	17
a) Wirksame Ehe	61	17
b) Kein Ausschluss nach §§ 1357 Abs. 2, 1412	63	17
c) Kein Getrenntleben, § 1357 Abs. 3	64	17

	Rn.	Seite
d) Rechtsgeschäft zur angemessene Deckung des Lebensbedarfs	65	17
e) Keine anderen Umstände	68	19
f) Übungsfall Nr. 1	69	20
IV. Haftungserleichterungen nach § 1359	71	22
V. Eigentumsvermutung, § 1362	74	22
VI. Ehename	77	23
VII. Eheliche Unterhaltspflichten	78	24
1. Familienunterhalt	80	24
2. Trennungsunterhalt	82	25
3. Hausrat und Ehewohnung während des Getrenntlebens	88	26
D. Eheliches Güterrecht	90	27
I. Zugewinngemeinschaft	91	27
1. Vermögenstrennung	92	27
2. Verfügungsbeschränkungen	93	27
a) Zustimmungspflicht des anderen Ehegatten, § 1365	94	28
b) Verfügungen über Haushaltsgegenstände, § 1369	110	32
c) Revokationsrecht, § 1368	115	34
d) Übungsfall Nr. 2	119	36
3. Zugewinnausgleich	121	38
a) Berechnung der Ausgleichsforderung	122	38
b) Verjährung	152	48
c) Rechte des Ausgleichspflichtigen	153	48
4. Ausgleichsansprüche neben dem Zugewinnausgleich	157	49
a) Abschluss eines schuldrechtlichen Vertrags	158	49
b) Ehegatteninnengesellschaft	159	50
c) Gesamtschuldnerausgleich	161	50
d) Miteigentümergemeinschaft	162	51
e) Freistellungsanspruch	163	51
f) Gesamtgläubigerausgleich	164	51
g) Unbenannte Zuwendungen	166	52
h) Übungsfall Nr. 3	169	54
II. Gütertrennung	171	57
III. Gütergemeinschaft	173	57
IV. Ehevertrag	178	59
1. Abschluss des Ehevertrags	179	59
2. Inhalt des Ehevertrags	180	59
3. Wirksamkeit des Ehevertrags	181	60
a) Sittenwidrigkeit	182	60
b) Ausübungskontrolle	185	62
E. Ehescheidungsrecht	187	63
I. Scheidungsvoraussetzungen	188	64
1. Nachweis des Scheiterns der Ehe	188	64
2. Vermutung des Scheiterns der Ehe	190	64
3. Härteklausel, § 1568	192	65
4. Getrenntleben der Ehegatten	193	65

	Rn.	Seite
II. Scheidungsfolgen	198	66
1. Ehegattenunterhalt	198	66
a) Betreuungsunterhalt	200	66
b) Unterhalt wegen Alters	201	67
c) Unterhalt wegen Krankheit oder wegen eines sonstigen Gebrechens	202	67
d) Unterhalt wegen Erwerbslosigkeit und Aufstockungsunterhalt	203	68
e) Unterhalt wegen Ausbildung, Fortbildung und Umschulung	204	69
f) Unterhalt aus Billigkeitsgründen	205	69
g) Unterhaltsbedarf	206	69
h) Unterhaltsbedürftigkeit	207	72
i) Leistungsfähigkeit des Unterhaltsschuldners	208	72
j) Versagung des Unterhalts	209	73
2. Versorgungsausgleich	210	74
3. Sorgerecht für gemeinsame Kinder	211	74
4. Umgangsrecht	214	75
5. Kindesunterhalt	215	76
6. Namensrecht	218	77
F. Rechtsfragen außerhalb der Ehe	219	77
I. Die Lebenspartnerschaft	219	77
1. Eingehung der Lebenspartnerschaft	220	77
2. Rechtswirkungen der Lebenspartnerschaft	221	77
3. Beendigung der Lebenspartnerschaft	222	78
II. Nichteheliche Lebensgemeinschaft	223	78
G. Abstammung	227	79
I. Mutterschaft	228	80
II. Vaterschaft	230	80
III. Anfechtung der Vaterschaft	234	81
1. Anfechtungsberechtigung	235	81
2. Anfechtungsfrist	237	82
IV. Ansprüche des Scheinvaters	238	83
H. Verwandtenunterhalt	240	86
I. Bedürftigkeit des Unterhaltsberechtigten	241	86
II. Rangverhältnis der Unterhaltsverpflichteten	244	87
III. Leistungsfähigkeit des Unterhaltsverpflichteten	245	88
IV. Unterhaltsanspruch des Kindes gegenüber den Eltern	246	88
I. Elterliche Sorge	254	89
I. Eheliche Kinder	254	89
1. Personensorge	256	90
2. Vermögenssorge	259	90
3. Vertretung des Kindes	261	91
II. Elterliche Sorge von unverheirateten Eltern	264	92
III. Änderungen der elterlichen Sorge und Umgangsrecht	266	94

	Rn.	Seite
J. Vormundschaft, Betreuung und Pflegschaft	267	95
I. Vormundschaft	267	95
II. Betreuung	271	96
III. Pflegschaft	274	97

2. Teil
Erbrecht

	Rn.	Seite
Erbrecht	275	98
A. Einführung in das Erbrecht	275	98
I. Grundbegriffe des Erbrechts	275	98
1. Erblasser und Erbfall	275	98
2. Erbe und Erbfähigkeit	276	98
3. Erbschaft bzw. Nachlass	278	99
II. Grundprinzipien des Erbrechts	279	99
1. Universalsukzession	279	99
2. Ausnahmen von der Gesamtrechtsnachfolge	280	99
a) Anerbenrecht	280	99
b) Mietwohnung	281	100
c) Nachfolge in Anteile an Personengesellschaften	282	100
III. Gesetzliche und gewillkürte Erbfolge	283	100
B. Gesetzliche Erbfolge	284	100
I. Prinzipien des Verwandtenerbrechts	284	100
1. Parentel- oder Ordnungssystem	284	100
2. Stammesprinzip	285	101
3. Linienprinzip	286	102
4. Gradualprinzip	287	103
II. Gesetzliches Erbrecht der Ehegatten	288	104
1. Ausschluss des gesetzlichen Erbrechts des Ehegatten	289	104
2. Umfang des gesetzlichen Ehegattenerbrechts	291	105
a) Einfluss der Erbordnungen, § 1931	292	105
b) Einfluss des Güterstands der Ehegatten auf den Erbteil	293	105
c) Übungsfall Nr. 4	296	107
3. Der Voraus der Ehegatten, § 1932	298	109
III. Gesetzliches Erbrecht des gleichgeschlechtlichen Lebenspartners	299	109
IV. Gesetzliches Erbrecht des Staates	300	109
C. Gewillkürte Erbfolge	301	109
I. Typenauswahl im Erbrecht	301	109
II. Testament	305	111
1. Zustandekommen durch Äußerung eines Testierwillens	306	111
2. Testierfähigkeit, § 2229	309	111
3. Ggf. Inhaltsbestimmung durch Auslegung	311	112
a) Auslegung nach § 133	311	112
b) Ergänzende Auslegung	314	113
c) Gesetzliche Auslegungsregeln	316	114

	Rn.	Seite
4. Höchstpersönliche Errichtung der Verfügung von Todes wegen, §§ 2064, 2274	321	115
a) Keine Stellvertretung	321	115
b) Keine Bestimmung durch Dritte	322	115
5. Form, §§ 2231 ff.	324	116
a) Auslegung und Form	324	116
b) Eigenhändiges Testament, § 2247	326	117
c) Öffentliches Testament, §§ 2231 Nr. 1, 2232	329	120
d) Außerordentliche Testamente, sog. Nottestamente	330	120
6. Verstoß gegen Verbotsgesetz oder die guten Sitten (§§ 134, 138)	333	120
7. Widerruf des Testaments	337	121
a) Widerrufstestament	338	122
b) Späteres Testament	339	122
c) Widerruf durch Vernichtung oder Veränderung der Testamentsurkunde	340	122
d) Rücknahme eines öffentlichen Testaments aus der amtlichen Verwahrung, § 2256	345	124
e) Widerruf des Widerrufs	346	124
8. Anfechtung eines Testaments	347	124
a) Allgemeines	348	124
b) Anfechtungserklärung	349	125
c) Anfechtungsgrund	350	125
d) Anfechtungsberechtigung, § 2080	362	129
e) Anfechtungsfrist, § 2082 Abs. 1	365	130
III. Erbvertrag	366	130
1. Einführung	367	130
2. Zustandekommen eines Erbvertrags	368	131
a) Abschluss	368	131
b) Inhalt und Arten eines Erbvertrags	369	131
3. Testier- und Geschäftsfähigkeit der Beteiligten	379	134
4. Höchstpersönliche Errichtung, § 2274	381	134
5. Form, § 2276 Abs. 1	383	134
6. Beseitigung vertragsgemäßer Verfügungen	384	135
a) Änderungsvorbehalt	384	135
b) Einverständliche Aufhebung	386	135
c) Rücktritt	387	135
d) Anfechtung, § 2281 ff.	393	137
e) Aufhebung der Ehe, § 2279 Abs. 2	394	137
IV. Gemeinschaftliches Testament von Ehegatten	395	138
1. Begriff	396	138
2. Errichtung, § 2267	400	139
3. Widerruf wechselbezüglicher Verfügungen	401	140
a) Wechselbezügliche Verfügungen, § 2270	401	140
b) Widerruf zu Lebzeiten beider Ehegatten	404	141
c) Widerruf nach dem Tod eines Ehegatten	406	142

	Rn.	Seite
4. Beeinträchtigende Schenkungen	411	144
5. Berliner Testament	412	144
a) Inhalt	412	144
b) Auswirkungen auf den Pflichtteil	413	145
c) Beeinträchtigende Schenkungen	416	146
d) Wiederverheiratungsklausel	417	146
e) Übungsfall Nr. 5	420	148
D. Formen der Erbeinsetzung	422	151
I. Anordnung der Vor- und Nacherbschaft	423	151
1. Begriff	423	151
2. Bedingte Erbeinsetzung bei Vor- und Nacherbfolge	424	151
3. Abgrenzung Nacherbe und Ersatzerbe	425	152
4. Rechtstellung des Vorerben	427	152
a) Verfügungsbeschränkungen des einfachen Vorerben	427	152
b) Zwangsvollstreckung gegen den Vorerben, § 2115	431	154
c) Verfügungsrecht des befreiten Vorerben	432	154
5. Rechtslage nach Eintritt des Nacherbfalls	433	155
a) Herausgabepflicht des Vorerben	433	155
b) Haftung für Nachlassverbindlichkeiten	436	155
II. Anordnung der Ersatzerbschaft	438	156
III. Übungsfall Nr. 6	440	157
IV. Sonstige letztwillige Anordnungen des Erblassers	442	162
1. Vermächtnis, §§ 1939, 2147 ff.	443	162
a) Begriff	443	162
b) Der Erwerb des Vermächtnisses	446	163
c) Vermächtnisnehmer	448	163
d) Beschwerter	452	164
e) Vermächtnisformen	455	165
2. Auflage, §§ 1940, 2192 ff.	462	166
3. Teilungsanordnung, § 2048	465	167
E. Ausschluss von der Erbfolge	466	168
I. Annahme und Ausschlagung der Erbschaft	466	168
1. Begriff	466	168
2. Ausschlagung der Erbschaft	467	168
3. Annahme der Erbschaft	471	169
4. Anfechtung der Annahme und der Ausschlagung der Erbschaft	472	170
5. Rechtsstellung des vorläufigen Erben	476	171
II. Entziehung der Erbschaft wegen Erbunwürdigkeit	478	172
III. Erbverzicht	481	172
F. Rechtsstellung der Erben	482	173
I. Miterbengemeinschaft	482	173
1. Begriff	482	173
2. Verfügungen über den Erbteil, § 2033	486	174

	Rn.	Seite
3. Verwaltung des Nachlasses	491	175
a) Verwaltungsmaßnahmen der Miterbengemeinschaft	491	175
b) Innenverhältnis	492	175
c) Außenverhältnis	493	176
d) Geltendmachung von Nachlassforderungen	496	178
4. Auseinandersetzung der Erbengemeinschaft	497	178
a) Begriff	497	178
b) Durchführung der Auseinandersetzung	498	178
II. Haftung der Erben für Nachlassverbindlichkeiten	501	179
1. Begriff	501	179
2. Haftung des Alleinerben	502	180
a) Grundsatz	502	180
b) Haftungsbeschränkung gegenüber einzelnen Gläubigern	504	180
c) Aufschiebende Einreden	509	182
d) Verlust der Haftungsbeschränkung	510	182
3. Haftung der Miterben für Nachlassverbindlichkeiten	511	182
a) Haftung vor der Nachlassteilung	511	182
b) Haftung der Miterben nach der Nachlassteilung	512	183
c) Haftung für Forderungen eines Miterben	515	183
G. Erbschaftsanspruch, §§ 2018 ff.	516	183
I. Begriff	516	183
II. Schuldner und Gläubiger des Erbschaftsanspruchs	517	184
1. Gläubiger	517	184
2. Schuldner	518	184
III. Inhalt des Erbschaftsanspruchs	519	185
IV. Haftung des Erbschaftsbesitzers	523	186
1. Unverklagter und gutgläubiger Erbschaftsbesitzer	523	186
2. Verklagter oder böswilliger Erbschaftsbesitzer	525	186
V. Auskunftspflicht des Erbschaftsbesitzers	526	186
VI. Ersitzung des Erbschaftsbesitzers	527	186
H. Erbschein	528	187
I. Begriff	528	187
II. Rechtswirkungen des Erbscheins	529	188
1. Öffentlicher Glaube	529	188
2. Erwerb vom Erbscheinserben, § 2366	534	188
3. Leistung an den Erbscheinserben	538	190
III. Übungsfall Nr. 7	541	191
I. Pflichtteilsrecht	543	195
I. Begriff	543	195
II. Kreis der pflichtteilsberechtigten Personen	544	195
III. Entstehung und Inhalt des Pflichtteilsanspruchs	546	196
1. Voraussetzungen des Pflichtteilsanspruchs	548	196
2. Besonderheiten bei der Zugewinngemeinschaft	552	197
a) Enterbung des Ehegatten	552	197
b) Ausschlagung der Erbschaft durch den Ehegatten	553	198
c) Zusatzpflichtteil (§ 2305) und Restpflichtteil (§ 2307)	554	198

	Rn.	Seite
3. Ermittlung der Höhe des Pflichtteils	555	199
a) Ausgangspunkt	555	199
b) Anrechnung und Ausgleichung	557	200
c) Schuldner der Pflichtteilslast	559	201
IV. Pflichtteilsergänzungsanspruch, § 2325	561	202
1. Zweck	561	202
2. Ergänzungspflichtige Schenkungen	562	202
3. Zehnjahresfrist	564	203
4. Wert der Schenkung	567	204
5. Gläubiger des Pflichtteilsergänzungsanspruchs	568	204
6. Schuldner des Pflichtteilsergänzungsanspruchs	571	205
7. Auskunftsanspruch	573	205
V. Pflichtteilsentziehung	574	205
J. Verjährung erbrechtlicher Ansprüche	575	206
Sachverzeichnis		207

Literaturverzeichnis

Bamberger/Roth	Kommentar zum BGB, Bd. 3, 3. Aufl. 2012 (zitiert: Bamberger-Roth-*Bearbeiter*)
Brox/Walker	Erbrecht, 26. Aufl. 2014
Ebenroth	Erbrecht, 13. Aufl. 1992
Ermann	Kommentar zum BGB, Bd. 2, 14. Aufl. 2014 (zitiert: Ermann-*Bearbeiter*)
Jauernig	Kommentar zum BGB, 15. Aufl. 2014
Kipp/Coing	Erbrecht, 14. Aufl. 1990
Lange/Kuchinke	Erbrecht, 5. Aufl. 2001
Münchener Kommentar zum BGB	Bd. 7, 6. Aufl. 2013 Bd. 9, 6. Aufl. 2013 (zitiert: MüKo-*Bearbeiter*)
Musielak	Grundkurs ZPO, 12. Aufl. 2014
Palandt	Kommentar zum BGB, 73. Aufl. 2014 (zitiert: Palandt-*Bearbeiter*)
Soergel	Kommentar zum BGB, Bd. 17, 13. Aufl. 2013 (zitiert: Soergel-*Bearbeiter*)
Staudinger	Kommentar zum BGB, Buch 4 §§ 1363-1563, 2007 Buch 5 §§ 1967-2063, 2012 §§ 2229-2264, 2012 (zitiert: Staudinger-*Bearbeiter*)
Zöller	Kommentar zur ZPO, 30. Aufl. 2014 (zitiert: Zöller-*Bearbeiter*)

Tipps vom Lerncoach

Warum Lerntipps in einem Jura-Skript?

Es gibt in Deutschland ca. 1,6 Millionen Studierende, deren tägliche Beschäftigung das Lernen ist. Lernende, die stets ohne Anstrengung erfolgreich sind, die nie kleinere oder größere Lernprobleme hatten, sind eher selten. Besonders juristische Lerninhalte sind komplex und anspruchsvoll. Unsere Skripte sind deshalb fachlich und didaktisch sinnvoll aufgebaut, um das Lernen zu erleichtern.

Über fundierte Lerntipps wollen wir darüber hinaus all diejenigen ansprechen, die ihr Lern- und Arbeitsverhalten verbessern und unangenehme Lernphasen schneller überwinden wollen.

Diese Tipps stammen von *Frank Wenderoth*, der als Diplom-Psychologe seit vielen Jahren in der Personal- und Organisationsentwicklung als Berater und Personal Coach tätig ist und außerdem Jurastudierende in der Prüfungsvorbereitung und bei beruflichen Weichenstellungen berät.

Wie lernen Menschen?

Die Wunschvorstellung ist häufig, ohne Anstrengung oder ohne eigene Aktivität „à la Nürnberger Trichter" lernen zu können. Die modernen Neurowissenschaften und auch die Psychologie zeigen jedoch, dass Lernen ein aktiver Aufnahme- und Verarbeitungsprozess ist, der auch nur durch aktive Methoden verbessert werden kann. Sie müssen sich also für sich selbst einsetzen, um Ihre Lernprozesse zu fördern. Sie verbuchen die Erfolge dann auch stets für sich.

Gibt es wichtigere und weniger wichtige Lerntipps?

Auch das bestimmen Sie selbst. Die Lerntipps sind als Anregungen zu verstehen, die Sie aktiv einsetzen, erproben und ganz individuell auf Ihre Lernsituation anpassen können. Die Tipps sind pro Rechtsgebiet thematisch aufeinander abgestimmt und ergänzen sich von Skript zu Skript, können aber auch unabhängig voneinander genutzt werden.

Verstehen Sie die Lerntipps „à la carte"! Sie wählen das aus, was Ihnen nützlich erscheint, um Ihre Lernprozesse noch effektiver und ökonomischer gestalten zu können!

Lernthema 3
Leistungsfähigkeit, Ernährung und individueller Tagesrhythmus

Jura Lernen ist Kopfarbeit, die mit emotionalen und motivationalen Zuständen verbunden ist. Diese mentalen Prozesse sind physiologisch betrachtet elektrische Aktivität der Hirnzellen – also Körperarbeit. Und Körperarbeit erfordert und verbraucht Energie. Sie brauchen für eine erfolgreiche Lernarbeit eine angemessene Energiezufuhr durch passende Ernährung. Und weil es Tagesschwankungen in der Leistungsfähigkeit gibt, ist es für Sie wichtig, Ihre Lern- und Pausenplanung an einem individuell passenden Rhythmus auszurichten.

Lerntipps

Optimieren Sie Ihre Ernährung!

Zum Lernen ist es günstig, sich gut zu fühlen und geistig konzentriert zu sein. Nudeln zum Beispiel kurbeln das „Glückshormon" Serotonin an und sind eine Langzeitenergiequelle, da der Körper die Kohlehydrate aus dem Mehl nur langsam abbaut. Aufmunternd wirken Brot, Fisch und Kartoffeln. Bananen wirken leicht beruhigend durch ihren Magnesiumgehalt. Durch zu wenig Nahrung sinkt der Blutzuckerspiegel ab, bewirkt eine Konzentrations- und damit Leistungsabnahme. Für das Gehirn sind daher kleinere Mahlzeiten (am besten fünf) optimal. Nicht umsonst wird von Ernährungsexperten nach wie vor das Schulbrot und ein Apfel empfohlen, auch wenn das bei vielen Schülern als uncool gilt. Denken Sie auch an Vitamine, besonders C, E und B und Mineralien wie Eisen und Calcium. Obst und Gemüse sind hier ideal.

Also starten Sie mit einem stressfreien, gemütlichen Frühstück mit Zeitung, stehen Sie lieber früher auf. Nach jeder Mahlzeit sollte eine kurze Pause eingelegt werden, da die Energie (Sauerstoff) erst einmal für die Verdauung verbraucht wird und dem Gehirn nicht direkt zur Verfügung steht.

Leistungsfähigkeit, Ernährung, Tagesrhythmus

Fazit:

Sie müssen sich auf vorgegebene Rhythmen in Stundenplänen und Vorlesungszeiten einerseits einstellen. Der Körper stellt sich bei Regelmäßigkeit auch um. Das können Sie nutzen. Wenn Sie viele Freiräume zur Gestaltung Ihres Tagesrhythmus besitzen, sollten Sie regelmäßige und feststehende Lern- und Pausenzeiten festlegen. Sie bestimmen Ihren Rhythmus selbst und nicht der Rhythmus Sie. So schöpfen Sie Ihre Leistungsmöglichkeiten besser aus.

Pausen fest einplanen und einhalten!

Nach schwerer Arbeit brauchen Sie generell angemessene Pausen. Viele Studenten lernen täglich zehn oder mehr Stunden und erzielen in Relation dazu minimale Lerngewinne. Unsere „Lernmaschine" Gehirn benötigt Speicher- und Verarbeitungszeiten und Wartungspausen. Pausen haben arbeitsphysiologische Wirkungen.

- Häufige Pausen von weniger als 20 Minuten sind besonders effektiv, erfrischend und besser als wenige lange Pausen.
- Gerade zu Beginn einer Pause ist der Erholungswert am größten.
- Pausen sollten nicht mit Nebentätigkeiten ausgefüllt werden.
- Die Freude auf die Pause kann einen positiven Arbeitseffekt bewirken, der bereits vor der Pause eintritt.
- In den Pausen arbeitet unser Gehirn weiter, es knüpft Verbindungen, startet unbewusste Suchprozesse (deshalb fällt uns nach der Pause häufig plötzlich eine Lösung ein, die wir vorher nicht finden konnten).
- Pausen werden meist als Belohnung erlebt. Dadurch wirken sie verstärkend auf unser weiteres Lernverhalten.

Nicht von ungefähr haben Arbeitnehmer einen gesetzlichen Anspruch auf Pausen von gewisser Dauer. Und der Arbeitgeber die Fürsorgepflicht für deren Einhaltung. Sie haben ein Recht auf Pausen und die Pflicht sie einzuplanen und einzuhalten, unabhängig vom Lernerfolg. Wahrscheinlich werden Pausen so selten fest eingehalten, weil man meint, sie sind vergeudete Zeit. Also, keine Angst vor Zeitverlust.

Falsches Essen und Trinken kann das Lernen ausbremsen!

Vermeiden Sie den Geschmacksverstärker Glutamat, der sich z.B. in vielen Fertiggerichten und dem allgemeinen Fast Food wie Hamburger, Würstchen und Chips befindet. Er kann zu Hitzewallungen, Kopfschmerzen und Herzklopfen führen. Und das brauchen Sie in anstrengenden Lernphasen nun wirklich nicht! Kaffee entzieht zwar keine Flüssigkeit wie Tee, wirkt wie Cola kurzzeitig aufputschend, dann aber ermüdend. Wenn Sie gerne Tee trinken – der wirkt positiv anregend – gleichen Sie das unbedingt durch die entsprechende Menge Wasser aus, denn …

… die geistige Leistung wird durch Wasser verbessert!

Wasser ist ein wichtiges Transportmittel zur Stoffverschiebung und für die Zellaktivität. Flüssigkeitsmangel reduziert die Informationsaufnahme, -verarbeitung und den Wissenserwerb, durch vermehrte Wasseraufnahme verbessern sich geistige Leistungen, z.B. erkennbar an besseren Noten. Trinken während einer Lehrveranstaltung erhöht die Aufmerksamkeit für den Lehrstoff (Ergebnisse aus der Rosbacher Studie). Im normalen Alltagsgeschehen sollten wir 1,5 bis 2 Liter Flüssigkeit zu uns nehmen. Bei größerer Beanspruchung und Hitze entsprechend mehr. Wasser ist ideal auch wegen der Spurenelemente, stilles Wasser durchspült den Körper besser als Wasser mit Kohlensäure. Fruchtsaft kann natürlich dazugemischt werden.

Es gibt erhebliche individuelle Unterschiede in den Tagesleistungskurven!

Die gegenwärtige Forschung relativiert einige Annahmen über „den Bio-Rhythmus":

- Tagesrhythmische Schwankungen beziehen sich auf unterschiedliche Leistungsfähigkeiten (körperliche vs. geistige).
- Die Schwankungen hängen stark von den Rahmenbedingungen wie z.B. der Intensität der Anforderungen ab (z.B. 12 Uhr Leistungsfähigkeit für Prüfungsfach A gering, aber für Sport nicht unbedingt; 3 Uhr Discobesuch hellwach etc.)
- Die Leistungsfähigkeit hängt stark mit der Motivation zusammen (z.B. Lesen eines Buches über ein Hobby oder über ein kompliziertes Prüfungsthema).
- Es gibt erhebliche Unterschiede in den tagesablaufbedingten Leistungsschwankungen verschiedener Menschen (u.a. Eulen und Lerchen …), d.h. kein allgemeiner Stundenplan kann diese aus rein organisatorischen Gründen berücksichtigen.

Leistungsfähigkeit, Ernährung, Tagesrhythmus

Lernen am Abend ist weniger effektiv!

Das Lernen am späten Abend – also nach 22 Uhr ist wenig effektiv, da gemessen am Arbeitsaufwand weniger behalten wird. Vermeiden Sie also die Nachmittage mit Fernsehen, Verabredungen, Freizeit zu verbringen und hier viel Freizeitenergie zu investieren. Danach geistige Energie für Lernleistungen aufzubringen, fällt umso schwerer. Bei spätem Lernen schläft man erfahrungsgemäß auch schlechter und das, obwohl der nächste Tag wiederum Ihren vollen Einsatz erfordert. Seien Sie ehrlich zu sich und schauen Sie einmal, von welcher abendlichen Uhrzeit an die Lerneffektivität nachlässt.

Am Abend gut abschalten!

Planen Sie mindestens 60 Minuten vor dem Schlafengehen vollkommen zum Entspannen ein. Sie können so mehr Abstand zum Lernen gewinnen und der Schlaf wird umso erholsamer sein. Andernfalls grübeln Sie weiter über Ihren Lernstoff, und Sie stehen am nächsten Morgen mit einem „Lernkater" auf. Alkohol oder Schlafmittel beeinträchtigen die Lernarbeit im Schlaf erheblich. Nur im erholsamen Schlaf arbeitet das Gehirn gerne für Sie eigenverantwortlich weiter.

Den Schlaf als Lernorganisator nutzen!

Es ist nachgewiesen, dass sich unser Gehirn während des Schlafens nicht ausruht, der Arbeitsmodus schaltet um und das Gehirn wird zum Verwalter und Organisator des Gelernten. Das Gehirn bzw. die neuronale Aktivität sichtet, sortiert und ordnet zu, schafft Verbindungen (Synapsen) zu bereits bestehenden Wissensinhalten und verankert Gelerntes – ohne dass wir bewusst und aktiv etwas tun müssen. Diese Erkenntnisse erklären wahrscheinlich auch die lernförderlichen Wirkungen des Kurzschlafes (Power Napping) und der kurzen und tiefen Entspannung mit Hypnose.

Nutzen Sie die verschiedenen Pausenarten im Verlaufe eines Arbeitstages!

Zur Unterstützung einer gesunden und effektiven „Pausenmoral" können Sie verschiedene Arten von Pausen unterscheiden. Alle wollen mit gutem Gefühl ausprobiert und genossen werden. Entwickeln Sie Ihre persönliche, vielleicht „etwas andere" Pausenstrategie. Sie werden feststellen, dass Sie konzentrierter und effektiver arbeiten können. Allerdings ist ein wenig Vorsicht geboten, wenn Sie Pausen zur „Lernvermeidung" nutzen.

- Die Abspeicherpause (Augen zu) von 10 bis 20 Sekunden nach Definitionen, Begriffen und komplexen Lerninhalten zum sicheren Abspeichern und zur Konzentration.
- Die Umschaltpause von 3 bis 5 Minuten nach ca. 20 bis 40 Minuten Arbeit, um Abstand zum vorher Gelernten zu bekommen und dadurch Neues besser aufzunehmen.
- Die Zwischenpause von 15 bis 20 Minuten nach 90 Minuten intensiver Arbeit, also nach zwei Arbeitsphasen dient dem Erholen und Abschalten.
- Die lange Erholungspause von 1 bis 3 Stunden, z.B. mittags oder zum Feierabend nach 3 Stunden Arbeit ebenfalls zum richtigen Abschalten, Regenerieren, Sich-Belohnen etc.

Ihre Mittagspause hat für Ihren Tagesrhythmus eine besondere Bedeutung!

Vor und nach dem Mittagessen sollte eine längere Erholungspause von mindestens 30 Minuten eingeplant werden, d.h. insgesamt mindestens 60 Minuten lernfreie Zeit. Ein Power Napping von ca. 20 Minuten nach dem Mittagessen reicht oft aus. Dann ist man besonders fit. Von Arbeitsphysiologen wird der kurze und tiefe Mittagsschlaf empfohlen, womit dem Leistungstief von 13 bis 14 Uhr entgegengewirkt werden kann. Der Magen wird nach dem Mittagessen mit viel sauerstoffreichem Blut versorgt. Das fehlt ihrem Gehirn in dieser Phase also so oder so. Und durch das Nickerchen werden Aufmerksamkeit und Konzentration wieder gesteigert. Aber es sind alle Tätigkeiten erlaubt, die entspannen, schön sind, das Gehirn nicht belasten und fristgerecht beendet werden können.

1. Teil
Familienrecht

A. Grundbegriffe und Rechtsgrundlagen des Familienrechts

Die wichtigste Rechtsquelle für das Familienrecht ist das 4. Buch des BGB. Es enthält drei Abschnitte, nämlich das Eherecht (§§ 1297–1588), das Verwandtschaftsrecht (§§ 1589–1722) und das Recht der Vormundschaft, Betreuung und Pflegschaft (§§ 1773–1921).

Bevor wir auf die einzelnen Gebiete näher eingehen, wollen wir uns kurz mit ein paar wesentlichen Grundbegriffen beschäftigen.

I. Familie

Der Begriff der **Familie** wird im BGB nicht definiert.

> Unter dem Begriff der **Familie** ist nach dem natürlichen Sprachgebrauch die Gesamtheit aller durch Ehe, durch Verwandtschaft oder durch Schwägerschaft verbundenen Personen zu verstehen.[1]

Dabei ist die mehrere Generationen umfassende **Großfamilie** von der nur maximal 2 Generationen umfassende **Kleinfamilie** zu unterscheiden. Das BGB regelt vorrangig die Rechtsbeziehungen innerhalb der Kleinfamilie. Einige Vorschriften des BGB wie z.B. die Unterhaltspflichten unter Verwandten §§ 1601 ff. betreffen allerdings auch die Großfamilie.

II. Verwandtschaft

Die Verwandtschaft wird begründet durch **Abstammung** (Blutsverwandtschaft). Personen, die voneinander abstammen, sind in **gerader Linie** verwandt (Großeltern, Kinder und Enkel), § 1589 S. 1. Nach § 1589 S. 2 sind Personen, die gemeinsam von einer dritten Person abstammen, in der **Seitenlinie** verwandt (Geschwister, Vettern, Tanten, Onkel etc.). Der **Grad der Verwandtschaft** bestimmt sich nach der Zahl der sie vermittelnden Geburten. Dabei wird die Person, die die Verwandtschaft herstellt, nicht mitgezählt, § 1589 S. 3.

Beispiel 1 Der Verwandtschaftsgrad von zwei Geschwistern wird durch zwei Geburten hergestellt. Die Geburt der Mutter zählt nicht mit. Deshalb sind Geschwister im zweiten Grad miteinander verwandt. ■

Beispiel 2 Der Verwandtschaftsgrad von Onkel und Neffe wird durch drei Geburten vermittelt (Geburt des Onkels, Geburt der Mutter des Neffen und Geburt des Neffen). Sie sind im dritten Grad miteinander verwandt. ■

---

[1] Palandt-*Brudermüller* Einl. v. § 1297 Rn. 2.

> **Hinweis**
>
> Ein Verwandtschaftsverhältnis kann auch durch eine Annahme als Kind entstehen. Die Adoption von Minderjährigen ist in den Vorschriften der §§ 1741–1766, die Adoption von Volljährigen in den Vorschriften der §§ 1767–1772 geregelt.

III. Schwägerschaft

4 Nach § 1590 Abs. 1 S. 1 ist eine Person mit den Verwandten seines Ehegatten und mit dem Ehegatten seiner Verwandten **verschwägert**.

Beispiel Eine Frau ist mit dem Bruder und den Eltern ihres Ehemannes verschwägert. ∎

5 Verschwägert sind auch **Stiefeltern** und **Stiefkinder**. Dagegen besteht keine Schwägerschaft zwischen den Verwandten der Ehefrau und den Verwandten des Ehemannes. Die Linie und der Grad der Schwägerschaft bestimmen sich nach § 1590 Abs. 1 S. 2 nach der Linie und dem Grad der sie vermittelnden Verwandtschaft.

Beispiel Eine Ehefrau und die Schwester ihres Ehemanns sind im zweiten Grad miteinander verwandt (Geburt der Ehefrau und die Geburt der Schwester des Ehemannes sind maßgebend. Die Geburt des Ehemannes zählt nicht mit. ∎

> **Hinweis**
>
> Ehegatten sind durch die Eheschließung nicht miteinander verwandt und nicht miteinander verschwägert.
>
> Die Schwägerschaft besteht nach § 1590 Abs. 2 auch nach Auflösung der Ehe fort.

B. Verlöbnis

I. Begriff und Rechtsnatur des Verlöbnisses

6 Ein **Verlöbnis** ist das gegenseitig gegebene Versprechen von Mann und Frau, die Ehe einzugehen.

Unter dem Begriff des Verlöbnisses wird auch das dadurch begründete Schuldverhältnis verstanden. Das Eheversprechen kann formfrei und damit auch konkludent erklärt werden.

7 Die Rechtsnatur des Verlöbnisses ist umstritten. Der Theorienstreit wirkt sich nur bei Verlöbnissen beschränkt geschäftsfähiger Personen aus.

Nach der **Vertragstheorie**² handelt es sich um einen **formlosen Vertrag**, auf den die allgemeinen Vorschriften des BGB und damit auch **die §§ 104 ff. Anwendung** finden. Für das wirksame Zustandekommen des Vertrags ist daher die **Geschäftsfähigkeit** der Vertragsschließenden **bzw. die Zustimmung des gesetzlichen Vertreters** des beschränkt Geschäftsfähigen **erforderlich**. Allerdings benötigt der beschränkt Geschäftsfähige **keine Zustimmung** seines gesetzlichen Vertreters, wenn er von dem Verlöbnis **zurücktreten** will. Das ergibt sich daraus, dass niemand zur Eingehung einer Ehe nach **§ 1297 Abs. 1** gezwungen werden kann.³ **Ausnahmen** von der Geltung des Vertragsrechts bestehen nur darin, dass die **Vorschriften über die Stellvertretung nicht anwendbar sind**, da das Verlöbnis ein **höchstpersönliches Rechtsgeschäft** ist.

Nach der Theorie vom **familienrechtlichen Vertrag**⁴ ist das Verlöbnis ein **Vertrag sui generis**, für den eine **Geschäftsfähigkeit** der Vertragsschließenden **nicht erforderlich** ist. Vielmehr kommt es auf die Verlöbnisfähigkeit in Form einer **individuellen geistigen Reife** an.

Nach der **Lehre der Vertrauenshaftung**⁵ ist das Verlöbnis kein Vertrag, sondern ein **gesetzliches Vertrauensverhältnis** der Verlobten zueinander. Für die Begründung des Verlöbnisses ist **keine Geschäftsfähigkeit** erforderlich sondern **nur eine Einsichtsfähigkeit**.

Stellungnahme: Die Theorie vom gesetzlichen Rechtsverhältnis (Vertrauenstheorie) berücksichtigt nicht, dass dem gegenseitigen Versprechen auf Eingehung der Ehe eine **Einigung zugrunde liegen muss** und dass das Verlöbnis **rechtgeschäftlichen Charakter** hat. Die Theorie vom familienrechtlichen Vertrag führt zu **Rechtsunsicherheiten**, weil das Verlöbnis bis zur Feststellung der individuellen Reife eines Minderjährigen unsicher ist. Für die Vertragstheorie spricht, dass sie **Rechtsunsicherheiten vermeidet** und den beschränkt Geschäftsfähigen davor **schützt**, bei einem **Rücktritt** von dem Verlöbnis Aufwendungs- und Schadensersatzansprüchen ausgesetzt zu sein.

II. Rechtswirkungen

Das Verlöbnis begründet zwar eine **Rechtspflicht zur Eingehung der Ehe**. Aus einem Verlöbnis kann indes **gemäß § 1297 Abs. 1 nicht auf die Eingehung der Ehe geklagt** werden. Das Versprechen zur Eingehung der Ehe ist gemäß § 120 Abs. 3 FamFG auch nicht vollstreckbar und kann nach § 1297 Abs. 2 nicht durch eine Vertragsstrafe abgesichert werden.

> **Hinweis**
>
> Verlobte können nach **§ 1408** einen **Ehevertrag** schließen, wobei sich dessen Wirkungen erst mit der Eingehung der Ehe entfalten. Sie können nach **§ 2275 Abs. 3** einen **Erbvertrag** und nach **§ 2347 Abs. 1** einen **Erbverzichtsvertrag** abschließen. Zu der Errichtung eines gemeinsamen Testaments nach § 2265 sind sie nicht berechtigt. Verlobte können sich im Zivil- und im Strafprozess auf **Zeugnisverweigerungsrechte** (§ 383 Abs. 1 Nr. 1 ZPO, §§ 52 Abs. 1 Nr. 1, 55 StPO) und im Strafprozessrecht auf **Auskunftsverweigerungsrechte** (§ 55 StPO) berufen. Ein Verlöbnis begründet auch eine **Garantenstellung** i.S.v. § 13 StGB.

---

2 *RG* Urt. v. 21.9.1905 (Az. IV 140/05) = RGZ 61, 267.
3 Palandt-*Brudermüller* § 1298 Rn. 1.
4 *Böhmer* JZ 1961, 267.
5 *Canaris* AcP 1965, 1.

III. Beendigung des Verlöbnisses

13 Das Verlöbnis wird durch die Eheschließung, durch den Tod, durch eine Entlobung (Aufhebungsvertrag) oder durch Rücktritt nach §§ 1298 ff. beendet. Auf die Rücktrittsregeln wollen wir im Folgenden näher eingehen.

1. Rücktritt und Schadensersatz

14 Der Rücktritt von einem Verlöbnis wirkt nur ex nunc und hat zur Folge, dass das Verlöbnis aufgehoben wird und auch der andere Partner nicht mehr an das Heiratsversprechen gebunden ist. Ein Minderjähriger bedarf für die Erklärung des Rücktrittes nicht der Einwilligung seines gesetzlichen Vertreters. Dies folgt aus dem Rechtsgedanken des § 1297 BGB, wonach niemand gegen seinen Willen an ein Verlöbnis gebunden sein soll. Tritt ein Verlobter von dem Verlöbnis zurück, hängen die Rechtsfolgen des Rücktritts davon ab, ob für den Rücktritt ein **wichtiger Grund** i.S.v. § 1298 Abs. 3 vorlag. Als wichtige Gründe i.S.v. § 1298 Abs. 3 kommen solche Gründe in Betracht, die zur Anfechtung wegen Irrtums oder wegen arglistiger Täuschung berechtigen würden und daher die Aufrechterhaltung des Verlöbnisses unter Würdigung aller Umstände unzumutbar ist.[6] Ist der Verlobte aus wichtigem Grund von dem Verlöbnis zurückgetreten, ist er nicht schadensersatzpflichtig.

15 Dagegen hat derjenige, der **ohne wichtigen Grund** von dem Verlöbnis zurückgetreten ist, nach § 1298 Abs. 1 dem anderen Verlobten, dessen Eltern und Dritten, die an Stelle der Eltern gehandelt haben, Schadensersatz zu leisten. Der Schaden erfasst die Aufwendungen und Verbindlichkeiten, sowie sonstige sein Vermögen oder seine Erwerbsstellung berührenden Maßnahmen, die im Hinblick auf die Erwartung der Ehe gemacht worden sind. Der Schadensersatzanspruch erfasst nur **das negative Interesse**.

> **Beispiel** Kosten der Verlobungsanzeige, Buchung der Hochzeitsreise, Kauf des Brautkleids. ∎

16 Die Höhe des Schadens ist zudem nach § 1298 Abs. 2 auf die Maßnahmen begrenzt, die nach den Umständen angemessen waren.

> **Beispiel** Unangemessen kann die Kündigung des Arbeitsplatzes ohne Absprache mit dem Verlobten sein. ∎

17 Hat der andere Verlobte schuldhaft einen wichtigen Rücktrittsgrund gesetzt, so stehen die gleichen Ansprüche gemäß § 1299 dem zurücktretenden Verlobten und dessen Verwandten zu.

> **Hinweis**
>
> Bei einem Rücktritt vom Verlöbnis sind neben den Ansprüchen aus §§ 1298 ff. auch Schadensersatzansprüche wegen unerlaubter Handlung nach §§ 823 ff. möglich. Für die Geltendmachung solcher Schadensansprüche ist ein schuldhaftes Verhalten erforderlich, das über den Bruch der Verlöbnistreue hinausgeht. Die Verjährungsfrist der Schadensersatzansprüche nach §§ 1298 ff. beginnt nach § 1302 mit der Auflösung des Verlöbnisses und unterliegt seit dem 1.1.2010 den allgemeinen Verjährungsvorschriften der § 195 ff.

---

[6] Palandt-*Brudermüller* § 1298 Rn. 8.

2. Rückgabe von Geschenken

Nach § 1301 S. 1 können bei der Beendigung des Verlöbnisses die beiderseits gewährten Geschenke und Verlöbniszeichen (Ringe) nach Bereicherungsrecht zurückgefordert werden. Nach h.M.[7] handelt es sich bei der Verweisung auf das Bereicherungsrecht um eine Rechtsfolgenverweisung, da die Vorschrift eine Erweiterung der Zweckverfehlungstheorie nach § 812 Abs. 1 S. 2 Alt. 2 sei. Die Herausgabepflicht ist ausgeschlossen, wenn die Leistung einer sittlichen Pflicht oder einer auf den Anstand zu nehmenden Rücksicht entsprach, § 814 Alt. 2. Gleiches gilt, wenn der Leistende den Eintritt des Erfolgs wider Treu und Glauben verhindert hat. Dieses Tatbestandmerkmal erfordert erschwerende Umstände, die ein besonders treuwidriges Verhalten darstellen.

Beispiel Verschweigen eines Doppelverlöbnisses. ■

Bei § 1301 handelt es sich um eine Vorschrift, die § 530 als **lex specialis** verdrängt.

C. Die Ehe

I. Begriff und Eingehung der Ehe

1. Begriff

Der Begriff der Ehe ist gesetzlich nicht geregelt. Die Ehe ist ein zwischen Mann und Frau geschlossenes Dauerschuldverhältnis personenrechtlicher Natur, das durch einen Vertrag zustande kommt, der grundsätzlich auf Lebenszeit geschlossen wird.

2. Eingehung der Ehe

Das Eheschließungsrecht ist in den §§ 1303–1320 geregelt.

Nach § 1310 Abs. 1 muss die Ehe vor dem Standesbeamten geschlossen werden. Die Förmlichkeiten für das Standesamt sind in §§ 11 ff. PStG geregelt. Nach § 1311 muss die Erklärung, die Ehe eingehen zu wollen, unbedingt und unbefristet sowie höchstpersönlich bei gleichzeitiger Anwesenheit von Mann und Frau abgegeben werden. Eine Ausnahme davon enthält die Vorschrift des § 1310 Abs. 3. Danach kann eine im Ausland geschlossene Ehe wirksam werden, wenn die in Nr. 1–Nr. 3 genannten Voraussetzungen vorliegen. Der Standesbeamte soll nach § 1312 S. 1 bei der Eheschließung die Eheschließenden einzeln befragen, ob sie die Ehe miteinander eingehen wollen, und, nachdem die Eheschließenden diese Frage bejaht haben, aussprechen, dass sie nunmehr kraft Gesetzes rechtmäßig verbundene Eheleute sind. Die Eheschließung kann nach § 1312 S. 2 in Gegenwart von einem oder zwei Zeugen erfolgen, sofern die Eheschließenden dies wünschen.

---

[7] BGH Urt. v. 18.5.1966 (Az. IV ZR 105/65) = BGHZ 45, 258.

> **Hinweis**
>
> Seit dem 1.1.2009 ist durch die Aufhebung des § 67 PStG die Pflicht entfallen, dass für die Eingehung einer kirchlichen Ehe eine standesamtliche Heirat erforderlich ist.

22 Die Ehefähigkeit setzt **Ehemündigkeit** voraus. Die Ehemündigkeit tritt nach § 1303 Abs. 1 mit der Volljährigkeit ein. Auf Antrag kann das Familienrecht nach § 1303 Abs. 2 von dem Erfordernis der Volljährigkeit befreien, wenn der Antragsteller das **16. Lebensjahr** vollendet hat und sein künftiger Ehepartner volljährig ist. Widerspricht der gesetzliche Vertreter, so darf das Familiengericht die Befreiung nur dann erteilen, wenn der Widerspruch nicht auf triftigen Gründen beruht, § 1303 Abs. 3. Neben der Ehemündigkeit muss auch die allgemeine Geschäftsfähigkeit gegeben sein, § 1304. Nicht ehefähig ist daher derjenige, der geschäftsunfähig i.S.d. § 104 Nr. 2 ist. Hat das Familiengericht die Befreiung von dem Erfordernis der Volljährigkeit erteilt, bedarf der beschränkt Geschäftsfähige für die Eingehung der Ehe nicht der Zustimmung seines gesetzlichen Vertreters, § 1303 Abs. 4.

> **Hinweis**
>
> Eine Ehe kann nach § 1314 Abs. 1 aufgehoben werden, wenn sie entgegen der Vorschriften der §§ 1303 bzw. 1304 geschlossen worden.

23 Werden die für eine Eheschließung erforderlichen Voraussetzungen nicht eingehalten, kann dies zu einer **Nichtehe** oder zu einer **aufhebbaren** Ehe führen. Eine Nichtehe liegt vor, wenn in einer besonders schwerwiegenden Weise gegen die Wirksamkeitsanforderungen der Eheschließung verstoßen wurde. Eine Nichtehe entfaltet keine Rechtswirkungen.[8]

Beispiel Die Eheschließung findet vor einem Sektenführer statt oder zwischen Personen, die nicht geschlechtsverschieden sind, bzw. wenn die Ehewillenserklärung eines Partners fehlt (§ 1310).

24 Die Eheverbote sind in den §§ 1306 ff. geregelt. Die Vorschrift des § 1306 regelt das Verbot der Doppelehe, wobei ein Verstoß nach § 172 StGB zur Strafbarkeit führt. In § 1307 S. 1 ist das Verbot der Ehe zwischen Verwandten in gerader Linie geregelt. § 1308 Abs. 1 stellt die durch Adoption begründete Verwandtschaft der durch Abstammung begründeten Verwandtschaft gleich. Ausländer benötigen nach § 1309 Abs. 1 für eine Eheschließung in Deutschland ein Ehefähigkeitszeugnis.

Eine Ehe ist nach § 1314 Abs. 1 **aufhebbar**, wenn sie entgegen der Vorschriften der §§ 1303, 1304, 1306, 1307, 1311 geschlossen worden ist. Die Ehe kann auch aufgehoben werden, wenn Willensmängel i.S.v. § 1314 Abs. 2 vorliegen. Die Vorschrift des § 1314 Abs. 2 enthält eine **abschließende Regelung für Willensmängel** bei der Eheschließung. Die Vorschriften des Allgemeinen Teils des Bürgerlichen Gesetzbuches gelten nicht.

Sofern die in § 1315 genannten Voraussetzungen vorliegen, ist die Aufhebung der Ehe ausgeschlossen (**Bestätigung**). In § 1316 ist geregelt, wer für die Aufhebung der Ehe antragsberechtigt ist. Der Antrag kann in den Fällen des § 1314 Abs. 2 Nr. 2 und 3 nur binnen eines Jah-

---

8 Palandt-*Brudermüller* § 1313 Rn. 5.

res, im Falle des § 1314 Abs. 2 Nr. 4 nur binnen drei Jahren nach der Kenntnis von dem Irrtum oder der Täuschung bzw. nach dem Aufhören der Zwangslage gestellt werden. Nach § 1313 S. 1 wird die Ehe durch ein gerichtliches **Gestaltungsurteil** aufgehoben. Mit Eintritt der Rechtskraft gilt die Ehe mit Wirkung für die **Zukunft** als aufgelöst. Die Folgen der Aufhebung der Ehe bestimmen sich in den in § 1318 genannten Fällen nach den Vorschriften über die Scheidung. Das prozessuale Verfahren ist in den §§ 121 ff. FamFG geregelt.

II. Allgemeine Ehewirkungen

25

1. Eheliche Lebensgemeinschaft, § 1353

Bei der ehelichen Lebensgemeinschaft handelt es sich um eine im Familienrecht herrschende **Generalklausel**. Aus § 1353 Abs. 1 BGB leitet sich auch die Verpflichtung eines Ehegatten ab, der gemeinsamen Veranlagung beider Ehegatten zur Einkommensteuer zuzustimmen.[9] Die Pflicht zur ehelichen Lebensgemeinschaft ist nach § 1353 Abs. 2 ausgeschlossen, wenn das Verlangen rechtsmissbräuchlich wäre oder wenn die Ehe gescheitert ist. Die eheliche Lebensgemeinschaft enthält folgende Komponenten:

26

a) Pflicht zur häuslichen Gemeinschaft

Die eheliche Lebensgemeinschaft erfordert das Zusammenleben in häuslicher Gemeinschaft, soweit nicht die Lebensverhältnisse entgegenstehen oder im gegenseitigen Einverständnis eine abweichende Lebensgestaltung vereinbart worden ist.[10] Der **Anspruch** auf ein eheliches Zusammenleben ist nach § 120 Abs. 3 FamFG allerdings nicht vollstreckbar.

27

b) Pflicht zur Wahrung der ehelichen Treue

Aus § 1353 Abs. 1 resultiert auch die Pflicht zur **ehelichen Treue** und zur Geschlechtsgemeinschaft, die nach § 120 Abs. 1, Abs. 3 FamFG ebenfalls nicht vollstreckbar ist.

28

c) Pflicht zur gegenseitigen Rücksichtnahme und Achtung

Aus dem ehelichen **Rücksichtnahmegebot** können sich Einreden gegen einen vermögensrechtlichen Anspruch des anderen Ehegatten ergeben,[11] sofern die Durchsetzung des Anspruchs dazu führt, dass der rechtlich geschützte äußere gegenständliche Bereich der Ehe des Ehegatten-Schuldners beeinträchtigt wird.[12]

29

---

9 *BGH* Urt. v. 18.11.2009, (Az. XII ZR 173/06) = FamRZ 2010, 269; *BGH* Urt. v. 18.5.2011 (Az. XII ZR 67/09) = NJW 2011, 2725.
10 *RG* Urt. v. 22.1.1903 (Az. IV 288/02) = RGZ 53, 337.
11 *BGH* Urt. v. 4.11.1987 (Az. IVb ZR 83/86) = NJW 1988, 2032.
12 *BGH* Urt. v. 14.3.1962 (Az. IV ZR 253/61) = BGHZ 37, 38.

d) Gewährung der Mitbenutzung von Hausratsgegenständen

30 Wohnung und Hausrat haben sich die Ehegatten, soweit sich dies nicht bereits aus dem ehelichen Güterstand ergibt, einander zum Gebrauch zu überlassen.[13] Die Ehegatten haben an den zum Hausrat gehörenden Gegenständen Mitbesitz, sofern sie nicht dem persönlichen Gebrauch eines Ehegatten dienen. Aufgrund des gesetzlichen Besitzmittlungsverhältnisses der Ehe mittelt der mitbesitzende Nichteigentümer dem Eigentümer den Besitz § 868.[14]

> **Hinweis**
>
> Wegen des Mitbesitzes der Ehegatten ist ein gutgläubiger Erwerb ausgeschlossen, wenn der Ehegatte, der nicht Alleineigentümer ist, die Sache veräußert. Es liegt dann ein Abhandenkommen i.S.v. § 935 vor.

e) Haushaltsführung und Erwerbstätigkeit, § 1356

31 Das Gesetz verzichtet bewusst auf ein gesetzliches Leitbild für die Aufgabenverteilung in der Ehe. Haushaltsführung und Erwerbstätigkeit werden in die *Autonomie der Ehegatten* gestellt. Die Haushaltsführung ist im gegenseitigen Einvernehmen zu regeln. Beide Ehegatten sind zur Erwerbstätigkeit berechtigt. Die Ehegatten sind gemäß § 1356 Abs. 1 S. 1 verpflichtet, eine einvernehmliche Regelung zu finden.[15]

32 Das Gesetz schreibt nur den Gegenstand der Regelung vor, nicht ihren Inhalt. *Der freien Entscheidung der Ehegatten obliegt es, wem von ihnen und in welchem Umfang sie die Haushaltsführung regeln.* Sie können jede denkbare Variante miteinander kombinieren. Da eine Regelung der Haushaltsführung durch Richterspruch nicht vorgesehen ist, kann sie auch bei Dissens der Eheleute nicht durch eine Klage herbeigeführt werden. Eine Verletzung dieser Pflicht kann allerdings im Rahmen der **Härteklausel** im Scheidungsfolgenrecht berücksichtigt werden.

33 Wird die Haushaltsführung einem Ehegatten überlassen, so kommt dieser Ehegatte gemäß § 1360 S. 2 seiner Unterhaltspflicht nach. Daraus ergeben sich bei der Schadensersatzpflicht eines Dritten im Rahmen einer unerlaubten Handlung folgende Auswirkungen:

34 Wird der **haushaltsführende Ehegatte** von einem Dritten getötet, so stehen dem anderen Ehegatten Schadensersatzansprüche nach § 844 Abs. 2 zu.[16] Der überlebende Ehegatte muss sich dabei aber den Wegfall seiner eigenen Unterhaltspflicht sowie den Ertrag des geerbten Vermögens bis zum Zeitpunkt des voraussichtlichen Anfall der Erbschaft im Rahmen der Vorteilsausgleichung anrechnen lassen.[17]

35 Erleidet der **haushaltsführende Ehegatte** eine körperliche Verletzung, so steht ihm wegen der Beeinträchtigung seiner eigenen Arbeitskraft ein eigener Schadensersatzanspruch gegen den Dritten aus §§ 823 Abs. 1, 842, 843 Abs. 1 zu. Für die Bemessung des Schadens ist die tatsächlich erbrachte Arbeitsleistung des haushaltsführenden Ehegatten maßgebend. Dage-

---

13 *BGH* Urt. v. 26.2.1954 (Az. V ZR 135/52) = BGHZ 12, 380.
14 Siehe zum Besitz ausführlich im Skript „Sachenrecht II" Rn. 34 ff.
15 MüKo-*Roth* § 1353 Rn. 6.
16 *BGH* Urt. v. 26.11.1968 (Az. VI ZR 189/67) = BGHZ 51, 109.
17 *BGH* Urt. v. 13.7.1971 (Az. VI ZR 31/70) = NJW 1971, 2066.

gen kommt es nicht auf die Kosten einer Haushaltshilfe an.[18] Zahlt in diesem Fall der erwerbstätige Ehegatte die Kosten für die Heilbehandlung, so umfasst der Schadensersatzanspruch des haushaltsführenden Ehegatten auch diese Kosten. Der haushaltsführende Ehegatte muss sich im Rahmen der Vorteilsausgleichung gemäß § 843 Abs. 4 nicht anrechnen lassen, dass der erwerbstätige Ehegatte im Rahmen seiner Unterhaltpflicht die Zahlung der Heilbehandlungskosten dem haushaltsführenden Ehegatten schuldet.[19]

Der **erwerbstätige Ehegatte** hat gegenüber dem Schädiger einen eigenen Anspruch auf Erstattung dieser Kosten. Der BGH und Teile der Literatur[20] sehen die GoA als das geeignete Regressinstrument hierfür an. Sie gehen davon aus, dass der Unterhaltpflichtige ein (auch-) fremdes Geschäft für den Schädiger geführt hat. Die Erfüllung einer fremden Unterhaltspflicht durch einen nicht oder nur sekundär Unterhaltspflichtigen sei ein Geschäft auch für den primär Haftenden. Die Nachrangigkeit des Unterhaltspflichtigen gegenüber dem deliktischen Schädiger ergebe sich aus § 843 Abs. 4. Durch einen Regress aufgrund der GoA-Vorschriften werde der Schädiger nicht schlechter gestellt, da ein Aufwendungsersatzanspruch des erwerbstätigen Ehegatten nur dann besteht, wenn im Zeitpunkt der Zahlung der Schadensersatzanspruch noch durchsetzbar bestand.

36

Wird der **erwerbstätige Ehegatte** getötet, hat der überlebende haushaltsführende Ehegatte einen Anspruch auf Schadensersatz in Höhe des gegenüber dem Getöteten bestehenden Unterhaltsanspruchs. Die Bestandskraft des hinsichtlich der Haushaltsführung geregelten Einvernehmens der Ehegatten i.S.v. § 1353 Abs. 1 wird durch den Tod des unterhaltspflichtigen Ehegatten nicht aufgehoben. Der Schädiger kann den haushaltsführenden Ehegatten nicht darauf verweisen, dass er einer Erwerbstätigkeit nachgehen muss.

37

f) Pflicht zur Mitarbeit in Beruf und Geschäft eines Ehegatten

Entgegen der alten Fassung des § 1356 sind die Ehegatten heute nicht mehr verpflichtet im Beruf oder Geschäft des anderen Ehegatten mitzuarbeiten. Nach der derzeitigen Fassung des § 1356 ist jeder Ehegatte grundsätzlich berechtigt, seine Arbeitszeit nach seinen eigenen persönlichen Wünschen einzusetzen. Eine Pflicht zur Mitarbeit als Beitrag zum Unterhalt besteht nur dann, wenn der Betrieb oder das Geschäft die **wesentliche Einnahmequelle** darstellt und ohne die Mitarbeit des Ehegatten die Sicherung des Familienunterhalts nicht gewährleistet wäre und er seinen Beitrag zum Unterhalt nicht durch eine andere Erwerbstätigkeit leistet. Eine Pflicht zur Mitarbeit kann sich weiter aus dem ehelichen Rücksichtnahmegebot und aus der gegenseitigen Beistandspflicht der Ehegatten ergeben. Davon kann allerdings nur im Fall einer schweren Krankheit oder einer sonstigen Krisensituation ausgegangen werden, wobei die beruflichen Interessen des anderen Ehegatten nicht vorrangig sein dürfen. Ist die Mitarbeit des Ehegatten als Beitrag zur Unterhaltspflicht geschuldet, besteht kein **Vergütungsanspruch** des mitarbeitenden Ehegatten.[21]

38

---

18 *BGH* Beschl. v. 9.7.1968 (Az. GSZ 2/67) = BGHZ 50, 304; *BGH* Urt. v. 3.2.2009 (Az. VI ZR 183/08) = FamRZ 2009, 596.
19 *BGH* Urt. v. 22.9.1970 (Az. VI ZR 28/69) = BGHZ 54, 269.
20 *BGH* Urt. v. 1.12.1978 (Az. VII ZR 91/77) = NJW 1979, 598.
21 *BGH* Urt. v. 25.9.1962 (Az. VI ZR 244/61) = BGHZ 38, 55.

g) Vergütungsanspruch des mitarbeitenden Ehegatten

39 Für eine darüber hinausgehend geleistete Mitarbeit des Ehegatten kann dagegen ein Vergütungsanspruch bestehen. Völlig unproblematisch ist dies, wenn die Ehegatten hinsichtlich der Mitarbeit einen **Arbeits-, Dienst-, Werk-** oder **Gesellschaftsvertrag** geschlossen haben. Probleme ergeben sich indes dann, wenn ein Ehegatte jahrelang in dem Betrieb oder Geschäft des andern Ehegatten mitgearbeitet hat, ohne dass eine vertragliche Regelung getroffen worden ist. Im Fall einer Scheidung kann zwar ein Ausgleich für die in dem Betrieb geleistete Arbeitsleistung unter Umständen im Rahmen eines Zugewinnausgleichs verlangt werden. Das setzt allerdings voraus, dass die Ehegatten im Güterstand der Zugewinngemeinschaft gelebt haben.

40 Schwierig wird es dann, wenn die Ehegatten **Gütertrennung** vereinbart hatten. Für diese Fälle hat die Rechtsprechung[22] die **Ehegatteninnengesellschaft** entwickelt. Eine solche Gesellschaft kann allerdings nur unter engen Voraussetzungen angenommen werden, da das eheliche Zusammenleben als solches kein gemeinsamer Zweck i.S.v. § 705 darstellt. Eine Ehegatteninnengesellschaft liegt nur vor, wenn die Ehegatten sich in den Dienst einer gemeinsamen Aufgabe gestellt haben, die über die Verwirklichung der ehelichen Lebensgemeinschaft hinausgeht. Dazu ist eine planvolle und zielstrebige Zusammenarbeit während der Ehe zur Schaffung eines erheblichen gemeinsamen Vermögenswertes erforderlich.[22]

Die Ehegatteninnengesellschaft ist eine BGB-Gesellschaft nach §§ 705 ff. ohne Gesamthandsvermögen und ohne Außenwirkung. Mit der Trennung bzw. mit der Scheidung wird die Gesellschaft aufgelöst. Für die von dem mitarbeitenden Ehegatten erbrachten Arbeitsleistungen (§ 706 Abs. 2) ist nach § 733 Abs. 2 **Wertersatz** zu leisten, wobei sich die Dienste als bleibender Wert im Gesellschaftsvermögen niedergeschlagen haben müssen.[23] Die Höhe des Ausgleichs beträgt nach § 722 Abs. 1 die Hälfte des Wertes.

41 Fehlen ausreichende Indizien für die Annahme einer Ehegatteninnengesellschaft kann sich ein schuldrechtlicher Ausgleichsanspruch des mitarbeitenden Ehegatten aus dem **Wegfall der Geschäftsgrundlage** eines **familienrechtlichen Vertrags sui generis** ergeben.[24] Von einem Wegfall der Geschäftsgrundlage eines solchen Vertrags kann nur ausgegangen werden, wenn für den Ehegatten, der die Arbeitsleistungen erbracht hat, der Fortbestand der Ehe die Grundlage für seine Mitarbeit war und er die Dienste nicht erbracht hätte, wenn er gewusst hätte, dass die Ehe scheitert. Die Mitarbeit muss auch von einer gewissen Dauer und Regelmäßigkeit gewesen sein und die Beschäftigung eine Arbeitskraft erspart haben. Für den anderen Ehegatten, der die Arbeitsleistung angenommen hat, muss diese Absicht erkennbar gewesen sein, so dass er sich redlicherweise auf die Vereinbarung einer Vergütung hätte einlassen müssen. Weiter wird für den Ausgleichsanspruch vorausgesetzt, dass ein Festhalten an den Rechtsfolgen des ehelichen Güterstands für den mitarbeitenden Ehegatten völlig unzumutbar ist. Für die Höhe des Ausgleichanspruchs sind die Umstände des Einzelfalls maßgebend, insbesondere die Dauer der Ehe, das Alter der Ehegatten, Art und Umfang der erbrachten Arbeitsleistungen, die Höhe der dadurch entstandenen Vermögensmehrung und die sonstigen Einkommens- und Vermögensverhältnisse der Eheleute.

---

22 *BGH* Urt. v. 25.6.2003 (Az. XII ZR 161/01) = NJW 2003, 2982 m.w.N.
23 Palandt-*Sprau* § 733 Rn. 10.
24 *BGH* Urt. v. 13.7.1994 (Az. XII ZR 1/93) = NJW 1994, 2545.

Allgemeine Ehewirkungen

> **JURIQ-Klausurtipp**
>
> In einer Klausur sollte zunächst geprüft werden, ob die Mitarbeit des Ehegatten i.S.v. §§ 1360, 1356 Abs. 2, 1353 Abs. 1 gesetzlich geschuldet war. Ist dies der Fall, ist ein Vergütungsanspruch ausgeschlossen. Wird eine gesetzliche Unterhaltspflicht zur Mitarbeit verneint, hat der Bearbeiter zu untersuchen, ob die Ehegatten ausdrücklich oder konkludent einen Vertrag über die Erbringung der Arbeitsleistungen geschlossen haben. Kommen vertragliche Ansprüche nicht in Betracht, scheiden auch Bereicherungsansprüche nach § 812 Abs. 1 S. 1 Alt. 1 aus, da Rechtsgrund für die Leistung die Ehe war. Ein Anspruch nach § 812 Abs. 1 S. 2 Alt. 2 scheidet ebenfalls dann aus, wenn der Zweck der Mitarbeit des Ehegatten der Aufbau des Geschäftes oder Betriebes des anderen Ehegatten war. Der Fortbestand der Ehe war zwar in diesem Fall ein Beweggrund für die Arbeitsleistungen, nicht jedoch Zweck der Mitarbeit. Erst nach dieser Prüfung sollten Ansprüche aus der Ehegatteninnengesellschaft bzw. wegen des Wegfalls der Geschäftsgrundlage eines familienrechtlichen Vertrags sui generis angesprochen werden. Hierbei ist zu beachten, dass der Wegfall der Geschäftsgrundlage erst nach der Ablehnung einer Ehegatteninnengesellschaft zu prüfen ist.

2. Schutz der ehelichen Lebensgemeinschaft

Die sich aus der ehelichen Lebensgemeinschaft ergebenden Pflichten können auch einklagbare Ansprüche begründen.

a) Ansprüche gegen den Ehegatten

Die Erhebung einer Leistungsklage auf Erfüllung der sich aus der ehelichen Lebensgemeinschaft ergebenden Pflichten (**Eheherstellungsklage**) ist seit dem Inkrafttreten des FamFG entfallen, § 120 Abs. 3 FamFG. Ein darauf gerichtetes Urteil war aber schon früher nach § 888 Abs. 3 ZPO a.F. nicht vollstreckbar, soweit es höchstpersönliche Ansprüche betraf. Das Recht der Ehegatten auf Trennung kann indes Gegenstand einer Feststellungsklage sein (**negative Herstellungsklage**).

Betrifft die Herstellung und die Verwirklichung der ehelichen Lebensgemeinschaft dagegen nicht höchstpersönliche Ansprüche, sondern vermögensrechtliche Ansprüche, ist sowohl ein darauf gerichteter Schadensersatzanspruch als auch eine Vollstreckung z.B. wegen der Mitwirkung bei einer Steuererklärung[25] nach § 120 Abs. 1 FamFG i.V.m. § 888 Abs. 1 ZPO in Betracht.

> **Beispiel** Abgabe einer Willenserklärung zur gemeinsamen Veranlagung in einer Steuererklärung, wenn dadurch die Steuerschuld des Ehegatten, der die gemeinsame Veranlagung wünscht, verringert und die Steuerschuld des anderen nicht erhöht wird. ■

aa) Unterlassungsansprüche

Bei einem ehewidrigen Verhalten eines Ehegatten hat der andere Ehegatte einen Unterlassungsanspruch aus § 1353, der allerdings nach § 120 Abs. 1, Abs. 3 FamFG nicht vollstreckbar ist. Eine Beeinträchtigung des ungestörten Fortbestands der Ehe kann auch quasi-negatori-

---

[25] *BGH* Urt. v. 18.9.2009 (Az. XII ZR 176/06) = NJW 2010, 1879.

sche Unterlassungsansprüche nach §§ 823, 1004 Abs. 1, 862 Abs. 1, 812 S. 1 analog begründen. Solche Ansprüche sind indes ebenfalls eine Familiensache i.S.v. § 266 Abs. 1 Nr. 2 FamFG, die dem Vollstreckungsverbot des § 120 Abs. 3 FamFG unterliegen.

46 Vor Inkrafttreten des FamFG wurde die Vollstreckung eines quasi-negatorischen Unterlassungsanspruches überwiegend wegen des Vollstreckungsverbots des § 888 Abs. 3 ZPO a.F. abgelehnt.[26] Der BGH[27] hat allerdings im Gegensatz zum RG[28] einen im Wege der Zwangsvollstreckung durchsetzbaren Anspruch auf Beseitigung der Störung und Unterlassung künftiger Störungen gegen den anderen Ehegatten gewährt, wenn der **räumlich-gegenständliche Bereich der Ehe** durch ein ehebrecherisches Verhältnis des anderen Ehegatten beeinträchtigt wird. Es handelte sich dabei um die Fälle, in denen der Ehegatte seine Geliebte in die Wohnung mit aufgenommen hatte. Der räumlich-gegenständliche Bereich der Ehe wurde auch auf **Geschäftsräume** ausgedehnt, wenn sie ähnlich wie die Ehewohnung zu einem Teil des äußeren gegenständlichen Bereichs der Ehe geworden waren.[29]

bb) Schadensersatzansprüche

47 Bei einem ehewidrigen Verhalten eines Ehegatten sind Schadensersatzansprüche des anderen Ehegatten wegen der Verletzung von höchstpersönlichen Ehepflichten und wegen der Verletzung des räumlich-gegenständlich Bereichs der Ehe nach der h.M.[30] ausgeschlossen.

> **Beispiel** Der Ehemann erlaubt seiner Geliebten in die Ehewohnung einzuziehen. Die Ehefrau zieht in ein Hotel und macht die Übernachtungskosten gegenüber ihrem Ehemann geltend.

48 Etwas anderes gilt dann, wenn zu dem ehewidrigen Verhalten eine sittenwidrig schädigende Verletzungshandlung des Ehegatten hinzutritt, die zu einer Schadensersatzpflicht nach § 826 führt. Eine solche Schädigung ergibt sich allerdings nicht bereits daraus, dass ein Ehegatte den Ehebruch verschwiegen hat. Denn es besteht keine schadensersatzrechtlich sanktionierte Pflicht, dem anderen Ehegatten einen Ehebruch zu offenbaren.[31]

> **Beispiel** Ein Fall des § 826 kann vorliegen, wenn die Ehefrau, die bei einem Ehebruch ein Kind empfangen hat, Zweifel des Ehemannes an der Abstammung des Kindes durch unzutreffende Angaben oder durch ausdrückliches Leugnen des Ehebruchs zerstreut, oder wenn sie den Ehemann durch eine arglistige Täuschung oder auf andere Weise, etwa auch durch Drohung, an der Erhebung der Ehelichkeitsanfechtungsklage hindert.[32]

---

[26] MüKo-*Roth* § 1353 Rn. 52, 54.
[27] *BGH* Urt. v. 26.6.1952 (Az. IV ZR 228/51) = BGHZ 6, 360.
[28] *RG* Urt. v. 22.4.1909 (Az. VI 27/09) = RGZ 71, 85.
[29] *BGH* Urt. v. 26.6.1952 (Az. IV ZR 54/52) = LM Nr. 2 zu § 823 (Af).
[30] *BGH* Urt. v. 30.1.1957 (Az. IV ZR 279/56) = BGHZ 27, 215; *BGH* Urt. v. 19.12.1989 (Az. IVb ZR 56/88) = FamRZ 1990, 367.
[31] *BGH* Urt. v. 19.12.1989 (Az. IVb ZR 56/88) = FamRZ 1990, 367; *BGH* Beschl. v. 2.7.2014 (Az. XII ZB 201/1) = juris Rn. 13.
[32] *BGH* Urt. v. 8.4.1981 (Az. IVb ZR 584/80) = BGHZ 80, 235.

Allgemeine Ehewirkungen

b) Ansprüche gegen den Ehestörer

aa) Unterlassungsansprüche

Beschränkt sich das Verhalten eines Dritten auf die ehewidrige Beziehung zu dem Ehegatten – ohne dass in den räumlich gegenständlichen Bereich der Ehe eingegriffen wird – steht dem anderen Ehegatten nach der Rechtsprechung[33] gegen den Dritten kein Unterlassungsanspruch zu. Solche Ansprüche werden verneint, weil dadurch entgegen der Wertung des § 120 Abs. 3 FamFG mittelbar auch gegen den anderen Ehegatten ein Rechtszwang zur ehelichen Lebensgemeinschaft ausgeübt werde.

Greift der Ehestörer dagegen in den räumlich gegenständlichen Bereich der Ehe ein, steht dem anderen Ehegatten ein quasi-negatorische Unterlassungsanspruch gegen den Dritten zu, da er insoweit das Persönlichkeitsrecht des anderen Ehegatten verletzt.[34]

bb) Schadensersatzansprüche

Nach der ständigen Rechtsprechung des Bundesgerichtshofs[35] gewähren die §§ 823 ff. gegen den ehestörenden Dritten keine Schadensersatzansprüche aus Delikt. Der BGH stützt dies darauf, dass die Ursachen für die Ehestörung im Verhältnis der Ehegatten zueinander liegen würden, für die dem Dritten keine Verantwortung auferlegt werden könne.

Demgegenüber bejaht ein Teil der Literatur[36] gegen den ehestörenden Dritten Schadensersatzansprüche nach § 823 Abs. 1.

Die Ansicht des Bundesgerichtshofs verdient den Vorzug, da die eheliche Lebensgemeinschaft im Verhältnis zu Dritten ein absolutes Recht auf Ungestörtheit der Beziehung nicht begründen kann. Allerdings ist der Dritte verpflichtet, die Schäden zu ersetzen, die er durch eine schuldhafte Verletzung der Gesundheit oder anderer in § 823 Abs. 1 geschützte Rechte verursacht. Entsprechendes gilt, wenn ein Verhalten die Voraussetzungen des § 826 erfüllt, indem zu dem ehestörenden Verhalten ein sittenwidrig schädigendes Verhalten hinzutritt und der Dritte dabei mit zumindest bedingten – auf eine Schadenszufügung gerichteten – Vorsatz gehandelt hat.[37]

> **JURIQ-Klausurtipp**
>
> Bei der Klausurbearbeitung ist zwischen den Ansprüchen der Ehegatten untereinander und den Ansprüchen des betrogenen Ehegatten zu dem Dritten zu trennen. Innerhalb der jeweiligen Rechtsverhältnisse sind dann die Ansprüche auf Unterlassung und auf Schadensersatz zu prüfen.

---

33 *RG* Urt. v. 23.4.1936 (Az. IV 304/35) = RGZ 151, 160; *BGH* Urt. v. 26.6.1952 (Az. IV ZR 228/51) = BGHZ 6, 360.
34 *BGH* Urt. v. 26.6.1952 (Az. IV ZR 228/51) = BGHZ 6, 360; *BGH* Urt. v. 26.6.1952 (Az. IV ZR 54/52) = LM Nr. 2 zu § 823 (Af).
35 *BGH* Urt. v. 26.6.1952 (Az. IV ZR 228/51) = BGHZ 6, 360; Urt. v. 6.2.1957 (Az. IV ZR 263/56) = BGHZ 23, 279; *BGH* Urt. v. 8.1.1958 (Az. IV ZR 173/57) = BGHZ 26, 217; *BGH* Urt. v. 3.11.1971 (Az. IV ZR 86/70) = BGHZ 57, 229; *BGH* Urt. v. 8.4.1981 (Az. IVb ZR 584/80) = FamRZ 1981, 531.
36 *Böhmer* AcP 155, 181; *Schwab* Jus 1961, 142; *Bosch* FamRZ 1958, 101.
37 *BGH* Urt. v. 19.12.1989 (Az. IVb ZR 56/88) = FamRZ 1990, 367.

c) Ansprüche wegen eines Ehebruchskindes

54 Hat der betrogene Ehemann und Scheinvater für ein während der Ehe geborenes nichteheliches Kind Unterhalt gezahlt, hat er gegen den Erzeuger des Kindes einen Anspruch aus § 1607 Abs. 3 auf Erstattung der Unterhaltskosten. Einen Anspruch auf Ersatz der Entbindungskosten gewährt der Bundesgerichtshof[38] dem Ehemann über die Rückgriffskondiktion des § 812 Abs. 1 S. 1 Alt. 2, weil er den Erzeuger von seiner Unterhaltspflicht aus § 1610 befreit hat. Er kann weiter nach §§ 1607 Abs. 3, 1610 Abs. 2 analog den Ersatz der Kosten der Vaterschaftsanfechtung von dem Scheinvater verlangen.[39] Für die Geltendmachung dieser Ansprüche ist indes Voraussetzung, dass nach § 1600d Abs. 4 die Vaterschaft festgestellt ist. Die Rechtsausübungssperre des § 1600d Abs. 4, wonach die Rechtswirkungen der Vaterschaft grundsätzlich zwar erst vom Zeitpunkt ihrer Feststellung an geltend gemacht werden können, kann im Regressprozess des Scheinvaters gegen den mutmaßlichen Erzeuger des Kindes in besonders gelagerten Einzelfällen zwar auf die Weise durchbrochen werden, dass die Vaterschaft inzident festgestellt wird. Die Durchbrechung der Rechtsausübungssperre im Regressprozess des Scheinvaters gegen den mutmaßlichen Erzeuger des Kindes setzt jedoch voraus, dass der Scheinvater zuvor seine Vaterschaft wirksam angefochten hat. Nach Ablauf der dafür gemäß § 1600b geltenden Frist kommt auch die inzidente Feststellung eines anderen Mannes als Vater nicht mehr in Betracht.[40] Der Bundesgerichtshof hat dem Scheinvater ein Auskunftsanspruch gegen die Mutter des Kindes zubilligt.[41] Weder ein von der Ehefrau begangener Ehebruch noch das bloße Verschweigen der hieraus folgenden möglichen Nichtvaterschaft gegenüber dem Ehemann führt zu einer Schadensersatzpflicht der (geschiedenen) Ehefrau hinsichtlich des von ihm geleisteten Unterhalts für das scheineheliche Kind.[42]

Die Durchbrechung der Rechtsausübungssperre im Regressprozess des Scheinvaters gegen den mutmaßlichen Erzeuger des Kindes setzt jedoch voraus, dass der Scheinvater zuvor seine Vaterschaft wirksam angefochten hat. Nach Ablauf der dafür gemäß § 1600b geltenden Frist kommt auch die inzidente Feststellung eines anderen Mannes als Vater nicht mehr in Betracht (Rn. 31).

---

38 *BGH* Urt. v. 8.1.1958 (Az. IV ZR 173/57) = BGHZ 26, 217.
39 *BGH* Urt. v. 3.11.1971 (Az. IV ZR 86/70) = BGHZ 57, 229.
40 *BGH* Urt. v. 11.1.2012 (Az. XII ZR 194/09) = NJW 2012, 852; *BGH* Urt. vom 9.11.2011 (Az. XII ZR 136/09) = BGHZ 191, 259.
41 *BGH* Beschl. v. 2.7.2014 (Az. XII ZB 201/1) = juris Rn. 13.
42 *BGH* Beschl. v. 20.2.2013 (Az. XII ZB 412/1) = BGHZ 196, 207.

III. Schlüsselgewalt, § 1357

> **Mitverpflichtung und -berechtigung nach § 1357** 55
>
> **I. Voraussetzungen**
> 1. Kein Ausschluss nach § 1357 Abs. 2
> 2. Kein Getrenntleben, § 1357 Abs. 3
> 3. Geschäft zur angemessenen Deckung des Lebensbedarfs
>   - Verbrauchergeschäfte Rn. 65
> 4. Keine Ausnahme aufgrund der Umstände, § 1357 Abs. 1 S. 2
>   - Ärztliche Heilbehandlungen Rn. 68
>
> **II. Wirkungen**
> - Dingliche Wirkung Rn. 57
> - Gläubigerstellung Rn. 59
> - Ausübung von Gestaltungsrechten Rn. 60

Nach § 1357 ist jeder Ehegatte berechtigt, Geschäfte zur angemessenen Deckung des **Lebensbedarfs** der Familie mit Wirkung auch für den anderen Ehegatten zu besorgen. Vorrangig dient § 1357 dem Schutz des Rechtsverkehrs.[43] Dritte sollen sich unabhängig davon, welcher Ehegatte das zur Deckung des angemessenen Lebensbedarfs der Familie erforderliche Geschäft abgeschlossen hat, wegen ihrer Forderungen an beide Ehegatten halten können, unabhängig davon, welcher Ehegatte über Einkommen oder Vermögen verfügt.

1. Mitverpflichtung und Mitberechtigung des anderen Ehegatten

Durch den Abschluss eines Geschäfts zur angemessenen Deckung des Lebensbedarfs werden beide Ehegatten berechtigt und verpflichtet, es sei denn, dass sich aus den Umständen etwas anderes ergibt.[44] Im **Unterschied zur rechtsgeschäftlichen Vertretung** der §§ 164 ff. wird nach § 1357 ein Dritter verpflichtet, obwohl die Willenserklärung **nicht in dessen Namen abgegeben** wird. Es handelt sich bei § 1357 um eine **gesetzliche Mitverpflichtungsermächtigung (Schlüsselgewalt)**.

Die Mitverpflichtung des anderen Ehegatten bezieht sich nach h.M.[45] **nur auf obligatorische Ansprüche**. Durch Rechtsgeschäfte, die im Rahmen der Schlüsselgewalt abgeschlossen werden, entsteht **kein Miteigentum** der Ehegatten an dem Kaufgegenstand. Die dingliche Rechtslage bestimmt sich vielmehr nach den sachenrechtlichen Regelungen. Ansonsten wäre die Vorschrift des § 1357 mit den wesentlichen Prinzipien des gesetzlichen Güterstandes (vgl. §§ 1363 Abs. 2, 1364) und mit dem von den Ehegatten vereinbarten Güterrecht nicht zu vereinbaren.[46]

---
43 *BT-Drs.* 7/650 S. 98 f.
44 *BGH* Urt. v. 15.5.1991 (Az. VIII ZR 212/90) = NJW 1991, 2958.
45 *BGH* Urt. v. 13.3.1991 (Az. XII ZR 53/90) = BGHZ 114, 74; Palandt-*Brudermüller* § 1357 Rn. 19.
46 *BGH* Urt. v. 13.3.1991 (Az. XII ZR 53/90) = BGHZ 114, 74.

a) Gesamtschuldverhältnis

58 Bei Abschluss eines Geschäfts zur Deckung des angemessenen Lebensbedarfs entsteht zwischen den Ehegatten ein Gesamtschuldverhältnis.[47] Im Rahmen des Gesamtschuldnerausgleichs nach § 426 richtet sich die Verteilung im Innenverhältnis nach dem Unterhaltsrecht § 1360a, da zwischen den Ehegatten insoweit etwas anderes „bestimmt" ist. Die Besonderheit des Gesamtschuldverhältnisses liegt darin, dass die Mithaftung zur Schuld desjenigen, der das Schuldverhältnis abgeschlossen hat, akzessorisch ist. Die sich aus § 1357 Abs. 1 ergebende Gesamtschuld hat Gesamtwirkung, wodurch sich die Mithaftung auch auf Schadensersatzansprüche wegen Vertragsverletzungen erstreckt.[48] In analoger Anwendung des § 417 Abs. 1 S. 1 kann der mithaftende Ehegatte dem Gläubiger sämtliche Gegenrechte seines Ehegatten geltend machen, da es sich um einen gesetzlichen Schuldbeitritt handelt.

b) Gesamtgläubigerschaft

59 Umstritten ist, ob die Ehegatten bei Abschluss eines Geschäfts zur angemessenen Deckung des Lebensbedarfs Mitgläubiger i.S.v. § 432[48] oder Gesamtgläubiger nach § 428 sind.[49] Die Anwendung des § 428 erscheint interessengerechter, da § 432 nach der Gesetzessystematik subsidiär ist.[50] Im Übrigen kann sich durch die Anwendung des § 432 das Schuldverhältnis unterschiedlich rechtlich entwickeln, was durch § 429 Abs. 3 bei der Annahme einer Gesamtgläubigerschaft nicht möglich ist.

> **Hinweis**
>
> Der Ehegatte, der den anderen mit der Erledigung bestimmter Aufgaben betraut, muss sich das in diesem Rahmen erlangte Wissen (§§ 819, 932, 990) des anderen Ehegatten nach § 166 zurechnen lassen.[51]

60 Ungeklärt ist auch die Ausübung von sekundären Gläubigerrechten. Rechtsdurchsetzungshandlungen (Mahnung, Fristsetzung), kann jeder Ehegatte mit Wirkung für den anderen Ehegatten ausüben. Umstritten ist, ob Gestaltungsrechte, die dem Schutz der Privatautonomie oder der Sicherung der Entscheidungsfreiheit dienen (Anfechtung, Rücktritt, Widerruf) nur der kontrahierende Ehegatte mit Wirkung für den anderen Ehegatten ausüben kann. Dafür spricht, dass nach § 143 nur derjenige anfechtungsberechtigt ist, der die Willenserklärung abgegeben hat. Die umfängliche Mitverpflichtung des nicht kontrahierenden Ehegatten nach § 1357 Abs. 1 S. 2 umfasst nach h.M.[52] auch das Recht, die Gestaltungsrechte alleine geltend zu machen. Folgt man der Mindermeinung, so kann der andere Ehegatte die Leistung analog §§ 770, 1137 Abs. 1 S. 1, 1211 Abs. 1 S. 1 verweigern, solange der kontrahierende Ehegatte zur Ausübung der Gestaltungsrechte berechtigt ist.[53]

---

47 Siehe dazu Skript „Schuldrecht AT I" Rn. 108 ff.
48 Palandt-*Brudermüller* § 1357 Rn. 22.
49 MüKo-*Roth* § 1357 Rn. 41; Ermann-*Kroll-Ludwig* § 1357 BGB Rn. 19.
50 Siehe dazu Skript „Schuldrecht AT I" Rn. 78 f.
51 *BGH* Urt. v. 25.3.1982 (Az. VII ZR 60/81) = BGHZ 83, 293.
52 Palandt-*Brudermüller* § 1357 Rn. 21.
53 MüKo-*Roth* § 1357 Rn. 41.

Schlüsselgewalt, § 1357 — 1 C III

2. Voraussetzungen der Mitverpflichtung

a) Wirksame Ehe

Für die Annahme einer Mitverpflichtung des anderen Ehegatten muss eine wirksame Ehe bestehen.

> **JURIQ-Klausurtipp**
>
> In einer Klausur ist für den Fall, dass vor der Hochzeit ein Angebot zum Abschluss eines Rechtsgeschäfts gemacht worden ist, genau zu prüfen, in welchem Zeitpunkt das Rechtsgeschäft angenommen worden ist. Die Vorschrift des § 1353 findet keine Anwendung, wenn das Rechtsgeschäft vor der Eingehung der Ehe abgeschlossen worden ist.

Auch bei einer aufhebbaren Ehe findet § 1357 Anwendung. Erst mit Rechtskraft des Urteils, das die Ehe aufhebt, ist die Ehe unwirksam § 1313 S. 2.

b) Kein Ausschluss nach §§ 1357 Abs. 2, 1412

Interne Beschränkungen der Ehegatten untereinander oder ein Ausschluss der Haftung aus § 1357 Abs. 1 im Innenverhältnis wirken nach außen nur, wenn sie im Güterrechtsregister eingetragen sind §§ 1357 Abs. 2, 1412.

c) Kein Getrenntleben, § 1357 Abs. 3

Nach § 1357 Abs. 3 findet die Vorschrift des § 1357 keine Anwendung, wenn die Ehegatten getrennt i.S.v. § 1567 leben. Nach h.M.[54] liegt ein Getrenntleben der Ehegatten auch dann vor, wenn die Ehegatten noch in einer Wohnung leben, aber einen getrennten Haushalt führen. Dagegen tritt ein Verlust der Schlüsselgewalt nicht dadurch ein, dass die Ehegatten nur vorübergehend getrennt sind. Entscheidend für eine Trennung ist der beiderseitige Wille der Ehegatten, die häusliche Lebensgemeinschaft nicht mehr aufrechterhalten zu wollen.

> **Beispiel** An einem solchen Willen fehlt es und ein Getrenntleben scheidet aus, wenn ein Ehegatte einen längeren Aufenthalt in einem Sanatorium hat oder bei einer vorübergehenden Tätigkeit eines Ehegatten im Ausland. ■

d) Rechtsgeschäft zur angemessene Deckung des Lebensbedarfs

Die aus § 1357 sich ergebende Verpflichtungsermächtigung bezieht sich nur auf solche Rechtsgeschäfte, die zur angemessenen Deckung des **Lebensbedarfs der Familie** erforderlich sind. Der Lebensbedarf ist ein Begriff aus dem Unterhaltsrecht (§§ 1360a, 1610). Er erfasst alle Rechtsgeschäfte des unmittelbaren Bedarfs (Ernährung, Kleidung, Miete, Heizkosten etc.) und des persönlichen Bedarfs (Bücher, Genussmittel, Kurzreisen), für die wegen des Umfangs des Rechtsgeschäfts eine vorherige Verständigung der Ehegatten nicht stattfindet.

---

54 *BGH* Urt. v. 13.3.1991 (Az. XII ZR 53/90) = FamRZ 1979, 469.

> **Angemessen** ist die Deckung des Lebensbedarfs, wenn sie nach Art und Umfang den durchschnittlichen Gebrauchsgewohnheiten einer Familie in vergleichbarer sozialer Lage entspricht.

Für die Beurteilung ist der nach außen in Erscheinung getretene Lebenszuschnitt der Familie maßgebend.[55] Rechtsgeschäfte, die den bisherigen Lebensstandard der Familie überschreiten oder die die Lebensbedingungen grundlegend ändern, unterliegen daher nicht der Schlüsselgewalt.

Beispiel Kauf eines Eigenheims, Kauf eines Luxusautos oder einer Segelyacht ■

66 Von der Vorschrift des § 1357 werden auch solche Rechtsgeschäfte nicht erfasst, die in der persönlichen Sphäre eines Ehegatten liegen oder die der Vermögensverwaltung oder der Vermögensanlage dienen.

Beispiel Abschluss eines Arbeitsvertrags oder Buchung einer Fortbildungsveranstaltung, Abschluss eines Sparvertrages ■

 67 Nach h.M.[56] können auch Rechtsgeschäfte, die den Vorschriften des **Verbraucherschutzes** (§§ 312 ff., Verbraucherdarlehen nach §§ 491 ff., Finanzierungshilfen nach §§ 506 ff., Ratenlieferungsverträge nach § 510) unterliegen, generell in den Anwendungsbereich von § 1357 Abs. 1 S. 1 fallen. Sofern die sonstigen Voraussetzungen des § 1357 erfüllt sind, werden beide Ehegatten aus einem Ratenlieferungsvertrag über § 1357 berechtigt und verpflichtet. Nach h.M. ist es auch ausreichend, wenn die Formvorschriften des §§ 492, 355 nur gegenüber dem handelnden Ehegatten erfüllt sind und nur ihm gegenüber die Widerrufsbelehrung nach § 355 erfolgt ist. Soweit der nicht handelnde Ehegatte mit verpflichtet worden ist, werden auch ihm gegenüber die Schutzwirkungen der verbraucherschützenden Regelungen zuteil. Ihm steht insbesondere das Widerrufsrecht zu.[57] Für die Fristberechnung muss sich der andere Ehegatte die Kenntnis des handelnden Ehegatten von der Widerrufsbelehrung in entsprechender Anwendung der Vertretungsregelungen zurechnen lassen.[58]

---

55 *BGH* Urt. v. 3.2.1985 (Az. IVb ZR 72/83) = FamRZ 1985, 576.
56 Palandt-*Brudermüller* § 1357 Rn. 11 m.w.N.
57 Palandt-*Grüneberg* § 312 Rn. 29; MüKo-*Roth* § 1357 Rn. 34.
58 Müko-*Roth* § 1357 Rn. 31, 34.

Schlüsselgewalt, § 1357

> **Hinweis**
>
> Bei Verbraucherdarlehen und Ratenzahlungsverträgen kann eine Mitverpflichtung des Ehegatten nach § 1357 nicht mehr angenommen werden, soweit die Valuta ein Viertel des monatlichen Einkommens überschreitet.[59]

e) Keine anderen Umstände

Es dürfen keine für den Vertragspartner erkennbaren Umstände vorliegen, die die Mitverpflichtung und die Mitberechtigung des anderen Ehegatten ausschließen. Das ist der Fall, wenn der handelnde Ehegatte eindeutig klarstellt, dass er der alleinige Vertragspartner sein will. Auch aus objektiven Umständen kann sich ein solcher Ausschluss ergeben. Der Abschluss von ärztlichen Behandlungsverträgen unterliegt der Vorschrift des § 1357, wenn die Heilbehandlung eine medizinisch notwendige Maßnahme betrifft und die Behandlung unaufschiebbar ist.[60] Überschreiten die Behandlungskosten die finanziellen Verhältnisse der Familie, so tritt keine Mitverpflichtung des anderen Ehegatten ein, wenn dies für den Vertragspartner anhand des wirtschaftlichen Erscheinungsbilds der Familie erkennbar ist.

---

59 Palandt-*Brudermüller* § 1357 Rn. 11; a.A. MüKo-*Roth* § 1357 Rn. 26.
60 *BGH* Urt. v. 27.11.1991 (Az. XII ZR 226/90) = NJW 1992, 909.

f) Übungsfall Nr. 1

69 „Behandlungskosten"

M und F waren 10 Jahre im Güterstand der Zugewinngemeinschaft verheiratet. Aus der Ehe sind drei Kinder hervorgegangen. Die wirtschaftlichen Verhältnisse der Ehegatten waren sehr angespannt, da der M in den letzten Jahren nur geringe Einkünfte aus einer selbständigen Tätigkeit erzielt hat. Die Allgemeine Ortskrankenkasse hatte das mit M bestehende Krankenversicherungsverhältnis gekündigt, nachdem er die Krankenkassenbeiträge nicht mehr zahlen konnte. M musste sich nach der Kündigung des Versicherungsverhältnisse wegen eines Bronchialkarzinoms einer Chemotherapie in einer Klinik unterziehen. Vor der Behandlung schloss er als Selbstzahler einen Behandlungsvertrag mit der Klinik K ab, um absolut notwendige Behandlungsleistungen in Anspruch zu nehmen. Nach Beendigung der Behandlung leistete M die vertraglich vereinbarten Behandlungskosten nicht. Kurze Zeit später verstirbt M und wird von seinen drei Kindern testamentarisch beerbt. Die Klinik K nimmt die F wegen der für den M entstandenen Behandlungskosten in Höhe von 20 000 € in Anspruch.

(Anmerkung: Dem Sachverhalt liegt die Entscheidung des BGH[61] zugrunde.)

70 Lösung

K kann gemäß §§ 611 Abs. 1, 1357 die Behandlungskosten von F als Mitverpflichtete des von M mit K geschlossenen Behandlungsvertrags verlangen.

I. Vertraglicher Anspruch nach § 611

Ein solcher Anspruch setzt zunächst das Bestehen eines Dienstleistungsvertrags zwischen M und K voraus. M schloss mit K einen privatrechtlichen Behandlungsvertrag in Form eines Dienstvertrages gemäß § 611, durch den K einen Anspruch gegen M auf Leistung der vereinbarten Behandlung erwarb. Durch diesen Vertrag ist nur der M zur Zahlung der Behandlungskosten verpflichtet worden. F ist auch nicht im Rahmen einer Stellvertretung durch M bei dem Abschluss des Behandlungsvertrags vertreten worden, da M den Dienstvertrag im eigenen Namen abgeschlossen hat.

II. Mitverpflichtung der F gemäß § 1357 Abs. 1

F könnte durch den Vertragsschluss zwischen M und K nach § 1357 mit verpflichtet worden sein. Nach dieser Vorschrift kann jeder Ehegatte Geschäfte zur angemessenen Deckung des Lebensbedarfs der Familie auch mit Wirkung für den anderen Ehegatten abschließen, wodurch beide Ehegatten berechtigt und verpflichtet werden, solange sich nicht aus den Umständen etwas anderes ergibt.

1. Anwendbarkeit des § 1357 Abs. 1

Die Vorschrift des § 1357 Abs. 1 greift ein, wenn eine wirksame Ehe zwischen F und M im Zeitpunkt des Abschlusses des Behandlungsvertrags bestanden hat und sie nicht getrennt gelebt haben. Für diese Ausschlussgründe bestehen vorliegend keine Anhaltspunkte.

2. Geschäft zur Deckung des angemessen Lebensbedarfs

Der zwischen M und K bestehende Behandlungsvertrag müsste ein Geschäft zur angemessenen Deckung des Lebensbedarfs gewesen sein. Geschäfte zur Deckung des Lebensbedarfs sind alle Geschäfte, die nach den Verhältnissen der Ehegatten der Deckung ihres Lebensbedarfs dienen. Der Umfang des Lebensbedarfs bestimmt sich in Anlehnung an das Unterhaltsrechts. Dazu zählt nicht nur der gesamte Bedarf der gemeinsamen Haushaltsführung, sondern auch ein eventuell persönlicher Bedarf der Ehegatten und der mit ihnen gemeinsam lebenden unterhaltsberechtigten Kindern.[62] Auch Aufwendungen, die nur einem Ehegatten zugute-

---

61 *BGH* Urt. v. 27.11.1991 (Az. XII ZR 226/90) = BGHZ 116, 184.

62 *BGH* Urt. v. 13.2.1985 (Az. IVb ZR 72/83) = BGHZ 94, 1.

kommen, können Teil des Lebensbedarfs der Ehegatten sein. Zu ihrem Lebensbedarf gehört auch die ärztliche Versorgung eines Ehegatten, da die Behandlung im Interesse der gesamten Familie erfolgt. Ärztliche Behandlungen dienen der Gesundheit als dem primären und ursprünglichen Lebensbedarf der gesamten Familie. Dem steht nicht entgegen, dass aus dem ärztlichen Behandlungsvertrag wegen der Höchstpersönlichkeit der Leistung nur der behandelte Ehegatte berechtigt und der andere Ehegatte nur mit verpflichtet werden kann. Eine Mitverpflichtung der F tritt nach § 1357 Abs. 1 indes nur dann ein, wenn das Geschäft der angemessenen Deckung des Lebensbedarfs dient. Angemessen ist ein Geschäft, wenn es den wirtschaftlichen Verhältnissen und den tatsächlichen Lebensverhältnissen der Familie entspricht. Hierbei kommt es allein auf die tatsächlich verwirklichte Lebensführung der Ehegatten an. Im Hinblick auf die bescheidenen wirtschaftlichen Lebensverhältnisse der F und des M erscheint es zweifelhaft, ob die Inanspruchnahme von Behandlungsleistungen in Höhe von 20 000 € noch als angemessen beurteilt werden können. Allerdings können trotz des bescheidenen Lebenszuschnittes der Ehegatten ärztliche Heilbehandlungskosten auch ohne Abstimmung unter den Ehegatten zu dem angemessenen Lebensbedarf gehören, wenn es sich um unaufschiebbare und medizinisch notwendige Maßnahmen handelt. Durch die wegen des Bronchialkarzinoms erforderliche Chemotherapie sollte eine lebensgefährliche Krankheit gelindert werden, so dass eine medizinisch absolut unerlässliche Behandlung vorlag. Solche Aufwendungen zählt die Rechtsprechung[63] zu dem Grundlebensbedarf jedes Ehegatten, die infolgedessen unabhängig von den Einkommens- und Lebensverhältnissen der Familie als angemessen eingestuft werden, auch wenn sich die Ehegatten zuvor nicht darüber abgestimmt haben.

III. Ausschluss der Mithaftung

Aus § 1357 Abs. 1 S. 2 folgt nur dann eine Mitverpflichtung des nicht den Vertrag schließenden Ehegatten, soweit sich nicht aus den Umständen etwas anderes ergibt. Das ist der Fall, wenn sich für den Vertragspartner aus dem Vertragsschluss ausdrücklich oder erkennbar der Wille des vertragsschließenden Ehegatten ergibt, nur sich allein verpflichten zu wollen.[64] Im Übrigen nimmt die Rechtsprechung an, dass eine Mithaftung für die den Lebensbedarf deckenden Geschäfte nur insoweit entsteht, wie der mitverpflichtete Ehegatte auch unterhaltsrechtlich zur Leistung verpflichtet gewesen wäre. Daran fehlt es, wenn das Geschäft die Leistungsfähigkeit der Familie überschreitet (sog. „Sonderbedarf").[65] In diesen Fällen entsteht eine Mithaftung nur im Rahmen der Leistungsfähigkeit des mithaftenden Ehegatten. Die durch das Bronchialkarzinom erforderlichen Heilbehandlungskosten stellen einen Sonderbedarf dar. Die Mitverpflichtung der F hängt daher von ihrer Leistungsfähigkeit ab, die sich wiederum nach den wirtschaftlichen Verhältnissen der Familie bestimmt. Da für M kein Krankenversicherungsschutz vorhanden war und die Ehegatten über kein weitergehendes Vermögen verfügten, übersteigt der durch die Heilbehandlung entstandene Sonderbedarf die Leistungsfähigkeit der Familie und damit auch der F. Ihre Mitverpflichtung ist daher gemäß § 1357 Abs. 1 S. 2 ausgeschlossen.

IV. Ergebnis

K hat daher gegen die F keinen Anspruch auf Zahlung der Heilbehandlungskosten in Höhe von 20 000 €.

---

63 *BGH* Urt. v. 13.2.1985 (Az. IVb ZR 72/83) = BGHZ 94, 1.
64 Palandt-*Brudermüller* § 1357 Rn. 18.
65 *BGH* 27.11.1991 (Az. XII ZR 226/90) = BGHZ 116, 184.

IV. Haftungserleichterungen nach § 1359

71 Nach § 1359 ist der Umfang der Sorgfaltspflichtverletzung der Ehegatten auf die **Sorgfalt** beschränkt, die ein Ehegatte in **eigenen Angelegenheiten** (diligentia quam in suis) anzuwenden pflegt. Gemäß § 277 ist derjenige, der für eine solche Sorgfalt einzustehen hat, von der Haftung **für grobe Fahrlässigkeit** und **Vorsatz** nicht befreit. Der in § 1359 geregelte Haftungsmaßstab bezieht sich nur auf die Erfüllung der Pflichten, die sich aus den ehelichen Lebensverhältnissen ergeben. Er gilt **nicht**, wenn die Ehegatten sich **rechtsgeschäftlich** wie beliebige Dritte gegenüberstehen.

Beispiel Ein Ehegatte ist aufgrund eines mit dem anderen Ehegatten geschlossenen Arbeitsvertrags in dessen Betrieb tätig. Beschädigt er in diesem Rahmen Waren oder Betriebsgegenstände, findet die Haftungserleichterung des § 1359 keine Anwendung. ∎

72 Der **mildere** Haftungsmaßstab des § 1359 ist infolge **teleologischer Reduktion nach h.M.**[66] auch **nicht anzuwenden**, wenn bei der gemeinsamen Teilnahme der Ehegatten im **Straßenverkehr** durch Verschulden eines Ehegatten Schäden an dem Körper oder an dem Eigentum des anderen Ehegatten entstehen. Der Geltendmachung von **fahrlässig** verursachten Schadensersatzansprüchen kann zudem § 1353 Abs. 1 S. 2 entgegenstehen, wenn dies den Umständen nach dem ehelichen Zusammenleben widerspricht. Nach der Rechtsprechung[67] soll sich in diesen Fällen ein stillschweigender Haftungsverzicht ergeben, der allerdings nur dann eingreift, wenn die Ehegatten nicht getrennt leben bzw. geschieden sind.

73 Bei der Haftung der Ehegatten ist **§ 207** zu beachten, wonach die **Verjährung von Ansprüchen** zwischen Ehegatten **für die Zeit des Bestehens der Ehe gehemmt** ist. Die Haftungsprivilegierung führt in Klausuren oft zum Problem des gestörten Gesamtschuldverhältnisses.

V. Eigentumsvermutung, § 1362

74 Für die Eigentumsverhältnisse gilt grundsätzlich die **Vermutung** des § 1006. Danach wird zugunsten eines Besitzers einer beweglichen Sache vermutet, dass er Eigentümer der Sache ist. Nach den allgemeinen Regelungen bestünde an den gemeinsam benutzten Gegenständen Mitbesitz der Ehegatten, der die Vermutung von Miteigentum der Ehegatten zu gleichen Teilen begründen würde, §§ 1008, 741, 742. Wegen der uneindeutigen Besitz- und Eigentumsverhältnisse in einer Ehewohnung stellt § 1362 Abs. 1 S. 1 für das Eherecht eine weitere **vom Güterstand unabhängige Vermutung** auf, wonach zugunsten der Gläubiger der Ehegatten vermutet wird, dass die im Besitz beider Ehegatten stehenden beweglichen Sachen dem Schuldner gehören. Die in § 1362 geregelte Vermutung gilt nur im Verhältnis zum Gläubiger und **nicht im Innenverhältnis der Ehegatten untereinander.**

75 Die Eigentumsvermutung des § 1362 Abs. 1 S. 1 wird in der Zwangsvollstreckung **durch die Gewahrsamsvermutung des § 739 ZPO ergänzt.** Nach dieser Vorschrift wird bei einer Zwangsvollstreckung gegen einen Ehegatten vermutet, dass für die Durchführung der Zwangsvollstreckung nur der Schuldner Besitzer und Gewahrsamsinhaber ist. Die Gewahrsamsfiktion des § 739 ZPO gewährleistet eine i.S.v. § 808 Abs. 1 ZPO verfahrensfehlerfreie

---

[66] *BGH* Urt. v. 13.1.1988 (Az. IVb ZR 110/86) = FamRZ 1988, 476; *BGH* Urt. v. 24.3.2009 (Az. VI ZR 79/08) = FamRZ 2009, 1048.
[67] *BGH* Urt. v. 13.1.1988 (Az. IVb ZR 110/86) = NJW 1988, 1208.

Inbesitznahme des Gerichtsvollziehers auch hinsichtlich der Gegenstände, die im Eigentum des anderen Ehegatten stehen. Dem Ehegatten, in dessen Eigentum mit einem gegen den anderen Ehegatten ergangenen Titel vollstreckt wurde, steht nicht die Vollstreckungserinnerung nach § 766 ZPO zu, da die Vollstreckung wegen der Gewahrsamsfiktion des § 739 ZPO rechtmäßig war. Da es sich bei § 1362 um eine Vermutung i.S.v. § 292 ZPO handelt, hat der Ehegatte, der Eigentümer der gepfändeten Sache ist, die Möglichkeit die Vermutung im Wege der Drittwiderspruchsklage nach § 771 ZPO zu widerlegen. Das kann dadurch erfolgen, dass er darlegt, dass er den Gegenstand im eigenen Namen erworben bzw. der Gegenstand ihm schon vor der Eheschließung gehört hat. Im letzten Fall gilt für das Fortbestehen des Eigentums die Vermutung des § 1006.[68]

Beispiel Gegen den Ehemann ergeht ein rechtskräftiges Urteil, durch das er verurteilt wird, 10 000 € an seinen Gläubiger G zu zahlen. Da der Ehemann nicht zahlungskräftig ist, pfändet der Gerichtsvollzieher ein wertvolles Bild in der Ehewohnung. Die Ehefrau wendet ein, das Bild stünde in ihrem Alleineigentum. Der Gerichtsvollzieher ist dennoch berechtigt, das Bild zu pfänden, da die Eigentumsvermutung des § 1362 eingreift. Da die Vollstreckung wegen der Gewahrsamsfiktion des § 739 ZPO rechtmäßig war, steht der Ehefrau keine Vollstreckungserinnerung nach § 766 ZPO zu. Sie muss vielmehr die Drittwiderspruchsklage gemäß § 771 ZPO erheben und in diesem Rechtsstreit die Vermutung des § 1362 widerlegen, indem sie ihr Alleineigentum beweist. ■

Die Eigentumsvermutung gilt nach § 1362 Abs. 1 S. 2 nicht, wenn die Ehegatten **getrennt** **76** leben und die Gegenstände, die gepfändet werden sollen, sich im Besitz des Ehegatten befinden, der nicht Schuldner ist. Für Sachen, die ausschließlich **zum persönlichen Gebrauch** eines Ehegatten bestimmt sind, wird nach § 1362 Abs. 2 vermutet, dass sie dem Ehegatten gehören, für dessen Gebrauch sie bestimmt sind.

Beispiel Kleidung, Schmuck (sofern er nicht zur Kapitalanlage der Ehegatten erworben wurde). ■

> **Hinweis**
>
> Die Rechtsprechung[69] wendet die Vorschrift des § 1362 nicht analog auf die nichteheliche Lebensgemeinschaft an, da eine Regelungslücke wegen der Nichtplanwidrigkeit insoweit fehle. In der Literatur[70] wird dies zum Teil im Hinblick auf Art. 6 Abs. 1 GG gefordert.

VI. Ehename

Nach § 1355 Abs. 1 S. 1 sollen die Ehegatten einen **gemeinsamen Ehenamen** führen. Zu **77** einem gemeinsamen Ehenamen sind sie indes **nicht verpflichtet.** Sie können auch den zur Zeit der Eheschließung geführten Namen nach der Eheschließung behalten, § 1355 Abs. 1 S. 2. Zum Ehenamen kann nach § 1355 Abs. 2 auch ein Name erklärt werden, den einer der Ehegatten durch eine Heirat erworben hatte. Der Ehegatte dessen Namen nicht Ehename wird, kann seinen Namen nach § 1355 Abs. 4 S. 1 dem Ehenamen voranstellen oder anfügen.

---

68 Palandt-*Bassenge* § 1006 Rn. 9.
69 *BGH* Urt. v. 14.12.2006 (Az. IX ZR 92/05) = BGHZ 170, 187.
70 Palandt-*Brudermüller* § 1362 Rn. 1.

Dazu ist er allerdings nicht berechtigt, wenn der Ehenamen bereits aus **mehreren Namen** besteht, § 1355 Abs. 4 S. 2. Nach der Entscheidung des BVerfG[71] greift dieses Verbot zwar in das Persönlichkeitsrecht der Ehegatten ein, dies sei aber ein legitimer Zweck zur Erhaltung der identitätsstiftenden Funktion des Namens. Wird ein Ehegatte, der seinen Geburtsnamen dem Ehenamen vorangestellt hat, adoptiert, hat dies auch Auswirkungen auf den Ehenamen. Der BGH[72] hält die Vorschriften der §§ 1767 Abs. 2, 1757 Abs. 1 für zwingend mit der Folge, dass sich der Begleitname automatisch in den durch die Adoption geänderten Geburtsnamen wandelt.

VII. Eheliche Unterhaltspflichten

78 Durch die Ehe ergeben sich drei unterschiedliche Arten von Unterhaltsansprüchen:

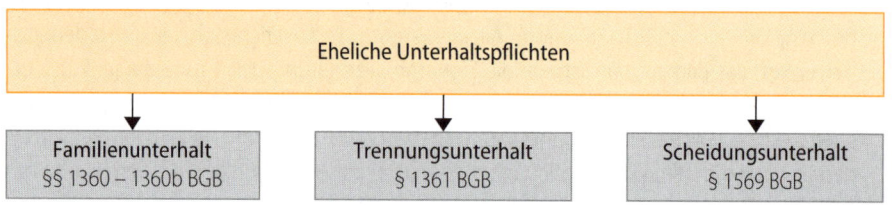

79 Die Voraussetzungen des Scheidungsunterhalts werden in Zusammenhang mit den Rechtsfolgen der Scheidung dargestellt.

1. Familienunterhalt

80 Nach § 1360 S. 1 sind die Ehegatten während der Ehe gegenseitig verpflichtet, für ihren angemessenen Lebensbedarf und für den Lebensbedarf der gemeinsamen Kinder zu sorgen. Anspruchsberechtigt ist jeder Ehegatte, so dass der Kindesunterhalt im eigenen Namen von einem Ehegatten gegenüber dem anderen Ehegatten geltend gemacht werden kann.

Aus der Vorschrift des § 1360 ergibt sich aber kein eigener Anspruch der Kinder gegen die Eltern. Der Unterhaltsanspruch der Kinder ist in §§ 1601 ff. geregelt. Der aus § 1360 S. 1 sich ergebende Unterhaltsanspruch kann nach § 1360 S. 2 auch in Natur in Form **der Haushaltsführung** geleistet werden (siehe oben unter Rn. 31). Nach § 1360a Abs. 2 S. 2 ist das dafür erforderliche Haushaltsgeld von dem anderen Ehegatten vorzuleisten. Zu dem Anspruch auf Familienunterhalt gehört auch das Taschengeld des den Haushalt führenden Ehegatten.

81 Ein Verzicht auf den **Familienunterhalt** ist **für die Zukunft nicht möglich** §§ 1360a Abs. 3, 1614 Abs. 1. Für die Vergangenheit kann Familienunterhalt nur unter den Voraussetzungen des § 1613 i.V.m. § 1360a Abs. 3 gefordert werden. Leistet ein Ehegatte mehr Unterhalt als er verpflichtet ist, ist nach § 1360b im Zweifel anzunehmen, dass er nicht beabsichtigt von dem anderen Ehegatten Ersatz zu verlangen. Die Vorschrift ergänzt §§ 685 Abs. 1, 814. Nach § 1360a Abs. 4 hat ein Ehegatte, der nicht in der Lage ist, die Kosten eines Rechtsstreits in einer persönlichen Angelegenheit zu tragen, einen Anspruch gegen den anderen Ehegatten auf einen Vorschuss der Prozesskosten.[73]

---

[71] *BVerfG* Urt. v. 5.5.2009 (Az. 1 BvR 1155/03) = NJW 2009, 1657.
[72] *BGH* Beschl. v. 17.8.2011 (Az. XII ZB 656/10) = NJW 2011, 3094.
[73] *OLG München* Beschl. v. 13.9.2005 (Az. 16 WF 1542/05) = NJW-RR 2006, 292.

2. Trennungsunterhalt

Im Fall der Trennung der Ehegatten tritt nach §§ 1361 Abs. 1 S. 1, 1361 Abs. 4 S. 1, S. 2 an die Stelle des Familienunterhalts der Trennungsunterhalt, der bis zum Zeitpunkt der Rechtskraft der Scheidung geltend gemacht werden kann. Ein Getrenntleben i.S.v. § 1567 liegt vor, wenn die Eheleute die eheliche Lebensgemeinschaft aufgegeben haben. Davon ist auszugehen, wenn zwischen ihnen keine häusliche Gemeinschaft mehr besteht (objektives Element) und ein Ehegatte sie auch erkennbar nicht mehr herstellen will (subjektives Element). Bei dem Trennungswillen handelt es sich um einen natürlichen Willen, für den eine Geschäftsfähigkeit nicht erforderlich ist.[74] Führen die Ehegatten keinen gemeinsamen Haushalt mehr und bestehen zwischen Ihnen auch keine persönlichen Beziehungen mehr, so kann ein Getrenntleben auch innerhalb der gemeinsamen Ehewohnung möglich sein.[75] Ein Getrenntleben der Ehegatten liegt dagegen nicht vor, wenn die Ehegatten nur aus beruflichen Gründen getrennte Wohnsitze haben oder sich ein Ehegatte längere Zeit in einem Sanatorium oder in einer Haftanstalt aufhält. In diesen Fällen fehlt es an dem subjektiven Willen der Ehegatten, die eheliche Lebensgemeinschaft aufzugeben.

82

Ein Anspruch auf Gewährung von Trennungsunterhalt setzt voraus, dass der Ehegatte bedürftig ist. Das ist nicht der Fall, wenn der Ehegatte aus eigenen Mittel seinen Lebensunterhalt bestreiten kann.[76] Die Bedürftigkeit eines Ehegatten kann nach § 1361 Abs. 2 dadurch gemindert sein, dass er es unterlässt eine angemessene Erwerbstätigkeit auszuführen. Im Rahmen des Trennungsunterhalts sind jedoch geringere Anforderungen an die Erwerbspflicht des bedürftigen Ehegatten zu stellen, da vor Rechtskraft der Scheidung die eheliche Solidargemeinschaft noch besteht.[77] Einkünfte aus einer überobligationsmäßigen Tätigkeit muss sich der Ehegatte nicht anrechnen lassen.[78]

83

Der unterhaltspflichtige Ehegatte muss zudem entsprechend leistungsfähig sein. Davon kann nur ausgegangen werden, wenn ihm ausreichende Mittel zur Verfügung stehen, durch die sein eigener Unterhaltsbedarf nach Zahlung des Unterhalts an den bedürftigen Ehegatten gesichert ist (Selbstbehalt). Ist der Unterhaltspflichtige leistungsfähig, so hat er 3/7 seines Einkommens an den Unterhaltsberechtigten zu zahlen. Er hat nicht die Hälfte seines Einkommens als Unterhalt zu zahlen, da ihm 1/7 seines Einkommens als Bonus für seine Erwerbstätigkeit zu belassen ist.

84

Der Anspruch auf Trennungsunterhalt ist auf Zahlung einer Geldrente gerichtet. Die Vorschrift des § 1361 Abs. 4 verweist auf § 1360a Abs. 3, Abs. 4, so dass die im Rahmen des Familienunterhalts gemachten Ausführungen zu dieser Norm auch für den Trennungsunterhalts gelten.

85

Die Höhe des Unterhaltsanspruchs richtet sich nach den ehelichen Lebensverhältnissen, die von dem in der Ehe verfügbaren Einkommen geprägt werden. Dabei ist nicht auf den Zeitpunkt der Trennung, sondern auf die jeweils aktuellen Einkommensverhältnisse abzustellen. Das gilt nur dann nicht, wenn der Einkommensverlust des unterhaltspflichtigen Ehegatten auf einer freiwilligen beruflichen oder wirtschaftlichen Disposition beruht. In die-

86

---

[74] Palandt-*Brudermüller* § 1567 Rn. 5.
[75] *BGH* Urt. v. 13.3.1991 (Az. XII ZR 53/90) = FamRZ 1979, 469.
[76] *BGH* Urt. v. 5.9.2001 (Az. XII ZR 336/99) = FamRZ 2001, 1693.
[77] *BGH* Urt. v. 29.11.2000 (Az. XII ZR 212/9) = NJW 2001, 974.
[78] *OLG Karlsruhe* Urt. v. 14.12.2001 (Az. 2 UF 212/00) = NJW 2002, 900.

sen Fällen wird ihm ein **fiktives Einkommen unterstellt**.[79] Zu dem Unterhaltsanspruch gehört auch der Vorsorgeunterhalt für die Übernahme der Kosten, die für eine angemessene Versicherung für den Fall des Alters sowie der verminderten Erwerbsfähigkeit entstehen, § 1361 Abs. 1 S. 2. Der Unterhaltsanspruch umfasst auch einen etwaigen Sonderbedarf, §§ 1360a Abs. 4, 1361 Abs. 4.

87 Nach § 1361 Abs. 3 findet im Rahmen des Trennungsunterhalts auch die Vorschrift des § 1579 Nr. 2–7 Anwendung. Danach kann der Unterhalt versagt, herabgesetzt oder zeitlich beschränkt werden, wenn die in § 1579 Nr. 2–7 aufgeführten Voraussetzungen vorliegen. Da § 1361 Abs. 3 nicht auf § 1579 Nr. 1 verweist, kann auch **nach kurzer Ehe** Trennungsunterhalt verlangt werden.

3. Hausrat und Ehewohnung während des Getrenntlebens

88 Jeder Ehegatte kann bei der Trennung nach § 1361a Abs. 1 S. 1 die ihm gehörenden Haushaltsgegenstände von dem anderen Ehegatten verlangen. Der Eigentümer ist allerdings verpflichtet, sie dem anderen Ehegatten zum Gebrauch zu überlassen soweit dieser sie zur Führung eines abgesonderten Hausrats benötigt und die Überlassung der Billigkeit entspricht, § 1361a Abs. 1 S. 2. Haushaltsgegenstände, die den Ehegatten gemeinsam gehören, werden zwischen ihnen nach den Grundsätzen der Billigkeit verteilt, § 1361a Abs. 1 S. 2. Soweit die Ehegatten sich nicht einigen können, kann eine gerichtliche Entscheidung nach §§ 200 ff. FamFG erfolgen.

89 Ein Ehegatte kann die Zuweisung der Ehewohnung oder einen Teil zur alleinigen Benutzung nach § 1361b Abs. 1 S. 1 verlangen, soweit dies unter Berücksichtigung der Belange des anderen Ehegatten notwendig ist, um eine unbillige Härte zu vermeiden. Eine unbillige Härte kann sich daraus ergeben, dass das Wohl der im Haushalt lebenden Kinder beeinträchtigt ist, § 1361b Abs. 1 S. 2. Der aus der Wohnung weichende Ehegatte kann nach § 1361b Abs. 3 einen Entschädigungsanspruch haben. Auch hinsichtlich der Ehewohnung kann eine gerichtliche Entscheidung nach den §§ 200 ff. FamFG ergehen.

Online-Wissens-Check

Wissen Sie noch, unter welchen Voraussetzungen ein Ehegatte aufgrund eines Rechtsgeschäfts des anderen Ehegatten mitverpflichtet wird?

Überprüfen Sie jetzt online Ihr Wissen zu den in diesem Abschnitt erarbeiteten Themen. Unter www.juracademy.de/skripte/login steht Ihnen ein Online-Wissens-Check speziell zu diesem Skript zur Verfügung, den Sie kostenlos nutzen können. Den Zugangscode hierzu finden Sie auf der Codeseite.

---

79 *BGH* Urt. v. 18.3.1992 (Az. XII ZR 23/91) = NJW 1992, 2479.

D. Eheliches Güterrecht

Das Familienrecht enthält folgende Güterstände: 90

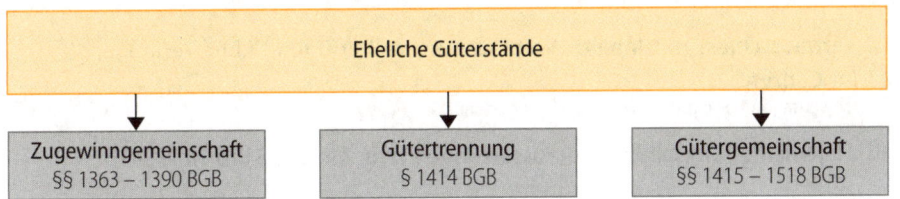

I. Zugewinngemeinschaft

Die Ehegatten leben nach § 1363 Abs. 1 im gesetzlichen Güterstand der Zugewinngemeinschaft, wenn sie nicht durch einen **Ehevertrag** nach § 1408 Abs. 1 etwas anderes vereinbart haben. Die Zugewinngemeinschaft beinhaltet die Vermögenstrennung der Ehegatten (§§ 1363 Abs. 2 S. 1, 1364 Hs. 1), Verfügungsbeschränkungen (§§ 1364 Hs. 2, 1365, 1369) und im Falle der Beendigung der Zugewinngemeinschaft einen Zugewinnausgleich (§§ 1363 Abs. 2 S. 2, 1371, 1390). 91

1. Vermögenstrennung

Bei dem gesetzlichen Güterstand der Zugewinngemeinschaft bleibt das Vermögen der Ehefrau und des Ehemannes während der Ehe getrennt. Das gilt für Vermögen, das in die Ehe von den Ehegatten eingebracht worden ist, sowie für das Vermögen, das erst während der Ehe von einem der Ehegatten erworben wurde, § 1363 Abs. 2 S. 1. Durch die Eheschließung entsteht kein gemeinschaftliches Eigentum der Ehegatten. Dieses kann nur nach allgemeinen Grundsätzen durch Rechtsgeschäft entstehen. 92

Beispiel Die Ehegatten kaufen während der Ehe ein Haus oder Hausratsgegenstände, an dem sie Miteigentum nach Bruchteilen erwerben. ■

2. Verfügungsbeschränkungen

Nach § 1364 Hs. 1 kann jeder Ehegatte sein Vermögen und seine Einkünfte selbständig verwalten. Zur Erhaltung der wirtschaftlichen Grundlage der Familie und des Zugewinns wird dieser Grundsatz durch § 1364 Hs. 2 dahin eingeschränkt, dass die Ehegatten in der Verwaltung ihres Vermögens nach §§ 1365 ff. beschränkt werden. 93

a) Zustimmungspflicht des anderen Ehegatten, § 1365

PRÜFUNGSSCHEMA

94 Zustimmungsbedürftiger Verpflichtungsvertrag, §§ 1365 f.

I. Vertragsschluss mit Inhalt: „Verpflichtung zu Verfügung über Vermögen im Ganzen"
   Verträge über einzelne Vermögensgegenstände   Rn. 99

II. Allgemeine Wirksamkeitsvoraussetzungen (z. B. §§ 125, 311b Abs. 1–3)

III. (Schwebende) Unwirksamkeit nach § 1366 Abs. 1, Abs. 4?
   1. Wirksame Ehe und Güterstand der Zugewinngemeinschaft
   2. (Keine) Einwilligung des Ehegatten, § 1365 Abs. 1 S. 1?
   3. (Verweigerung der) Genehmigung?
      a) Genehmigung gegenüber handelndem Ehegatten?
         (Achtung: Unwirksamkeit nach § 1366 Abs. 3 S. 1?)
      b) Altern.: Genehmigung gegenüber Vertragspartner?
      c) Gerichtlicher Zustimmungsbeschluss gem. § 1365 Abs. 2?
         (Achtung: Unwirksamkeit nach § 1366 Abs. 3 S. 3?)
      d) (Kein) vorheriger Widerruf des anderen Teils nach § 1366 Abs. 2?
         Scheidung oder Tod während Schwebezustand   Rn. 105

aa) Wirkungen der §§ 1365 ff.

95 Gemäß § 1365 bedarf der Ehegatte der Zustimmung des anderen Ehegatten, wenn er sich verpflichten will, über sein **Vermögen als Ganzes** zu verfügen oder eine solche Verpflichtung erfüllen will. Die in § 1365 Abs. 1 angeordnete Verfügungsbeschränkung der Ehegatten stellt ein **absolutes Verfügungsverbot** dar, da der Familienschutz höher eingestuft wird, als der Verkehrsschutz.[80] Ein gutgläubiger Erwerb nach § 135 Abs. 2 ist von dem Eigentümer-Ehegatten nicht möglich, da die §§ 1365 ff. Spezialvorschriften zu § 134 sind.[81] Die Zustimmungspflicht erfasst sowohl das **Verpflichtungs-** als auch das **Verfügungsgeschäft**. Hat der zustimmungsberechtigte Ehegatte dem Verpflichtungsgeschäft zugestimmt, ist eine zusätzliche Zustimmung für das Verfügungsgeschäft nicht erforderlich.[82]

> **Hinweis**
>
> Bestand im Zeitpunkt des Abschlusses des Verpflichtungsgeschäfts keine Zustimmungspflicht, weil die Ehegatten zu diesem Zeitpunkt nur verlobt waren, und wird das Verfügungsgeschäft nach der Eheschließung abgeschlossen, ist nach h.M.[83] auch für das Erfüllungsgeschäft keine Zustimmung des anderen Ehegatten erforderlich.

---

80 *BGH* Urt. v. 13.11.1963 (Az. V ZR 56/62) = BGHZ 40, 218.
81 Siehe dazu im Skript „Sachenrecht II" unter Rn. 70 ff.
82 Palandt-*Brudermüller* § 1365 Rn. 12; *BGH* Beschl. v. 12.1.1989 (Az. V ZB 1/88) = FamRZ 1989, 475.
83 Palandt-*Brudermüller* § 1365 Rn. 12.

bb) Rechtsgeschäft eines Ehegatten über sein Vermögen im Ganzen

96 Die Zustimmungspflicht des anderen Ehegatten besteht nur dann, wenn sich der Ehegatte verpflichtet, über sein Vermögen als Ganzes zu verfügen bzw. darüber verfügt. Die Vorschrift des § 1365 greift nicht ein, wenn ein Ehegatte sich lediglich im Rahmen einer Bürgschaft zu einer Geldzahlung verpflichtet, selbst wenn zur Erfüllung der Verbindlichkeit das gesamte Vermögen eingesetzt werden muss.[84] Etwas anderes gilt jedoch dann, wenn die Eingehung der Verbindlichkeit allein deswegen erfolgt, um § 1365 zu umgehen.[85]

97 Es ist umstritten, wann sich eine Verfügung auf das Vermögen als Ganzes erstreckt.

(1) Gesamttheorie

98 Nach der Gesamttheorie[86] liegt ein zustimmungspflichtiges Rechtsgeschäft i.S.v. § 1365 nur vor, wenn der Ehegatte über sein gesamtes Vermögen „en bloc" verfügt hat. Eine Verfügung über einen einzelnen Gegenstand wird nicht für ausreichend erachtet, selbst wenn er im Wesentlichen das Vermögen des Ehegatten darstellt. Dieses zu § 311b Abs. 2 entwickelte Verständnis des Vermögensbegriffs wird dem Zweck des § 1365 nicht gerecht, die materielle Grundlage der Familie zu erhalten. Die Formvorschrift des § 311b Abs. 2 soll den veräußernden Vermögensträger selbst vor einer Übereilung schützen. Dagegen dient § 1365 dem Schutz des nicht rechtsgeschäftlich handelnden Ehegatten.

(2) Einzeltheorie

99 Die herrschende Einzeltheorie[87] unterstellt bereits ein Rechtsgeschäft über einen einzelnen Vermögensgegenstand unter die Vorschrift des § 1365, wenn er das gesamte oder nahezu das ganze Vermögen des Ehegatten ausmacht. Ob ein einzelner oder mehrere Gegenstände nahezu das gesamte Vermögen des Ehegatten erschöpft, ist durch einen Wertvergleich zwischen dem weggegebenen Vermögensgegenstand und dem verbliebenen Restvermögen zu ermitteln. Bei kleineren Vermögen (bis 50 000 €) liegt eine Verfügung über das Vermögen als Ganzes nicht vor, wenn dem verfügenden Ehegatten 15 % seines ursprünglichen Vermögens verbleiben;[88] bei größeren Vermögen reichen dagegen 10 % des Restvermögens aus.[89] In den Wertvergleich ist nicht die Gegenleistung einzubeziehen, die der verfügende Ehegatten von dem Vertragspartner erhalten hat.[90]

100 Etwas anderes gilt dann, wenn die Begründung der Geldschuld in der Absicht erfolgt, die Vorschrift des § 1365 zu umgehen.[91] Belastungen eines Grundstücks z.B. mit einem Grundpfandrecht oder einem dinglichen Wohnrecht, das den wesentlichen Teil des Vermögens des Ehegatten darstellt, sind nach Auffassung des BGH[92] zustimmungspflichtig, wenn bei wirt-

---

[84] BGH Urt. v. 12.7.1989 (Az. IVb ZR 79/88) = FamRZ 1989, 1051.
[85] Palandt-*Brudermüller* § 1365 Rn. 5.
[86] Ermann-*Budzikiewicz* § 1365 Rn. 8; *Rittner* FamRZ 1961, 1, 90 ff.
[87] BGH Beschl. v. 28.4.1961 (Az. V ZB 17/60) = BGHZ 35, 135; BGH Urt. v. 26.2.1965 (Az. V ZR 227/62) = BGHZ 43, 174; BGH Urt. v. 5.6.1980 (Az. IVb ZR 516/80) = NJW 1980, 2350.
[88] BGH Urt. v. 25.6.1980 (Az. IVb ZR 516/80) = BGHZ 77, 299.
[89] BGH Urt. v. 25.6.1980 (Az. IVb ZR 516/80) = NJW 1980, 2350.
[90] BGH Beschl. v. 28.4.1961 (Az. V ZB 17/60) = BGHZ 35, 135; BGH Urt. v. 26.2.1965 (Az. V ZR 227/62) = BGHZ 43, 174; OLG München Urt. v. 14.1.2004 (Az. 16 UF 1348/03) = FamRZ 2005, 272.
[91] BGH Beschl. v. 14.6.2007 (Az. V ZB 102/06) = NJW 2007, 3127.
[92] BGH Urt. v. 12.7.1989 (Az. IVb ZR 79/88) = FamRZ 1989, 1051; BGH Urt. v. 25.6.1993 (Az. V ZR 7/92) = FamRZ 1993, 1302.

schaftlicher Betrachtungsweise für den jeweiligen Einzelfall sich der Wert des Grundstücks in einem Maß verringert, dass dem verfügenden Ehegatten nur ein unwesentlicher Teil des Grundstücks verbleibt. Einer Verfügung im Sinne des § 1365 gleichgestellt, ist der Antrag eines Ehegatten auf Vornahme einer Teilungsversteigerung nach §§ 749, 753, wenn der Miteigentumsanteil an dem Grundstück im Wesentlichen sein Vermögen als Ganzes erfasst.[93]

101 Im Rahmen der Einzeltheorie hält die **objektive Theorie**[94] es für ausreichend, dass das Rechtsgeschäft das gesamte Vermögen erfasst. Dagegen macht die herrschende **subjektive Theorie**[95] die Gleichsetzung von Einzelgegenständen mit dem Vermögen davon abhängig, dass der Dritte positiv weiß, dass der Gegenstand im Wesentlichen das ganze Vermögen erfasst. Die Beschränkung der Einzeltheorie durch ein subjektives Element dient dem Verkehrsschutz und der Rechtssicherheit, da § 135 Abs. 2 nicht anwendbar ist. Die Kenntnis des Vertragspartners muss sich nicht darauf erstrecken, dass der Ehegatte verheiratet ist. Maßgeblicher Zeitpunkt für die Kenntnis des Dritten ist nach h.M.[96] nicht der Zeitpunkt der Vollendung des Rechtserwerbs (Verfügungsgeschäft), sondern der Abschluss des Verpflichtungsgeschäfts.

Beispiel Verpflichtet sich ein Ehegatte zur Übereignung eines Grundstücks, das im Wesentlichen sein gesamtes Vermögen darstellt, ohne dass dies der Vertragspartner weiß, so bedarf auch das Erfüllungsgeschäft trotz zwischenzeitlich erlangter Kenntnis des Dritten nicht der Zustimmung des anderen Ehegatten. ■

102 Beweispflichtig für das Vorliegen der Kenntnis des Vertragspartners ist der Ehegatte, der sich auf die Zustimmungspflicht beruft, also in der Regel der nicht verfügende Ehegatte.

cc) Folgen bei fehlender Einwilligung

103 Die Zustimmung des anderen Ehegatten ist als Einwilligung grundsätzlich vor Abschluss des Rechtsgeschäfts zu erklären. Fehlt die Zustimmung ist ein einseitiges Rechtsgeschäft nach § 1367 (endgültig) unwirksam, also nichtig.

104 Ein Vertrag, der ohne Zustimmung des anderen Ehegatten geschlossen wurde, ist schwebend unwirksam. Er wird nach § 1366 Abs. 1 wirksam, wenn die Genehmigung von dem anderen Ehegatten erteilt wird. Der Dritte kann den Schwebezustand dadurch beenden, dass er den vertragsschließenden Ehegatten auffordert, die Genehmigung des anderen Ehegatten zu beschaffen. Wird die Genehmigung nicht innerhalb von 2 Wochen erklärt, gilt sie als verweigert, § 1366 Abs. 3. Die Verweigerung der Genehmigung hat die Unwirksamkeit des Vertrags zur Folge, § 1366 Abs. 4. Entspricht das von dem verfügenden Ehegatten abgeschlossene Rechtsgeschäft den Grundsätzen einer **ordnungsgemäßen Verwaltung**, so kann das Familiengericht auf seinen Antrag hin, die Zustimmung des anderen Ehegatten ersetzen, wenn dieser sie ohne ausreichenden Grund verweigert oder durch Krankheit oder Abwesenheit an der Abgabe der Erklärung verhindert ist und mit dem Aufschub Gefahr verbunden ist, § 1365 Abs. 2. Ein ausreichender Grund für die Zustimmungs-

---

[93] *BGH* Beschl. v. 14.6.2007 (Az. V ZB 102/06) = NJW 2007, 3127.
[94] *Gernhuber* JZ 1966, 192; *Beitzke* DB 1961, 22.
[95] *BGH* Urt. v. 26.2.1965 (Az. V ZR 227/62) = BGHZ 43, 174; *BGH* Urt. v. 25.6.1980 (Az. IVb ZR 516/80) = NJW 1980, 2350; *BGH* Urt. v. 23.6.1983 (Az. IX ZR 47/82) = NJW 1984, 609.
[96] *BGH* Beschl. v. 12.1.1989 (Az. V ZB 1/88) = NJW 1989, 1609; *BGH* Urt. v. 16.5.1990 (Az. XII ZR 37/89) = FamRZ 1990, 970.

verweigerung liegt vor, wenn durch das Rechtsgeschäft der Zugewinnausgleich des zustimmungsberechtigten Ehegatten gefährdet wird.⁹⁷

105 Wird die Ehe während des Schwebezustands geschieden, so wird der Vertrag nicht nach § 185 Abs. 2 Alt. 2 analog mit der Rechtskraft der Scheidung wirksam (Konvaleszenz). Das gilt auch dann, wenn der Vertrag während der Trennungszeit der Ehegatten geschlossen worden, da § 1365 bis zur Scheidung anwendbar ist.

> **Hinweis**
>
> Hier käme nur eine analoge Anwendung des § 185 Abs. 2 Alt. 2 in Betracht, da der – über sein ganzes Vermögen verfügende – Ehegatte kein Nichtberechtigter ist, sondern lediglich der Zustimmung des anderen Ehegatten bedarf. Das Wirksamwerden der – ohne die Zustimmung des anderen Ehegatten vorgenommenen – Verfügung kann sich auch nach der Scheidung auf das Bestehen und auf die Höhe des Zugewinnausgleichs auswirken. Würde die Verfügung mit der Scheidung rückwirkend wirksam werden, so wäre das für die Berechnung des Zugewinnausgleichs maßgebende Endvermögen des verfügenden Ehegatten zu dem nach § 1384 maßgeblichen Stichtag um den Wert des Verfügungsgegenstands verringert und damit sein Zugewinn entsprechend geschmälert. Eine Konvaleszenz kann in diesen Fällen nur eintreten, wenn aus Rechtsgründen ein Zugewinnausgleich nicht besteht, weil auf ihn verzichtet wurde oder er verjährt ist.⁹⁸

106 Gleiches gilt, wenn der verfügende Ehegatte während des Schwebezustands stirbt. Auch hier tritt wegen des Schutzzwecks des § 1365 keine Konvaleszenz ein. Denn auch in diesem Fall kann der überlebende Ehegatte seine Zugewinnausgleichsansprüche i.S.v. § 1371 nicht verwirklichen, wenn der verstorbene Ehegatte über sein gesamtes Vermögen verfügt hat.

107 Stirbt dagegen der zustimmungsberechtigte Ehegatte während des Schwebezustands, so wird der Vertrag mit Wirkung für die Zukunft ex nunc wirksam. Das gilt auch dann, wenn der verfügende Ehegatte nicht Alleinerbe des zustimmungsberechtigten Ehegatten wird. Das Zustimmungsrecht des überlebenden Ehegatten wird als ein höchstpersönliches und unvererbliches Recht angesehen. Es erlischt mit dem Tod des zustimmungsberechtigten Ehegatten und geht nicht auf seine Erben über.⁹⁹ Das gilt allerdings nur, wenn der Schwebezustand im Zeitpunkt des Todes noch bestand. Ist der Schwebezustand bereits vor dem Tod dadurch beendet worden, dass der Ehegatte die Genehmigung verweigert hat, ist der Vertrag nach § 1366 Abs. 4 unwirksam.¹⁰⁰

108 Wird ein unter § 1365 fallendes Verpflichtungs- oder Verfügungsgeschäft nach Rechtskraft der Scheidung abgeschlossen, bedarf es nicht mehr der Zustimmung des anderen Ehegatten, da die Vorschrift des § 1365 eine bestehende Ehe voraussetzt.¹⁰¹

---

97 *OLG Köln* Beschl. v. 26.5.2004 (Az. 16 Wx 80/04) = NJW-RR 2005, 1.
98 *BGH* Urt. v. 23.6.1983 (Az. IX ZR 47/82) = FamRZ 1983, 1101; *OLG Köln* Beschl. v. 2.5.2000 (Az. 26 WF 69/00) = FamRZ 2001, 176.
99 *BGH* Urt. v. 2.12.1981 (Az. IVb ZR 553/80) = NJW 1982, 1100.
100 *BGH* Urt. v. 30.3.1994 (Az. XII ZR 30/92) = BGHZ 125, 355.
101 Palandt-*Brudermüller* § 1365 Rn. 1; a.A. *OLG Köln* Beschl. v. 2.5.2000 (Az. 26 WF 69/00) = FamRZ 2001, 176; *OLG Celle* Urt. v. 25.6.2003 (Az. 15 UF 30/03) = FamRZ 2004, 625, die darauf abstellen, ob das Rechtsgeschäft noch während der Anhängigkeit der abgetrennten Folgesache Zugewinnausgleich abgeschlossen worden ist, auch wenn die Scheidung bereits rechtskräftig war.

109 Nach § 1385 Nr. 2 steht dem Ehegatten ein Anspruch auf einen **vorzeitigen Zugewinnausgleich** zu, wenn der andere Ehegatte, ein Rechtsgeschäft der in § 1365 bezeichneten Art ohne seine Zustimmung vorgenommen hat.

b) Verfügungen über Haushaltsgegenstände, § 1369

> **PRÜFUNGSSCHEMA**
>
> **110 Zustimmungsbedürftige Verpflichtung oder Verfügung über Haushaltsgegenstände, §§ 1369, 1366**
>
> I. **Rechtsgeschäft über Haushaltsgegenstand des handelnden Ehegatten**
>   - Verträge über Anwartschaftsrechte   Rn. 113
>   - Verträge über Haushaltsgegenstände des anderen Ehegatten   Rn. 114
>
> II. **Allgemeine Wirksamkeitsvoraussetzungen** (z. B. Übergabe bei § 929)
>
> III. **(Schwebende) Unwirksamkeit nach §§ 1369, 1366 Abs. 1, Abs. 4?**
>   1. Wirksame Ehe und Güterstand der Zugewinngemeinschaft
>   2. (Keine) Einwilligung des Ehegatten, § 1369 Abs. 1?
>   - Einwilligung nur zu Verpflichtungsgeschäft   Rn. 111
>   3. (Verweigerung der) Genehmigung?
>   a) Genehmigung gegenüber handelndem Ehegatten?
>   (Achtung: Unwirksamkeit nach § 1366 Abs. 3 S. 1?)
>   b) Altern.: Genehmigung gegenüber Vertragspartner?
>   c) Gerichtlicher Zustimmungsbeschluss gem. § 1369 Abs. 2?
>   (Achtung: Unwirksamkeit nach § 1366 Abs. 3 S. 3?)
>   d) (Kein) vorheriger Widerruf des anderen Teils nach § 1366 Abs. 2?
>   - Scheidung oder Tod während Schwebezustand   Rn. 103

Nach § 1369 Abs. 1 kann ein Ehegatte über die ihm gehörenden **Gegenstände des ehelichen Haushalts** nur verfügen und sich hierzu verpflichten, wenn der andere Ehegatte zustimmt. Die h.M.[102] wendet § 1369 auch während des Getrenntlebens für diejenigen Haushaltsgegenstände an, die bereits vor der Trennung zum ehelichen Hausrat gehört haben.

> **Hinweis**
>
> Die Vorschrift des § 1370 a.F., der bei der Ersatzanschaffung von Haushaltsgegenständen eine dingliche Surrogation anordnete, wurde im Rahmen der Einführung des FamFG gestrichen.

111 Nach seinem Wortlaut erfordert § 1369 – anders als § 1365 – die Zustimmung des anderen Ehegatten sowohl für das Verpflichtungsgeschäft wie auch für das Verfügungsgeschäft. Für die unterschiedliche Behandlung ist nach der h.M.[103] indes kein Grund ersichtlich. Gestützt wird dies darauf, dass eine solche Zustimmungspflicht des anderen Ehegatten die Familie nicht schützen könne, da dem Vertragspartner gegen den Ehegatten ein Schadensersatzanspruch zustehe, wenn der andere Ehegatte zunächst die Zustimmung zu dem Verpflichtungsgeschäft erteilt habe und dann zu dem Verfügungs-

---

102 Palandt-*Brudermüller* § 1369 Rn. 2; a.A. MüKo-*Koch* § 1369 Rn. 23.
103 Palandt-*Brudermüller* § 1369 Rn. 7.

geschäft verweigere. Die h.M. geht von einem Redaktionsversehen des Gesetzgebers aus, und lässt es ausreichen, dass der andere Ehegatte seine Zustimmung zu dem Verpflichtungsgeschäft erteilt hat.

Die Vorschrift des § 1369 ist lex specialis zu § 1365 und dient ebenfalls der Sicherung der wirtschaftlichen Grundlage des ehelichen Haushalts und des Zugewinnausgleichs. Ebenso wie § 1365 enthält § 1369 ein Verpflichtungs- und Verfügungsverbot. Nach § 1369 Abs. 3 gelten die Vorschriften der §§ 1366 bis 1368 entsprechend. Im Unterschied zu § 1365 ist es bei § 1369 nicht erforderlich, dass der Vertragspartner Kenntnis davon hat, dass es sich bei der veräußerten Sache um einen Haushaltsgegenstand handelt. Unter den Begriff des Hausrats fallen alle beweglichen Gegenstände, die nach den Lebens- und Vermögensverhältnisse der Ehegatten für die gemeinsame Wohnung und den Haushalt bestimmt sind.[104] Dazu zählen nicht die ausschließlich oder ganz überwiegend für den persönlichen oder den beruflichen Bereich sowie für die Kapitalanlage bestimmten Gegenstände.[105]

Beispiel Kleidung, beruflich genutzter Computer, Schreibtischlampe im Büro des Ehegatten ■

Die Veräußerung von Rechten z.B. der schuldrechtliche Anspruch eines Ehegatten auf Lieferung eines Haushaltsgegenstands fällt nicht unter § 1369.[106] Etwas anderes gilt indes für ein Anwartschaftsrecht des Ehegatten an einem unter Eigentumsvorbehalt stehenden Gegenstand. Die Veräußerung eines Anwartschaftsrechts fällt unter die Verfügungsbeschränkung des § 1369, da ansonsten der Erwerber mit der Zahlung des Restkaufpreises Eigentum an den unter Eigentumsvorbehalt stehenden Gegenständen ohne Zustimmung des anderen Ehegatten erlangen könnte.

Die Vorschrift des § 1369 bezieht sich nach seinem Wortlaut zudem nur auf Rechtsgeschäfte, die ein Ehegatte über die ihm gehörende Haushaltsgegenstände vornimmt. Umstritten ist, ob diese Norm nach ihrem Schutzweck auch auf Verträge auszudehnen ist, die ein Ehegatte über gemeinsam gehörende Haushaltsgegenstände oder über nur im Eigentum des anderen Ehegatten stehende Haushaltsgegenstände abschließt. Eine analoge Anwendung des § 1369 auf diese Fälle hat nur Bedeutung, wenn ein gutgläubiger Erwerb eines Dritten nicht schon an §§ 932, 935 scheitert. Wegen des Mitbesitzes des anderen Ehegatten wird § 935 einen gutgläubigen Erwerb des Dritten in der Regel verhindern. Die Vorschrift des § 935 greift indes dann nicht ein, wenn der veräußernde Nichteigentümer Alleinbesitzer war. In diesen Fällen wendet die h.M.[107] die Vorschrift des § 1369 analog an.

---

104 *OLG Koblenz* Urt. v. 16.11.1993 (Az. 3 U 449/93) = NJW-RR 1994, 516; Palandt-*Brudermüller* § 1369 Rn. 4.
105 Staudinger-*Thiele* § 1369 Rn. 12.
106 Palandt-*Brudermüller* § 1369 Rn. 4.
107 Palandt-*Brudermüller* § 1369 Rn. 1; *OLG Köln* MDR 1968, 586; a.A. Soergel-*Czeguhn* § 1369 Rn. 19; MüKo-*Koch* § 1369 Rn. 13.

c) Revokationsrecht, § 1368

115 Verfügt ein Ehegatte ohne die erforderliche Zustimmung des anderen Ehegatten über sein Vermögen, kann nach § 1368 auch der andere Ehegatte die Rechte (§§ 985, 894) gerichtlich geltend machen, die sich aus der Unwirksamkeit der Verfügung gegen den Dritten ergeben (**revokatorische Klage**). Der Ehegatte kann auch eine Klage auf Feststellung nach § 256 ZPO erheben, dass die Verfügung unwirksam ist. Umstritten ist, ob auch die Unwirksamkeit eines **Verpflichtungsgeschäfts** nach § 812 Abs. 1 S. 1 Alt. 1 von dem revozierenden Ehegatten geltend gemacht werden kann.[108] Dagegen spricht der Wortlaut des § 1368, wonach nur Ansprüche wegen der Unwirksamkeit einer Verfügung geltend gemacht werden können.[109]

116 Durch § 1368 erhält der andere Ehegatte **keinen eigenen Anspruch**, er ist lediglich berechtigt, die Ansprüche des verfügenden Ehegatten **im eigenen Namen** prozessual geltend zu machen. Bei der Vorschrift des § 1368 handelt sich nach h.M.[110] um eine **gesetzliche Prozessstandschaft**.[111] Daraus folgt, dass der revozierende Ehegatte nur Herausgabe an den anderen Ehegatten verlangen kann, sofern er nicht Mitbesitzer gewesen ist. Der Schutzzweck der §§ 1365, 1369 erfordert es jedoch, dass er Herausgabe an sich verlangen kann, wenn der verfügende Ehegatte sich weigert, die Sache an sich zu nehmen.[112] Das folgt aus dem in §§ 986 Abs. 1 S. 2, 869 S. 2 enthaltenen Rechtsgedanken.

> **Hinweis**
>
> Die Klage eines Ehegatten entfaltet nach h.M.[113] hinsichtlich der Rechtshängigkeit und der formellen Rechtskraft keine Wirkung gegenüber dem anderen Ehegatten. Bei den Rechten der Ehegatten handelt es sich um selbständige Rückforderungsrechte mit Schutzcharakter, die in Frage gestellt werden würden, wenn ein Ehegatte durch eine schlechte Prozessführung dem anderen seinen Rückforderungsanspruch vereiteln könnte. Ein obsiegendes Urteil hat jedoch **materielle Rechtskraftwirkung**, so dass in einem nachfolgenden Rechtsstreit des anderen Ehegatten nicht anders entschieden werden kann. Der andere Ehegatte behält jedoch, die Möglichkeit selbst zu klagen, um seine Zwangsvollstreckung durchführen zu können.

117 Hat der **Dritte** seinerseits gegen den verfügenden Ehegatten Ansprüche aus Bereicherung, weil er im Austausch für den Verfügungsgegenstand eine Gegenleistung erbracht hat, so steht ihm nach h.M.[114] gegenüber der Revokationsklage **kein Zurückbehaltungsrecht** zu. Das wird darauf gestützt, dass es mit dem im Interesse der ehelichen Lebensgemeinschaft geschaffenen Revokationsrecht nicht vereinbar sei, dass der Dritte durch die Geltendma-

---

108 *BGH* Urt. v. 16.5.1990 (Az. XII ZR 37/89) = NJW-RR 1990, 1154.
109 MüKo-*Koch* § 1368 Rn. 5.
110 Müko-*Koch* § 1365 Rn. 3; *BGH* Urt. v. 23.6.1983 (Az. IX ZR 47/82) = NJW 1984, 609; *OLG Brandenburg* Beschl. v. 22.1.1996 (Az. 10 W 77/95) = FamRZ 1996, 1015.
111 Zur Prozessstandschaft siehe im Skript „Zivilprozessrecht" Rn. 116 ff.
112 Müko-*Koch* § 1368 Rn. 14.
113 Palandt-*Brudermüller* § 1368 Rn. 3 ff.
114 Staudinger-*Thiele* § 1368 Rn. 51; a.A. MüKo-*Koch* § 1368 Rn. 14, 15.

chung eines Zurückbehaltungsrechts die Rechtsfolgen des unwirksamen Verfügungsgeschäfts aufrechterhalten könne. Wegen dieses Rechtsgedankens steht dem Dritten auch kein Zurückbehaltungsrecht gegenüber dem verfügenden Ehegatten zu.

Allerdings schließen die Vorschriften der §§ 1365, 1368 nicht aus, dass der Dritte wegen seiner Gegenansprüche die Aufrechnung erklärt, wenn der andere Ehegatte einen revokatorischen Zahlungsanspruch gerichtlich gegen ihn geltend macht.[115] Gestützt wird dies darauf, dass die Vorschriften der §§ 1365, 1368 keinen umfassenden Schutz gegen Vermögensminderungen des Ehegatten gewähren. Der Dritte ist nicht gehindert, in das Vermögen des verfügenden Ehegatten zu vollstrecken, wenn er einen Titel über seine Rückzahlungsansprüche erwirkt hat. Die Möglichkeit der Aufrechnung stellt lediglich eine einfachere Befriedigungsmöglichkeit dar, die durch § 1365 nicht ausgeschlossen wird.

118

> **Hinweis**
>
> Dem Dritten kann gegenüber dem verfügenden Ehegatten ein Schadensersatzanspruch aus § 823 Abs. 2 i.V.m. § 263 StGB, bzw. § 826 oder aus c.i.c. (§§ 311 Abs. 2, 280) zustehen, wenn ihm bei Vertragsschluss von dem Ehegatten vorgespiegelt worden ist, dass er nicht verheiratet ist oder im Güterstand der Gütertrennung lebt bzw. die Genehmigung des anderen Ehegatten vorliegt. Der Schadensersatzanspruch ist auf das negative Interesse begrenzt, d.h. der Dritte kann nur verlangen so gestellt zu werden, als wäre der Vertrag nicht abgeschlossen worden.[116]

---

115 *BGH* Urt. v. 2.2.2000 (Az. XII ZR 25/98) = FamRZ 2000, 744.
116 Palandt-*Brudermüller* § 1368 Rn. 2.

d) Übungsfall Nr. 2

"Augen auf beim Hausverkauf"

M und F sind seit 10 Jahren im Güterstand der Zugewinngemeinschaft verheiratet. F veräußert ein in ihrem Alleineigentum stehendes Grundstück zu einem Kaufpreis von 100 000 € an K. F verfügt neben dem Grundstück noch über ein Barvermögen von 1000 €. Nachdem K im Grundbuch als Eigentümer eingetragen worden war, erfährt M davon, dass F ihr Grundstück veräußert hat. Er verlangt von K die Rückgängigmachung des Kaufvertrags, da er mit dem Verkauf des Grundstücks nicht einverstanden gewesen sei. K erwidert, er habe nicht gewusst, dass die F verheiratet sei. Im Übrigen seien ihm auch nicht ihre Vermögensverhältnisse bekannt gewesen. Kann M die Rückgängigmachung des Kaufvertrags im Rahmen einer gegen K erhobenen Klage verlangen?

(Anmerkung: Dem Sachverhalt liegt die Entscheidung des BGH[117] zugrunde.)

Lösung

M kann die Rückgängigmachung des Kaufvertrags von K verlangen, wenn seine Klage zulässig und begründet ist.

A. Zulässigkeit der Klage

Die Klage des M ist nur dann zulässig, wenn er für die Geltendmachung der Ansprüche prozessführungsbefugt ist. Die Prozessführungsbefugnis könnte sich vorliegend aus § 1368 ergeben. Danach kann ein Ehegatte solche Rechte geltend machen, die sich aus der Unwirksamkeit einer Verfügung des anderen Ehegatten nach § 1365 ergeben (Revokationsrecht). Das Revokationsrecht des anderen Ehegatten bewirkt nach § 1368 eine gesetzliche Prozessstandschaft, wonach der andere Ehegatte die sich aus der Unwirksamkeit einer Verfügung ergebende Rechte für den verfügenden Ehegatten im eigenen Namen gerichtlich geltend machen kann.[118]

B. Begründetheit der Klage

Die Klage ist begründet, wenn F ein Anspruch auf Rückgängigmachung des Kaufvertrags hat. Das setzt nach § 894 voraus, dass das Grundbuch durch die Eintragung des K als Eigentümer unrichtig ist. Eine Unrichtigkeit des Grundbuchs ist gegeben, wenn die formelle und die materielle Rechtslage auseinander fallen.

I. Formelle Rechtslage

Im Grundbuch ist K als Eigentümer des Grundstücks eingetragen.

II. Materielle Rechtslage

K könnte das Eigentum an dem Grundstück von F gemäß §§ 873 Abs. 1, 925 Abs. 1 S. 1 durch Auflassung und Eintragung erworben haben. Die Auflassung und die Eintragung sind erfolgt. Bedenken gegen ihre Wirksamkeit können sich gemäß § 1365 Abs. 1 S. 2 daraus ergeben, dass F ohne Zustimmung des M bei der Veräußerung des Grundstücks über ihr Vermögen als Ganzes verfügt hat.

1. Anwendbarkeit von § 1365 Abs. 1

Die Vorschrift des § 1365 greift nur ein, wenn der Verfügende im gesetzlichen Güterstand der Zugewinngemeinschaft gelebt hat und die sich daraus ergebenden Verfügungsbeschränkungen nicht von den Ehegatten in einem Ehevertrag ausgeschlossen worden sind, §§ 1363 Abs. 1, 1408 Abs. 1. Das ist hier der Fall, da M und F die Vorschrift des § 1365 nicht abbedungen haben und in der Zugewinngemeinschaft gelebt haben.

2. Verfügung über das Vermögen im Ganzen

Nach dem Wortlaut des § 1365 erfasst die Vorschrift nur Verfügungen über das Vermögen im Ganzen. Vorliegend hat F nur über einen einzelnen Vermögensgegenstand verfügt. Nach h.M. wird die Vorschrift des § 1365 dahin erweitert, dass auch eine Verfügung

---

[117] *BGH* Urt. v. 26.2.1965 (Az. V ZR 267/62) = BGHZ 43, 174.
[118] *BGH* Urt. v. 2.2.2000 (Az. XII ZR 25/98) = BGHZ 143, 356.

über einen einzelnen Gegenstand zustimmungsbedürftig ist, wenn der betroffene Gegenstand das gesamte oder nahezu das gesamte Vermögen ausmacht (Einzeltheorie). Hierfür spricht der Zweck des § 1365, der neben der Sicherung eines möglichen Zugewinnausgleichsanspruchs die wirtschaftliche Lebensgrundlage der Ehe sichern soll. Beides kann durch eine Verfügung über einen einzelnen Gegenstand gleichermaßen gefährdet werden, wenn der Einzelgegenstand das gesamte Vermögen oder nahezu das gesamte Vermögen ausmacht. Daran fehlt es zwar, wenn dem Verfügenden ein Restvermögen von 15 % des ehemaligen Gesamtvermögens verbleibt.[119] Bei größeren Vermögen ab etwa 25 000 € zieht die Rechtsprechung die Grenze bei einem Vermögen von 10 % des ehemaligen Gesamtvermögens.[120]

Dabei können dingliche Belastungen Wert mindernd berücksichtigt werden. Unberücksichtigt bleibt hingegen nach h.M. etwaige Gegenleistungen des Vertragspartners, auch wenn diese einen gleichwertigen Ausgleich darstellen.[121] Vorliegend verbleibt der F nach der Verfügung über das Grundstück nur ein Restvermögen von 1000 €. Gemessen an dem anfänglichen Gesamtvermögen von 101 000 € beträgt das Restvermögen weniger als 10 %. F hat daher durch die Veräußerung ihres Grundstücks nahezu über ihr gesamtes Vermögen verfügt.

3. Subjektive Einschränkung des § 1365

Die Vorschrift des § 1365 findet nach der subjektiven Einzeltheorie nur dann Anwendung, wenn K positive Kenntnis davon gehabt hat, dass es sich bei dem Grundstück nahezu um das gesamte Vermögen der F gehandelt hat.[122] Die Darlegungs- und Beweislast für die Kenntnis des Vertragspartners trägt derjenige, der sich auf die Unwirksamkeit der Verfügung nach § 1365 beruft. Das ist in der Regel der nicht verfügende Ehegatte.[123] Vorliegend hat K die Vermögensverhältnisse der F nicht gekannt. Er hatte daher auch keine Kenntnis davon, dass das an ihn veräußerte Grundstück nahezu das gesamte Vermögen der F darstellt. Mangels einer entsprechenden positiven Kenntnis des K war die Verfügung der F nicht zustimmungsbedürftig i.S.v. § 1365. Die F hat daher wirksam über das Grundstück verfügt. K ist daher gemäß §§ 873, 925 durch Auflassung und Eintragung Eigentümer des Grundstücks geworden. Die Voraussetzungen eines Grundbuchberichtigungsanspruchs nach § 894 sind daher nicht gegeben, da die materielle Rechtslage nicht von der formellen Rechtslage abweicht.

III. Ergebnis

Die zulässige Klage des M ist unbegründet, da er von K nicht die Rückgängigmachung des Kaufvertrags verlangen kann.

---

119 *BGH* Beschl. v. 28.4.1961 (Az. V ZB 17/60) = BGHZ 35, 135.
120 *BGH* Urt. v. 13.3.1991 (Az. XII ZR 79/90) = NJW 1991, 1739.
121 *BGH* Beschl. v. 28.4.1961 (Az. V ZB 17/60) = BGHZ 35, 135; *BGH* Urt. v. 26.2.1965 (Az. V ZR 227/62) = BGHZ 43, 174.
122 *BGH* Urt. v. 26.2.1965 (Az. V ZR 227/62) = BGHZ 43, 174; *BGH* Urt. v. 25.6.1980 (Az. IVb ZR 516/80) = BGHZ 77, 293.
123 *BGH* Urt. v. 26.2.1965 (Az. V ZR 227/62) = BGHZ 43, 174.

3. Zugewinnausgleich

> Wegen des Zugewinnausgleichs von Todes wegen siehe ausführlich unter Rn. 270 ff.

121 Der Zugewinn, den die Ehegatten in der Ehe erzielen, wird nach § 1363 Abs. 2 S. 2 ausgeglichen, wenn die Zugewinngemeinschaft endet. Der Ausgleich des Zugewinns beruht auf der Erwägung, dass jeder Ehegatte an dem teilhaben soll, was die Ehegatten während des Güterstands im Rahmen einer arbeitsteiligen Zusammenarbeit erworben haben. Der Ausgleich des Zugewinns erfolgt zu Lebzeiten der Ehegatten im Fall der Scheidung (§§ 1564 ff.) oder bei Aufhebung der Ehe (§§ 1313 ff.) bzw. bei Aufhebung des gesetzlichen Güterstands durch Ehevertrag, §§ 1385, 1386. Erfolgt die Beendigung der Zugewinngemeinschaft zu Lebzeiten der Ehegatten, so wird der Zugewinn nach der güterrechtlichen Lösung ausgeglichen, §§ 1372 bis 1390. Dem ausgleichsberechtigten Ehegatten steht eine Ausgleichsforderung aus § 1378 Abs. 1 zu. Wird die Zugewinngemeinschaft durch den Tod eines Ehegatten beendet, vollzieht sich der Zugewinnausgleich gemäß § 1371 Abs. 1 i.V.m. § 1931 Abs. 3 nach der sog. erbrechtlichen Lösung.

a) Berechnung der Ausgleichsforderung

PRÜFUNGSSCHEMA

122 Ausgleichsanspruch aus § 1378 Abs. 1

I. Anspruchsentstehung
   1. Ehe mit Güterstand der Zugewinngemeinschaft
   2. Beendigung der Zugewinngemeinschaft zu Lebzeiten der Ehegatten
   3. Umfang
      a) Hälftiger Zugewinnüberschuss des Anspruchsgegners
         aa) Zugewinn des Gegners nach §§ 1373 ff.
         bb) abzüglich Zugewinn des Anspruchstellers nach §§ 1373 ff.
         cc) verbleibender Zugewinnüberschuss des Gegners?
         dd) Halbierung des generischen Überschusses
      b) Begrenzung gem. § 1378 Abs. 2
      c) Anrechnung von Vorausempfängen, § 1380 Abs. 1

II. Rechtsvernichtende Einwendungen (insbes. §§ 362 ff.)

III. Durchsetzbarkeit
   1. Fälligkeit
   2. Einreden

aa) Ausgangsformel

123 Der Zugewinn ist nach der Legaldefinition des § 1373 der Betrag, um den das **Endvermögen** (§ 1375) eines Ehegatten dessen **Anfangsvermögen** (§ 1374) übersteigt.

> **Hinweis**
>
> Der Zugewinn wird also wie folgt berechnet:
>
> **Zugewinn** (§ 1373) = Endvermögen (§ 1375) − Anfangsvermögen (§ 1374)

Zugewinngemeinschaft

Hat ein Ehegatte einen größeren Zugewinn erzielt, so hat derjenige mit dem geringeren Zugewinn gegen den anderen einen schuldrechtlichen Ausgleichsanspruch auf Zahlung der Hälfte des Überschusses § 1378 Abs. 1.

124

Beispiel

	Ehemann	Ehefrau
Anfangsvermögen	10 000 €	30 000 €
Endvermögen	100 000 €	60 000 €
Zugewinn	90 000 €	30 000 €

Ausgleichsanspruch: Zugewinn Ehemann von 90 000 € – Zugewinn Ehefrau von 30 000 € = 60 000 € : 2 = 30 000 €.

Der Ausgleichsanspruch der Ehefrau beträgt damit 30 000 €. ▪

> **Hinweis**
>
> Die Höhe des Ausgleichsanspruchs berechnet sich damit wie folgt:
>
> (Höherer Zugewinn – niedriger Zugewinn) : 2 = Höhe des Ausgleichsanspruchs

Ist das Endvermögen eines Ehegatten geringer als sein Anfangsvermögen, so findet kein Verlustausgleich statt. Wegen des in § 1373 enthaltenen Gesetzeswortlauts „übersteigt" kann der Zugewinn nicht negativ sein[124].

125

Beispiel

	Ehemann	Ehefrau
Anfangsvermögen	30 000 €	30 000 €
Endvermögen	10 000 €	60 000 €
Zugewinn	0 €	30 000 €

Ausgleichsanspruch: Zugewinn der Ehefrau von 30 000 € – Zugewinn des Ehemanns von 0 € = 30 000 € : 2 = 15 000 €.

Der Zugewinnanspruch des Ehemannes beträgt damit 15 000 €. ▪

bb) Anfangsvermögen

Für die Ermittlung des Zugewinns ist zunächst das jeweilige **Anfangs-** und **Endvermögen** zu ermitteln.

126

Anfangsvermögen ist nach § 1374 das Vermögen, das einem Ehegatten nach Abzug der Verbindlichkeiten bei Eintritt des Güterstands gehört. Soweit die Ehegatten *keinen Ehevertrag* geschlossen haben, ist in der Regel der Zeitpunkt der Eheschließung für den Eintritt des Güterstands maßgebend. Haben die Ehegatten im Zeitpunkt der Eheschließung im Rahmen eines Ehevertrages Gütertrennung vereinbart und heben sie im Laufe der Ehe den

127

---

[124] *BGH* Urt. v. 6.10.2010 (Az. XII ZR 10/09) = FamRZ 2011, 25; a.A. *Kogel*, negativer Zugewinn, FamRZ 2010, 2036; *Braeuer*, Kann der Zugewinn negativ sein?, FamRZ 2010, 1614.

vereinbarten Güterstand durch einen weiteren Ehevertrag wieder auf, indem sie den gesetzlichen Güterstand vereinbaren, ist für das Anfangsvermögen auf den Zeitpunkt des Abschlusses des zweiten Ehevertrages abzustellen.

(1) Aktivvermögen

128 Zu den zu berücksichtigenden **Aktiva** zählen alle dem Ehegatten am Stichtag zustehenden *rechtlich geschützten Positionen von wirtschaftlichem Wert,* d.h. also neben den einem Ehegatten gehörenden Sachen alle ihm zustehenden objektiv bewertbaren Rechte, die bei Eintritt des Güterstandes bereits bestanden haben.[125] Dazu gehören unter anderem auch geschützte **Anwartschaften** mit ihrem gegenwärtigen Vermögenswert, sowie vergleichbare Rechtspositionen, die einen Anspruch auf eine künftige Leistung gewähren, sofern diese nicht mehr von einer Gegenleistung abhängig und nach wirtschaftlichen Maßstäben (notfalls durch Schätzung) bewertbar sind.[126]

129 **Nicht** zum **Anfangsvermögen** gehören alle **vor dem Stichtag** begründeten **Rechts- und Dauerschuldverhältnisse**, die Ansprüche auf künftig fällige, *wiederkehrende Einzelleistungen* (Arbeitsentgelt, Besoldung, Unterhaltsleistungen) begründen. Ein güterrechtlicher Ausgleich findet ebenfalls nicht statt, soweit eine Vermögensposition bereits auf andere Weise ausgeglichen wird.[127] Auch Hausrat, der nach §§ 1568a ff. verteilt wird und Anwartschaften, die durch den Versorgungsausgleich ausgeglichen werden, fallen nicht in das Anfangsvermögen.

130 Die **Wertermittlung** des Anfangsvermögens erfolgt nach §§ 1376 Abs. 1. Danach wird bei der Berechnung des Anfangsvermögens der Wert zugrunde gelegt, den das Vermögen im Zeitpunkt des Eintritts in den Güterstand hatte. Für den Wert des Vermögens, das dem Anfangsvermögen zuzurechnen ist, ist der Zeitpunkt des Erwerbs maßgebend.

(2) Verbindlichkeiten

131 Vom Wert des **Aktivvermögens** sind alle am Stichtag vorhandenen **Verbindlichkeiten aller Art abzuziehen,** also sowohl öffentlich-rechtliche wie private Schulden, Steuern und Abgaben, wie private Lasten. Die Verbindlichkeiten müssen am Stichtag schon *entstanden*, aber noch nicht fällig sein.[128]

---

[125] *BGH* Urt. v. 20.6.2007 (Az. XII ZR 32/05) = FamRZ 2007, 1307 (Restitutionsanspruch); *BGH* Urt. v. 28.1.2004 (Az. XII ZR 221/01) = BGHZ 157, 379; *BGH* Urt. v. 31.10.2001 (Az. XII ZR 292/99) = NJW 2002, 436; *BGH* Urt. v. 15.11.2000 (Az. XII ZR 197/98) = BGHZ 146, 64; *BGH* Urt. v. 29.10.1981 (Az. IX ZR 86/80) = BGHZ 82, 149; MüKo-*Koch* § 1374 Rn. 6; Palandt-*Brudermüller* § 1374 Rn. 4.

[126] *BGH* Urt. v. 15.11.2000 (Az. XII ZR 197/98) = BGHZ 146, 46; *BGH* Urt. v. 9.6.1983 (Az. IX ZR 41/82) = BGHZ 87, 367; *BGH* Urt. v. 14.1.1981 (Az. IVb ZR 525/8) = NJW 1981, 1038; MüKo-*Koch* § 1375 Rn. 12.

[127] *BGH* Urt. v. 21.4.2004 (Az. XII ZR 185/01) = NJW 2004, 2675; *BGH* Urt. v. 11.12.2002 (Az. XII ZR 27/00) = NJW 2003, 1396.

[128] *BGH* Urt. v. 24.10.1990 (Az. XII ZR 101/89) = NJW 1991, 1547; *BGH* Urt. 23.10.1985 (Az. IVb ZR 62/84) = NJW-RR 1986, 226.

Zugewinngemeinschaft 1 D I

> **Hinweis**
>
> Bis zum 30.8.2009 war durch § 1374 Abs. 1. Hs. 2 die Abzugsfähigkeit der Verbindlichkeiten beschränkt auf die Höhe des Aktivvermögens. Das *Anfangsvermögen* konnte daher *nur den Wert Null* haben. Damit wurde bezweckt, dem Ausgleichsschuldner beim Zugewinnausgleich mindestens die Hälfte seines Zugewinns zu belassen.[129] Nach Art. 229 § 20 Abs. 2 EGBGB gilt die alte Rechtslage weiter, wenn der Scheidungsantrag vor dem 1.9.2009 anhängig gemacht wurde. Das Gesetz zur Änderung des Zugewinnausgleichs- und Vormundschaftsrechts vom 6.7.2009[130] hat die Beschränkung der Abzugsfähigkeit von Verbindlichkeiten beseitigt; es wurde § 1374 Abs. 1 Hs. 2 aufgehoben und in dem neu eingefügten § 1374 Abs. 3 klargestellt, dass Verbindlichkeiten über die Höhe des Anfangsvermögens hinaus abgezogen werden können. Als Konsequenz des Halbteilungsgrundsatzes wird daher nunmehr für die Berechnung des Zugewinnausgleichs auch ein *negatives Anfangsvermögen* berücksichtigt. Verbindlichkeiten sind bei der Berechnung des Anfangsvermögens abzuziehen, sofern sie am Stichtag bereits *vorhanden* waren. Auf deren Fälligkeit kommt es nicht an.[131] Auch wenn sich dadurch an den Haftungsverhältnissen im Außenverhältnis nichts ändert, wird damit der wirtschaftliche Erfolg aus der Ehezeit zur Hälfte auf die Ehegatten verteilt.[131]

> **Beispiel** Der Ehemann hat im Zeitpunkt der Eheschließung Schulden in Höhe von 200 000 €. Das Anfangsvermögen der Ehefrau beträgt 5000 €. Während der Ehezeit tilgt der Ehemann seine Verbindlichkeiten und hat im Zeitpunkt der Scheidung ein Endvermögen von 0 €. Die Ehefrau verfügt über ein Endvermögen in Höhe von 20 000 €. Nach altem Recht hätte der Ehemann gegen die Ehefrau einen Anspruch auf Zugewinnausgleich in Höhe von 7500 € (20 000 € [Endvermögen] − 5000 € [Anfangsvermögen] = 15 000 € : 2) gehabt. Dieses Ergebnis wurde als ungerecht empfunden, weshalb § 1374 Abs. 1 Hs. 2 gestrichen wurde. Stattdessen bestimmt § 1374 Abs. 3, dass Verbindlichkeiten auch über die Höhe des Vermögens hinaus abgezogen werden können, so dass das Anfangsvermögen auch negativ sein kann. Danach beträgt der Zugewinn des Ehemannes 200 000 €, da er während der Ehezeit Verbindlichkeiten in dieser Höhe getilgt hat. Der Ehefrau stünde daher ein Zugewinnausgleich in Höhe von 92 500 € (200 000 € [Zugewinn des Mannes] − 15 000 € [Zugewinn der Frau] = 185 000 € : 2) zu. Der Ausgleichsanspruch der Ehefrau ist nach § 1378 Abs. 2 S. 1 indes auf die Hälfte des Vermögens beschränkt, über das der Ehemann am Stichtag verfügt. Da dieses im Beispielsfall 0 € beträgt, steht der Ehefrau kein Zugewinnausgleich zu. Im Gegensatz zur alten Regelung steht in diesem Fall aber auch dem Ehemann gegenüber der Ehefrau kein Zugewinnausgleich zu. ∎

Während nach der alten Rechtslage jeder Ehegatte die Höhe seines Anfangsvermögen beweisen musste, wird nunmehr nach § 1377 Abs. 3 i.S.v. § 292 S. 1 ZPO gegenüber dem anderen Ehegatten widerlegbar **vermutet**, dass das Anfangsvermögen der Ehegatten null beträgt, wenn sie gemäß § 1377 Abs. 1, Abs. 2 kein Vermögensverzeichnis erstellt haben. Nach § 1379 Abs. 1 Nr. 2 steht jedem Ehegatten nach der Beendigung des Güterstands ein Auskunftsanspruch über die Höhe des Anfangsvermögens zu.

132

---

[129] Staudinger-*Thiele* § 1374 Rn. 18.
[130] BGBl. I S. 1696.
[131] *Brudermüller* FamRZ 2009, 1185.

(3) Privilegiertes Vermögen

133 Nach § 1374 Abs. 2 wird Vermögen, das ein Ehegatte nach Eintritt des Güterstands der Zugewinngemeinschaft von Todes wegen oder mit Rücksicht auf ein künftiges Erbrecht oder durch Schenkung oder Ausstattung erwirbt, nach Abzug der Verbindlichkeiten dem Anfangsvermögen hinzugerechnet. Dem liegt der Rechtsgedanke zugrunde, dass der Erwerb von Vermögen privilegiert, und damit nicht ausgleichspflichtig sein soll, der auf einer besonderen *persönlichen Beziehung* des Erwerbers zum Zuwendenden oder auf ähnlichen persönlichen Umständen beruht.[132] Nur bei den in § 1374 Abs. 2 genannten Fallgruppen handelt es sich um ein nicht ausgleichspflichtiges Anfangsvermögen. Bei der Vorschrift des § 1374 Abs. 2 handelt es sich nach h.M.[133] um eine **abschließende und nicht analogiefähige Sonderregelung**. Aus diesem Grund unterliegen Lottogewinne, Spekulationsgewinne oder ein Schmerzensgeldanspruch nicht der Vorschrift des § 1374 Abs. 2. Die Privilegierung tritt ohne eine entsprechende Anordnung des Zuwendenden kraft Gesetzes ein.[134] Das durch den privilegierten Erwerb dem Anfangsvermögen hinzurechnende Vermögen wird gemäß § 1374 Abs. 1 nach dem Wert berechnet, den es im Zeitpunkt des Erwerbs hatte.

134 **(a) Schenkungen während der Ehe** Der Begriff der Schenkung entspricht § 516, so dass eine Schenkungsabrede erforderlich ist. Bei *gemischten Schenkungen* ist nur der unentgeltliche Teil dem Anfangsvermögen hinzuzurechnen.[135] Spätere Gewinne wie Zinsen oder Wertsteigerungen des geschenkten Vermögensgegenstands fallen dagegen in den Zugewinn des Ehegatten.

> **Beispiel** Die Ehefrau bekommt während der Ehe von ihren Eltern ein Sparbuch mit einem hohen Spargguthaben geschenkt. Bei der Schenkung handelt es sich um einen privilegierten Erwerb i.S.v. § 1374 Abs. 2, so dass das auf dem Sparbuch befindliche Guthaben nicht in den Zugewinn fällt. Dagegen unterliegen die Zinsen, die seit der Schenkung angefallen sind, dem Zugewinnausgleich, wenn sich die Ehegatten scheiden lassen. ■

135 Freiwillige Leistungen des Arbeitgebers wie Gratifikationen oder Trinkgelder stellen in der Regel kein Geschenk, sondern eine Entlohnung dar.[136]

136 Auf *Schenkungen zwischen den Ehegatten* ist § 1374 Abs. 2 nicht anzuwenden.[137] Das ergibt sich aus Sinn und Zweck dieser Bestimmung. Danach sollen nur Zuwendungen von dritter Seite, zu deren Erwerb der andere Ehegatte weder unmittelbar noch mittelbar etwas beigetragen hat, vom Zugewinnausgleich ausgenommen werden. Bei Zuwendungen zwischen den Ehegatten ist demgegenüber eine Berücksichtigung im Zugewinnausgleichsverfahren gerade gewollt. Den Zugewinnausgleich nimmt der BGH in diesem Fall nach § 1380 (Anrechnung von Vorausempfängen) vor. Bei *ehebezogenen* (unbenannten) *Zuwendungen* findet § 1374 Abs. 2 ebenfalls keine Anwendung.[138] Zuwendungen seitens der Schwiegereltern sind

---

[132] *BGH* Urt. v. 22.12.1976 (Az. IV ZR 11/76) = BGHZ 68, 43.
[133] *BGH* Urt. v. 22.12.1976 (Az. IV ZR 11/76) = BGHZ 68, 43; *BGH* Urt. v. 27.5.1981 (Az. IVb ZR 577/80) = BGHZ 80, 384.
[134] MüKo-*Koch* § 1374 Rn. 14; Staudinger-*Thiele* § 1374 Rn. 46.
[135] *BGH* Urt. v. 7.9.2005 (Az. XII ZR 209/02) = NJW 2005, 3710; *OLG Bamberg* Urt. v. 20.7.1989 (Az. UF 202/88) = FamRZ 1990, 408; Staudinger-*Thiele* § 1374 Rn. 34.
[136] *OLG München* Urt. v. 7.12.1994 (Az. 12 UF 1150/94) = FamRZ 1995, 1069.
[137] *BGH* Urt. v. 20.5.1987 (Az. IVb ZR 62/86) = BGHZ 101, 65; Palandt-*Brudermüller* § 1374 Rn. 15; a.A. MüKo-*Koch* § 1374 Rn. 23.
[138] *BGH* Urt. v. 26.11.1981 (Az. IX ZR 91/80) = BGHZ 82, 227.

dagegen nach der neueren Rechtsprechung des BGH[139] als Schenkungen dem Anfangsvermögen des Schwiegerkindes hinzuzurechnen. Der Wert dieser Schenkungen ist allerdings zu mindern, wenn die Schwiegereltern bei dem Scheitern der Ehe einen Rückforderungsanspruch nach §313 haben. Die Höhe des Rückforderungsanspruchs entspricht dabei der Wertminderung der Schenkung.

137 Wird die Schenkung vor dem Endvermögensstichtag widerrufen oder wegen Wegfalls der Geschäftsgrundlage rückgängig gemacht, so sind die entstehenden Rückgewähransprüche in der Zugewinnbilanz entsprechend zu berücksichtigen.[140]

138 **(b) Erwerb von Todes wegen** Zu dem **privilegierten Erwerb** gehören auch die Vermögensgegenstände, die ein Ehegatte im Rahmen der gesetzlichen oder gewillkürten Erbfolge als Allein-, Mit-, Vor- oder Nacherbe erhält oder durch ein Vermächtnis, durch eine Auflage, durch ein Pflichtteil bzw. als Abfindung für einen entgeltlichen Erbverzicht erlangt. Hierzu gehören auch die durch einen Erbfall eingetretene Befreiung von einer Verbindlichkeit (Konfusion),[141] sowie Ansprüche aus Vergleichen über erbrechtliche Rechtsverhältnisse.[142] Zum privilegierten Erwerb gehört auch das *Anwartschaftsrecht des Nacherben* einschließlich der realen Wertsteigerungen.

139 Zu dem privilegierten Erwerb zählen auch alle Vermögensgegenstände, die ein Ehegatte aufgrund einer **vorweggenommenen** Erbfolge erhält. Dass der erwerbende Ehegatte gesetzlicher oder gewillkürter Erbe des Zuwendenden ist, ist nicht erforderlich; entscheidend ist, dass der Erwerb von Todes wegen (wenigstens teilweise) durch eine vorweggenommene Erbfolge ersetzt wird.[143] Die Vereinbarung einer *Gegenleistung* (etwa Versorgungsrechte wie laufende Rentenzahlungen, Erbringung von Pflegeleistungen) ist oftmals geradezu typisch und hindert daher nicht den Abzug der zugesagten Leistungen.[144]

140 Auch eine **Lebensversicherungssumme**, die der Ehegatte als Begünstigter nach dem Tod eines nahen Verwandten aus dessen Versicherung ausgezahlt erhält, fällt entsprechend dem Normzweck der Privilegierung hierunter, auch wenn „rechtstechnisch" kein Erwerb aus dem Nachlass vorliegt (§§ 330, 331), sondern ein rechtsgeschäftlicher Erwerb nach § 159 VVG.[145] Hat ein Ehegatte in Zusammenhang mit der Zuwendung ein Wohnrecht oder ein Nießbrauch übernommen, so ist dieses bei Ermittlung des Anfangs- als auch des Endvermögens wertmindernd zu berücksichtigen, wenn das übernommene Recht fortbesteht. Dabei ist der fortlaufende Wertzuwachs der Zuwendung aufgrund des abnehmenden Wertes des Wohn- bzw. Nießbrauchrechtes zu bewerten, um den gleitenden Erwerbsvorgang zu erfassen und vom Zugewinnausgleich ausnehmen zu können. Dabei ist das jährliche Absinken des Wertes gesondert zu indexieren und inflationsbedingt zu bereinigen[146].

141 Nach der Neufassung des § 1374 Abs. 2 ist der **privilegierte Erwerb** mit einem negativen Anfangsvermögen zu verrechnen.

---

139 *BGH* Urt. v. 3.2.2010 (Az. XII ZR 189/06) = BGHZ 184, 190; *BGH* Urt. v. 20.7.2011 (Az. XII ZR 149/09) = FamRZ 2012, 273.
140 Soergel-*Lange* § 1374 Rn. 14.
141 *OLG Düsseldorf* Beschl. v. 7.10.1987 (Az. 10 WF 212/87) = FamRZ 1988, 287.
142 *BGH* Urt. v. 20.9.1995 (Az. XII ZR 16/94) = BGHZ 130, 377; Staudinger-*Thiele* § 1374 Rn. 30.
143 Soergel-*Keppler/Keppler* Rn. 31.
144 *OLG Koblenz* Beschl. v. 30.11.2005 (Az. 7 WF 511/05) = FamRZ 2006, 624.
145 *BGH* Urt. v. 20.9.1995 (Az. XII ZR 16/94); BGHZ 130, 377; MüKo-*Koch* § 1374 Rn. 189.
146 *BGH* Urt. v. 22.11.2007 (Az. XII ZR 8/05) = BGHZ 170, 324.

> **Beispiel** Der Ehemann hat im Zeitpunkt der Eheschließung Schulden in Höhe von 30 000 €. Während der Ehe erbt er 20 000 €. Seit dem 1.9.2009 ist die Erbschaft als privilegierter Erwerb mit dem negativen Anfangsvermögen zu verrechnen, so dass von einem negativen Anfangsvermögen in Höhe von 10 000 € auszugehen ist. Unter der alten Rechtslage war umstritten, ob zunächst das Anfangsvermögen auf 0 zu setzen ist und sodann mit der Erbschaft zu addieren ist. Dieser Streit hat sich durch die Neufassung des § 1374 Abs. 2 erledigt.

cc) Endvermögen

142 Nach § 1375 Abs. 1 S. 1 ist **Endvermögen** das Vermögen, das einem Ehegatten nach Abzug aller Verbindlichkeiten bei der Beendigung des Güterstands gehört. Als maßgeblichen Ermittlungszeitpunkt nennt § 1375 Abs. 1 S. 1 zunächst die Beendigung des Güterstands. Nach der Neufassung des § 1384 tritt für die Berechnung des Zugewinns und für die Höhe der Ausgleichsforderung an die Stelle der Beendigung des Güterstandes der Zeitpunkt der Rechtshängigkeit des Scheidungsantrags.[147] Eine einschränkende Auslegung des § 1384 dahin, dass bei einem vom Ausgleichspflichtigen nicht zu verantwortenden Vermögensverlust die Begrenzung des § 1378 Abs. 2 S. 1 an die Stelle des § 1384 tritt, kommt nach der Rechtsprechung des BGH[147] nicht in Betracht. In einem solchen Fall soll aber § 1381 eine Korrektur grob unbilliger Ergebnisse ermöglichen. Darauf muss sich allerdings der Ausgleichspflichtige in dem gerichtlichen Verfahren berufen. Der Zeitpunkt der Rechtshängigkeit des Scheidungsantrags ist nur dann maßgebend, wenn die Scheidung den gesetzlichen Güterstand beendet. Haben die Ehegatten vor der Erhebung des Scheidungsantrags einen Ehevertrag geschlossen und dadurch den gesetzlichen Güterstand aufgehoben, ist dieser Zeitpunkt für die Berechnung des Endvermögens maßgebend.

143 Die Berechnung des Endvermögens erfolgt durch die Summierung aller Aktiva unter Abzug aller Verbindlichkeiten,[148] wobei das Endvermögen grundsätzlich auch negativ sein kann § 1375 Abs. 1 S. 2. Eine Gesamtschuld der Ehegatten wird jeweils zur Hälfte als Verbindlichkeit bei dem Endvermögen berücksichtigt. Steht dagegen fest, dass der von dem Gläubiger in Anspruch genommene Ehegatte seinen Ausgleichsanspruch aufgrund der Vermögenslosigkeit des anderen Ehegatten nicht durchsetzen kann, ist die gesamte Verbindlichkeit bei dem Endvermögen des zahlenden Ehegatten als Abzugsposten zu berücksichtigen[149].

Die Rechtspositionen, die bei der Ermittlung des Anfangsvermögens unberücksichtigt bleiben, werden auch nicht bei dem Endvermögen hinzugerechnet. Der Miteigentumsanteil an Hausrat, der den Ehegatten gemeinsam gehört, wird bei dem Endvermögen nicht berücksichtigt, da § 1568b vorrangig ist. Steht dagegen ein Hausratgegenstand im Alleineigentum eines Ehegatten, wird er im Rahmen des Zugewinnausgleiches berücksichtigt.

144 Der Berechnung des Endvermögens wird der **Wert** zugrunde gelegt, den das Vermögen bei Beendigung des Güterstands hatte. Bei der Wertermittlung sind auch Wertänderungen zu berücksichtigen, etwa wenn Ackerland nach der Eheschließung zum Bauland wird, Wertpapiere im Kurswert steigen oder sinken. Diese an sich eheneutralen Vorgänge wirken sich als echte Wertsteigerungen auch auf die Ausgleichsforderung aus.

---

[147] *BGH* Urt. v. 4.7.2012 (Az. XII ZR 80/10) = NJW 2012, 2657.
[148] *OLG Köln* Urt. v. 1.7.1998 (Az. 27 UF 12/98) = NJW-RR 1999, 229.
[149] *BGH* Urt. v. 6.10.2010 (Az. XII ZR 10/09) = FamRZ 2011, 25.

Zugewinngemeinschaft 1 D I

145 Dem Endvermögen eines Ehegatten wird nach § 1375 Abs. 2 S. 1 der Betrag hinzugerechnet, um den sein Vermögen dadurch vermindert worden ist, dass er nach Eintritt des Güterstands unentgeltliche Zuwendungen gemacht hat, durch die er nicht einer sittlichen Pflicht oder einer auf den Anstand zu nehmenden Rücksicht entsprochen hat, Vermögen verschwendet hat oder Handlungen in der Absicht vorgenommen hat, den anderen Ehegatten zu benachteiligen. Der Betrag der Vermögensminderung wird nach § 1375 Abs. 3 dem Endvermögen nur dann nicht hinzugerechnet, wenn sie mindestens 10 Jahre vor Beendigung des Güterstandes eingetreten ist oder wenn der andere Ehegatte mit der unentgeltlichen Zuwendung oder Verschwendung des Vermögens einverstanden war. Ist das Endvermögen eines Ehegatten geringer als das Vermögen, das er in der Auskunft zum Trennungszeitpunkt angegeben hat, so hat er nach § 1375 Abs. 2 S. 2 darzulegen und zu beweisen, dass die Vermögensminderung nicht auf Handlungen i.S.v. § 1375 Abs. 2 S. 1 Nr. 1–3 zurückzuführen ist.

Beispiel Die Ehegatten haben während der Ehe folgenden Zugewinn erzielt:

	Ehemann	Ehefrau
Anfangsvermögen	60 000 €	20 000 €
Endvermögen	80 000 €	20 000 €
Zugewinn	20 000 €	0 €

Der Ehemann hat 2 Jahre vor der Scheidung seiner Geliebten Schmuck geschenkt, der im Zeitpunkt der Schenkung 20 000 € wert war. Hierbei handelt es sich um eine unentgeltliche Zuwendung i.S.v. § 1375 Abs. 2, die seinem Endvermögen zuzurechnen ist:

	Ehemann	Ehefrau
Anfangsvermögen	60 000 €	20 000 €
Endvermögen	100 000 €	20 000 €
Zugewinn	40 000 €	0 €

Der Ausgleichsanspruch der Ehefrau beträgt daher 40 000 € : 2 = 20 000 € ■

146 Nach § 1378 Abs. 2 S. 1 wird die Höhe der Ausgleichsforderung durch den Wert des Vermögens begrenzt, das nach Abzug der Verbindlichkeiten bei Beendigung des Güterstands vorhanden ist. Sinn und Zweck dieser Begrenzung ist der Schutz der übrigen Gläubiger des Ehegatten, denen durch den Ausgleich nicht ihre Haftungsmasse entzogen und damit die Durchsetzung ihrer Forderungen erschwert werden soll. Die Begrenzung der Ausgleichsforderung erhöht sich allerdings nach § 1378 Abs. 2 S. 2 in den in § 1375 Abs. 2 S. 1 genannten Fällen um den dem Endvermögen hinzuzurechnenden Betrag.

Unter den Voraussetzungen des § 1390 kann sich der ausgleichsberechtigte Ehegatte auch an einen Dritten halten. Nach § 1390 Abs. 1 kann der ausgleichsberechtigte Ehegatte von dem Dritten Wertersatz verlangen, wenn der ausgleichsverpflichtete Ehegatten dem Dritten in der Absicht eine unentgeltliche Zuwendung gemacht hat, den Ausgleichsgläubiger zu benachteiligen. Unerheblich ist dabei, ob der Dritte die Benachteiligungsabsicht kannte.

dd) Anrechnung von Vorausempfängen, § 1380

147 Auf die Ausgleichsforderung eines Ehegatten wird nach § 1380 Abs. 1 S. 1 angerechnet, was ihm von dem anderen Ehegatten durch Rechtsgeschäft unter Lebenden mit der Bestimmung zugewendet ist, dass es auf die Ausgleichsforderung angerechnet werden soll. Nach § 1380 Abs. 1 S. 2 wird im Zweifel angenommen, dass diejenigen Zuwendungen angerechnet werden sollen, die den Wert von Gelegenheitsgeschenken übersteigen, die nach den Lebensverhältnissen der Ehegatten üblich sind. Die Vorschrift des § 1380 setzt weiter voraus, dass der Zuwendungsempfänger auch Gläubiger der Ausgleichsforderung ist.

Die Anrechnungsbestimmung muss vor oder bei der Zuwendung getroffen werden. Später können nur noch beide Ehegatten gemeinsam eine Anrechnung vereinbaren und zwar in der Form des § 1378 Abs. 3 S. 2.[150] Bei der Berechnung des Zugewinnausgleichs wird nach § 1380 Abs. 2 die Zuwendung bei der Berechnung der Ausgleichsforderung dem Zugewinn des Ehegatten hinzugerechnet, der die Zuwendung gemacht hat. Der Wert bestimmt sich nach dem Zeitpunkt der Zuwendung.

Nach § 1380 Abs. 2 wird die Zuwendung hypothetisch dem Zugewinn des Zuwendenden hinzugerechnet und dann als Leistung an Erfüllungs statt von der Ausgleichsforderung abgezogen.

> **Hinweis**
>
> Der Grund für den Abzug der Schenkung vom Zugewinn des Beschenkten ist darin zu sehen, dass die Schenkung für die Berechnung der Ausgleichsforderung neutralisiert werden muss. Ansonsten würde sie sowohl bei dem Zugewinn des Zuwendenden als auch bei dem Zugewinn des Beschenkten berücksichtigt.[151]

148 Zu dem gleichen Ergebnis kommt man, wenn das Zugewandte dem Anfangsvermögen des Empfängers und seinem Endvermögen zugerechnet wird. Diese Methode scheidet allerdings aus, wenn § 1374 Abs. 2 weder nach seinem Sinn, noch seinem Wortlaut anwendbar ist, also insbes. bei sog. **unbenannten Zuwendungen**.[152] Es empfiehlt sich daher, die Zuwendung mit ihrem auf den Zurechnungszeitpunkt bezogenen Wert aus dem Endvermögen des Empfängers heraus zu rechnen.[153]

---

150 *BGH* Urt. v. 16.12.1982 (Az. IX ZR 90/81) = BGHZ 86, 143-152.
151 *BGH* Urt. v. 26.11.1981 (Az. IX ZR 91/80) = BGHZ 82, 234.
152 *OLG Karsruhe* Urt. v. 30.5.2003 (5 UF 315/01) = FamRZ 2004, 1033.
153 *BGH* Urt. v. 20.12.2000 (Az. XII ZR 237/98) = NJW-RR 2001, 793; *OLG Karlsruhe* Urt. v. 28.3.2002 (Az. 2 UF 50/01) = NJW-RR 2003, 361-363.

Zugewinngemeinschaft 1 D I

Beispiel Während des Bestehens der Zugewinngemeinschaft hat der Ehemann seiner Ehefrau anrechnungspflichtig 10 000 € zugewandt. Die Ehegatten haben folgenden Zugewinn erzielt:

Ehemann			Ehefrau	
	Endvermögen (ohne Zuwendung)	50 000 €	Endvermögen (inkl. der Zuwendung)	25 000 €
−	Anfangsvermögen des Ehemanns	20 000 €	− Anfangsvermögen der Ehefrau	0 €
=	Zugewinn	30 000 €	= Zugewinn	25 000 €
+	Zuwendung	10 000 €	− Zuwendungsersatz	10 000 €
=	Zugewinn unter Einbeziehung v. § 1380 Abs. 2 S. 1	40 000 €	= Zugewinn nach Abzug des Zuwendungsersatzes	15 000 €

Zugewinnsaldo der Ehegatten	
Ehemann	40 000 €
− Ehefrau	15 000 €
= Zugewinnsaldo	25 000 €

Ausgleichsforderung der Ehefrau vor Anrechnung (25 000 € : 2)	12 500 €
Ausgleichsforderung nach der Anrechnung (12 500 € − 10 000 €)	2 500 €

Wenn der Zugewinn des Empfängers geringer ist, als der Wert der Zuwendung kommt **149**
§ 1380 mit der Folge zur Anwendung, dass der Wert der Zuwendung nicht unter 0 anzusetzen ist.[154]

Beispiel Beträgt das beiderseitige Anfangsvermögen der Ehegatten 0 €, das Endvermögen des Ehemanns 100 000 € und der Ehefrau 20 000 €, so steht der Ehefrau grundsätzlich ein Ausgleichsanspruch in Höhe von 40 000 € zu (100 000 € − 20 000 € = 80 000 € : 2). Hat sie während des Bestehens der Zugewinngemeinschaft von dem Ehemann eine Zuwendung in Höhe von 50 000 € anrechnungspflichtig erhalten, so erhöht sich der Zugewinn des Ehemanns um den Wert der Zuwendung und beträgt daher 150 000 €, während der Zugewinn der Ehefrau nur 20 000 € beträgt. Würde man in diesem Fall der Ehefrau die Zuwendung in Höhe von 50 000 € anrechnen, so hätte sie einen negativen Zugewinn von 30 000 €. Da jedoch ein negativer Zugewinn nicht möglich ist, wird in diesen Fällen ihr Zugewinn mit 0 € angesetzt. Das hat zur Folge, dass sie sich auf ihren Zugewinnausgleichsanspruch in Höhe von 75 000 € die Zuwendung von 50 000 € anrechnen lassen muss, so dass ihr Zugewinn 25 000 € beträgt.

Wenn die Zuwendung nicht mehr im Endvermögen des Empfängers vorhanden ist, ist **150**
umstritten, ob die Zuwendung auch in diesen Fällen von dem Zugewinn des Empfängers abzuziehen ist. Nach h.M.[155] trägt das Risiko eines Untergangs oder einer Verschlechterung des Zuwendungsgegenstandes (bzw. seines Surrogats) der Empfänger. Aus diesem Grund wird auch bei einem ersatzlosen teilweisen oder vollständigen Untergang des Zuwendungs-

---
154 Palandt-*Brudermüller* § 1380 Rn. 15.
155 BGH Urt. v. 20.5.1987 (Az. IVb ZR 62/86) = BGHZ 101, 65; Palandt-*Brudermüller* § 1380 Rn. 13 m.w.N.; a.A. Soergel-*Keppler/Keppler* § 1380 Rn. 29.

gegenstands der Wert der Zuwendung angerechnet. Im obigen Beispiel würde sich daher an der Höhe des Zugewinnausgleichsanspruchs durch den Untergang des Zuwendungsgegenstands nichts ändern.

151 Die Vorschrift des § 1380 findet indes **keine Anwendung**, wenn schon nach den allgemeinen Berechnungsvorschriften der Zuwender nicht den größeren Zugewinn erzielt hat.[156] Dieses Ergebnis ergibt sich aus dem Wortlaut des § 1380 Abs. 1 S. 1, wonach der Ausgleichspflichtige dem Ausgleichsberechtigten eine Zuwendung gemacht haben muss.

> **Beispiel** Ist das beiderseitige Anfangsvermögen der Ehegatten 0 €, das Endvermögen des Ehemanns 80 000 € und der Ehefrau 100 000 €, so steht dem Ehemann grundsätzlich ein Ausgleichsanspruch in Höhe von 10 000 € zu (100 000 € – 80 000 € = 20 000 € : 2). Hatte der Ehemann der Ehefrau eine Zuwendung von 30 000 € gemacht, so würde sich bei Anwendung des § 1380 der Zugewinn der Ehefrau auf 70 000 € ermäßigen. Der Zugewinn des Ehemannes wäre fiktiv um 30 000 € erhöht und würde daher 110 000 € betragen. Der Zugewinn der Ehefrau beträgt nach Anrechnung der Zuwendung 0 €, da die Ehefrau einen negativen Zugewinn von 10 000 € (110 000 € – 70 000 € = 40 000 € : 2 = 20 000 € – 30 000 € = -10 000 €) erzielt hat. Durch die Anwendung des § 1380 wäre der Ehemann benachteiligt, da er in diesem Fall seinen Zugewinnausgleichsanspruch in Höhe von 10 000 € verloren hätte.

b) Verjährung

152 Die Vorschrift des § 1378 Abs. 4 in der Fassung vom 6.7.2009, wonach die Ausgleichsforderung in drei Jahren verjährte, ist durch Art. 1 Nr. 5 des Gesetzes vom 24.9.2009[157] mit Wirkung zum 1.1.2010 entfallen. Durch die Streichung des § 197 Abs. 1 Nr. 2 wurden die familien- und erbrechtlichen Vorschriften der regelmäßigen Verjährung der §§ 195, 199 unterworfen.[158]

> **Hinweis**
>
> Nach § 207 Abs. 1 S. 1 ist die Verjährung des Ausgleichsanspruchs bis zur Rechtskraft der Scheidung gehemmt. Dieser Vorschrift kommt vor allem Bedeutung zu, wenn der Güterstand der Zugewinngemeinschaft durch einen Ehevertrag beendet wird.

c) Rechte des Ausgleichspflichtigen

aa) Stundung des Ausgleichsanspruchs, § 1382

153 Nach § 1382 Abs. 1 S. 1 kann das Familiengericht auf Antrag des Ausgleichspflichtigen die Ausgleichsforderung **stunden**, soweit sie vom Schuldner nicht bestritten wird und wenn die sofortige Zahlung auch unter Berücksichtigung der Interessen des Gläubigers zur Unzeit erfolgen würde. Davon ist nach § 1382 Abs. 1 S. 2 auszugehen, wenn die sofortige Zahlung die Wohnverhältnisse oder die Lebensverhältnisse der gemeinsamen Kinder nachhaltig verschlechtern würde.

---

[156] *BGH* Urt. v. 10.7.1991 (Az. XII ZR 114/89) = BGHZ 115, 132; *BGH* Urt. v. 26.11.1981 (Az. IX ZR 91/80) = NJW 1982, 1093.
[157] BGBl. I 2009, 3142.
[158] C. Budzi Kiewiez in: Ermann BGB 14 Aufl. 2014 Rn. 19.

Zugewinngemeinschaft 1 D I

bb) Leistungsverweigerungsrecht wegen grober Unbilligkeit, § 1381

Nach § 1381 Abs. 1 kann der Schuldner die Erfüllung der Ausgleichsforderung verweigern, soweit der Ausgleich des Zugewinns nach den Umständen des Falles grob **unbillig** wäre. Die grobe Unbilligkeit kann sich aus einem Fehlverhalten eines Ehegatten ergeben, wobei auch die Verletzung persönlicher Pflichten eine Rolle spielen kann. Einzubeziehen in die bewertende Betrachtung ist auch die Versorgungslage der beiden Ehegatten, ihr Einkommen und ihr Vermögen. Das Gesetz konkretisiert in § 1381 Abs. 2 einen Fall der Unbilligkeit, wenn ein Ehegatte, der den geringeren Zugewinn erzielt hat, längere Zeit hindurch die wirtschaftlichen Verpflichtungen, die sich aus dem ehelichen Verhältnis ergeben, schuldhaft nicht erfüllt hat. Dazu gehören die Unterhaltspflichten genauso wie die Pflicht der Haushaltsführung, soweit sie einvernehmlich von einem Ehegatten übernommen wurde. Auch die aus § 1353 abgeleitete Rücksichtnahme auf die wirtschaftlichen Belange des anderen ist hier zu nennen. Ob die Verfehlung längere Zeit gedauert hat, ist im Verhältnis zur Ehedauer und zur Schwere der Pflichtverletzung zu sehen.

154

cc) Verfügung über die Ausgleichsforderung

Nach § 1378 Abs. 3 S. 3 kann kein Ehegatte sich vor der Beendigung des Güterstands verpflichten, über die Ausgleichsforderung zu verfügen. Etwas anderes gilt nach § 1378 Abs. 3 S. 2 dann, wenn die Ehegatten während eines Verfahrens, das auf die Auflösung der Ehe gerichtet ist, für den Fall der Auflösung der Ehe eine Vereinbarung über den Ausgleich des Zugewinns treffen. Eine solche Vereinbarung bedarf der notariellen Beurkundung, die auch durch die Protokollierung eines Vergleichs in einem Verfahren in Ehesachen vor dem Prozessgericht erfolgen kann.

155

dd) Vorzeitiger Zugewinnausgleich

Die Ehegatten können gemäß §§ 1385 Nr. 1, 1386 einen vorzeitigen Zugewinnausgleich verlangen, wenn sie drei Jahre getrennt leben. Das gleiche Recht haben die Ehegatten, wenn die in § 1385 Nr. 2–4 genannten Voraussetzungen erfüllt sind.

156

4. Ausgleichsansprüche neben dem Zugewinnausgleich

Für schuldrechtliche Rückabwicklungsansprüche sind die güterrechtlichen Sonderregelungen über den Zugewinn grundsätzlich abschließend.[159] Daneben sind Ausgleichsansprüche nur in folgenden Fällen möglich:

157

a) Abschluss eines schuldrechtlichen Vertrags

Haben die Ehegatten ausdrücklich einen Arbeits-, Dienst-, Werk- oder Gesellschaftsvertrag geschlossen, so erfolgt die Abwicklung nach den allgemeinen Regelungen. Ansprüche aus solchen Verträgen sind im Endvermögen der Ehegatten als Aktiva bzw. als Passiva zu berücksichtigen.

158

---

[159] *BGH* Urt. v. 21.10.1992 (Az. XII ZR 182/90) = BGHZ 119, 395.

b) Ehegatteninnengesellschaft

> Lesen Sie dazu auch noch einmal die Rn. 40 oben!

159 Die vermögensrechtlichen Beziehungen der Ehegatten können sich auch nach dem Gesellschaftsrecht richten, wenn eine Ehegatteninnengesellschaft vorliegt.

Beispiel Die Ehegatten errichten ein Mehrfamilienhaus zur Vermietung.[160] Ein über die eheliche Lebensgemeinschaft hinausgehender Zweck kann dagegen nicht in der Anschaffung eines Einfamilienhauses der Ehegatten gesehen werden.

160 Die Ehegatteninnengesellschaft ist eine BGB-Gesellschaft nach §§ 705 ff. ohne Gesamthandsvermögen und ohne Außenwirkung. Mit der Trennung bzw. mit der Scheidung wird die Gesellschaft aufgelöst. Für die von dem mitarbeitenden Ehegatten erbrachten Leistungen (§ 706 Abs. 2) ist nach § 733 Abs. 2 Wertersatz zu leisten, wobei sich die Dienste als bleibender Wert im Gesellschaftsvermögen niedergeschlagen haben müssen.[161] Die Höhe des Ausgleichs beträgt nach § 722 Abs. 1 die Hälfte des Wertes.

c) Gesamtschuldnerausgleich

161 Erfüllt während der Ehe ein Ehegatte eine Verbindlichkeit, für deren Erfüllung die Ehegatten als Gesamtschuldner haften, ist ein Gesamtschuldnerausgleich nach § 426 in der Regel ausgeschlossen, wenn ein Ehegatte die Haushaltsführung übernommen hat. In diesem Fall haben die Ehegatten **etwas anderes** i.S.v. § 426 Abs. 1 S. 1 **bestimmt**, da die Haushaltsführung des einen Ehegatten nach § 1360 S. 2 dem finanziellen Beitrag des erwerbstätigen Ehegatten gleichsteht. Für die Annahme einer anderen Bestimmung i.S.v. § 426 Abs. 1 S. 1 ist der Abschluss einer besonderen Vereinbarung der Ehegatten nicht erforderlich. Eine dem § 745 Abs. 2 entsprechende Regelung enthält § 426 gerade nicht. Im Rahmen dieser Vorschrift hat nach Auffassung des BGH[162] „die besondere Gestaltung des tatsächlichen Geschehens" von vornherein einen unmittelbaren Einfluss auf die Rechtsbeziehungen der Gesamtschuldner zueinander, ohne dass es in irgendeiner Weise auf eine gestaltende Handlung der Gesamtschuldner ankäme. Deshalb kann sich diese Vereinbarung aus dem **Inhalt** und **Zweck** des zwischen den Gesamtschuldnern bestehenden Rechtsverhältnisses oder aus der **Natur der Sache** ergeben.[162] Mit dem Scheitern der Ehe bzw. mit der Aufhebung der ehelichen Lebensgemeinschaft kann jeder Ehegatte eine **Neuregelung** verlangen. Dazu bedarf es keiner besonderen Handlung des Ehegatten, der den Ausgleichsanspruch verlangt, da durch die Beendigung der ehelichen Lebensgemeinschaft eine „andere Bestimmung" i.S.v. § 426 Abs. 1 S. 1 nicht mehr gegeben ist. Durch die Trennung lebt der Anspruch auf den Gesamtschuldnerausgleich wieder auf.[162] Die Haftung im Innenverhältnis richtet sich nach der Trennung nach den Miteigentumsanteilen.[163] Die Gesamtschuld wird als Verbindlichkeit in dem Endvermögen der Ehegatten jeweils berücksichtigt.

---

[160] *BGH* Urt. v. 9.10.1974 (Az. IV ZR 164/73) = NJW 1974, 2278.
[161] Palandt-*Sprau* § 733 Rn. 10.
[162] *BGH* Urt. v. 30.11.1994 (Az. XII ZR 59/93) = FamRZ 1995, 216.
[163] *OLG Frankfurt* Beschl. 30.11.2000 (Az. 1 U 110/99) = FamRZ 2002, 28.

> **Hinweis**
>
> Etwas anderes gilt allerdings dann, wenn die finanziellen Belastungen bereits in die Berechnung des Ehegattenunterhalts eingestellt worden sind. In diesem Fall stellt die Berücksichtigung der Verbindlichkeiten bei der Berechnung des Unterhalts eine anderweitige Bestimmung i.S.v. § 426 Abs. 1 S. 1 dar und verdrängt insoweit den Gesamtschuldnerausgleich.[164]

d) Miteigentümergemeinschaft

162 Haben die Ehegatten **Miteigentum** an einem gemeinsam genutzten Haus oder einer Wohnung, so besteht zwischen Ihnen ein Gemeinschaftsverhältnis i.S.v. §§ 1008, 741 ff. Im Falle des Auszugs eines Ehegatten kann der andere Ehegatte nach § 1361b Abs. 3 S. 2 von dem nutzungsberechtigten Ehegatten eine Vergütung für die Nutzung verlangen, soweit dies der Billigkeit entspricht.

e) Freistellungsanspruch

163 Hat ein Ehegatte während intakter Ehe dem anderen die Aufnahme von Bankkrediten durch Übernahme einer persönlichen Haftung oder durch die Einräumung von dinglichen Sicherheiten ermöglicht, kann er nach Scheitern der Ehe Befreiung von solchen Verbindlichkeiten nach den Regeln des Auftragsrechts verlangen, wenn vertraglich nicht etwas anderes bestimmt ist. Die Geltendmachung des Befreiungsanspruchs unterliegt jedoch Einschränkungen, die sich als Nachwirkung der Ehe sowie nach Treu und Glauben aus den Umständen ergeben können, die zur Begründung der Verbindlichkeiten geführt haben.[165]

f) Gesamtgläubigerausgleich

164 Waren die Ehegatten Inhaber eines Oder-Konto, über das sie jeweils einzeln verfügen konnten, besteht nach dem BGH[166] eine Ausgleichspflicht, wenn ein Ehegatte nach der Trennung mehr als die Hälfte des Guthabens für sich verwendet hat. Die Ehegatten als Inhaber des Oder-Kontos sind **Gesamtgläubiger** im Sinne des § 428 mit der Folge, dass nach § 430 ein Ausgleichsanspruch hinsichtlich der Hälfte besteht.

> **Hinweis**
>
> Bei Oder-Konten kommt es weder auf die Herkunft der Mittel an, noch darauf, aus welchen Gründen das Gemeinschaftskonto überhaupt errichtet worden ist. Gerade bei Ehegatten sind viele Motive denkbar, die einem außen stehenden Dritten unbekannt bleiben. Auch sind nicht die Fälle selten, in denen lediglich die Absicht verfolgt wird, für den Fall der Verhinderung oder des Todes des einen Ehegatten dem anderen die Legitimation zu erleichtern. Im Prozess braucht der Ehegatte daher nur darzulegen, dass dem anderen Ehegatten mehr zugeflossen ist, als seinem hälftigen Anteil entspricht. Sache des in Anspruch Genommenen ist es dann, eine Gestaltung des Innenverhältnisses darzulegen und notfalls zu beweisen, die eine andere als die vom Gesetz vermutete hälftige Beteiligung oder einen Ausschluss der Ausgleichspflicht ergibt.

---

[164] *BGH* Urt. vom 9.1.2008 (Az. XII ZR 184/05) = FamRZ 2008, 602; *BGH* Urt. v. 11.5.2005 (Az. XII ZR 289/02) = FamRZ 2005, 1236.
[165] *BGH* Urt. v. 5.4.1989 (Az. IVb ZR 35/88) = FamRZ 1989, 835.
[166] *BGH* Urt. v. 29.11.1989 (Az. IVb ZR 4/89) = NJW 1990, 705.

165 Ist ein Ehegatte Inhaber eines **Einzelkontos** ist er alleiniger Gläubiger einer Guthabensforderung gegenüber der Bank und damit Berechtigter im Außenverhältnis. Ihm steht im Regelfall das Guthaben auch im Innenverhältnis der Ehegatten alleine zu.

g) Unbenannte Zuwendungen

166 Unentgeltliche Zuwendungen unter Ehegatten kommen vor allem in Form der Übertragung von Vermögensgegenständen in Betracht. In bestimmten Fällen werden diese Zuwendungen nach der Rechtsprechung des BGH[167] mangels „Unentgeltlichkeit" i.S.d. §§ 516 ff. nicht als Schenkungen, sondern als **unbenannte Zuwendungen** behandelt.[168] Unbenannte Zuwendungen unter Ehegatten werden nicht „unentgeltlich" i.S.d. §§ 516 ff. erbracht, weil sie nach der übereinstimmenden Vorstellung der Ehegatten um der Ehe willen und als Beitrag zur Verwirklichung oder Ausgestaltung bzw. zur Erhaltung oder Sicherung der ehelichen Lebensgemeinschaft erbracht werden und darin ihre Geschäftsgrundlage haben. Eine Rückforderung nach Bereicherungsrecht scheidet aus, weil der Bewirkung der Zuwendung ein **familienrechtlicher Vertrag** zugrunde liegt, der mit dem Scheitern der Ehe nicht rückwirkend weggefallen ist. Aus diesem Grund ist die Zuwendung mit Rechtsgrund bewirkt worden. Ein Ausgleichsanspruch nach den Grundsätzen über den Wegfall der Geschäftsgrundlage kommt in der Regel nur bei **Gütertrennung** der Ehegatten in Betracht, da die Vorschriften über den Ausgleich des Zugewinns als Sonderbestimmungen den allgemeinen schuldrechtlichen Regeln, insbesondere über den Wegfall der Geschäftsgrundlage, vorgehen.

167 Ein Rückgriff auf die Grundsätze des Wegfalls der Geschäftsgrundlage ist im Rahmen der **Zugewinngemeinschaft** auf extreme Ausnahmefälle beschränkt und kommt im allgemeinen nur dort in Betracht, wo die güterrechtlichen Ausgleichsregelungen nicht ausreichen, um schlechthin unangemessene und untragbare Ergebnisse zu vermeiden. Die Grenze der Unangemessenheit und Untragbarkeit wird nicht überschritten, solange der Zuwender einen Ausgleich in Höhe des **halben Wertes** der Zuwendung erhält. Aber auch wenn sein Ausgleichsanspruch dahinter zurückbleibt, ist eine Korrektur nicht ohne weiteres geboten. In gewissen Abweichungen von der hälftigen Beteiligung verwirklicht sich ein noch normal zu nennendes Risiko, wie es im Zugewinnausgleich angelegt ist und vor dem auch der Ehegatte, der die Zuwendung gemacht hat, nicht völlig bewahrt bleiben kann. Um die Unabweisbarkeit einer Korrektur durch die Anwendung von § 242 zu begründen, müssen weitere Gründe hinzutreten, die den Rückgriff auf die verdrängten Regeln über den Wegfall der Geschäftsgrundlage unter Berücksichtigung der übrigen konkreten Umstände des Einzelfalles zwingend gebieten. Derartige Gründe kommen in Betracht, wenn der Zuwendungsempfänger **keinen Zugewinn** aufzuweisen hat, weil die Zuwendung der Erhaltung des Anfangsvermögens gedient hat und dadurch eine Zugewinnausgleichsverpflichtung nicht entstanden ist. Gleiches gilt, wenn der Zuwendende in seinem Auskommen beeinträchtigt ist, weil er mit den ihm verbliebenen Mitteln seinen angemessenen Unterhalt nicht bestreiten kann (**Notbedarfsfall**).[169]

---

167 *BGH* Urt. v. 13.7.1994 (Az. XII ZR 1/93) = BGHZ 127, 48; *BGH* Urt. 21.10.1992 (Az. XII ZR 182/90) = BGHZ 119, 392; *BGH* Urt. v. 17.1.1990 (Az. XII ZR 1/89) = FamRZ 1990, 600.
168 Siehe dazu auch im Skript „Schuldrecht BT I" unter Rn. 452.
169 *BGH* Urt. 10.7.1991 (Az. XII ZR 114/89) = BGHZ 115, 132.

Zugewinngemeinschaft 1 D I

Beispiel Beide Ehegatten haben keinen Zugewinn erzielt. Der Ehemann hat der Ehefrau während der Ehe 40 000 € geschenkt. In diesem Fall kann er die 40 000 € nach den Grundsätzen über den Wegfall der Geschäftsgrundlage zurückverlangen. Das führt dazu, dass der Anspruch auf Rückzahlung im Aktivvermögen seines Zugewinns zu berücksichtigen ist. Seine Ehefrau erhält im Rahmen des Zugewinnausgleichs davon 20 000 € wieder zurück. ■

Ein Ausnahmefall, in dem eine Ausgleichung nach den Grundsätzen über den Wegfall der Geschäftsgrundlage verlangt werden kann, ist in der Rechtsprechung[170] auch dann angenommen worden, wenn neben dem finanziellen Interesse des Zuwendenden an einem wertmäßigen Ausgleich besondere Umstände hinzutraten, die ein schutzwürdiges Interesse an der Rückübertragung des Eigentums an dem zugewendeten Vermögensgegenstand begründeten.

168

Für Streitigkeiten der Ehegatten, die unbenannte Zuwendungen betreffen, sind nach §§ 23a, 23b GVG, §§ 111 Nr. 10, 266 Abs. 1 Nr. 3 FamFG die Familiengerichte zuständig, da es sich um eine sonstige Familiensache handelt.

> **Hinweis**
>
> Zuwendungen der Eltern, die um der Ehe ihres Kindes willen an das Schwiegerkind erfolgen, sind nach der neueren Rechtsprechung des BGH[171] nicht als unbenannte Zuwendungen, sondern als Schenkung zu qualifizieren, auf die die Grundsätze des Wegfalls der Geschäftsgrundlage anzuwenden sind. Geschäftsgrundlage muss dabei die für das Schwiegerkind erkennbare Erwartung sein, dass die Ehe Bestand haben werde, in deren Rahmen die Schenkung seinem Ehegatten auf Dauer zu Gute kommt. Diese Geschäftsgrundlage entfällt mit dem Auszug dieses Ehegatten aus dem im Alleineigentum des anderen stehenden Hauses und der Ehescheidung. Da schwiegerelterliche Schenkungen unter § 1374 Abs. 2 fallen, sind sie nicht nur im Endvermögen, sondern auch im Anfangsvermögen zu berücksichtigen und wirken sich daher im Zugewinnausgleich nicht aus. Rückforderungsansprüche der Schwiegereltern nach den Grundsätzen des Wegfalls der Geschäftsgrundlage können daher nicht mit der Begründung verneint werden, dass das beschenkte Schwiegerkind mit dem eigenen Kind der Schwiegereltern in gesetzlichem Güterstand gelebt hat und das eigene Kind über den Zugewinnausgleich teilweise von der Schenkung profitiert. Daneben kommen nach dem BGH auch Ansprüche nach § 812 Abs. 1 Alt. 2 in Betracht. Dafür ist eine Zweckvereinbarung erforderlich, wobei eine positive Kenntnis von der Zweckvorstellung des anderen Teiles notwendig ist, ein bloßes „Kennenmüssen" genügt nicht.

---

170 *BGH* Urt. 10.7.1991 (Az. XII ZR 114/89) = BGHZ 115, 132 m.w.N.
171 *BGH* Urt. v. 3.2.2010 (Az. XII ZR 189/06) = BGHZ 184, 190; *BGH* Urt. v. 20.7.2011 (Az. XII ZR 149/09) = FamRZ 2012, 273.

h) Übungsfall Nr. 3

„Unternehmer-Ehe"

M war stark verschuldet. Wegen seiner Verbindlichkeiten sah M davon ab, ein eigenes Unternehmen zu gründen. Man wählte daher folgende „Konstruktion": Ein Jahr vor der Eheschließung (2007) wurde der M als Lagerarbeiter zu einem Bruttolohn von 1800 € in dem auf den Namen seiner späteren Frau (F) betriebenen Unternehmen angestellt. Der Nettolohn für die Lagertätigkeit wurde dem M zunächst in bar ausgezahlt. Ab Januar 2012 wurde der Arbeitslohn des M auf ein Privatkonto der F gezahlt, von dem die Ehegatten ihren gemeinsamen Lebensunterhalt bestritten. Abweichend von der in dem Arbeitsvertrag angegebenen Funktion führte der M tatsächlich selbständig die Geschäfte des Unternehmens, während die F anderweitig als Angestellte tätig war. Erst ab Sommer 2013 führten die Ehegatten das Unternehmen gemeinsam. In Folge einer Ehekrise trennten sich die Ehegatten Anfang 2014. Im April 2014 schlossen sie einen Ehevertrag, in dem sie unter anderem folgendes vereinbarten:

(…)

„2. Güterstandsvereinbarung

Die Parteien vereinbaren hiermit für ihre Ehe den Güterstand der Gütertrennung.

3. Zugewinnausgleich für die Vergangenheit

Für einen von der Eheschließung bis heute entstandenen Zugewinn vereinbaren die Beteiligten folgendes:

Sie sind sich darüber einig, dass ein Zugewinn nicht entstanden ist, bzw. soweit ein Zugewinn entstanden sein sollte, dieser bereits ausgeglichen ist bzw. auf ihn verzichtet wird."

Die F beantragt im Mai 2014 die Scheidung der Ehe. Der Scheidungsantrag wird dem M am 23. Juni 2014 zugestellt. Darauf kündigt M das Arbeitsverhältnis aus persönlichen Gründen zum 1. September 2014. M verlangt von F den Ausgleich des hälftigen Unternehmenswertes.

(Anmerkung: Dem Sachverhalt liegt die Entscheidung des BGH[172] zugrunde.)

Lösung

A. Anspruch aus § 738 Abs. 1 S. 2

Ein Anspruch des M auf Ausgleich des hälftigen Unternehmenswertes könnte sich aus § 738 Abs. 1 S. 2 ergeben. Das setzt voraus, dass M ein Anspruch auf Auszahlung des Auseinandersetzungsguthabens einer BGB-Gesellschaft hat. Das wäre der Fall, wenn das Unternehmen der F Bestandteil einer sog. Ehegatteninnengesellschaft in hälftiger Mitberechtigung von M und F gewesen wäre. Als eine solche Gesellschaft wird eine BGB-Gesellschaft bezeichnet, die nicht nach außen in Erscheinung tritt, sondern bei der lediglich im Innenverhältnis eine Beteiligungsgesellschaft entsteht.

1. Begründung einer Ehegatteninnengesellschaft

M und F haben ausdrücklich keinen Gesellschaftsvertrag geschlossen. Der Auseinandersetzungsanspruch des M könnte daher nur auf einer konkludenten Übereinkunft von F und M beruhen. Dazu müsste der Wille der Ehegatten erkennbar gewesen sein, dass die von M im Unternehmen der F geleistete Tätigkeit Grundlage einer gemeinsamen Teilhabe an dem Unternehmen der F sein sollte.

a) Anforderungen an einen stillschweigenden Vertragsschluss

Gegen die Annahme einer konkludenten Begründung einer Ehegatteninnengesellschaft spricht zunächst, dass M und F im Zeitpunkt

---

[172] BGH Urt. v. 28.9.2005 (Az. XII ZR 189/02) = BGHZ 165, 1 ff.

ihrer Heirat im gesetzlichen Güterstand der Zugewinngemeinschaft gelebt haben. Im gesetzlichen Güterstand können Ehegatten eine Teilhabe an dem gemeinsam Erarbeiteten und damit einen Ausgleich einer nicht anderweitig vergüteten Ehegattenmitarbeit bereits über den Zugewinnausgleich erwarten, soweit er nicht durch einen Ehevertrag ausgeschlossen oder gegenständlich beschränkt worden ist, §§ 1378, 1414. Indizien gegen einen auf die Begründung einer Ehegatteninnengesellschaft gerichteten Willen der Ehegatten ergeben sich daher aus der begründeten Erwartung auf den Zugewinnausgleich.

b) Verfolgung eines die Ehe übersteigenden Zwecks

Eine andere Auslegung des Willens der Ehegatten hält die Rechtsprechung in den Fällen für möglich, in denen die Ehegatten einen über die Verwirklichung der ehelichen Lebensgemeinschaft hinausgehenden Zweck verfolgt haben.[173] Ein solcher Zweck wird angenommen, wenn die Ehegatten in dem Aufbau und der Führung eines Unternehmens zusammen gewirkt haben. Die durch die Mitarbeit des M erzielten Erträge haben zwar ausgereicht, um den Lebensunterhalt der Ehegatten zu decken. Das könnte zunächst dafür sprechen, dass die Mitarbeit von M gemäß §§ 1353 Abs. 1 S. 2, 1356 Abs. 2 S. 2, 1360 unterhaltsrechtlich geschuldet und daher nicht als Zweck anzusehen war, der über die Ehe hinausging. Durch die Mitarbeit des M sind aber neben den Erträgen auch Beiträge zur Unternehmenssubstanz geleistet worden, die als Beiträge zur Vermögensbildung über die eheliche Lebensgemeinschaft hinausgegangen sind.

c) Gleichberechtigte Mitarbeit

Ein Ausgleich nach gesellschaftsrechtlichen Gründen setzt weiter voraus, dass der Ehegatte gleichberechtigt mitgearbeitet und nicht nur eine untergeordnete Tätigkeit im Unternehmen inne gehabt hat. Hierzu muss der mitarbeitende Ehegatte einen nennenswerten und für den erstrebten Erfolg bedeutsamen Beitrag geleistet haben.[173] M hat seit Beginn der Ehe bis zu seiner Kündigung das Unternehmen der F als Geschäftsführer geleitet. Dadurch hat er bedeutsame Beiträge für den Erhalt und das Fortkommen des Unternehmens geleistet. Dagegen spricht zwar, dass M mit F einen Arbeitsvertrag geschlossen hat, durch den er als Lagerarbeiter mit einer entsprechenden Entlohnung tätig sein sollte. Das könnte der Annahme, dass die Ehegatten durch die Mitarbeit des M eine konkludente Innengesellschaft begründet haben, entgegenstehen. Allerdings war der Wille der Ehegatten nicht wirklich auf eine solche Tätigkeit des M gerichtet. Der Arbeitsvertrag wurde vielmehr wegen der Überschuldung des M zum Schein geschlossen. M und F waren sich von vornherein darüber einig, dass M nicht nur als Lagerarbeiter, sondern in der Funktion eines Geschäftsführers tätig werden sollte. Der beiderseitige Ehegattenwille war daher auf eine erhebliche und gleichberechtigte Mitarbeit des M in dem Unternehmen der F ausgerichtet.

d) Zwischenergebnis

Damit liegen die Voraussetzungen einer durch die konkludente Mitarbeit des M begründete Ehegatteninnengesellschaft grundsätzlich vor.

2. Gesellschaftsrechtlicher Ausgleich neben dem Zugewinnausgleich

Soweit sich der Ausgleichanspruch auf den Zeitraum der Ehe bezieht, könnte er durch die Möglichkeit des Zugewinnausgleichs verdrängt sein. Der BGH hat bei Ehegatten, die im Güterstand der Zugewinngemeinschaft leben, zwar nur in seltenen Fällen das Bestehen einer Ehegatteninnengesellschaft angenommen. Denn der im Fall einer Scheidung regelmäßig gebotene Vermögensausgleich ist durch die Vorschriften über den Zugewinnausgleich gesichert. Nach Auffassung des BGH bedeutet dies indes nicht, dass gesellschaftsrechtliche Ansprüche nur subsidiär gegeben sind, wie das bei ehebezogenen Zuwendungen der Fall ist.[174] Der Zugewinn-

---

[173] *BGH* Urt. v. 30.6.1999 (Az. XII ZR 230/96) = BGHZ 142, 137.

[174] *BGH* Urt. v. 25.6.2003 (Az. XII ZR 161/01) = BGHZ 155, 249.

ausgleich dient gerade nicht dem Ausgleich der die Ehe übersteigenden Leistungen. Solche Leistungen sind nur nach gesellschaftsrechtlichen Grundsätzen ausgleichsfähig und zwar unabhängig davon, ob die Ehegatten im gesetzlichen Güterstand lebten oder wie vorliegend den Zugewinnausgleich anlässlich der bevorstehenden Ehescheidung ausgeschlossen haben.

3. Ausschluss des gesellschaftsrechtlichen Ausgleichsanspruchs durch den Ehevertrag

Fraglich ist, ob die Ehegatten über den Wortlaut des Vertrages hinaus auch einen eventuell gesellschaftsrechtlichen Ausgleich ausschließen wollten. In dem Ehevertrag haben die Ehegatten erklärt, dass kein Zugewinn entstanden sei bzw. dass ein Zugewinn, soweit ein solcher entstanden sei, bereits ausgeglichen bzw. auf den Ausgleich verzichtet worden sei. In dem Ehevertrag wurde mithin nicht ausdrücklich auf die gesellschaftsvertraglichen Ansprüche verzichtet. Die Vereinbarung könnte indes so auszulegen sein, dass auch der gesellschaftsrechtliche Ausgleich zwischen den Ehegatten ausgeschlossen sein sollte. Dafür könnte sprechen, dass der Ehevertrag im unmittelbaren Vorfeld der Scheidung geschlossen worden ist und die Ehegatten zu diesem Zeitpunkt, neben dem Unternehmen kaum Vermögen besaßen, auf das sich der Zugewinnausgleich hätte beziehen können. Deshalb könnte man annehmen, dass der Zugewinnausgleich inhaltlich dem gesellschaftsrechtlichen Ausgleich entspricht, und deshalb beides von dem in dem Ehevertrag vereinbarten Verzicht erfasst sein sollte. Dieser Ansicht ist im Ergebnis jedoch nicht zu folgen.[175] Zwischen dem Zugewinnausgleich und dem gesellschaftsrechtlichen Ausgleich bestehen inhaltliche Unterschiede. Die Begründung der Innengesellschaft ist bereits vor der Eheschließung erfolgt und zudem nicht mit der Trennung der Ehegatten, sondern erst mit der Kündigung des M aus dem Unternehmen der F am 1.9.2014 beendet worden. Damit erfasst der gesellschaftsrechtliche Ausgleich einen anderen Zeitraum, als der Zugewinnausgleich. Die Ehegatten hatten auch in dem Ehevertrag erklärt, dass sie sich einig seien, dass kein Zugewinn entstanden sei. Auch diese Vereinbarung lässt darauf schließen, dass sie den Wert des Unternehmens nicht als Zugewinn, sondern als gesellschaftsrechtlichen Tatbestand angesehen haben. Es liegt daher näher, den vereinbarten Ausschluss des Zugewinnausgleichs nicht auch auf einen gesellschaftsrechtlichen Ausgleichsanspruch zu erstrecken.

4. Inhalt des Ausgleichsanspruchs

Die Rechtsprechung stützt die Ermittlung des Ausgleichsanspruchs auf § 722 Abs. 1 und nimmt eine Halbteilung unabhängig von der Art und dem Gewicht der Beiträge der Ehegatten an.[176]

B. Ergebnis

M hat gegenüber F einen Anspruch auf Auszahlung des Auseinandersetzungsguthabens analog § 738 Abs. 1 S. 2, der die Hälfte des Unternehmenswertes erfasst.

---

175 *BGH* Urt. v. 28.9.2005 (Az. XII ZR 189/02) = BGHZ 165, 1.
176 *BGH* Urt. v. 30.6.1999 (Az. XII ZR 230/96) = BGHZ 142, 137.

Online-Wissens-Check

Was unterscheidet die Schenkung von einer „unbenannten Zuwendung"?
Überprüfen Sie jetzt online Ihr Wissen zu den in diesem Abschnitt erarbeiteten Themen. Unter **www.juracademy.de/skripte/login** steht Ihnen ein Online-Wissens-Check speziell zu diesem Skript zur Verfügung, den Sie kostenlos nutzen können. Den Zugangscode hierzu finden Sie auf der Codeseite.

II. Gütertrennung

Schließen die Ehegatten durch Ehevertrag den gesetzlichen Güterstand aus oder heben sie ihn auf, so tritt nach § 1414 S. 1 Gütertrennung ein, falls sich nicht aus einem Ehevertrag etwas anderes ergibt. Das Gleiche gilt nach § 1414 S. 2, wenn der Ausgleich des Zugewinns ausgeschlossen oder die Gütergemeinschaft aufgehoben wird. 171

Jeder Ehegatte verwaltet sein Vermögen allein und für eigene Rechnung. Nach § 1413 können sich die Ehegatten gegenseitig das Vermögen zur Verwaltung überlassen. Die Vorschriften der §§ 1353–1362 bleiben von der Vereinbarung des Güterstands der Gütertrennung unberührt. Die für den Güterstand der Zugewinngemeinschaft geltenden Verfügungsbeschränkungen der §§ 1365 Abs. 1, 1369 finden hingegen keine Anwendung. Jeder Ehegatte kann grundsätzlich nur sich selbst verpflichten, so dass auch jeder nur für seine eigenen Verbindlichkeiten haftet. Etwas anderes ergibt sich nur bei Vorliegen entsprechender Vollmachten sowie in Bezug auf Rechtsgeschäfte zur Deckung des Lebensbedarfs nach § 1357 Abs. 1. Die Besitzverhältnisse bestimmen sich nach den allgemeinen Vorschriften. Jeder Ehegatte hat daher regelmäßig Alleinbesitz an seinen eigenen Sachen. An der Ehewohnung und dem gemeinsamen Hausrat haben die Ehegatten allerdings regelmäßig Mitbesitz. Zur Zwangsvollstreckung gegen einen Ehegatten bedarf es nur eines Titels gegen diesen selbst. Zu Gunsten der Gläubiger gelten auch hier § 1362 und § 739 ZPO. 172

Der Güterstand der Gütertrennung endet durch Tod bzw. Todeserklärung eines Ehegatten sowie durch rechtskräftiges Urteil über die Scheidung bzw. Aufhebung der Ehe. Darüber hinaus können die Ehegatten den Güterstand durch eine Vereinbarung in einem Ehevertrag aufheben. Die Vorschriften über die Gütertrennung enthalten keine Regelungen über einen Vermögensausgleich nach Beendigung des Güterstands. Im Rahmen der Gütertrennung können einseitige Vermögensvermehrungen nicht durch den Zugewinn ausgeglichen werden. Es bleibt daher bei den oben unter Rn. 157 ff. dargestellten Ausgleichsinstituten.

III. Gütergemeinschaft

In der Praxis wird von der Möglichkeit der Vereinbarung der Gütergemeinschaft nur sehr zurückhaltend Gebrauch gemacht. Den zahlreichen Nachteilen der Gütergemeinschaft trägt die Vorschrift des § 1415 Rechnung, wonach der Güterstand der Gütergemeinschaft nur durch einen notariell beurkundeten Ehevertrag i.S.v. § 1410 vereinbart werden kann. 173

Die Gütergemeinschaft ist durch verschiedene Vermögensmassen der Ehegatten gekennzeichnet. 174

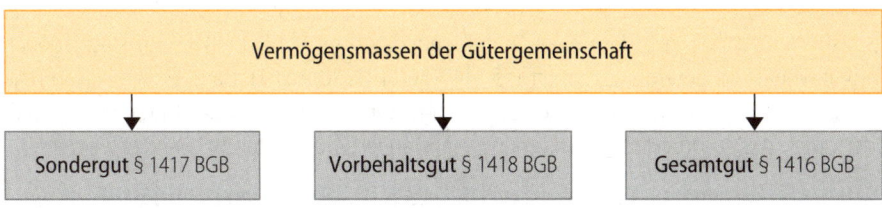

Bei der Gütergemeinschaft wird nach § 1416 Abs. 1 S. 1 das Vermögen der Ehegatten gemeinschaftliches Vermögen (Gesamtgut). Dazu gehört auch das Vermögen, das die Ehegatten während der Gütergemeinschaft erwerben, § 1416 Abs. 1 S. 2. Von dem Gesamtgut ist das Sonder- und Vorbehaltsgut zu unterscheiden. 175

Sondergut ist das rechtsgeschäftlich nicht übertragbare Vermögen beider Ehegatten, § 1417 Abs. 2 (Nießbrauch, § 1059 S. 1, unpfändbare Gegenstände oder unpfändbares Gehalt). Vorbehaltsgut sind nach § 1418 Abs. 1 die Gegenstände, die durch Ehevertrag zum Vorbehaltsgut eines Ehegatten erklärt worden sind, die ein Ehegatte von Todes wegen erwirbt oder die ihm von einem Dritten unentgeltlich zugewendet worden sind, wenn der Erblasser durch letztwillige Verfügung, der Dritte bei der Zuwendung bestimmt hat, dass der Erwerb Vorbehaltsgut sein soll. Gleiches gilt für Gegenstände, die ein Ehegatte aufgrund eines zu dem Vorbehaltsgut gehörenden Rechts oder als Ersatz für die Zerstörung, Beschädigung oder Entziehung eines zum Vorbehaltsgut gehörenden Gegenstandes oder durch ein Rechtsgeschäft erwirbt, das sich auf ein Vorbehaltsgut bezieht. An dem Sonder- und Vorbehaltsgut besteht jeweils Alleineigentum der Ehegatten. Über das Sonder- und Vorbehaltsgut kann jeder Ehegatte frei verfügen und es selbständig verwalten.

Das Eigentum an dem Gesamtgut steht den Ehegatten zur gesamten Hand zu. Das Gesamtgut wird nach § 1421 S. 2 gemeinschaftlich von den Ehegatten verwaltet wird, wenn sie in dem Ehevertrag keine Bestimmung über die Verwaltung des Gesamtguts vereinbart haben. Bei einer gemeinschaftlichen Verwaltung können die Ehegatten nach § 1450 Abs. 1 über das Gesamtgut nur gemeinsam verfügen, wenn nicht die in §§ 1454–1456 aufgeführten Ausnahmefälle vorliegen. Haben die Ehegatten in dem Ehevertrag eine Einzelverwaltung vereinbart, so kann der verwaltende Ehegatte über die Gegenstände des Gesamtguts allein verfügen, § 1422 S. 1. Er bedarf für die in §§ 1423–1425 geregelten Verfügungen der Zustimmung seines Ehegatten. Bei fehlender Zustimmung gelten die §§ 1427, 1428, die dem nicht verwaltenden Ehegatten ein Revokationsrecht gewähren, das § 1368 entspricht.

Das Gesamtgut haftet nach § 1459 Abs. 1 für die Verbindlichkeiten der Ehegatten. Stammt die Verbindlichkeit aus einem Rechtsgeschäft, das ein Ehegatte während der Gütergemeinschaft vorgenommen hat, haftet das Gesamtgut nach § 1460 Abs. 1 nur dann, wenn der andere Ehegatte zustimmt. Nach § 1459 Abs. 2 S. 1 haften die Ehegatten für Gesamtgutverbindlichkeiten persönlich als Gesamtschuldner. Fallen die Verbindlichkeiten im Verhältnis der Ehegatten zueinander einem der Ehegatten zu Last, so erlischt die Verbindlichkeit des anderen Ehegatten mit der Beendigung der Gütergemeinschaft, § 1459 Abs. 2.

176 Die Gütergemeinschaft endet nach § 1482 im Falle des Todes eines Ehegatten. Sofern dies im Ehevertrag vereinbart worden ist, kann die Gütergemeinschaft nach § 1483 im Todesfall als fortgesetzte Gütergemeinschaft mit den gemeinsamen Abkömmlingen und dem überlebenden Ehegatten fortgeführt werden. Ist der Überlebende Alleinerbe des verstorbenen Ehegatten, so erlischt die gesamthänderische Bindung des Gesamtguts ohne Auseinandersetzung.[177] Ansonsten fällt nach § 1482 S. 1 der Anteil des verstorbenen Ehegatten am Gesamtgut in den Nachlass. Zu einer Beendigung der Gütergemeinschaft führen auch die Ehescheidung (§ 1564), die Eheaufhebung (§ 1313) und die Eheauflösung (§ 1319 Abs. 2). Auch ein rechtskräftiges Urteil, mit dem einer Aufhebungsklage (§§ 1447, 1448, 1469) stattgegeben wird, beendet die Gütergemeinschaft (§§ 1449 Abs. 1, 1470 Abs. 1). Darüber hinaus kann die Gütergemeinschaft im Rahmen eines Ehevertrags durch Aufhebung der Gütergemeinschaft oder durch die ausdrückliche Bestimmung eines anderen Güterstands beendet werden.

177 Nach der Beendigung der Gütergemeinschaft setzen sich die Ehegatten über das Gesamtgut auseinander (§ 1471 Abs. 1). Die Gemeinschaft zur gesamten Hand bleibt bis zur Beendigung der Auseinandersetzung bestehen; die Verwaltung des Gesamtguts erfolgt – unabhängig

---

[177] *BGH* Urt. v. 24.1.1958 (Az. IV ZR 234/57) = BGHZ 26, 281.

von der vorherigen Verwaltungsregelung – gemeinschaftlich (§§ 1471 Abs. 2, 1472 Abs. 1). Nach § 1474 richtet sich die Durchführung der Auseinandersetzung der Gesamtguts nach §§ 1475–1481, sofern die Ehegatten nichts anderes vereinbart haben. Aus dem Gesamtgut sind die Verbindlichkeiten, für die das Gesamtgut haftet, zu erfüllen. Ein etwaiger Überschuss wird zwischen den Ehegatten geteilt, §§ 1476 ff. Ist die Auseinandersetzung abgeschlossen tritt die Beendigung des Güterstands ein.

IV. Ehevertrag

Die Ehegatten können nach der Legaldefinition in § 1408 Abs. 1 eine Vereinbarung über den Güterstand in einem Ehevertrag regeln.

178

1. Abschluss des Ehevertrags

Nach § 1410 bedarf der Abschluss eines Ehevertrags der notariellen Beurkundung. Die notarielle Beurkundung kann bei einem gerichtlichen Vergleich durch die Aufnahme der Erklärungen der Ehegatten in ein nach den Vorschriften der ZPO errichtetes Gerichtsprotokoll gemäß § 127a BGB ersetzt werden. Bei dem Abschluss des Ehevertrags ist eine Stellvertretung zulässig, da es sich nicht um ein höchstpersönliches Rechtsgeschäft handelt. Nach § 167 Abs. 2 BGB bedarf die Erteilung der Vollmacht keiner notariellen Beurkundung.[178] Die Vorschrift des § 1411 enthält eine Sonderregelung für den Abschluss von Eheverträgen durch beschränkt Geschäftsfähige und Geschäftsunfähige. Der Ehevertrag kann nach § 1408 Abs. 1 auch während der Ehe abgeschlossen werden.

179

2. Inhalt des Ehevertrags

Die Ehegatten können in einem Ehevertrag nur den Güterstand der Gütertrennung oder der Gütergemeinschaft vereinbaren. Umstritten ist, ob einzelne Regelungen der im BGB vorgesehenen Güterstände miteinander kombiniert werden können.[179] Unstreitig ist, dass die einzelnen Güterstände in einem Ehevertrag modifiziert werden können. So kann der Zugewinnausgleich auf eine bestimmte Summe oder Quote beschränkt werden oder nur für den Fall des Todes der Ehegatten vereinbart werden. Auch die nach §§ 1365–1369 bestehenden Verfügungsbeschränkungen können in einem Ehevertrag eingeschränkt oder ausgeschlossen werden. Dagegen ist eine Erweiterung der Verfügungsbeschränkungen nicht zulässig.[180] Die Ehegatten können abweichende Festsetzungen zu dem Anfangs- und dem Endvermögen und zur Höhe der Ausgleichsforderung vereinbaren. Sie können auch die in § 1382 vorgesehene Stundungsmöglichkeit sowie die in § 1381 geregelte Einrede der groben Unbilligkeit ausschließen. Zwingendes Recht sind dagegen bei der Zugewinngemeinschaft die Vorschriften der §§ 1377 Abs. 2 S. 1, 1378 Abs. 2, Abs. 3, 1379.

180

Schließen die Parteien in einem Ehevertrag den gesetzlichen Güterstand der Zugewinngemeinschaft aus oder heben sie ihn auf, so tritt nach § 1414 S. 1 Gütertrennung ein. Das gleiche gilt, wenn sie den Zugewinn oder den Versorgungsausgleich ausschließen oder die

---

178 *BGH* Urt. v. 1.4.1998 (Az. XII ZR 278/96) = NJW 1998, 1857.
179 Staudinger-*Thiele* Vorb. § 1408 Rn. 22; a.A. OLG *Schleswig*, Beschl. v. 10.4.1995 (Az. 2 W 138/94) = NJW-RR 1996, 134; offen *BGH* Urt. v. 26.3.1997 (Az. XII ZR 250/95) = NJW 1997, 2239.
180 Palandt-*Brudermüller* § 1408 Rn. 23 m.w.N.

Gütergemeinschaft aufheben § 1414 S. 2. Nach § 1413 kann ein Ausschluss des Widerrufs der Überlassung der Vermögensverwaltung nur durch einen Ehevertrag erfolgen, wobei ein Widerruf aus wichtigem Grund jederzeit zulässig ist. Die Ehegatten können in einem Ehevertrag auch Abreden über den nachehelichen Unterhalt treffen.

3. Wirksamkeit des Ehevertrags

181 Nach der neueren Rechtsprechung[181] kann sich ein Ehegatte auf die in dem Ehevertrag getroffenen Vereinbarungen nicht berufen, wenn der Vertrag einen Ehegatten einseitig belastet und nicht Ausdruck einer beiderseitigen Selbstbestimmung, sondern einer einseitigen Machtausübung eines Ehegatten ist. Das folgt aus der mittelbaren Drittwirkung der Grundrechte, die als verfassungsrechtliche Wertentscheidungen auch im Zivilrecht ihre Wirkung entfalten. Art 6 Abs. 1 GG gewährleistet den Ehegatten das Recht zur freien Gestaltung ihrer Lebensgemeinschaft. Verfassungsrechtlich geschützt ist nach Art. 3 Abs. 2 GG aber auch die Ehe, in der die Ehegatten gleichberechtigte Partner sind. Zur Verwirklichung dieses Grundrechts hat das BVerfG[182] der vertraglichen Freiheit der Ehegatten zu dem Abschluss eines Ehevertrags Grenzen gesetzt, wenn der Vertrag eine auf ungleichen Verhandlungspositionen basierende einseitige Dominanz eines Ehegatten zu erkennen gibt.

a) Sittenwidrigkeit

182 Die Rechtsprechung überprüft die Wirksamkeit von Eheverträgen zunächst anhand der Vorschrift des § 138 Abs. 1. Zur Bejahung der Sittenwidrigkeit muss eine einseitige Benachteiligung eines Ehegatten (**objektives Element**) und weitere aus einer Gesamtabwägung ergebende Umstände vorliegen, die den Vorwurf einer sittenwidrigen Gesinnung rechtfertigen (**subjektives Element**).[183] Die Grenze liegt objektiv in einer durch die individuelle Gestaltung der ehelichen Lebensverhältnisse nicht gerechtfertigten einseitigen Lastenverteilung, die für den belasteten Ehegatten unzumutbar ist.[184] Maßgeblich ist der Zeitpunkt des Vertragsabschlusses.[185] Zur Feststellung der Benachteiligung ist eine Gesamtschau der individuellen Verhältnisse der Ehegatten – insbesondere ihrer Einkommens- und Vermögensverhältnisse, ihres geplanten Lebenszuschnitts und die Auswirkungen der Vereinbarungen auf sie und die Kinder – vorzunehmen. Dabei ist der Umfang des Verzichts anhand der Schwere der aufgegebenen Rechtspositionen im System der gesetzlichen Scheidungsfolgen zu ermitteln.[183] Am Schwersten wiegt die Aufgabe des Betreuungsunterhalts nach § 1570. Wegen der Ausrichtung auf das Kindesinteresse unterliegt er nicht der Disposition der Ehegatten. Modifizierbar ist der Betreuungsunterhalt nur hinsichtlich der Höhe und der Dauer.

Beispiel Ein Ehegatte, der während der Ehe ganztags die gemeinsamen Kinder betreut und keiner Erwerbstätigkeit nachgeht, verzichtet in einem Ehevertrag ohne eine Kapitalabfindung auf Betreuungsunterhalt. ■

---

181 BVerfG Urt. v. 6.2.2001 (Az. 1 BvR 12/92) = NJW 2001, 957; BGH Urt. v. 11.2.2004 (Az. XII ZR 265/02) = NJW 2004, 930; BGH Urt. v. 9.7.2008 (Az. XII ZR 6/07) = FamRZ 2008, 2011.
182 BVerfG Urt. v. 6.2.2001 (Az. 1 BvR 12/92) = NJW 2001, 957.
183 BGH Urt. v. 11.2.2004 (Az. XII ZR 265/02) = NJW 2004, 930.
184 BGH Urt. v. 11.2.2004 (Az. XII ZR 265/02) = NJW 2004, 930; BGH Beschl. v. 6.10.2004 (Az. XII ZB 110/99) = NJW 2005, 138.
185 BGH Urt. v. 11.2.2004 (Az. XII ZR 265/02) = NJW 2004, 930.

Beispiel Ein Mann macht die Eheschließung mit einer schwangeren Frau davon abhängig, dass sie auf Betreuungsunterhalt verzichtet und ihn im Innenverhältnis von den Unterhaltsansprüchen des Kindes freistellt.[186] ■

183 Als sehr gewichtig sieht der BGH[187] auch einen Verzicht auf Unterhalt wegen Alters und Krankheit §§ 1571, 1572 und einen Verzicht auf den Versorgungsausgleich als vorweggenommenen Altersunterhalt an. Geringere Anforderungen an einen Verzicht stellt der BGH dagegen bei einem Verzicht auf Unterhalt wegen Erwerbslosigkeit § 1573, bei einem Verzicht auf Krankenvorsorge- und Altersvorsorgeunterhalt § 1578 Abs. 2, Abs. 3[188] sowie bei einem Verzicht auf Aufstockungsunterhalt § 1573 Abs. 2 und bei einem Verzicht auf Ausbildungsunterhalt § 1575. Eine Sittenwidrigkeit ist regelmäßig anzunehmen, wenn Regelungen aus dem Kernbereich des Unterhaltsrechts ganz oder zu einem erheblichen Teil ausgeschlossen werden ohne einen Ausgleich dieser Nachteile durch anderweitige Vorteile z.B. durch eine Kapitalabfindung zu gewähren.[187] Ein solcher Vorteil ist nicht das Eheversprechen als solches.[186] Nicht zum Kernbereich gehört dagegen der Zugewinnausgleich, auf den auch ohne eine Gegenleistung verzichtet werden kann.

184 Für die Annahme der Sittenwidrigkeit genügt allerdings ein objektiv einseitiger Vertragsinhalt nicht. Es sind vielmehr zusätzlich **weitere Umstände** erforderlich. Diese können sich aus der erheblichen Störung der Privatautonomie des benachteiligten Ehegatten ergeben. Subjektiv sind der mit dem Ehevertrag verfolgte Zweck und die sonstigen Beweggründe zu berücksichtigen.[187] Der vollständige Ausschluss des Versorgungsausgleichs kann auch bei einer Alleinverdienerehe der ehevertraglichen Wirksamkeitskontrolle standhalten, wenn die wirtschaftlich nachteiligen Folgen dieser Regelung für den belasteten Ehegatten durch die ihm gewährten Kompensationsleistungen (hier: Finanzierung einer privaten Kapitalversicherung; Übertragung einer Immobilie) ausreichend abgemildert werden.[189] Das Gesetz kennt indessen keinen unverzichtbaren Mindestgehalt an Scheidungsfolgen zugunsten des berechtigten Ehegatten, so dass auch aus dem objektiven Zusammenspiel einseitig belastender Regelungen nur dann auf die weiter erforderliche verwerfliche Gesinnung des begünstigten Ehegatten geschlossen werden kann, wenn die Annahme gerechtfertigt ist, dass sich in dem unausgewogenen Vertragsinhalt eine auf ungleichen Verhandlungspositionen basierende einseitige Dominanz eines Ehegatten und damit eine Störung der subjektiven Vertragsparität widerspiegelt. Eine lediglich auf die Einseitigkeit der Lastenverteilung gegründete tatsächliche Vermutung für die subjektive Seite der Sittenwidrigkeit lässt sich bei familienrechtlichen Verträgen nicht aufstellen. Ein unausgewogener Vertragsinhalt mag zwar ein gewisses Indiz für eine unterlegene Verhandlungsposition des belasteten Ehegatten sein. Gleichwohl wird das Verdikt der Sittenwidrigkeit in der Regel nicht gerechtfertigt sein, wenn außerhalb der Vertragsurkunde keine verstärkenden Umstände zu erkennen sind, die auf eine subjektive Imparität, insbesondere infolge der Ausnutzung einer Zwangslage, sozialer oder wirtschaftlicher Abhängigkeit oder intellektueller Unterlegenheit, hindeuten könnten.[190] Die Ausnutzung einer Zwangslage kommt insbesondere bei vorsorgenden – anlässlich der Eheschließung oder in Zusammenhang mit einer Schwangerschaft –

---

[186] *BVerfG* Urt. v. 6.2.2001 (Az. 1 BvR 12/92) = FamRZ 2001, 343.
[187] *BGH* Urt. v. 11.2.2004 (Az. XII ZR 265/02) = NJW 2004, 930.
[188] *BGH* Beschl. v. 6.10.2004 (Az. XII ZB 110/99) = NJW 2005, 138.
[189] *BGH* Beschl. v. 29.1.2014 (Az. XII ZB 303/13) = FamRZ 2014, 629.
[190] *BGH* Beschl. v. 29.1.2014 (Az. XII ZB 303/13) = FamRZ 2014, 629; *BGH* Urt. v. 31.10.2012 (Az. XII ZR 129/10) = FamRZ 2013, 195 Rn. 24; *BGH* Urt. 21.11.2012 (Az. XII ZR 48/11) = FamRZ 2013, 269 Rn. 27.

geschlossenen Eheverträgen in Betracht. Die Schwangerschaft ist aber nur ein Indiz für die Unterlegenheit des benachteiligten Ehegatten bei einem evident einseitigen Ehevertrag.[191] Ein Ausgleich der Unterlegenheit kann durch die Vermögenslage, die berufliche Qualifikation und die von den Ehegatten angestrebte Aufteilung der Erwerbs- und Familienarbeit erfolgen.[192] Die Sittenwidrigkeit kann auch in der Schädigung eines Dritten liegen.[193] Das ist der Fall, wenn ein Ehegatte auf Unterhalt oder Versorgungsausgleich zu Lasten der Sozialhilfe verzichtet. Gleiches gilt, wenn ein geschiedener Ehegatte wegen den im Ehevertrag vereinbarten hohen Unterhaltszahlungen Sozialhilfe in Anspruch nehmen muss.[194]

> **Hinweis**
>
> Die Sittenwidrigkeit eines Teils des Ehevertrags führt nach § 139 BGB zu Gesamtnichtigkeit des Vertrags. Die Gesamtnichtigkeit kann durch eine salvatorische Klausel verhindert werden.[195]

b) Ausübungskontrolle

185 Ist der Ehevertrag nicht sittenwidrig, kann dennoch die Berufung auf den Ehevertrag gegen Treu und Glauben § 242 verstoßen. Anknüpfungspunkt für die Ausübungskontrolle ist der Zeitpunkt des Scheiterns der Ehe.[196] Eine unzumutbare Lastenverteilung kommt bei einer erheblichen einvernehmlichen Abweichung von der ursprünglich geplanten und dem Vertrag zugrunde liegenden Gestaltung der ehelichen Lebensverhältnisse in Betracht.[197]

> **Beispiel** Beide Ehegatten gehen im Zeitpunkt der Eheschließung und des Abschlusses des Ehevertrags davon aus, dass sie unfruchtbar sind und ihre Ehe kinderlos bleiben wird. Sie schließen in dem Ehevertrag gegenseitige Unterhaltsansprüche und damit auch den Betreuungsunterhalt aus, da sie beide berufstätig sind. Während der Ehe bekommt die Ehefrau dennoch ein Kind und gibt ihre Erwerbstätigkeit auf. Nach der Ehescheidung verlangt sie von ihrem Ehemann Betreuungsunterhalt nach § 1570. Der Verzicht auf den Betreuungsunterhalt war im Zeitpunkt des Abschlusses des Ehevertrags nicht sittenwidrig, da die Ehegatten davon ausgegangen sind, dass sie kinderlos bleiben. Im Zeitpunkt des Scheiterns der Ehe ist indes, die ursprünglich geplante Gestaltung ihrer Lebensverhältnisse kinderlos zu bleiben, weggefallen. Die Berufung auf den Verzicht auf den Betreuungsunterhalt stellt sich als rechtsmissbräuchlich dar. In diesem Fall wird die Rechtsfolge angeordnet, die den berechtigten Belangen der Ehegatten am ehesten Rechnung trägt. Hierbei erfolgt keine Beschränkung nach § 1570 auf den Notunterhalt.[198]

---

[191] *BVerfG* Urt. v. 6.2.2001 (Az. 1 BvR 12/92) = FamRZ 2001, 343; *BGH* Urt. v. 25.5.2005 (AZ: XII ZR 296/01) = NJW 2005, 2386.
[192] *BVerfG* Urt. v. 6.2.2001 (Az. 1 BvR 12/92) = FamRZ 2001, 343.
[193] *BGH* Urt. v. 9.7.1992 (Az. XII ZR 57/91) = FamRZ 1992, 1403.
[194] *BGH* Urt. v. 5.11.2008 (Az. XII ZR 157/06) = BGHZ 178, 322.
[195] *BGH* Urt. v. 25.5.2005 (Az. XII ZR 296/01) = NJW 2005, 2386.
[196] *BGH* Beschl. v. 6.10.2004 (Az. XII ZB 57/03) = NJW 2005, 139; *BGH* Urt. v. 25.5.2005 (Az. XII ZR 296/01) = NJW 2005, 2386.
[197] *BGH* Beschl. v. 6.10.2004 (Az. XII ZB 57/03) = NJW 2005, 139.
[198] *BGH* Urt. v. 11.2.2004 (Az. XII ZR 265/02) = NJW 2004, 930; anders noch: *BGH* Urt. v. 9.7.1992 (Az. XII ZR 57/91) = NJW 1992, 3164.

Ehescheidungsrecht

Bei einem Verzicht auf den Vorsorgungsausgleich, der der Ausübungskontrolle nicht standhält, sind nach dem BGH[199] die ehebedingten Nachteile in der Altersvorsorge auszugleichen. Der benachteiligte Ehegatte wird so gestellt, als hätte er während der Ehe Vorsorgeanwartschaften erworben.

186

Nach §§ 1361 Abs. 4 S. 4, 1360a Abs. 3 i.V.m. § 1614 ist ein Verzicht auf künftigen Trennungsunterhalt unwirksam und daher nach § 134 nichtig. Die Vorschrift hat sowohl individuelle als auch öffentliche Interessen im Blick und will verhindern, dass sich der Unterhaltsberechtigte während der Trennungszeit durch Dispositionen über den Bestand des Unterhaltsanspruches seiner Lebensgrundlage begibt und dadurch gegebenenfalls öffentlicher Hilfe anheimzufallen droht. Ein sogenanntes pactum de non petendo, d.h. die Verpflichtung oder das Versprechen des unterhaltsberechtigten Ehegatten, Trennungsunterhalt nicht geltend zu machen, berührt zwar den Bestand des Unterhaltsanspruches nicht, doch begründet dieses eine Einrede gegen den Unterhaltsanspruch, die wirtschaftlich zu dem gleichen Ergebnis führt wie ein Unterhaltsverzicht. Das gesetzliche Verbot des Verzichts auf Trennungsunterhalt kann durch ein pactum de non petendo nicht umgangen werden.[200]

E. Ehescheidungsrecht

Nach §§ 1564 S. 1, 1565 Abs. 1 S. 1 kann eine Ehe auf Antrag eines Ehegatten oder beider Ehegatten geschieden werden, wenn sie gescheitert ist. Im Gegensatz des bis 1977 geltenden Schuldprinzips ist nunmehr Scheidungsgrund die unheilbare Zerrüttung der Ehe (Zerrüttungsprinzip).

187

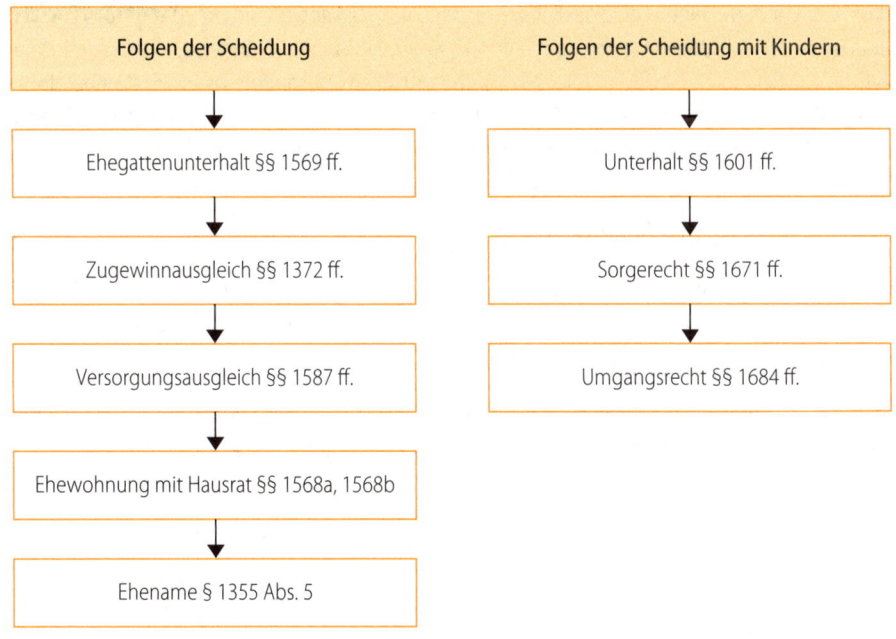

---

199 *BGH* Beschl. v. 6.10.2004 (Az. XII ZB 57/03) = NJW 2005, 139.
200 *BGH* Beschl. v. 29.1.2014 (Az. XII ZB 303/13) = FamRZ 2014, 629.

I. Scheidungsvoraussetzungen

1. Nachweis des Scheiterns der Ehe

188 Nach der Generalklausel des § 1565 Abs. 1 kann die Ehe geschieden werden, wenn das Familiengericht das Scheitern der Ehe positiv feststellt. Nach der gesetzlichen Legalbestimmung des § 1565 Abs. 1 S. 2 ist die Ehe gescheitert, wenn die eheliche Lebensgemeinschaft der Ehegatten nicht mehr besteht (**Eheanalyse**) und nicht erwartet werden kann, dass die Ehegatten sie wieder herstellen (**Eheprognose**). Die Lebensgemeinschaft der Ehegatten besteht nicht mehr, wenn einer oder beide Ehegatten nicht mehr bereit sind, mit dem anderen ein gemeinsames eheliches Leben zu führen. Die Lebensgemeinschaft der Ehegatten ist nicht mit der häuslichen Gemeinschaft i.S.d. § 1567 gleichzusetzen. Die Aufhebung der häuslichen Gemeinschaft ist aber meist ein Indiz dafür, dass die eheliche Lebensgemeinschaft nicht mehr besteht.[201]

189 Die Wiederherstellung der ehelichen Lebensgemeinschaft darf zudem nicht mehr zu erwarten sein. Für diese richterliche Prognose ist entscheidend, ob die Ehegatten noch versöhnungsbereit sind oder ob sie sich bereits so weit voneinander entfernt haben, dass sie sich über ein gemeinsames Leben nicht mehr verständigen können oder wollen.[202] Wird das Scheitern der Ehe von dem Gericht festgestellt, so kann grundsätzlich die Ehe nur dann geschieden werden, wenn die Ehegatten im Zeitpunkt der mündlichen Verhandlung **ein Jahr getrennt** gelebt haben. Ist dies nicht der Fall, so kann die Ehe nach § 1565 Abs. 2 nur dann geschieden werden, wenn ihre Fortsetzung für den Antragsteller aus Gründen, die in der Person des anderen Ehegatten liegen, eine **unzumutbare Härte** darstellt. Der Regelungsbereich des § 1565 Abs. 2 findet nach h.M.[203] auch auf die einvernehmliche Scheidung Anwendung. Die Vorschrift des § 1565 Abs. 2 soll als Rechtsmissbrauchsklausel verhindern, dass ein Ehegatte eine sofortige Scheidung erzwingen kann.[204] Sie soll auch vorschnellen unüberlegten Entschlüssen zur Scheidung entgegenwirken. Als Gründe für die Unzumutbarkeit in der Person des Antragsstellers kommen vor allem besonders gravierende ehefeindliche Verhaltensweisen in Betracht. Solche Umstände können schwere körperliche Misshandlungen, Alkoholmissbrauch oder „Im-Stich-lassen" eines hilfebedürftigen Ehegatten sein.[205]

2. Vermutung des Scheiterns der Ehe

190 Nach § 1566 Abs. 1 wird unwiderlegbar vermutet, dass die Ehe gescheitert ist, wenn die Ehegatten seit einem Jahr getrennt leben und beide Ehegatten die Scheidung beantragen oder der Antragsgegner der Scheidung zustimmt.

191 Bei einer einseitigen Ehescheidung wird gemäß § 1566 Abs. 2 vermutet, dass die Ehe zerrüttet ist, wenn die Ehegatten seit drei Jahren voneinander getrennt leben.

---

[201] Palandt-*Brudermüller* § 1565 Rn. 2.
[202] *BGH* Urt. 14.6.1978 (Az. IV ZR 164/77) = FamRZ 1978, 671; *BGH* Urt. 27.6.1979 (Az. IV ZR 185/77) = FamRZ 1979, 422.
[203] Palandt-*Brudermüller* § 1565 Rn. 9.
[204] *BGH* Urt. v. 5.11.1980 (Az. IVb ZR 538/80) = FamRZ 1981, 127.
[205] Palandt-*Brudermüller* § 1565 Rn. 7.

3. Härteklausel, § 1568

192 Eine Ausnahme von §§ 1565, 1566 sieht § 1568 vor. Nach dieser Vorschrift soll eine Ehe nicht geschieden werden, wenn die Aufrechterhaltung der Ehe im Interesse der gemeinsamen Kinder der Ehegatten notwendig ist, § 1568 Abs. 1 Alt. 1. Diese Regelung enthält eine von Amts wegen zu berücksichtigende Einwendung (§ 127 FamFG). Stellt die Scheidung auf Grund von außergewöhnlichen Umständen eine so schwere Härte dar, dass die Aufrechterhaltung der Ehe unter Berücksichtigung der Belange des Antragsgegners ausnahmsweise geboten erscheint, soll die Ehe ebenfalls nicht geschieden werden, § 1568 Abs. 1 Alt. 2. Nach § 127 Abs. 3 FamFG kann das Familiengericht die außergewöhnlichen Umstände i.S.v. § 1568 Abs. 1 Alt. 2 nur berücksichtigen, wenn sie von dem Ehegatten, der die Scheidung ablehnt, vorgebracht worden sind.

4. Getrenntleben der Ehegatten

193 Nach § 1567 Abs. 1 S. 1 liegt ein Getrenntleben der Ehegatten vor, wenn zwischen ihnen keine häusliche Gemeinschaft mehr besteht (**objektives Element**) und ein Ehegatte erkennbar die (Wieder-)Herstellung der gemeinsamen häuslichen Gemeinschaft ablehnt (**subjektives Element**). Die häusliche Gemeinschaft besteht nach dem ausdrücklichen Wortlaut in § 1567 Abs. 1 S. 2 auch dann nicht mehr, wenn die Ehegatten innerhalb der ehelichen Wohnung getrennt leben. Das setzt voraus, dass aufgrund der Räumlichkeiten die Nutzung der Ehewohnung so organisiert werden kann, dass ein getrenntes Wirtschaften möglich ist.[206]

194 Neben der räumlichen Trennung muss zumindest ein Ehegatte einen erkennbaren **Trennungswillen** haben, weil er die eheliche Lebensgemeinschaft ablehnt und nicht bereit ist, die häusliche Gemeinschaft wiederherzustellen. Daran fehlt es, wenn die Trennung der Ehegatten aus gesundheitlichen oder beruflichen Gründen erfolgt ist.

Beispiel Längerer Klinik- oder Sanatoriumsaufenthalt, längere Tätigkeit eines Ehegatten im Ausland. ∎

195 Ein Trennungswille der Ehegatten fehlt selbst bei einem längeren Gefängnisaufenthalt, sofern daneben nicht Gründe erkennbar sind, die auf ein gestörtes Ehegattenverhältnis schließen lassen.

196 Ein Zusammenleben der Ehegatten über kürzere Zeit, das nach dem Willen der Ehegatten der **Versöhnung der Ehegatten** dienen soll, hemmt nach § 1567 Abs. 2 die in § 1566 bestimmten Fristen nicht. Bei der Länge des Versöhnungsversuchs geht die Rechtsprechung[207] davon aus, dass der Zeitraum von 3 Monaten die Obergrenze darstellt und bei mehrfachen Versöhnungsversuchen die einzelnen Zeitspannen zu addieren sind. Wird die zeitliche Obergrenze erkennbar überschritten, gilt die bisherige Trennung ab dem Zusammenleben als aufgehoben. Das Trennungsjahr beginnt bei einer erneuten Trennung dann neu, ohne Anrechnung der bisherigen Trennungszeit.

---

[206] *BGH* Urt. v. 13.3.1991 (Az. XII ZR 53/90) = FamRZ 1979, 469; Palandt-*Brudermüller* § 1567 Rn. 3.
[207] *OLG Zweibrücken* Beschl. v. 3.11.1980 (Az. 6 WF 93/80) = FamRZ 1981, 146; *OLG Düsseldorf* Beschl. v. 11.5.1994 (Az. 2 WF 79/94) = FamRZ 1995, 96.

197 Das Getrenntleben hat zur Folge, dass der bedürftige Ehegatte gegen den unterhaltsverpflichteten Ehegatten einen Anspruch auf Trennungsunterhalt hat.[208] Nach § 1361a findet während der Trennung das **Verteilungsverfahren** über die **Hausratsgegenstände** statt, das sich nach §§ 200 ff. FamFG richtet. Die Schlüsselgewalt des § 1357 und die Eigentumsvermutung des § 1362 entfallen nach §§ 1357 Abs. 3, 1362 Abs. 1 S. 2, wenn die Ehegatten getrennt leben. Dagegen findet nach h.M.[209] die Vorschrift des § 1369 wegen der Sicherung des Zugewinnausgleichs auch während der Trennung Anwendung.

II. Scheidungsfolgen

1. Ehegattenunterhalt

> **PRÜFUNGSSCHEMA**
>
> **Unterhaltsanspruch**
>
> I. Vorliegen eines Unterhaltstatbestands, §§ 1570–1573, 1575, 1576
>
> II. Unterhaltsbedarf des Unterhaltsberechtigten, § 1578
>
> III. Bedürftigkeit des Unterhaltsberechtigten, § 1577 Abs. 1
>
> IV. Leistungsfähigkeit des Unterhaltsverpflichteten, § 1581
>
> V. Kein Ausschluss des Unterhaltsanspruchs, §§ 1579, 1585c

198 Der Gesetzgeber hat durch das UÄndG v. 21.12.2007 zum 1.1.2008 die Vorschriften über den Ehegattenunterhalt reformiert und den **Grundsatz der Eigenverantwortung** der Ehegatten **in den Vordergrund** gestellt. Nach **§ 1569** obliegt es nunmehr nach der Scheidung **jedem Ehegatten, selbst für seinen Unterhalt zu sorgen**. Der hierin zum Ausdruck kommende Grundsatz der wirtschaftlichen Eigenverantwortung wird in § 1577 Abs. 1 konkretisiert, wonach geschiedene Ehegatten gehalten sind, ihren Unterhaltsbedarf in erster Linie aus eigenem Einkommen und aus eigenem Vermögen zu decken.

199 Ein Ehegatte hat nur Anspruch auf Unterhalt, wenn die in §§ 1570–1573, 1575, 1576 geregelten Unterhaltstatbestände erfüllt sind.

a) Betreuungsunterhalt

200 Der Anspruch auf Betreuungsunterhalt ist im Kindesinteresse gemäß **§§ 1577 Abs. 4 S. 2, 1582 i.V.m. §§ 1609 Nr. 2, 1579 Nr. 1** privilegiert. Nach § 1570 Abs. 1 S. 1 kann ein geschiedener Ehegatte von dem anderen Ehegatten wegen der Pflege oder Erziehung eines gemeinsamen Kindes für **mindestens drei Jahre nach der Geburt** Unterhalt verlangen. Die Dauer des Unterhaltsanspruchs verlängert sich gemäß 1570 Abs. 1 S. 2, solange und soweit dies der Billigkeit entspricht. Im Rahmen der Billigkeitsentscheidung über eine Verlängerung des Betreuungsunterhalts aus kindbezogenen Gründen nach § 1570 Abs. 1 S. 2 ist nach dem BGH[210] individuell zu prüfen, ob und in welchem Umfang die notwendige Betreuung des Kindes auf andere

---

[208] Siehe oben unter Rn. 82 ff.
[209] Palandt-*Brudermüller* § 1369 Rn. 2.
[210] *BGH* Urt. v. 6.5.2009 (Az. XII ZR 114/08) = NJW 2009, 1956.

Weise gesichert ist oder in kindgerechten Betreuungseinrichtungen gesichert werden könnte. Dabei sind auch die Belange des Kindes zu berücksichtigen, § 1570 Abs. 1 S. 3. Ein Altersphasenmodell, das bei der Frage der Verlängerung des Betreuungsunterhalts aus kindbezogenen Gründen allein auf das Alter der Kinder abstellt, wird diesen Anforderungen nicht gerecht.[211] Die Neuregelung des § 1570 Abs. 1 S. 2 verlangt regelmäßig auch keinen abrupten Wechsel von der elterlichen Betreuung zu einer Vollzeiterwerbstätigkeit. Nach Maßgabe der im Gesetz genannten kindbezogenen (§ 1570 Abs. 1 S. 3) und elternbezogenen (§ 1570 Abs. 2) Gründen ist auch nach dem neuen Unterhaltsrecht ein gestufter Übergang bis hin zu einer Vollzeiterwerbstätigkeit möglich.[212] Auch im Falle der Betreuung eines volljährigen behinderten Kindes kommt ein Anspruch auf nachehelichen Betreuungsunterhalt nach § 1570 Abs. 1 S. 2 nur dann in Betracht, wenn dies der Billigkeit entspricht. Das ist nur dann der Fall, wenn die persönliche Betreuung nach Maßgabe der im Gesetz genannten kindbezogenen (§ 1570 Abs. 1 S. 3) oder elternbezogenen (§ 1570 Abs. 2) Gründen erforderlich ist.[213] Sind die Eltern allerdings übereinstimmend der Auffassung, dass eine persönliche Betreuung des gemeinsamen Kindes erforderlich ist, ist für die Bemessung des Betreuungsunterhalts nach § 1570 von der Notwendigkeit einer persönlichen Betreuung auszugehen. Der Umfang der danach notwendigen persönlichen Betreuung ist dann bei der Bemessung einer Erwerbspflicht des betreuenden Elternteils zu berücksichtigen.[213]

b) Unterhalt wegen Alters

Nach § 1571 kann ein geschiedener Ehegatte von dem anderen Ehegatten Unterhalt verlangen, soweit im Zeitpunkt der Scheidung, der Beendigung der Pflege oder Erziehung eines gemeinschaftlichen Kindes oder des Wegfalls der Voraussetzungen für einen Unterhaltsanspruch nach den §§ 1572, 1573 von ihm wegen seines Alters eine Erwerbstätigkeit nicht mehr erwartet werden kann. Die Vorschrift des § 1571, dessen Wortlaut durch die zum 1.1.2008 in Kraft getretene Unterhaltsrechtsreform keine Änderung erfahren hat, erstreckt die nachwirkende unterhaltsrechtliche Mitverantwortung des wirtschaftlich stärkeren Ehegatten auf eine altersbedingte Bedürfnislage, wobei das Alter ursächlich für die Unzumutbarkeit der Erwerbstätigkeit sein muss. Dagegen muss die Unterhaltsbedürftigkeit nicht ehebedingt sein.[214] Ein Anspruch aus § 1571 kommt daher auch dann in Betracht, wenn der berechtigte Ehegatte nicht erst während der Ehezeit alt geworden ist, sondern bereits im Zeitpunkt der Eheschließung wegen Alters einer Erwerbstätigkeit nicht mehr nachgehen konnte.

201

c) Unterhalt wegen Krankheit oder wegen eines sonstigen Gebrechens

Ein geschiedener Ehegatte kann nach § 1572 von dem anderen Ehegatten Unterhalt verlangen, solange und soweit im Zeitpunkt der Scheidung, der Beendigung der Pflege oder Erziehung eines gemeinschaftlichen Kindes, der Beendigung der Ausbildung, Fortbildung oder Umschulung oder des Wegfalls der Voraussetzungen für einen Unterhaltsanspruch nach § 1573 an von ihm wegen Krankheit oder anderer Gebrechen bzw. Schwäche seiner körperlichen oder geistigen Kräfte eine Erwerbstätigkeit nicht erwartet werden kann. Der Unterhaltsanspruch setzt voraus, dass die Krankheit ursächlich für die Erwerbsunfähigkeit ist. Die Krank-

202

---

211 *BGH* Urt. v. 18.3.2009 (Az. XII ZR 74/08) = FamRZ 2009, 770.
212 *BGH* Urt. v. 17.6.2009 (Az. XII ZR 102/08) = FamRZ 2009, 1391.
213 *BGH* Urt. v. 17.3.2010 (Az. XII ZR 204/08) = FamRZ 2010, 802.
214 *BGH* Urt. v. 8.12.1982 (Az. IVb ZR 331/81) = NJW 1983, 683.

heit muss zu den in § 1572 Nr. 1–4 genannten Zeitpunkten[215] bestehen. Bei einer erst nach der Scheidung auftretenden Krankheit ist es gerechtfertigt, diese Risiken dem Unterhaltsbedürftigen zuzuweisen. Dafür reicht allerdings nicht aus, dass die Krankheit des Ehegatten erst nach der Scheidung festgestellt worden ist. Entscheidend ist allein, ob die Krankheit schon während der Ehe vorhanden war. Davon kann nicht ausgegangen werden, wenn während der Ehe nur eine Anlage zur Krankheit bestand.[216] Nach der Rechtsprechung des BGH[217] ist es für einen Anspruch aus § 1572 nicht notwendig dass die Erwerbsunfähigkeit des Ehegatten durch die Ehe bedingt ist. Sie kann daher bereits im Zeitpunkt der Heirat vorhanden gewesen sein.

d) Unterhalt wegen Erwerbslosigkeit und Aufstockungsunterhalt

203 Soweit ein geschiedener Ehegatte keinen Unterhaltsanspruch nach den §§ 1570–1572 hat, kann er nach § 1573 Abs. 1 Unterhalt verlangen, solange und soweit er nach der Scheidung keine angemessene Erwerbstätigkeit zu finden vermag. Der Unterhaltsanspruch wegen Erwerbslosigkeit nach § 1573 Abs. 1 ist gegenüber den Unterhaltsansprüchen nach den §§ 1570–1572, 1575 **subsidiär**. Erst wenn nach diesen Tatbeständen kein Unterhalt beansprucht werden kann, ist in die Prüfung des § 1573 Abs. 1 einzutreten.[218]

Die Erwerbsobliegenheit ist nur auf die Aufnahme einer angemessenen Beschäftigung i.S.d. § 1574 Abs. 2 gerichtet. Angemessen ist eine Erwerbstätigkeit, die der Ausbildung, den Fähigkeiten der früheren Erwerbstätigkeit, dem Lebensalter und dem Gesundheitszustand des geschiedenen Ehegatten entspricht, soweit eine solche Tätigkeit nicht nach den ehelichen Lebensverhältnissen unbillig wäre. Bei den ehelichen Lebensverhältnissen sind insbesondere die Dauer der Ehe sowie die Dauer der Pflege oder Erziehung eines gemeinschaftlichen Kindes zu berücksichtigen.

Um eine angemessene Erwerbstätigkeit zu erreichen, sind alle zumutbaren Mittel einzusetzen.[219] Die Erwerbsobliegenheit hat sowohl **subjektive** als auch eine **objektive** Komponenten, weil sie an Alter, an die Qualifikation, an die bisher ausgeübte Tätigkeiten und an den Arbeitswillen anknüpft, andererseits aber auch in engem Zusammenhang mit dem Arbeitsmarkt steht. Der Bundesgerichtshof[220] hat seine bisherige Rechtsprechung zur Erwerbsobliegenheit und zu den daraus sich ergebenden Anforderungen an die Bemühungen um die Erlangung einer Beschäftigung bekräftigt und hervorgehoben, dass es erforderlich ist, sich unter Einsatz aller zumutbaren und möglichen Mittel nachhaltig um eine angemessene Beschäftigung zu bemühen. Soweit es zur Aufnahme einer angemessenen Erwerbstätigkeit erforderlich ist, obliegt es dem geschiedenen Ehegatten nach § 1574 Abs. 3 auch, sich ausbilden, fortbilden oder umschulen zu lassen, wenn ein erfolgreicher Abschluss der Ausbildung zu erwarten ist.

---

215 *BGH* Urt. v. 18.10.1989 (Az. IVb ZR 89/88) = FamRZ 1990, 260.
216 Palandt-*Brudermüller* § 1572 Rn. 2.
217 *BGH* Urt. v. 27.4.1988 (Az. IVb ZR 58/87) = FamRZ 1988, 930, 931; *BGH* Urt. v. 9.2.1994 (Az. XII ZR 183/92) = FamRZ 1994, 566; *BGH* Urt. v. 10.7.1996 (Az. XII ZR 121/95) = FamRZ 1996, 1272, 1273.
218 *BGH* Urt. v. 10.2.1988 (Az. IVb ZR 16/87) = NJW-RR 1988, 1218.
219 *BGH* Urt. v. 27.1.1993 (Az. XII ZR 206/91) = NJW-RR 1993, 898.
220 *BGH* Urt. v. 21.9.2011 (Az. XII ZR 121/09) = FamRZ 2011, 1851; *BGH* Urt. v. 30.7.2008 (Az. XII ZR 126/06) = FamRZ 2008, 2104.

Scheidungsfolgen

Ist dem Unterhaltsberechtigten nur eine Teilerwerbstätigkeit zumutbar, ergibt sich ein ergänzender Anspruch auf Unterhalt aus § 1573 Abs. 2.[221] Das gleiche gilt, wenn die Einkünfte aus einer angemessenen Erwerbstätigkeit zum vollen Unterhalt (§ 1578) nicht ausreichen. In diesem Fall kann der Ehegatte, soweit er nicht bereits einen Unterhaltsanspruch nach den §§ 1570–1572 hat, den Unterschiedsbetrag zwischen den Einkünften und dem vollen Unterhalt gemäß § 1573 Abs. 2 verlangen (**Aufstockungsunterhalt**). Nach § 1573 Abs. 3 gilt dies entsprechend, wenn Unterhalt nach §§ 1570–1572, 1575 zu gewähren war, die Voraussetzungen dieser Vorschriften aber entfallen sind (**Anschlussunterhalt**). Der geschiedene Ehegatte kann gemäß § 1573 Abs. 4 auch dann Unterhalt verlangen, wenn die Einkünfte aus einer angemessenen Erwerbstätigkeit wegfallen und es ihm trotz ernsthafter Bemühungen nicht gelingt, eine Erwerbstätigkeit zur Sicherung seines Unterhalts zu finden.

e) Unterhalt wegen Ausbildung, Fortbildung und Umschulung

Nach § 1575 Abs. 1 S. 1 kann ein geschiedener Ehegatte, der in Erwartung der Ehe oder während der Ehe eine Schul- oder Berufsausbildung nicht aufgenommen oder abgebrochen hat, von dem anderen Ehegatten Unterhalt verlangen, wenn er nach der Scheidung eine entsprechende Ausbildung sobald wie möglich aufnimmt, um eine angemessene Erwerbstätigkeit zu erlangen, die seinen Unterhalt nachhaltig sichert, und der erfolgreiche Abschluss der Ausbildung zu erwarten ist. Nach § 1575 Abs. 2 gilt entsprechendes, wenn sich der geschiedene Ehegatte fortbilden oder umschulen lässt, um Nachteile auszugleichen, die durch die Ehe eingetreten sind.

f) Unterhalt aus Billigkeitsgründen

Nach § 1576 S. 1 kann ein geschiedener Ehegatte von dem anderen Unterhalt verlangen, soweit und solange aus sonstigen schwerwiegenden Gründen von ihm eine Erwerbstätigkeit nicht erwartet werden kann und die Versagung von Unterhalt unter Berücksichtigung der Belange beider Ehegatten grob unbillig wäre. Schwerwiegende Gründe dürfen gemäß § 1576 S. 2 nicht allein deswegen berücksichtigt werden, weil sie zum Scheitern der Ehe geführt haben.

g) Unterhaltsbedarf

Nach § 1578 bestimmt sich das **Maß des Unterhalts** nach den **ehelichen Lebensverhältnissen**.

Bis zum 31.12.2007 wurde durch § 1578 BGB a.F. die sog. Lebensstandardgarantie statuiert. Zielrichtung war es, dem Unterhaltsgläubiger auch für die Zeit nach der Ehescheidung den in der Ehe erreichten Lebensstandard zu erhalten, der das Ergebnis gemeinsamer Arbeit der Ehegatten war. Zudem sollte ein sozialer Abstieg des Unterhaltsgläubigers vermieden werden.[222]

Geprägt wurden die ehelichen Lebensverhältnisse nach der früheren Rechtsprechung des BGH[223] durch die Einkommens- und die Vermögenssituation der Ehegatten im Zeitpunkt der Rechtskraft der Ehescheidung. Auf Dauer angelegte Veränderungen des Einkommens zwi-

---

221 *BGH* Urt. v. 27.1.1993 (Az. XII ZR 206/91) = NJW-RR 1993, 898.
222 *BGH* Urt. v. 27.4.1983 (IVb ZR 372/81) = LM Nr. 21 zu § 1578 BGB.
223 *BGH* Urt. v. 16.3.1988 (Az. IVb ZR 40/87) = NJW 1988, 2034.

schen der Trennung und der Scheidung wurden in der Regel als prägend für die eheliche Lebensgemeinschaft angesehen, da die Ehegatten auch während der Trennungsphase an der Entwicklung der ehelichen Lebensverhältnisse teilhaben.[224] Das galt allerdings nur, wenn die Veränderungen nicht auf einer unerwarteten vom Normalverlauf erheblich abweichenden Entwicklung der Einkommensverhältnisse seit der Trennung beruht haben.[225]

Durch das am 1.1.2008 in Kraft getretene Gesetz zur Änderung des Unterhaltsrechts[226] hat der Gesetzgeber in § 1569 BGB die Eigenverantwortlichkeit des Unterhaltsberechtigten verstärkt.

Mit der Betonung der Eigenverantwortlichkeit korrespondiert die Einfügung der neuen Regelung des § 1578b. Die bislang in § 1578 Abs. 1 BGB a.F. vorgesehenen Möglichkeiten der zeitlichen Befristung und höhenmäßigen Begrenzung des nachehelichen Unterhaltes sind nunmehr Inhalt der neugeschaffenen Norm des § 1578b, allerdings in der Form, dass Beschränkungen jetzt nicht mehr nur erfolgen können, sondern zwingend zu veranlassen sind, wenn nicht besondere Ausnahmetatbestände vorliegen. Zielrichtung des Gesetzgebers ist es, unter wesentlich stärkerer Hervorhebung des Gedankens der nachehelichen Eigenverantwortlichkeit eine Beschränkung von Unterhaltsansprüchen anhand objektiver Billigkeitsmaßstäbe sowie orientiert an der Frage zu erleichtern, inwieweit ehebedingte Nachteile auszugleichen sind.[227] Die Vorschrift des § 1578b wurde durch das Gesetz zur Durchführung des Haager Übereinkommens v. 23.11.2007 über die internationale Geltendmachung der Unterhaltsansprüche von Kindern und anderen Familienangehörigen sowie zur Änderung von Vorschriften auf dem Gebiet des internationalen Unterhaltsverfahrensrechts[228] dahin geändert, dass der Stellenwert der Ehedauer erhöht wird. Die Ehedauer wird im Rahmen der maßgeblichen Kriterien nunmehr gleichberechtigt neben den ehebedingten Nachteilen genannt. Der Gesetzgeber hat durch die Änderung der Vorschrift auf die ausgeübte Kritik reagiert, dass unterhaltsbedürftige Ehegatten aus so genannten „Alt-Ehen" durch die in Form des § 1578b neu geschaffene Möglichkeit der stärkeren Beschränkung nachehelicher Unterhaltsansprüche besonders hart getroffen würden. Die Ehegatten hätten teilweise lange vor der Gesetzesreform zum 1.1.2008 geheiratet und keine Chance gehabt, sich auf die neue Rechtslage einzustellen. Es sei der Eindruck entstanden, dass in der Rechtsprechung der Instanzgerichte der Anspruch auf nachehelichen Unterhalt häufig „automatisch" befristet werde, sofern ein ehebedingter Nachteil nicht festzustellen sei; in diesen Fällen würden die weiteren Umstände des Einzelfalls, insbesondere die Dauer der Ehe, im Rahmen der Billigkeitsabwägung nicht hinreichend beachtet. Eine „automatische" Beschränkung des Unterhaltsanspruchs habe aber nicht der Intention des Reformgesetzgebers von 2008 entsprochen. Angesichts der inzwischen entstandenen Unsicherheit erscheine eine gesetzliche Klarstellung angebracht.[229]

Im Rahmen der Gesetzesänderung zum 1.1.2008 habe der Gesetzgeber darauf hingewiesen, dass im Spannungsverhältnis zwischen dem – durch die Gesetzesänderung stärker betonten – Grundsatz der Eigenverantwortung einerseits und der fortwirkenden nachehelichen Solidarität andererseits in jedem Einzelfall eine angemessene und für beide Seiten gerechte

---

[224] *BGH* Urt. v. 25.11.1998 (Az. XII ZR 98/97) = NJW 1999, 717.
[225] *BGH* Urt. v. 8.2.1984 (Az. IVb ZR 54/82) = NJW 1984, 1685.
[226] UnterhaltsrechtsänderungsG v. 21.12.2007 (BGBl. I S. 3189).
[227] *BT-Drs.* 16/1830, S. 29; *Dose* FamRZ 2007, 1289–1298.
[228] BGBl. I 2013, Nr. 9; vgl. auch *BT-Drs.* 17/11885.
[229] *BT-Drs.* 17/11885, S. 5, 6; *Born:* Erhöhter Stellenwert der Ehedauer im Unterhaltsrecht – Klarstellung oder „Reform der Reform"? = NJW 2013, 561.

Lösung gefunden werden müsse. Auch die Dauer der Ehe sei hier von besonderer Bedeutung. Nicht nur bei Unterhaltsansprüchen wegen Alters oder Krankheit, sondern auch bei Ansprüchen wegen Arbeitslosigkeit sei im Rahmen der Frage einer Beschränkung des Unterhaltsanspruchs wesentlich auf die Dauer der Ehe abzustellen. Auch der BGH habe deutlich gemacht, dass eine Herabsetzung oder zeitliche Begrenzung eines Anspruchs auf nachehelichen Unterhalt unzulässig sein könne, wenn zwar keine ehebedingten Nachteile vorlägen, eine Beschränkung aber mit Blick auf die insbesondere bei Ehen von langer Dauer gebotene nacheheliche Solidarität unbillig erscheine.[230] Eine derartige Verpflichtung der Ehegatten zur nachehelichen Solidarität führe zu einem Ausgleich angesichts einer „fehlgeschlagenen Lebensplanung der Ehegatten. Die gesetzliche Klarstellung erfolge durch die eigenständige Nennung des Tatbestandsmerkmals der Ehedauer als weiterer Billigkeitsmaßstab für die Herabsetzung von Unterhaltsansprüchen neben dem Bestehen ehebedingter Nachteile.[231] Trotz langer Ehedauer kann eine Befristung vorgenommen werden, wenn die Einkommensdifferenz nicht auf ehebedingten Nachteilen, sondern auf unterschiedlicher Lebensstellung (Ausbildung, beruflicher Status) der Beteiligten zum Zeitpunkt der Heirat beruht oder die Ehefrau vollschichtig im erlernten Beruf tätig ist. Je mehr die Bedürftigkeit dagegen auf einer gewachsenen wirtschaftlichen Abhängigkeit (mit der Ehedauer als Indiz) und auf ehebedingten Umständen beruht, desto weniger kommt eine Befristung in Betracht. Die Ehedauer führt für sich allein nicht zwangsläufig zu einer Einschränkung der wirtschaftlichen Selbstständigkeit, entfaltet ihren Stellenwert aber in der Wechselwirkung mit der Aufgabenverteilung in der Ehe.[232]

Der BGH hat wegen des in § 1569 geregelten Grundsatzes der Eigenverantwortlichkeit daran festgehalten, dass nacheheliche Einkommenssteigerungen des Unterhaltspflichtigen sich nur dann bedarfssteigernd auswirken, wenn ihnen eine Entwicklung zugrunde liegt, die aus der Sicht im Zeitpunkt der Scheidung mit hoher Wahrscheinlichkeit zu erwarten war. Dagegen werden Einkommenssteigerungen nicht mehr als „durch die Ehe geprägt" angesehen, wenn sie auf einem Karrieresprung beruhen. Auch wenn der BGH in seiner aktuellen Rechtsprechung nicht mehr an die Rechtskraft der Ehescheidung als maßgeblichem Stichtag zur Ermittlung der prägenden Einkommensverhältnisse anknüpft, so hat er gleichwohl die unverändert geltende Anknüpfung an § 1578 Abs. 1 S. 1 hervorgehoben. Der BGH macht lediglich die Qualifizierung einer unerwarteten oder überdurchschnittlichen Einkommensveränderung als Ergebnis eines Karrieresprungs nicht davon abhängig, ob sie noch vor oder erst nach Rechtskraft der Ehescheidung eingetreten ist. Etwas anderes gilt nach der Rechtsprechung des BGH dann, wenn sich eine nach der Trennung erstmalig aufgenommene oder ausgeweitete Erwerbstätigkeit als Surrogat für die während der Ehe vorgenommene Haushaltsführung oder Kinderbetreuung darstellt. Die insoweit zumutbar erzielten Einkünfte werden als durch die Ehe geprägt angesehen.

In der zwischenzeitlich aufgegebenen Rechtsprechung zu den „wandelbaren ehelichen Lebensverhältnissen" hat der BGH die Auffassung vertreten, dass nacheheliche Entwicklungen schon bei der Bedarfsermittlung berücksichtigt werden müssten und hiervon auch das

---

[230] BGH Urt. v. 6.10.2010 (Az.XII ZR 202/08) = juris Rn. 19 ff.; *Born:* Erhöhter Stellenwert der Ehedauer im Unterhaltsrecht – Klarstellung oder „Reform der Reform"? = NJW 2013, 561.

[231] BT-Drs. 17/11885, S. 5, 6; *Born:* Erhöhter Stellenwert der Ehedauer im Unterhaltsrecht – Klarstellung oder „Reform der Reform"? = NJW 2013, 561.

[232] *Born:* Erhöhter Stellenwert der Ehedauer im Unterhaltsrecht – Klarstellung oder „Reform der Reform"? = NJW 2013, 561 m.w.N.

Hinzutreten vor- oder gleichrangiger Unterhaltsberechtigter erfasst sein könne. Diese Rechtsauffassung hatte der BGH in seiner weiteren Rechtsprechung bestätigt, d.h. bei der Bedarfsermittlung des geschiedenen Ehegatten auch den Unterhaltsbedarf von in zweiter Ehe des Unterhaltsschuldners geborenen Kindern berücksichtigt. Vor dem Hintergrund der Entscheidung des BVerfG hat der BGH diese Rechtsprechung allerdings korrigiert. Bedarfsprägend ist danach allein das vor Rechtskraft der Scheidung für Unterhaltszwecke zur Verfügung stehende Einkommen des Unterhaltsschuldners unter Berücksichtigung der bis zu diesem Zeitpunkt hinzutretenden Unterhaltspflichten. Bedarfsprägend sind damit ausdrücklich nicht die Unterhaltspflichten für einen neuen Ehegatten, für nachehelich geborene Kinder sowie eine etwaig nach der Ehescheidung eingetretene Unterhaltspflicht gemäß § 1615l.

h) Unterhaltsbedürftigkeit

207 Gem. § 1577 Abs. 1 kann der geschiedene Ehegatte – vorbehaltlich der Ausnahme in § 1577 Abs. 2 S. 1 – keinen Unterhalt verlangen, solange und soweit er sich aus seinen Einkünften und aus seinem Vermögen selbst unterhalten kann. Der Ehegatte muss sich auf seinen Unterhaltsanspruch alle Einkünfte aus einer zumutbaren Tätigkeit anrechnen lassen. Unterlässt er eine solche Tätigkeit muss er sich auch fiktive Einkünfte, d.h. Einkommen, das er in zumutbarer Weise hätte erzielen können, anrechnen lassen.[233] Bei der Heranziehung fiktiver Einkünfte ist neben der Arbeitsmarktlage auch die persönliche Erwerbsbiographie des Unterhaltsgläubigers zu berücksichtigen. Die Anrechenbarkeit dieser Einkünfte kann allerdings unter dem Aspekt der Zumutbarkeit, bzw. nach Treu und Glauben oder aus Billigkeitsgesichtspunkten eine Einschränkung erfahren. Bei der Ermittlung der Bedürftigkeit des Unterhaltsberechtigten ist als Einkommen auch die ersparte Miete zu berücksichtigen, wenn er einen Wohnvorteil durch eine in seinem Eigentum stehende Immobilie hat.

i) Leistungsfähigkeit des Unterhaltsschuldners

208 Ist der Unterhaltsverpflichtete nach seinen Erwerbs- und Vermögensverhältnissen und unter Berücksichtigung seiner sonstigen Verpflichtungen außerstande, ohne Gefährdung des eigenen angemessenen Unterhalts dem Berechtigten Unterhalt zu gewähren. braucht der **Verpflichtete** nach § 1581 S. 1 nur insoweit Unterhalt zu leisten, als es mit Rücksicht auf die Bedürfnisse und auf die Erwerbs- und Vermögensverhältnisse der geschiedenen Ehegatten der **Billigkeit** entspricht. Dem Unterhaltpflichtigen ist hierbei ein Mindestselbstbehalt zur Deckung seines Eigenbedarfs zu belassen.

Der **Selbstbehalt** des Unterhaltspflichtigen bemisst sich nach den gleichen Maßstäben wie der Unterhalt des Unterhaltsgläubigers gemäß § 1578.[234] Den Stamm des Vermögens braucht er gemäß § 1581 S. 2 nicht zu verwerten, soweit die Verwertung unwirtschaftlich oder unter Berücksichtigung der beiderseitigen wirtschaftlichen Verhältnisse **unbillig** wäre. Ist der Unterhaltsverpflichtete leistungsfähig muss er 3/7 seines Einkommens an den unterhaltsbedürftigen Ehegatten als Ehegattenunterhalt zahlen. Der erwerbstätige Ehegatte erhält für die Erwerbstätigkeit einen Bonus in Höhe von 1/7.[235] Arbeiten beide Ehegatten und verdient der

---

233 *BGH* Urt. v. 24.10.1979 (Az. IV ZR 171/78) = LM Nr. 1 zu § 1573 BGB; *BGH* Urt. v. 8.7.1981 (Az. IVb ZR 593/80) = LM Nr. 14 zu § 1361 BGB; *BGH* v. 11.1.1995 (Az. XII ZR 122/93) = LM BGB § 1578 Nr. 62 (6/1995); *BGH* Urt. v. 21.9.2011 (Az. XII ZR 121/09) = FamRZ 2011, 1851.
234 *BGH* Urt. v. 18.10.1989 (Az. IV b ZR 89/88) = BGHZ 109, 72.
235 *BGH* Urt. v. 16.4.1997 (Az. XII ZR 233/95) = FamRZ 1997, 807.

eine Ehegatte erheblich mehr als der andere, kann der Unterhaltsberechtigte 3/7 der Differenz der Einkommen (**Aufstockungsunterhalt**) verlangen, wenn er insoweit unterhaltsbedürftig ist.

Der laufende Unterhalt ist nach § 1585 Abs. 1 S. 1 durch Zahlung einer **Geldrente** zu gewähren. Die Rente ist monatlich im Voraus zu entrichten. Statt der Rente kann der Berechtigte nach § 1585 Abs. 2 auch eine Abfindung in Kapital verlangen, wenn ein wichtiger Grund vorliegt und der Verpflichtete dadurch nicht unbillig belastet wird. Nach § 1585a Abs. 1 S. 1 hat der Verpflichtete auf Verlangen für den Unterhalt Sicherheit zu leisten. Diese Verpflichtung entfällt nach § 1585a Abs. 1 S. 2, wenn kein Grund zu der Annahme besteht, dass die Unterhaltsleistung gefährdet ist oder wenn der Verpflichtete durch die Sicherheitsleistung unbillig belastet würde.

Nach § 1585b Abs. 1 kann Unterhalt für die **Vergangenheit** nur wegen eines **Sonderbedarfs** i.S.d. § 1613 Abs. 2 verlangt werden. Im Übrigen kann der Unterhaltsberechtigte gemäß § 1585b Abs. 2 für die Vergangenheit Erfüllung des Unterhalts oder Schadensersatz wegen Nichterfüllung nur entsprechend § 1613 Abs. 1 S. 1 fordern. Nach dieser Vorschrift muss der Unterhaltsverpflichtete zur Auskunft über seine Einkünfte aufgefordert oder mit der Unterhaltszahlung in Verzug gesetzt worden sein oder der Unterhaltsanspruch rechtshängig sein.

> **Hinweis**
>
> Für den Eintritt des Verzugs hinsichtlich des Unterhaltsanspruchs reicht eine Mahnung in Bezug auf den Trennungsunterhalt nicht aus, da Trennungs- und nachehelicher Unterhalt nicht identisch sind.[236]

Für eine mehr als ein Jahr vor der Rechtshängigkeit liegende Zeit kann Erfüllung des Unterhalts oder Schadensersatz wegen Nichterfüllung nach § 1585b Abs. 3 nur verlangt werden, wenn anzunehmen ist, dass der Verpflichtete sich der Leistung absichtlich entzogen hat.

Im Familienrecht finden sich keine Vorschriften über die Zahlung von Unterhalt für die **Zukunft**. Nach Auffassung des BGH[237] braucht der Unterhaltsverpflichtete Vorauszahlungen auf einen monatlich fällig werdenden nachehelichen Unterhalt nur für einen Zeitraum von sechs Monaten vornehmen.

j) Versagung des Unterhalts

209 Ein Unterhaltsanspruch ist nach § 1579 zu versagen, herabzusetzen oder zeitlich zu begrenzen, soweit die Inanspruchnahme des Verpflichteten auch unter Wahrung der Belange eines dem Berechtigten zur Pflege oder Erziehung anvertrauten gemeinschaftlichen Kindes **grob unbillig** wäre, weil:

1. die Ehe von kurzer Dauer war; dabei ist die Zeit zu berücksichtigen, in welcher der Berechtigte wegen der Pflege oder Erziehung eines gemeinschaftlichen Kindes nach § 1570 Unterhalt verlangen kann,

---

236 *BGH* Urt. v. 29.4.1992 (Az. XII ZR 105/91) = FamRZ 1992, 920.
237 *BGH* Urt. v. 16.6.1993 (Az. XII ZR 6/92) = BGHZ 123, 49.

2. der Berechtigte in einer verfestigten Lebensgemeinschaft lebt,

3. der Berechtigte sich eines Verbrechens oder eines schweren vorsätzlichen Vergehens gegen den Verpflichteten oder einen nahen Angehörigen des Verpflichteten schuldig gemacht hat,

4. der Berechtigte seine Bedürftigkeit mutwillig herbeigeführt hat,

5. der Berechtigte sich über schwerwiegende Vermögensinteressen des Verpflichteten mutwillig hinweggesetzt hat,

6. der Berechtigte vor der Trennung längere Zeit hindurch seine Pflicht, zum Familienunterhalt beizutragen, gröblich verletzt hat,

7. dem Berechtigten ein offensichtlich schwerwiegendes, eindeutig bei ihm liegendes Fehlverhalten gegen den Verpflichteten zur Last fällt oder

8. ein anderer Grund vorliegt, der ebenso schwer wiegt wie die in den Nummern 1 bis 7 aufgeführten Gründe.

> **Hinweis**
>
> Die Vorschrift des § 1579 verdrängt § 242. In der Praxis ist die in § 1579 Nr. 2 geregelte verfestigte Lebensgemeinschaft der häufigste Verwirkungstatbestand.

Ein Unterhaltsanspruch besteht auch dann nicht, wenn die Ehegatten nach § 1585c S. 1 einen **Unterhaltsverzicht** vereinbart haben. Nach § 1585c S. 2 bedarf eine Vereinbarung, die vor Rechtskraft der Scheidung getroffen wird, der notariellen Beurkundung.

2. Versorgungsausgleich

210 Anrechte der Ehegatten, die sie während der Ehe aus der gesetzlichen Rentenversicherung, aus anderen Regelsicherungssystemen wie der Beamtenversorgung oder der berufsständischen Versorgung, aus der betrieblichen Altersversorgung oder aus der privaten Alters- und Invaliditätsvorsorge erworben haben, werden gemäß § 1587 nach Maßgabe des Versorgungsausgleichsgesetzes zwischen Ihnen ausgeglichen. Nach § 1408 Abs. 2 i.V.m. § 6 ff. VersAusglG können die Ehegatten eine abweichende Vereinbarung treffen.

3. Sorgerecht für gemeinsame Kinder

>> Siehe zum Sorgerecht auch ausführlich unter Rn. 254. «

211 Nach § 1626 Abs. 1 S. 1 haben die Ehegatten als Eltern die Pflicht und das Recht, für das minderjährige Kind zu sorgen (elterliche Sorge). Die elterliche Sorge umfasst nach § 1626 Abs. 1 S. 2 die Sorge für die Person des Kindes (**Personensorge**) und für das Vermögen des Kindes (**Vermögenssorge**). Die elterliche Sorge steht den Ehegatten nach Art. 6 Abs. 2 GG gemeinsam zu. Beantragen die Ehegatten bei der Scheidung keine Sorgerechtsregelung in Bezug auf die gemeinsamen Kinder, bleibt das gemeinsame Sorgerecht bestehen.

212 Bei einem Getrenntleben der Ehegatten kann jeder Elternteil gemäß § 1671 Abs. 1 beantragen, dass ihm das **Familiengericht** die elterliche Sorge oder einen Teil der elterlichen Sorge **allein überträgt**. Dem Antrag ist gemäß § 1671 Abs. 2 Nr. 1 stattzugeben, soweit

Scheidungsfolgen

der andere Elternteil zugestimmt hat und kein Widerspruch eines Kindes vorliegt, das das 14. Lebensjahr vollendet hat. Fehlt es an einer Zustimmung des anderen Elternteils hat das Familiengericht gemäß § 1671 Abs. 2 Nr. 2 zu prüfen, ob die Aufhebung der gemeinsamen Sorge und die Übertragung des alleinigen Sorgerechts auf den Antragsteller dem Wohl des Kindes am besten entsprechen. Da nach Art. 6 Abs. 2 GG das Sorgerecht für ein gemeinsames Kind beiden Elternteilen zusteht, müssen sich die Gerichte bei der Übertragung der elterlichen Sorge oder eines Teils nach Maßgabe des Verhältnismäßigkeitsgrundsatzes mit Teilentscheidungen – als milderes Mittel – zu begnügen, wo immer dies dem Kindeswohl Genüge tut.[238] Vor der Entscheidung über eine Sorgerechtsübertragung ist das Kind nach § 159 FamFG persönlich zu hören. Ist das Kind über 14 Jahre als, kann es einer beantragten Sorgerechtsregelung widersprechen, § 1671 Abs. 2 Nr. 1. Nach §§ 160, 162 FamFG sind auch die Eltern und das Jugendamt anzuhören. Können sich die Eltern in einer einzelnen Angelegenheit oder in einer bestimmten Art von Angelegenheiten der elterlichen Sorge, deren Regelung für das Kind von erheblicher Bedeutung ist, nicht einigen, so kann das Familiengericht gemäß § 1628 S. 1 auf Antrag eines Elternteils die Entscheidung einem Elternteil übertragen. In einem solchen Fall ergeht keine Sorgerechtsübertragung auf einen Elternteil.

Beispiel Die Eltern können sich nicht darüber einigen, welche Schule das Kind besuchen soll. ■

Leben Eltern denen die **elterliche Sorge gemeinsam zusteht, nicht nur vorübergehend getrennt**, so ist bei Entscheidungen in Angelegenheiten, deren Regelung **für das Kind von erheblicher Bedeutung** ist, ihr gegenseitiges Einvernehmen nach § 1687 Abs. 1 S. 1 erforderlich. Der Elternteil, bei dem sich das Kind mit Einwilligung des anderen Elternteils oder auf Grund einer gerichtlichen Entscheidung gewöhnlich aufhält, hat nach § 1687 Abs. 1 S. 2 die Befugnis zur alleinigen Entscheidung in Angelegenheiten des täglichen Lebens. Das sind nach § 1687 Abs. 1 S. 3 in der Regel solche, die häufig vorkommen und die keine schwer abzuändernden Auswirkungen auf die Entwicklung des Kindes haben. Weiter hat dieser Elternteil nach § 1687 Abs. 1 S. 3 die Befugnis zur alleinigen Entscheidung in Angelegenheiten der tatsächlichen Betreuung (Ernährung, Kleidung etc.). Die elterliche Sorge umfasst auch das Vertretungsrecht für das Kind in den Angelegenheiten des täglichen Lebens, § 1629 Abs. 1 S. 1. Bei Grundsatzentscheidungen, d.h. in Angelegenheiten deren Regelung für das Kind von erheblicher Bedeutung ist, ist nach § 1687 Abs. 1 S. 1 das gegenseitige Einvernehmen der Eltern erforderlich. Bei Notmaßnahmen und bei Gefahr im Verzug steht dem sorgeberechtigtem Elternteil gemäß § 1629 Abs. 1 S. 4 ein alleiniges Vertretungsrecht zu. Solange sich das Kind mit Einwilligung des sorgeberechtigten Elternteils oder aufgrund einer gerichtlichen Entscheidung bei dem anderen Elternteil aufhält, hat dieser die alleinige Befugnis zur alleinigen Entscheidung in Angelegenheiten der tatsächlichen Betreuung, § 1687 Abs. 1 S. 4.

4. Umgangsrecht

Nach § 1684 Abs. 1 hat das Kind das Recht auf Umgang mit jedem Elternteil, unabhängig davon, welches Elternteil das Sorgerecht hat. Umgekehrt ist auch jeder Elternteil zum Umgang mit dem Kind verpflichtet und berechtigt. Die Eltern haben gemäß § 1684 Abs. 2

---

[238] *BVerfG* Beschl. v. 1.3.2004 (Az. 1 BvR 738/01) = FamRZ 2004, 1015.

S. 1 alles zu unterlassen, was das Verhältnis des Kindes zum jeweils anderen Elternteil beeinträchtigt oder die Erziehung erschwert. Das Familiengericht kann über den Umfang des Umgangsrechts entscheiden und dessen Ausübung auch gegenüber Dritten näher regeln, § 1684 Abs. 3 S. 1.

> **Hinweis**
>
> Die angemessenen Kosten des Umgangs eines barunterhaltspflichtigen Elternteils mit seinem Kind können dann zu einer maßvollen Erhöhung des Selbstbehalts oder einer entsprechenden Minderung des unterhaltsrelevanten Einkommens führen, wenn dem Unterhaltspflichtigen das anteilige Kindergeld gem. § 1612b Abs. 5 ganz oder teilweise nicht zu Gute kommt und er die Kosten nicht aus den Mitteln bestreiten kann, die ihm über den notwendigen Selbstbehalt hinaus verbleiben.[239]

5. Kindesunterhalt

215 Nach § 1602 Abs. 2 kann ein **minderjähriges unverheiratetes Kind** von seinen Eltern, auch wenn es Vermögen hat, die Gewährung von Unterhalt insoweit verlangen, als die Einkünfte seines Vermögens und der Ertrag seiner Arbeit zum Unterhalt nicht ausreichen. Der Unterhalt ist gemäß § 1612 Abs. 1 S. 1 durch Entrichtung einer Geldrente zu gewähren, die nach § 1612 Abs. 3 S. 1 monatlich im Voraus zu gewähren ist (**Barunterhalt**). Nach § 1606 Abs. 3 S. 1 haften Mutter und Vater gleichrangig für den Unterhalt. Der Elternteil, der ein minderjähriges unverheiratetes Kind betreut, erfüllt seine Verpflichtung, zum Unterhalt des Kindes beizutragen, in der Regel durch die Pflege und die Erziehung des Kindes (**Betreuungsunterhalt**), § 1606 Abs. 3 S. 2. Für den anderen Ehegatten bedeutet dies, dass er barunterhaltspflichtig ist und für die Zahlung des Unterhalts auch erwerbstätig sein muss.

216 Sind die Eltern des Kindes noch miteinander verheiratet, so kann ein Elternteil, solange die Eltern getrennt leben oder eine Ehesache zwischen ihnen anhängig ist, Unterhaltsansprüche des Kindes gegen den anderen Elternteil gemäß § 1629 Abs. 3 S. 1 im eigenen Namen geltend machen (**gesetzliche Prozessstandschaft**). Die Prozessstandschaft dauert über die Scheidung der Ehe hinaus bis zum Abschluss des Unterhaltsprozesses, wenn die elterliche Sorge für das Kind ihm übertragen worden ist.[240] Hat ein Ehegatte im Verbundverfahren den Unterhaltsanspruch eines minderjährigen ehelichen Kind geltend gemacht, dann tritt das Kind selbst als Partei in das Verfahren (**Parteiwechsel**) ein, wenn es volljährig geworden ist und infolgedessen sein Elternteil die Befugnis verloren hat, im eigenen Namen Unterhaltsansprüche des Kindes gegen den anderen Elternteil geltend zu machen.[241]

217 Hat ein Elternteil die Unterhaltsverpflichtung gegenüber dem Kind allein erfüllt, so hat er nach der Rechtsprechung des BGH[242] einen auf § 242 gestützten **familienrechtlichen Ausgleichsanspruch** gegenüber dem anderen Elternteil. Dieser Ausgleichsanspruch beruht auf der Unterhaltspflicht beider Eltern gegenüber ihrem Kind und ergibt sich aus der Notwen-

---

[239] *BGH* Urt. v. 23.2.2005 (Az. XII ZR 56/02) = FamRZ 2005, 706; *BGH* Urt. v. 29.1.2003 (Az. XII ZR 289/01) = FamRZ 2003, 445 ff.; Aufgabe von *BGH* Urt. v. 19.6.2002 (Az. XII ZR 173/00) = BGHZ 151, 155.
[240] *BGH* Urt. v. 15.11.1989 (Az. IVb ZR 3/89) = FamRZ 1990, 283.
[241] *BGH* Urt. v. 30.1.1985 (Az. IVb ZR 70/83) = FamRZ 1985, 478.
[242] *BGH* Urt. v. 26.4.1989 (Az. IVb ZR 42/88) = FamRZ 1989, 850; *BGH* Urt. v. 25.5.1994 (Az. XII ZR 78/93) = NJW 1994, 2234.

digkeit, die Unterhaltslast entsprechend ihrem Leistungsvermögen gerecht zu verteilen.[243] Der BGH hat den Anspruch an die Voraussetzung geknüpft, dass der Elternteil, der den Unterhalt geleistet hat, mit seiner Leistung eine – im Innenverhältnis der Ehegatten zueinander – dem anderen Elternteil obliegende Verpflichtung gegenüber dem Kind erfüllt hat. Für die **Vergangenheit** kann der familienrechtliche Ausgleichsanspruch nur unter den Voraussetzungen des § 1613 geltend gemacht werden.

Im Scheidungsbeschluss kann auch der Kindesunterhalt für gemeinsame Kinder der Ehegatten geregelt werden, §§ 111 Nr. 8, 137 Abs. 2 Nr. 2 FamFG.

6. Namensrecht

Der geschiedene Ehegatte behält nach § 1355 Abs. 5 S. 1 den **Ehenamen**. Er kann gemäß § 1355 Abs. 5 S. 2 durch Erklärung gegenüber dem Standesamt seinen Geburtsnamen oder den Namen wieder annehmen, den er bis zur Bestimmung des Ehenamens geführt hat, oder dem Ehenamen seinen Geburtsnamen oder den zur Zeit der Bestimmung des Ehenamens geführten Namen voranstellen oder anfügen. Der Ehegatte kann den Ehenamen auch zum Ehenamen in einer neuen Ehe bestimmen.[244]

218

F. Rechtsfragen außerhalb der Ehe

I. Die Lebenspartnerschaft

Das Lebenspartnerschaftsgesetz **(LPartG)** ist zur Beendigung der Diskriminierung von gleichgeschlechtlichen Lebenspaaren am 1.8.2001 in Kraft getreten.

219

1. Eingehung der Lebenspartnerschaft

Nach § 1 Abs. 1 S. 1 LPartG können zwei Personen **gleichen Geschlechts** eine Lebenspartnerschaft begründen. Dafür müssen sie gegenüber dem Standesbeamten persönlich und bei gleichzeitiger Anwesenheit erklären, miteinander eine Partnerschaft auf Lebenszeit führen zu wollen. Die Eingehung der Lebenspartnerschaft ist unzulässig, wenn die in § 1 Abs. 3 LPartG geregelten Partnerschaftsverbote vorliegen.

220

2. Rechtswirkungen der Lebenspartnerschaft

Die Lebenspartnerschaft ist wie die Ehe eine „**Einstehens- und Verantwortungsgemeinschaft**" und ähnelt daher den Rechtswirkungen einer Ehe.

221

---

243 *BGH* Urt. v. 26.4.1989 (Az. IVb ZR 42/88) = FamRZ 1989, 850.
244 *BVerfG* Urt. v. 18.2.2004 (Az. 1 BvR 193/97) = NJW 2004, 1155.

So entsprechen:

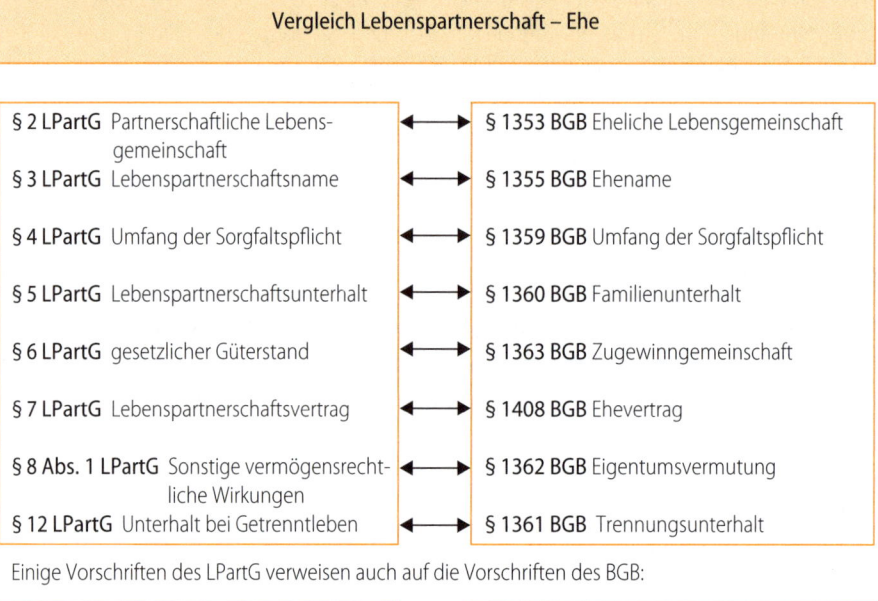

Einige Vorschriften des LPartG verweisen auch auf die Vorschriften des BGB:

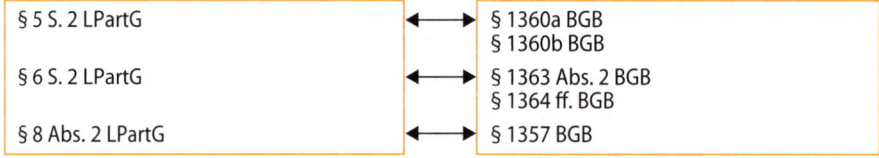

Besitzt ein Lebenspartner das alleinige Sorgerecht über ein Kind, kann sein Lebenspartner nach § 9 LPartG mitentscheiden.

3. Beendigung der Lebenspartnerschaft

222 Die Lebenspartnerschaft wird auf Antrag eines oder beider Lebenspartner durch richterliche Entscheidung nach § 15 Abs. 1 S. 1 LPartG aufgehoben, wenn die in § 15 Abs. 2–Abs. 4 LPartG genannten Voraussetzungen vorliegen. Die Rechtwirkungen der Aufhebung der Lebenspartnerschaft richten sich nach §§ 16–17 LPartG. Die Vorschrift des § 16 LPartG verweist hinsichtlich des Unterhalts auf §§ 1570–1589b und § 1609. Hinsichtlich der Verteilung des Hausrats verweist § 17 LPartG auf § 1568a und § 1568b. Nach § 20 LPartG wird bei der Aufhebung der Partnerschaft ein Versorgungsausgleich durchgeführt, der dem ehelichen Versorgungsausgleich vergleichbar ist.

II. Nichteheliche Lebensgemeinschaft

223 Die nichteheliche Lebensgemeinschaft ist im Familienrecht als Rechtsinstitut nicht geregelt. Eine analoge Anwendung der Vorschriften über das Eherecht wird von dem BGH[245] abgelehnt. Nach der Ansicht des BGH ist dies mangels einer planwidrigen Regelungslücke nicht gerechtfertigt und auch von Verfassung wegen nicht geboten. Im Außenverhältnis entfaltet

---

245 *BGH* Urt. v. 14.12.2006 (Az. IX ZR 92/05) = FamRZ 2007, 457.

die nichteheliche Lebensgemeinschaft – mit Ausnahme des in § 563 Abs. 2 S. 4 geregelten **Eintrittsrecht** in den Mietvertrag – keine Rechtswirkungen.

In der Praxis stellt sich bei der Beendigung einer nichtehelichen Lebensbeziehung vorrangig die Frage, ob die während der Beziehung geleistete Dienste oder Zuwendungen von dem anderen Partner zurückgefordert werden können. **224**

Nach früheren Entscheidungen des BGH[246] wurden gemeinschaftsbezogene Zuwendungen der Partner grundsätzlich nicht ausgeglichen. Zur Begründung wurde ausgeführt, dass bei einer nichtehelichen Lebensgemeinschaft die persönlichen Beziehungen derart im Vordergrund stünden, dass sie auch das die Gemeinschaft betreffende vermögensbezogene Handeln der Partner bestimmten und daher zwischen ihnen – nicht nur in persönlicher, sondern auch in wirtschaftlicher Hinsicht – grundsätzlich keine Rechtsgemeinschaft bestehe. Sofern die Partner nicht etwas Besonderes unter sich geregelt hätten, wurden dementsprechend persönliche und wirtschaftliche Leistungen nicht gegeneinander aufgerechnet. **225**

In seiner jüngeren Rechtsprechung vertritt der BGH[247] zwar noch die Auffassung, dass ein Ausgleich für solche Leistungen ausscheidet, die der Erfüllung der laufenden Unterhaltsbedürfnisse oder der Entrichtung der Miete für die gemeinsam genutzte Wohnung dienen und das Zusammenleben in der gewollten Art erst ermöglicht hätten. Solche Leistungen würden in dem Bewusstsein erbracht, dass jeder Partner nach seinen Möglichkeiten zur Gemeinschaft beizutragen habe. Diese Leistungen hätten einen Unterhaltszweck erfüllt und könnten nach der Beendigung der nichtehelichen Lebensgemeinschaft nicht rückwirkend als zwecklos erachtet und damit ausgeglichen werden. Wegen derjenigen Leistungen, die diesen Rahmen indes überschreiten und die bei einem oder beiden Partnern zur Bildung von dauerhaften Vermögenswerten geführt haben, die nach der Beendigung der nichtehelichen Lebensgemeinschaft noch vorhanden sind, wird je nach Fallgestaltung über gesellschaftsrechtliche Ansprüche hinaus nunmehr ein rechtlich schutzwürdiges Ausgleichsbedürfnis gesehen. Mit Rücksicht darauf hält der BGH Ansprüche nach den Grundsätzen über den Wegfall der Geschäftsgrundlage § 313 bzw. Ansprüche aus ungerechtfertigter Bereicherung wegen Zweckverfehlung aus § 812 Abs. 1 S. 2 Alt. 2 grundsätzlich für möglich. **226**

G. Abstammung

Abstammung im Rechtssinne bedeutet die durch die Geburt eines Kindes vermittelte statusrechtliche Zuordnung seiner Herkunft von einer bestimmten Frau als **Mutter** und von einem bestimmten Mann als **Vater**. **227**

---

246 *BGH* Urt. v. 4.11.1991 (Az. II ZR 26/91) = FamRZ 1992, 408; *BGH* Urt. v. 1.2.1993 (Az. II ZR 106/92) = FamRZ 1993, 939, 940; *BGH* Urt. v. 8.7.1996 (Az. II ZR 193/95) = NJW-RR 1996, 1473; *BGH* Urt. v. 25.9.1997 (Az. II ZR 269/96) = FamRZ 1997, 1533; *BGH* Urt. v. 6.10.2003 (Az. II ZR 63/02) = FamRZ 2004, 94.
247 *BGH* Urt. v. 9.7.2008 (Az. XII ZR 179/05) = BGHZ 177, 193; *BGH* Urt. v. 18.2.2009 (Az. XII ZR 163/07) = FamRZ 2009, 849.

I. Mutterschaft

228 Mutter eines Kindes ist gemäß § 1591 die Frau, die das Kind geboren hat. Geburt in diesem Sinne ist nicht nur der natürliche Geburtsvorgang, sondern auch die Schnittentbindung (Kaiserschnitt). Die Vorschrift ist erst mit der am 1.7.1998 in Kraft getretenen **Kindschaftsrechtsreform** kodifiziert worden. Bis dahin kannte das Gesetz keine Vorschrift, die die mütterliche Abstammung regelte. Mit dem Aufkommen moderner Befruchtungstechniken war dies fraglich geworden. Mit der gesetzlichen Festlegung auf die gebärende Frau scheidet jede weitere Frau, die in irgendeiner Form an der Entstehung des Kindes beteiligt ist, als Mutter im Rechtssinne aus.

> **Hinweis**
>
> Ist der später gebärenden Frau die befruchtete Eizelle einer anderen Frau eingepflanzt worden (Embryonenspende), ist nur die Gebärende die Mutter (Leihmutterschaft). Dasselbe ist dann der Fall, wenn eine von der später Gebärenden stammende Eizelle vorübergehend von einer anderen Frau ausgetragen und ersterer dann wieder eingepflanzt worden war (Embryonentransfer). Genauso ist diejenige die Mutter, die aufgrund einer Vereinbarung mit kinderlosen Ehegatten nach natürlicher oder künstlicher Befruchtung mit dem Samen des Ehemannes das Kind austrägt und es zur Welt bringt (Ersatzmutterschaft im engeren Sinne).

229 Mit der Einführung des § 1598a besteht seit dem 1.4.2008 allerdings ein Anspruch der Mutter, des Vaters und des Kindes die **genetische Abstammung** des Kindes klären zu lassen. Das gilt auch für Kinder, die durch einen Samenspender gezeugt worden sind.

II. Vaterschaft

230 Vater eines Kindes ist der Mann, der gemäß § 1592 Nr. 1 im Zeitpunkt der Geburt mit der Mutter des Kindes verheiratet ist. Die Vorschrift normiert eine **gesetzliche Vermutung** der Vaterschaft des Ehemannes, die immer dann eingreift, wenn im Zeitpunkt der Geburt des Kindes eine wirksame Ehe mit der Mutter bestanden hat. Ein Getrenntleben der Eheleute steht der Vaterschaft nicht entgegen, ebenso wenig Anhängigkeit oder Rechtshängigkeit eines Scheidungs- oder eines Eheaufhebungsverfahrens. Eine Vaterschaft nach § 1592 Nr. 1 scheidet allerdings aus, wenn das Kind nach Rechtskraft der Scheidung oder der Eheaufhebung geboren wird.

231 Die Vorschrift des § 1592 Nr. 1 gilt nach § 1593 S. 1 entsprechend, wenn die Ehe durch Tod aufgelöst wurde und innerhalb von 300 Tagen nach der Auflösung ein Kind geboren wird. Steht fest, dass das Kind mehr als 300 Tage vor seiner Geburt empfangen wurde, so ist dieser Zeitraum maßgebend, § 1593 S. 2. Wird von einer Frau, die eine weitere Ehe geschlossen hat, ein Kind geboren, das sowohl nach § 1593 S. 2 Kind des früheren Ehemanns als auch nach § 1592 Nr. 1 Kind des neuen Ehemanns ist, so ist es nur als Kind des neuen Ehemanns anzusehen, § 1593 S. 3. Wird die **Vaterschaft angefochten** und wird rechtskräftig festgestellt, dass der neue Ehemann nicht Vater des Kindes ist, so ist es gemäß § 1593 S. 4 das Kind des früheren Ehemanns.

232 Vater eines Kindes ist auch der Mann, der nach §§ 1592 Nr. 2, 1594 ff. die **Vaterschaft anerkannt** hat. Nach § 1594 Abs. 4 ist die Anerkennung der Vaterschaft schon vor der Geburt des Kindes zulässig. Die Anerkennung der Vaterschaft muss nach § 1597 Abs. 1 öffentlich beurkundet werden und darf nach § 1594 Abs. 3 nicht unter einer Bedingung oder einer Zeitbestimmung erklärt werden. Nach § 1595 Abs. 1 bedarf die Anerkennung der Vaterschaft zudem der Zustimmung der Mutter, die nach § 1597 Abs. 1 ebenfalls öffentlich beurkundet werden muss. Bei Verweigerung ihrer Zustimmung ist eine Ersetzung nicht möglich. Dem Mann bleibt ebenso wie dem Kind dann nur der Weg einer Vaterschaftsfeststellungsklage nach § 1600d. Die Anerkennung der Vaterschaft bedarf zudem der Zustimmung des Kindes, wenn der Mutter die elterliche Sorge nicht zusteht, § 1595 Abs. 2. Der Mann kann nach § 1597 Abs. 3 S. 1 die Anerkennung widerrufen, wenn sie ein Jahr nach der Beurkundung noch nicht wirksam geworden ist. Der Widerruf erfolgt nach § 1597 Abs. 3 S. 2 in der gleichen Form wie die Anerkennung der Vaterschaft.

233 Vater eines Kindes ist auch der Mann, dessen Vaterschaft gemäß § 1592 Nr. 3 nach § 1600d Abs. 1, § 182 Abs. 1 S. 1 FamFG **gerichtlich festgestellt** worden ist. Eine gerichtliche Feststellung der Vaterschaft ist nach § 1600d Abs. 1 immer dann erforderlich, wenn eine Vaterschaft des Kindes i.S.v. § 1592 Nr. 1, Nr. 2 nicht besteht. Zuständig für die Feststellung der Vaterschaft ist nach § 170 Abs. 1 FamFG das **Familiengericht**, in dessen Bezirk das Kind seinen gewöhnlichen Aufenthalt hat. In dem Verfahren auf Feststellung der Vaterschaft wird nach § 1600d Abs. 2 S. 1 als Vater vermutet, wer der Mutter während der Empfängniszeit beigewohnt hat. Diese Vermutung gilt nach § 1600d Abs. 2 S. 2 nicht, wenn schwerwiegende Zweifel an der Vaterschaft bestehen. Als Empfängniszeit gilt die Zeit von dem 300. Tag bis zu dem 181. Tag vor der Geburt des Kindes, § 1600d Abs. 3 S. 1. Steht fest, dass das Kind außerhalb dieses Empfängniszeitraumes empfangen worden ist, gilt dieser abweichende Zeitraum als Empfängniszeit, § 1600d Abs. 3 S. 2.

III. Anfechtung der Vaterschaft

234 Die Vorschriften der §§ 1592 Nr. 1, Nr. 2, 1593 gelten gemäß § 1599 Abs. 1 nicht, wenn auf Grund einer **Anfechtung rechtskräftig festgestellt** ist, dass der Mann nicht der Vater des Kindes ist. In dem Anfechtungsprozess muss die gesetzliche Vermutung der Vaterschaft widerlegt werden. Die Vorschriften über die Anfechtung der Vaterschaft gehen den allgemeinen Bestimmungen über die Anfechtbarkeit von Rechtsgeschäften vor.

1. Anfechtungsberechtigung

235 Nach § 1600 Abs. 1 Nr. 1 sind berechtigt, die Vaterschaft **anzufechten**, der Mann, dessen Vaterschaft nach § 1592 Nr. 1 und Nr. 2, § 1593 vermutet wird, nach § 1600 Abs. 1 Nr. 2 der Mann, der an Eides Statt versichert, der Mutter des Kindes während der Empfängniszeit beigewohnt zu haben, nach § 1600 Abs. 1 Nr. 3 die Mutter, nach § 1600 Abs. 1 Nr. 4 das Kind und nach § 1600 Abs. 1 Nr. 5 die anfechtungsberechtigte Behörde in den Fällen des § 1592 Nr. 2. Für die Anfechtung des biologischen Vaters nach § 1600 Abs. 1 Nr. 2 ist nach § 1600 Abs. 2 zudem erforderlich, dass zwischen dem Kind und seinem Vater im Sinne von § 1600 Abs. 1 Nr. 1 keine sozial-familiäre Beziehung besteht oder im Zeitpunkt seines Todes bestanden hat. Eine sozial-familiäre Beziehung besteht nach § 1600 Abs. 3 S. 1, wenn der Vater im Sinne von § 1600 Abs. 1 Nr. 1 für das Kind eine tatsächliche Verantwortung trägt oder im Zeitpunkt seines Todes getragen hat. Davon ist gemäß § 1600 Abs. 3 S. 2 auszugehen, wenn der Vater mit der Mutter des Kindes verheiratet ist oder mit dem Kind längere Zeit in häuslicher Gemeinschaft zusammengelebt hat.

236 Eine Anfechtung der Vaterschaft scheidet nach § 1600 Abs. 5 aus, wenn das Kind mit Einwilligung des Mannes und der Mutter durch **künstliche Befruchtung** mittels Samenspende eines Dritten gezeugt worden. Das auf diese Weise gezeugte Kind wird dadurch davor geschützt, dass es Unterhalts-, Erbansprüche oder sonstige persönliche Beziehungen zu seinem Vater durch eine Anfechtung verliert.[248]

> **Hinweis**
>
> Das Anfechtungsrecht des biologischen Vaters ist aufgrund einer Entscheidung des BVerfG[249] eingeführt worden. In dem früheren (fast) ausnahmslosen Ausschluss des leiblichen Vaters eines Kindes von dem Anfechtungsrecht auf Vaterschaftsanerkennung durch § 1600 BGB a.F. wurde ein Verstoß gegen Art. 6 GG gesehen.

2. Anfechtungsfrist

237 Die Vaterschaft kann gemäß § 1600b Abs. 1 S. 1 binnen **zwei Jahren** gerichtlich angefochten werden. Die Frist beginnt nach § 1600b Abs. 1 S. 2 mit dem Zeitpunkt, in dem der Berechtigte von den Umständen erfährt, die gegen die Vaterschaft sprechen. Die Frist beginnt gemäß § 1600b Abs. 2 S. 1 nicht vor der Geburt des Kindes und nicht, bevor die Anerkennung der Vaterschaft wirksam geworden ist. In den Fällen des § 1593 S. 4 beginnt die Frist nicht vor der Rechtskraft der Entscheidung, durch die festgestellt wird, dass der neue Ehemann der Mutter nicht der Vater des Kindes ist, § 1600b Abs. 2 S. 2. Hat der gesetzliche Vertreter eines minderjährigen Kindes die Vaterschaft nicht rechtzeitig angefochten, so kann das Kind gemäß § 1600b Abs. 3 S. 1 nach dem Eintritt der Volljährigkeit selbst die Vaterschaft anfechten. In diesem Fall beginnt die Frist nicht vor Eintritt der Volljährigkeit und nicht vor dem Zeitpunkt, in dem das Kind von den Umständen erfährt, die gegen die Vaterschaft sprechen. Erlangt das Kind Kenntnis von Umständen, auf Grund derer die Folgen der Vaterschaft für das Kind unzumutbar werden, so beginnt für das Kind gemäß § 1600b Abs. 6 mit diesem Zeitpunkt die Frist des § 1600b Abs. 1 S. 1 erneut. Die Anfechtungsfrist wird nach § 1600b Abs. 5 S. 1 durch die Einlegung eines gerichtlichen Abstammungsverfahrens nach § 1598a Abs. 2 gehemmt.

> **Hinweis**
>
> Nach § 1598a Abs. 1 S. 1 kann der Vater jeweils von Mutter und Kind, die Mutter jeweils von Vater und Kind und das Kind jeweils von beiden Elternteilen zur Klärung der leiblichen Abstammung des Kindes verlangen, dass diese in eine **genetische Abstammungsuntersuchung** einwilligen und die Entnahme einer für die Untersuchung geeigneten genetischen Probe dulden. Eine nicht erteilte Einwilligung nach § 1598a Abs. 2 hat das Familiengericht auf Antrag eines Klärungsberechtigten zu ersetzen und die Duldung einer Probeentnahme anzuordnen. Das Gericht kann das Verfahren nach § 1598a aussetzen, wenn und solange die Klärung der leiblichen Abstammung eine erhebliche Beeinträchtigung des Wohls des minderjährigen Kindes begründen würde, die auch unter Berücksichtigung der Belange des Klärungsberechtigten für das Kind unzumutbar wäre. Die Vorschrift ist eingeführt worden, nachdem heimliche DNA-Tests von dem BVerfG[250] wegen eines Verstoßes gegen das Persönlichkeitsrecht des Kindes i.S.v. Art. 2 Abs. 1 GG als verfassungswidrig beanstandet wurden.

---

248 *BT-Drs.* 14/2096.
249 *BVerfG* Beschl. v. 9.4.2003 (AZ: 1 BvR 1493/96 und AZ: 1 BvR 1724/01) = FamRZ 2003, 816.
250 *BVerfG* Urt. v. 13.2.2007 (Az. 1 BvR 421/05) = NJW 2007, 753.

IV. Ansprüche des Scheinvaters

Ein Rückgriffsanspruch des Scheinvaters gegen den leiblichen Vater besteht erst dann, wenn die Vaterschaft dessen, den er für den Erzeuger des Kindes hält, mit Wirkung für und gegen alle nach § 1600d Abs. 4 feststeht. Eine zur Realisierung dieses Rückgriffanspruchs notwendige Klärung der Vaterschaft des angeblichen Erzeugers kann grundsätzlich nicht als Vorfrage in einem Regressprozess durchgesetzt werden.[251] Die Rechtsausübungssperre des § 1600d Abs. 4, wonach die Rechtswirkungen der Vaterschaft grundsätzlich erst vom Zeitpunkt ihrer Feststellung an geltend gemacht werden können, kann im Regressprozess des Scheinvaters gegen den mutmaßlichen Erzeuger des Kindes in besonders gelagerten Einzelfällen auch auf die Weise durchbrochen werden, dass die Vaterschaft inzident festgestellt wird.[252] Die Inzidentfeststellung der Vaterschaft im Regressprozess zwischen dem Scheinvater und dem von ihm vermuteten biologischen Vater ist ausnahmsweise zulässig, wenn davon auszugehen ist, dass ein Vaterschaftsfeststellungsverfahren auf längere Zeit nicht stattfinden wird, weil die zur Erhebung einer solchen Klage Befugten dies ausdrücklich ablehnen oder von einer solchen Möglichkeit seit längerer Zeit keinen Gebrauch gemacht haben.[253] Mit Eintritt der Rechtskraft des die Vaterschaftsanfechtung stattgebenden Urteils nach §§ 182 Abs. 1, 184 FamFG fällt die Verpflichtung des Scheinvaters zur Zahlung des Kindesunterhaltes **rückwirkend** weg.

Gegen vorhandene Vollstreckungstitel kann sich der Scheinvater mit einer Vollstreckungsgegenklage § 767 ZPO wehren. Hinsichtlich des geleisteten Kindesunterhalts hat der Scheinvater gegen den biologischen Vater einen Regressanspruch nach § 1607 Abs. 3 S. 1 (cessio legis). Der Regressanspruch ist allerdings der Höhe nach auf den Unterhalt beschränkt, den der leibliche Vater gesetzlich verpflichtet war, an das Kind zu leisten.[254]

Aus Treu und Glauben ergibt sich grundsätzlich ein Auskunftsanspruch gegen die Mutter auf Nennung des biologischen Vaters, wenn die zwischen den Parteien bestehenden Rechtsbeziehungen es mit sich bringen, dass der eine Teil in entschuldbarer Weise über das Bestehen oder den Umfang seines Rechts im Ungewissen ist, und der andere Teil in der Lage ist, unschwer die zur Beseitigung dieser Ungewissheit erforderlichen Auskünfte zu erteilen. Solches ist auch dann der Fall, wenn der Mann seine Vaterschaft mit Zustimmung der Mutter anerkannt hatte.[255] Die Verpflichtung zur Auskunft über die Person des mutmaßlichen Vaters ihres Kindes berührt zwar das Persönlichkeitsrecht der Mutter nach Art. 2 Abs. 1 i.V.m. Art. 1 Abs. 1 GG. In Fällen, in denen die Mutter den Mann zur Abgabe eines Vaterschaftsanerkenntnisses veranlasst hatte, wiegt ihr allgemeines Persönlichkeitsrecht aber regelmäßig nicht stärker als der Anspruch des Mannes auf effektiven Rechtsschutz aus Art. 20 Abs. 3 i.V.m. Art. 2 Abs. 1 GG zur Durchsetzung seines Unterhaltsregresses nach erfolgreicher Vaterschaftsanfechtung. In späteren Entscheidungen hat der BGH diese Rechtsprechung fortentwickelt und ein Auskunftsanspruch gegenüber der Mutter auch dann dem Scheinvater zuerkannt, wenn ein sonstiges familienrechtliches Verhältnis

---

[251] BGH Urt. v. 17.2.1993 (Az. XII ZR 238/91) = BGHZ 121, 299.
[252] BGH Urt. v. 9.11.2011 (Az. XII ZR 136/09) = BGHZ 191, 259; BGH 16.4.2008 (Az. XII ZR 144/06) = BGHZ 176, 327; BGH 22.10.2008 (Az. XII ZR 46/07) = FamRZ 2009, 32.
[253] BGH Urt. v. 22.10.2008 (Az. XII ZR 46/07) = FamRZ 2009, 32; BGH Urt. v. 6.4.2008 (AZ: XII ZR 144/06) = FamRZ 2008, 1424.
[254] BGH Beschl. v. 20.2.2013 (Az. XII ZB 412/11) = BGHZ 196, 207-220; MüKo-*Born* § 1615b Rn. 11.
[255] BGH Urt. v. 9.11.2011 (Az. XII ZR 136/09) = BGHZ 191, 259; BGH Urt. v. 2.6.2010 (Az. XII ZR 124/08) = BGHZ 186, 13; BGH 7.5.2003 (Az. XII ZR 229/00) = FamRZ 2003, 1836.

unmittelbar zwischen den Beteiligten besteht.[256] Ein sonstiges familienrechtliches Verhältnis im vorgenannten Sinne besteht nach Auffassung des BGH, wenn die Mutter mit dem Scheinvater verheiratet ist und die Vaterschaft erfolgreich angefochten wurde. In diesem Fall sind die Eheleute nicht nur durch die rechtliche Vaterschaft, sondern darüber hinaus durch die Ehe selbst gemäß §§ 1353 ff. in vielfältiger Weise miteinander verbunden. Für das Fortbestehen der Auskunftsverpflichtung im Falle der Scheidung gilt im Ergebnis nichts anderes als im Falle der Anfechtung der anerkannten Vaterschaft.

Der Auskunftsanspruch gegen die Mutter setzt weiterhin die Zumutbarkeit der Auskunftserteilung voraus. In Bezug auf die Nennung des möglichen Erzeugers darf die Pflicht zur Erteilung der Auskunft nicht in den unantastbaren Bereich privater Lebensgestaltung eingreifen und das allgemeine Persönlichkeitsrecht der Mutter nach Art. 2 Abs. 1 i.V.m. Art. 1 Abs. 1 GG verletzen.[256] In diesem Rahmen sind das allgemeine Persönlichkeitsrecht der Mutter und der Anspruch des Scheinvaters auf effektiven Rechtsschutz im Einzelfall gegeneinander abzuwägen, wobei insbesondere der Zweck der Auskunft sowie die auf Seiten der Mutter bestehenden berechtigten persönlichen Geheimhaltungsinteressen einzubeziehen sind.[257] Da die außereheliche Zeugung des Kindes aufgrund der durchgeführten Vaterschaftsanfechtung bereits feststeht, verbleibt insoweit für ein Geheimhaltungsinteresse der Mutter kein Raum mehr. Der Mutter muss aber die Benennung der konkreten Person des Vaters zumutbar sein. Das allgemeine Persönlichkeitsrecht der Mutter kann das Informationsinteresse des Scheinvaters überwiegen, wenn dieser mit seinem Auskunftsbegehren vorrangig andere Zwecke verfolgt als die Vorbereitung seines Regressanspruchs oder wenn er Interessen des Kindes geltend machen will, wozu er nicht (mehr) befugt ist. Im Rahmen der zu treffenden Grundrechtsabwägung hat jeder Beteiligte die zu seinen Gunsten sprechenden Umstände darzulegen und erforderlichenfalls zu beweisen.

Dass die Auskunft für den Schuldner unschwer zu erteilen ist, bedeutet nicht, dass er die betreffenden Tatsachen aktuell kennen muss, sondern lediglich, dass diesem deren Ermittlung zumutbar sein muss. Der Auskunftsanspruch setzt daher nicht voraus, dass die Umstände, über die Auskunft erteilt werden soll, sich im präsenten Wissen des Auskunftspflichtigen befinden. Der Anspruch ist vielmehr grundsätzlich bereits dann gegeben, wenn es sich um Tatsachen aus der Sphäre des Auskunftspflichtigen handelt, die ihm unter regelmäßigen Umständen bekannt sind oder über die er sich auf zumutbare Weise Kenntnis verschaffen kann.[256] Über welche konkreten Tatsachen sich der Schuldner erkundigen muss, um die geschuldete Auskunft erteilen zu können, richtet sich nach den Umständen des Einzelfalls. Die Bedeutung der Auskunft für den Anspruchsteller sowie die Wahrung des allgemeinen Persönlichkeitsrechts des Auskunftsschuldners sind in die Betrachtung einzubeziehen, sofern nicht bereits eine generelle Unzumutbarkeit der Auskunftserteilung im oben ausgeführten Sinn anzunehmen ist. Erst wenn der Schuldner die ihm zumutbaren Anstrengungen unternommen hat und er keine Kenntnis von den für den Gläubiger wesentlichen Umständen erlangen konnte, kann er sich auf eine den Anspruch ausschließende Unmöglichkeit nach § 275 Abs. 1 berufen.[256]

Weder ein von der Ehefrau begangener Ehebruch noch das bloße Verschweigen der hieraus folgenden möglichen Nichtvaterschaft gegenüber dem Ehemann führt zu einer Schadensersatzpflicht der (geschiedenen) Ehefrau hinsichtlich des von dem Scheinvater geleisteten Unterhalts für das scheineheliche Kind.[258]

---

256 *BGH* Beschl. v. 2.7.2014 (Az. XII ZB 201/13) = juris Rn. 13.
257 *BVerfG* Beschl. v. 3.3.2014 (Az. 1 BvR 472/14) = FamRZ 2014, 1097.
258 *BGH* Beschl. v. 20.2.2013 (Az. XII ZB 412/11) = BGHZ 196, 207.

Der BGH[259] hat zwar entschieden, dass das Verschweigen der möglichen Vaterschaft eines anderen Mannes ein offensichtliches schwerwiegendes Fehlverhalten i.S.d. § 1579 Nr. 7 darstellt, wenn eine unterhaltsberechtigte Ehefrau ihren Ehemann in dem Glauben gelassen hat, dass allein er als Vater des Kindes in Betracht komme. Ein solches Verhalten stellt einen gravierenden Eingriff in die persönliche Lebensgestaltung des Ehemannes dar, dessen Verhältnis und Einstellung zu dem Kind und regelmäßig auch zu der Ehe wesentlich von dem Bestehen seiner - leiblichen - Vaterschaft abhängt. Im Anschluss hieran hat der BGH[260] ausgesprochen, dass ein solches Verschweigen auch zu einem Ausschluss des Versorgungsausgleichs führen kann. Schließlich hat der BGH[261] entschieden, dass das Verschweigen der möglichen Nichtvaterschaft des Ehemannes, die Anfechtung einer schenkweisen Zuwendung wegen arglistiger Täuschung nach § 123 begründen kann. Danach trifft die Ehefrau bei wesentlichen – von der familiären Verbundenheit – der Beteiligten geprägten Zuwendungen eine Pflicht zur ungefragten Offenbarung der Möglichkeit, dass das Kind von einem anderen Mann abstammt. Zwar geht es bei dieser Fragestellung nicht um die Entscheidung des Ehegatten für die Fortsetzung der Ehe, sondern um dessen Willensentschluss, dem anderen Ehegatten bei gescheiterter Ehe einen Vermögenswert zukommen zu lassen. Dient dieser indessen dazu, dass durch den Gebrauch des zugewendeten Gegenstands bzw. durch seine Erträge oder durch die mit ihm verbundene Sicherheit eine Unterhalts- oder Vorsorgefunktion erfüllt werden soll, so ist die Frage der leiblichen Abstammung für den Ehemann im Zweifel von wesentlicher Bedeutung und die Ehefrau, die allein über die nötige Kenntnis verfügt, wegen der Möglichkeit einer anderweitigen Abstammung offenbarungspflichtig.[261]

Diese Rechtsprechung des BGH, die vor allem auf familienrechtliche Sondervorschriften abstellt, betrifft andere Fragestellungen und verdrängt – bezogen auf die Ehestörung in Form eines Ehebruchs – grundsätzlich allgemeine Schadensersatzansprüche des Scheinvaters gegen die Mutter des Kindes in Bezug auf den Kindesunterhalt. Die Entscheidung des BGH[262] zur Begrenzung des Unterhalts der Ehefrau ist nach § 1579 Nr. 7 und damit nach einer familienrechtlichen Sondernorm ergangen. Die sich hieran anschließende Entscheidung zum Versorgungsausgleich betrifft ebenfalls eine familienrechtliche Sondervorschrift zum Ausschluss des Versorgungsausgleichs wegen unbilliger Härte nach § 1587h Nr. 1 BGB (jetzt § 27 VersAusglG).[260] Das Verschweigen einer möglichen Nichtvaterschaft des Ehemanns zum Kind durch die Ehefrau kann nach dem BGH[263] eine Anfechtung einer schenkweisen Zuwendung wegen arglistiger Täuschung begründen, sofern Geschäftsgrundlage der im Zuge der Trennung erfolgten Schenkung die leibliche Abstammung des Kindes von dem Ehemann war und die Zuwendung dazu bestimmt war, unmittelbar oder mittelbar den Unterhaltsbedarf des Kindes zu befriedigen.

Der dort entschiedene Fall unterscheidet sich jedoch maßgeblich von der Fallkonstellation, dass ein Scheinvater Unterhalt für ein in der Ehe geborenes Kind zahlt. Denn die Schenkung an die Ehefrau betrifft eine wesentlich von der familiären Verbundenheit der Beteiligten geprägte Zuwendung an die Ehefrau selbst. Demgegenüber kommt der Kindesunterhalt allein dem Kind zu Gute. Insoweit scheidet nach Auffassung des BGH eine schadensersatzrechtlich sanktionierte Offenbarungspflicht der Mutter aus.[264]

---

259 *BGH* Urt. v. 15.2.2012 (Az. XII ZR 137/09) = FamRZ 2012, 779.
260 *BGH* Beschl. v. 21.3.2012 (Az. XII ZB 147/10) = FamRZ 2012, 845.
261 *BGH* Urt. v. 27.6.2012 (Az. XII ZR 47/09) = FamRZ 2012, 1363.
262 *BGH* Urt. v. 15.2.2012 (XII ZR 137/09) = FamRZ 2012, 779.
263 *BGH* Urt. v. 27.6.2012 (Az. XII ZR 47/09) = NJW 2012, 2728.
264 *BGH* Beschl. v. 20.2.2013 (Az. XII ZB 412/11) = BGHZ 196, 207.

Das nichteheliche Kind hat nach § 1618a gegenüber der Mutter einen Anspruch auf Nennung des Erzeugers.

H. Verwandtenunterhalt

240 Nach § 1601 sind Verwandte in **gerader Linie** (§ 1589 Abs. 1 S. 1) verpflichtet, einander Unterhalt zu gewähren. Sind mehrere Unterhaltsberechtigte vorhanden und ist der Unterhaltspflichtige außerstande, allen Unterhalt zu gewähren, gilt nach § 1609 folgende Rangfolge:

> **Rangverhältnis mehrerer Unterhaltsberechtigter**

1. minderjährige unverheiratete Kinder und Kinder im Sinne des § 1603 Abs. 2 S. 2
2. Elternteile, die wegen der Betreuung eines Kindes unterhaltsberechtigt sind oder im Fall einer Scheidung wären, sowie Ehegatten und geschiedene Ehegatten bei einer Ehe von langer Dauer; bei der Feststellung einer Ehe von langer Dauer sind auch Nachteile im Sinne des § 1578b Abs. 1 S. 2 und 3 zu berücksichtigen,
3. Ehegatten und geschiedene Ehegatten, die nicht unter Nummer 2 fallen,
4. Kinder, die nicht unter Nummer 1 fallen,
5. Enkelkinder und weitere Abkömmlinge,
6. Eltern,
7. weitere Verwandte der aufsteigenden Linie; unter ihnen gehen die Näheren den Entfernteren vor.

I. Bedürftigkeit des Unterhaltsberechtigten

241 Unterhaltsberechtigt ist gemäß § 1602 Abs. 1 nur derjenige, der außerstande ist, sich selbst zu unterhalten. Die Bedürftigkeit des Unterhaltsberechtigten besteht in der Vermögenslosigkeit und in dem Fehlen von Einkünften. Ist eine objektive Erwerbsmöglichkeit gegeben, so ist der Verwandte nicht bedürftig, da ihm insoweit **fiktive Einkünfte** angerechnet werden. Dem Unterhaltsberechtigten obliegt die Darlegungs- und Beweislast dafür, dass er sich erfolglos um eine Erwerbstätigkeit bemüht hat.

242 Volljährige und minderjährige Kinder sind von der Pflicht zu einer Erwerbstätigkeit entbunden, wenn sie sich in Ausbildung befinden.[265] Dabei gilt der Grundsatz, dass die Eltern nur für eine Ausbildung des Kindes Unterhalt zahlen müssen. Die Eltern bleiben allerdings zu einem Weiterbildungsunterhalt verpflichtet, wenn ein enger **sachlicher** und **zeitlicher Zusammenhang** zwischen den einzelnen Ausbildungen besteht. Sie müssen so aufeinander bezogen sein, dass die Weiterbildung eine fachliche Ergänzung, Weiterführung oder Vertiefung der ersten Ausbildung ist bzw. dass die praktische Ausbildung eine sinnvolle Vorbereitung auf das Studium ist.[266] Ein volljähriges Kind, das sich nicht in der Ausbildung befindet, ist wie jeder Erwachsene für sich selbst verantwortlich. Auch Minderjährige trifft für die Zeit, in der sie nicht zur Schule gehen und auch keine Ausbildung absolvieren, eine Pflicht zur Aufnahme einer Erwerbstätigkeit. Kommt das Kind dieser Erwerbsobliegenheit nicht nach, so

---

[265] *BGH* Urt. v. 6.12.1984 (Az. IVb ZR 53/83) = BGHZ 93, 123.
[266] *BGH* Urt. v. 7.6.1989 (Az. IVb ZR 51/88) = BGHZ 107, 376; *BGH* Urt. v. 23.5.2001 (AZ: XII ZR 148/99) = FamRZ 2001, 1601.

muss es sich in erzielbarer Höhe **fiktive Einkünfte** anrechnen lassen, die es zur Deckung seines Bedarfs einzusetzen hat.[267]

Das **Maß** des zu gewährenden Unterhalts bestimmt sich gemäß § 1610 Abs. 1 nach der sozialen Lebensstellung des Bedürftigen (angemessener Unterhalt). Nach § 1613 Abs. 1 S. 1 kann Unterhalt für die Vergangenheit – vorbehaltlich der Ausnahmen in § 1613 Abs. 2 – nur verlangt werden, wenn der Unterhaltsverpflichtete zur Auskunft über seine Einkünfte aufgefordert oder wegen der Unterhaltszahlung in Verzug gesetzt worden ist oder der Unterhaltsanspruch rechtshängig ist. Der Unterhaltsanspruch erlischt gemäß § 1615 Abs. 1 mit dem Tod des Berechtigten oder des Verpflichteten, soweit er nicht auf Erfüllung des Unterhalts oder Schadensersatz wegen Nichterfüllung für die Vergangenheit oder auf solche im Voraus zu bewirkende Leistungen gerichtet ist, die zur Zeit des Todes des Berechtigten oder des Verpflichteten fällig waren. Im Falle des Todes des Berechtigten hat der Verpflichtete gemäß § 1615 Abs. 2 die Kosten der Beerdigung zu tragen, soweit ihre Bezahlung nicht von dem Erben zu erlangen ist. In diesem Fall hat der Verpflichtete gemäß § 1615 Abs. 2 die Kosten der Beerdigung zu tragen, soweit ihre Bezahlung nicht von dem Erben zu erlangen ist.

243

II. Rangverhältnis der Unterhaltsverpflichteten

Für den Kreis der **Unterhaltspflichtigen** besteht eine **Rangfolge** nach Maßgabe der §§ 1606 ff. Der Ehegatte des Bedürftigen haftet gemäß § 1608 Abs. 1 S. 1 vor dessen Verwandten. Das gleiche gilt für den Lebenspartner nach § 1608 Abs. 1 S. 4. Soweit der Ehegatte oder der Lebenspartner bei Berücksichtigung ihrer sonstigen Verpflichtungen außerstande sind, ohne Gefährdung ihres angemessenen Eigenbedarfs, den Unterhalt zu gewähren, haften die Verwandten für den Unterhalt gemäß § 1608 Abs. 1 S. 2. Nach den Ehegatten und den Lebenspartnern haften gemäß § 1606 Abs. 1 die Abkömmlinge vor den Verwandten der aufsteigenden Linie. Unter den Abkömmlingen und unter den Verwandten der aufsteigenden Linie haften gemäß § 1606 Abs. 2 die näheren vor den entfernteren Verwandten.

244

Beispiel Großeltern haften nur dann, wenn die Eltern nicht leistungsfähig sind. ∎

> **Hinweis**
>
> Mehrere gleichnahe Verwandte haften nicht als Gesamtschuldner, sondern nach § 1606 Abs. 3 als Teilschuldner.

Kommt der nach §§ 1606, 1608 Verpflichtete seiner Unterhaltspflicht nicht nach, tritt die Ersatzhaftung nach § 1607 Abs. 1 ein. Wird der nachrangig Verpflichtete zur Zahlung von Unterhalt in Anspruch genommen, dann findet eine cessio legis nach § 1607 Abs. 2 S. 2 statt. Sind mehrere Unterhaltsberechtigte vorhanden und ist der Unterhaltspflichtige außerstande, allen Unterhalt zu gewähren, gilt die in **§ 1609 bestimmte Rangfolge**. Nach § 94 SGB XII geht der Unterhaltsanspruch auf den Sozialhilfeträger über, wenn der nach § 1601 ff. Unterhaltspflichtige mit dem Sozialhilfeempfänger im ersten Grad verwandt ist.

---

267 *OLG Stuttgart* Urt. v. 20.3.2008 (Az. 15 UF 28/08) = OLGR Stuttgart 2009, 284.

III. Leistungsfähigkeit des Unterhaltsverpflichteten

245 Nach § 1603 Abs. 1 ist derjenige **nicht unterhaltspflichtig**, der bei Berücksichtigung seiner sonstigen Verpflichtungen **außerstande ist**, ohne Gefährdung seines angemessenen Eigenbedarfs seinen **Unterhalt zu gewähren** (**Selbstbehalt**). Die Leistungsfähigkeit setzt mithin voraus, dass der Pflichtige in der Lage sein muss, außer seinen eigenen Bedürfnissen und der Erfüllung anderer Unterhaltsverpflichtungen den anerkennenswerten Bedarf des Berechtigten mit seinen tatsächlich verfügbaren oder zumutbar erzielbaren Geldmitteln zu befriedigen.

IV. Unterhaltsanspruch des Kindes gegenüber den Eltern

246 Der Kindesunterhalt ist ein Unterfall des Verwandtenunterhalts, für den das BGB einige Sondervorschriften enthält. Nach der Vorschrift des § 1602 Abs. 2 ist das **minderjährige Kind** privilegiert, da es von seinen Eltern, auch wenn es Vermögen hat, die Gewährung von Unterhalt insoweit verlangen kann, als die Einkünfte seines Vermögens und der Ertrag seiner Arbeit zum Unterhalt nicht ausreichen.

247 Nach § 1603 Abs. 2 S. 1 trifft Eltern im Verhältnis zu ihren gemeinsamen **minderjährigen unverheirateten Kindern** eine **gesteigerte Unterhaltspflicht**. Sie sind verpflichtet, alle verfügbaren Mittel zu ihrem und dem Kindesunterhalt gleichmäßig zu verwenden. Eine gesteigerte Unterhaltspflicht gilt gemäß § 1603 Abs. 2 S. 2 auch gegenüber den privilegierten **volljährigen Kindern bis 21 Jahre**, die mit den Eltern noch im gemeinsamen Haushalt leben. Die gesteigerte Unterhaltspflicht entfällt gemäß § 1603 Abs. 2 S. 3, wenn ein anderer leistungsfähiger Verwandter Barunterhalt leistet; sie tritt auch gegenüber einem Kind nicht ein, dessen Unterhalt aus dem Stamm seines Vermögens bestritten werden kann.

248 Der Unterhalt umfasst gemäß § 1610 Abs. 2 den gesamten Lebensbedarf einschließlich der Kosten einer angemessenen Ausbildung zu einem Beruf, und die Kosten der Erziehung bei einer der Erziehung bedürftigen Person. **Volljährige und minderjährige** Kinder sind von der Pflicht zu einer Erwerbstätigkeit entbunden, wenn sie sich in Ausbildung befinden.

249 Die Höhe des Unterhalts für ein Kind richtet sich in der Praxis nach Unterhaltstabellen („Düsseldorfer Tabelle").

250 Der Anspruch auf Kindesunterhalt kann nach § 1611 Abs. 2 nicht beschränkt werden oder wegen grober Unbilligkeit ganz entfallen.

251 Der Unterhalt ist nach § 1612 Abs. 1 S. 1 durch Entrichtung einer Geldrente zu gewähren, die nach § 1612 Abs. 3 S. 1 monatlich im Voraus zu zahlen ist. Unter den Voraussetzungen des § 1612 Abs. 2 S. 1 haben die Eltern eines unverheirateten Kindes auch die Möglichkeit, statt Barunterhalt Naturalunterhalt zu leisten.

252 Für **nichteheliche Kinder** gelten gemäß § 1615a grundsätzlich die **allgemeinen Vorschriften**, soweit sich aus den §§ 1615l–1615o nichts anderes ergibt. § 1615l Abs. 1 S. 1 begründet einen Anspruch der **Mutter** eines nichtehelich geborenen Kindes gegen dessen Vater auf Betreuungsunterhalt anlässlich der Geburt, der für die Dauer von 6 Wochen vor der Geburt des Kindes und 8 Wochen nach der Geburt des Kindes besteht. Das gilt auch hinsichtlich der Kosten, die infolge der Schwangerschaft oder der Entbindung außerhalb dieses Zeitraumes entstehen, § 1615l Abs. 1 S. 2.

Eheliche Kinder

253 Über diesen Zeitraum hinaus ist der Vater zur Unterhaltszahlung an die Mutter des nichtehelichen Kindes nach § 1615l Abs. 2 S. 1 verpflichtet, wenn sie einer Erwerbstätigkeit aufgrund einer infolge der Schwangerschaft oder Entbindung verursachten Krankheit nicht nachgehen kann. Gleiches gilt, wenn wegen der Pflege und der Erziehung des nichtehelichen Kindes eine Erwerbstätigkeit von der Mutter nicht erwarten werden kann, § 1615l Abs. 2 S. 2. Der Unterhaltsanspruch der nichtehelichen Mutter kann frühestens 4 Monate vor der Geburt geltend gemacht werden und ist in der Regel auf drei Jahre beschränkt, § 1615l Abs. 2 S. 3.

> **Hinweis**
>
> Wird das Kind von dem Vater betreut, so hat er auch einen Anspruch auf Betreuungsunterhalt. Stirbt die Mutter infolge der Schwangerschaft oder der Entbindung, so hat der Vater nach § 1615m die Kosten der Beerdigung zu tragen, soweit ihre Bezahlung nicht von dem Erben der Mutter zu erlangen ist. Die Ansprüche nach den §§ 1615l, 1615m bestehen gemäß § 1615n auch dann, wenn der Vater vor der Geburt des Kindes gestorben oder wenn das Kind tot geboren ist. In diesem Fall werden die Unterhaltsansprüche eine Nachlassverbindlichkeit.

I. Elterliche Sorge

1. Eheliche Kinder

254 Die Eltern haben nach § 1626 Abs. 1 S. 1 die Pflicht und das Recht, für das minderjährige Kind zu sorgen (elterliche Sorge). Die elterliche Sorge umfasst die Sorge für die Person des Kindes (**Personensorge**) und das Vermögen des Kindes (**Vermögenssorge**), 1626 Abs. 1 S. 2. Die Eltern haben gemäß § 1627 S. 1 die elterliche Sorge in eigener Verantwortung und in gegenseitigem Einvernehmen zum Wohl des Kindes auszuüben. Bei Meinungsverschiedenheiten müssen sie versuchen, sich zu einigen, § 1627 S. 2. Können sie sich nicht einigen, kann das Familiengericht nach § 1628 S. 1 einem Elternteil, die Entscheidung übertragen.

255 Die elterliche Sorge eines Elternteils ruht gemäß § 1673 Abs. 1, wenn er geschäftsunfähig ist. Das Gleiche gilt, wenn er in der Geschäftsfähigkeit beschränkt ist, § 1673 Abs. 2 S. 1. Die elterliche Sorge eines Elternteils ruht gemäß § 1674 Abs. 1 auch dann, wenn das Familiengericht feststellt, dass er auf längere Zeit die elterliche Sorge tatsächlich nicht ausüben kann. Die elterliche Sorge eines Elternteils endet nach § 1677, wenn er für tot erklärt oder seine Todeszeit nach den Vorschriften des Verschollenheitsgesetzes festgestellt wird. In diesem Fall steht dem anderen Elternteil die elterliche Sorge nach §§ 1680, 1681 allein zu. Das Familiengericht kann den Eltern nach §§ 1666, 1666a das Sorgerecht entziehen. Das Recht der elterlichen Sorge ist ein absolutes Recht im Sinne von § 823 Abs. 1,[268] das nicht vererblich ist.[269] Die gemeinsame elterliche Sorge besteht grundsätzlich auch bei einer Trennung oder eine Scheidung der Ehegatten fort, soweit das Sorgerecht nicht nach § 1671 Abs. 1 einem Elternteil übertragen wird. Bei einem gemeinsamen Sorgerecht der Eltern hat nach § 1687 Abs. 1 S. 2 der Elternteil, bei dem das Kind lebt, das Recht Angelegenheiten des täglichen Lebens eigenständig zu entscheiden. Nur bei Angelegenheiten von erheblicher Bedeutung ist nach § 1687 Abs. 1 S. 1 das Einvernehmen beider Elternteile erforderlich.

---

268 *BGH* v. 24.4.1990 (Az. VI ZR 110/89) = BGHZ 111, 168.
269 Palandt-*Götz* § 1626 Rn. 3.

1. Personensorge

256 Die Personensorge umfasst nach § 1631 Abs. 1 die Pflicht und das Recht der Eltern, das Kind zu pflegen, zu erziehen, zu beaufsichtigen und seinen Aufenthalt zu bestimmen. Dabei haben sie nach § 1631 Abs. 2 S. 1 das Recht der Kinder auf eine gewaltfreie Erziehung zu beachten. Körperliche Bestrafungen, seelische Verletzungen und andere entwürdigende Maßnahmen sind gemäß § 1631 Abs. 2 S. 1 unzulässig. In Angelegenheiten der Ausbildung und des Berufes sollen die Eltern gemäß § 1631a S. 1 auf die Eignung und die Neigung des Kindes Rücksicht nehmen. Den Eltern obliegt nach § 1 RelKerG auch die religiöse Erziehung der Kinder. Nach der Vollendung des 14. Lebensjahres kann das Kind sein religiöses Bekenntnis selbst bestimmen, § 5 RelKerG.

257 Die Personensorge umfasst nach § 1632 Abs. 1 daher auch das Recht, die Herausgabe des Kindes von jedem zu verlangen, der es den Eltern oder einem Elternteil widerrechtlich vorenthält.

258 Durch die § 1631 Abs. 1 geregelte Aufsichtspflicht der Eltern soll das Kind vor Gefahren und Schäden geschützt und bewahrt werden, denen es durch sein eigenes oder das Handeln Dritter ausgesetzt ist. Die Aufsichtspflicht hat nicht den Zweck Dritte vor einer Gefährdung oder Schädigung durch das Kind zu bewahren. Diesem Zweck dient allein § 832, der den Eltern eine deliktische, aber keine familienrechtliche Aufsichtspflicht auferlegt. Verletzen die Eltern ihre Aufsichtspflicht gegenüber dem Kind, machen sie sich in den Grenzen des § 1664, d.h. bei Vorsatz und grober Fahrlässigkeit schadensersatzpflichtig. Die Vorschrift des § 1664 hat nach h.M. eine Doppelfunktion. Sie beinhaltet eine Haftungserleichterung für die Eltern wegen einer Schädigung des Kindes bei Ausübung der elterlichen Sorge und stellt darüber hinaus eine eigene Anspruchsgrundlage des Kindes auf Schadensersatz gegenüber seinen Eltern dar.[270] Das Haftungsprivileg des § 1664 Abs. 1 ist auf Personen, denen die Aufsicht über das Kind von den Eltern übertragen worden ist, nicht analog anwendbar. Die Eltern haften nach § 278 für die Personen, denen sie die Ausübung der elterlichen Sorge überlassen haben. Soweit die Eltern dagegen Handlungen von Dritten notwendigerweise zu veranlassen haben (z.B. Einschaltung eines Arztes oder Rechtsanwalts) haften sie nach § 1664 Abs. 1 nur für die ordnungsgemäße Auswahl und Überwachung dieser Personen.[271]

2. Vermögenssorge

259 Die Vermögenssorge schließt alle Maßnahmen ein, die dazu dienen, das Vermögen des Kindes zu erhalten, zu verwerten und zu vermehren.[272] Die Eltern sind berechtigt, das Vermögen des Kindes in Besitz zu nehmen. Als unmittelbare Besitzer vermitteln sie aufgrund des Sorgerechtsverhältnisses dem Kind mittelbaren Besitz.[273] Die Vermögenssorge erstreckt sich auf das gesamte Vermögen. Ihr unterliegt nach § 1638 Abs. 1 indes nicht das Vermögen, das ein Dritter von Todes wegen oder unentgeltlich durch Rechtsgeschäft unter Lebenden dem Kind mit der Bestimmung zugewendet hat, dass die Eltern es nicht verwalten sollen. In diesen Fällen wird ein Pfleger i.S.v. § 1909 Abs. 1 bestellt, der das Vermögen verwaltet (§ 1630 Abs. 1).

---

270 BGH v. 10.2.1988 (Az. IVb ZR 111/86) = BGHR BGB § 1664. Anspruchsgrundlage 1.
271 Palandt-*Götz* § 1664 Rn. 2.
272 Palandt-*Götz* § 1626 Rn. 20.
273 BGH Urt. v. 8.6.1989 (Az. IX ZR 234/87) = FamRZ 1989, 945.

Eheliche Kinder

3. Vertretung des Kindes

Die elterliche Sorge umfasst nach § 1629 Abs. 1 S. 1 die Vertretung des Kindes.[274] Die Eltern vertreten das Kind grundsätzlich gemeinschaftlich, § 1629 Abs. 1 S. 2 Hs. 1. Ist eine Willenserklärung gegenüber dem Kind abzugeben, genügt die Abgabe gegenüber einem Elternteil, § 1629 Abs. 1 S. 2 Hs. 2. Die gemeinschaftliche Vertretung der Eltern besteht nach § 1629 Abs. 1 S. 3 nicht, soweit ein Elternteil die elterliche Sorge allein ausübt oder ihm die Entscheidung nach § 1628 übertragen ist. In diesem Fall vertritt der Elternteil das Kind allein. Bei Gefahr im Verzug ist jeder Elternteil berechtigt, alle Rechtshandlungen vorzunehmen, die zum Wohl des Kindes notwendig sind; der andere Elternteil ist unverzüglich zu unterrichten, §§ 1629 Abs. 1 S. 4. Hängt die Wirksamkeit eines Rechtsgeschäfts davon ab, dass die Eltern des minderjährigen Kindes das Rechtsgeschäft genehmigen, tritt die

Unwirksamkeit des Rechtsgeschäfts bereits dann ein, wenn ein Elternteil die Genehmigung verweigert, wenn ein Gesamtvertretungsrecht der Eltern besteht.

Das Vertretungsrecht der Eltern erstreckt sich nach § 1641 S. 1 nicht auf die Vornahme von Schenkungen. Ausgenommen sind Schenkungen, durch die einer sittlichen Pflicht oder einer auf den Anstand zu nehmenden Rücksicht entsprochen wird (§ 1641 S. 2). Soweit Vermögen nach § 1638 der Vermögenssorge der Eltern entzogen ist, steht den Eltern kein Vertretungsrecht i.S.v. § 1629 zu.[275]   261

Die elterliche Sorge erstreckt sich nach § 1630 Abs. 1 auch nicht auf Angelegenheiten des Kindes, für die ein Pfleger bestellt ist. Die Eltern bedürfen gemäß § 1643 Abs. 1 der **Zustimmung** des **Familiengerichts** zu Rechtsgeschäften, in denen nach § 1821 und nach § 1822 Nr. 1, 3, 5, 8 bis 11 ein Vormund der Genehmigung bedarf. Die Eltern können das Kind nach § 1629 Abs. 2 S. 1 nicht vertreten, soweit nach § 1795 ein Vormund von der Vertretung des Kindes ausgeschlossen ist.   262

> **Hinweis**
>
> Der Vormund kann den Mündel nach § 1795 Abs. 1 nicht vertreten
> 1. bei einem Rechtsgeschäft zwischen seinem Ehegatten, seinem Lebenspartner oder einem seiner Verwandten in gerader Linie einerseits und dem Mündel andererseits, es sei denn, dass das Rechtsgeschäft ausschließlich in der Erfüllung einer Verbindlichkeit besteht,
> 2. bei einem Rechtsgeschäft, das die Übertragung oder Belastung einer durch Pfandrecht, Hypothek, Schiffshypothek oder Bürgschaft gesicherten Forderung des Mündels gegen den Vormund oder die Aufhebung oder Minderung dieser Sicherheit zum Gegenstand hat oder die Verpflichtung des Mündels zu einer solchen Übertragung, Belastung, Aufhebung oder Minderung begründet,
> 3. bei einem Rechtsstreit zwischen den in Nummer 1 bezeichneten Personen sowie bei einem Rechtsstreit über eine Angelegenheit der in Nummer 2 bezeichneten Art.

---

274 Siehe zur Stellvertretung durch die Eltern und die Zustimmungsbedürftigkeit von Rechtsgeschäften ausführlich im Skript „BGB AT II" unter Rn. 342 ff.
275 *BGH* Beschl. v. 30.11.1988 (Az. IVa ZB 12/88) = FamRZ 1989, 269.

263 Das Vertretungsrecht der Eltern erstreckt sich auch nicht auf die Ausschlagung einer Erbschaft oder eines Vermächtnisses sowie für den Verzicht auf einen Pflichtteil, § 1643 Abs. 2 S. 1. Gegenstände, die nur mit Zustimmung des Familiengerichts veräußert werden dürfen, dürfen dem Kind zur Erfüllung eines von dem Kind geschlossenen Vertrags nicht zur freien Verfügung überlassen werden, § 1644. Verträge ohne vorherige Genehmigung (Zustimmung) des Familiengerichts sind schwebend unwirksam. Sie werden mit der Mitteilung der familiengerichtlichen Genehmigung nach §§ 1643 Abs. 3, 1825, 1829 bis 1831 wirksam. Nach § 1643 Abs. 3 i.V.m. § 1831 sind einseitige Rechtsgeschäfte, die ohne vorherige Genehmigung des Familiengerichts vorgenommen worden sind, nichtig. Das Familiengericht kann gemäß §§ 1629 Abs. 2 S. 3, § 1796 den Eltern die Vertretung für einzelne Angelegenheiten oder für einen bestimmten Kreis von Angelegenheiten entziehen.

II. Elterliche Sorge von unverheirateten Eltern

264 Durch die im Jahr 1998 eingeführte **Kindschaftsreform** sollte die Stellung des unverheirateten Vaters gestärkt werden und ihm die Möglichkeit zur Ausübung der gemeinsamen Sorge über das Kind gegeben werden. Nachdem der EGMR mit Urteil vom 3.12.2009[276] in der deutschen Gesetzeslage (§ 1626a BGB a.F.) einen Verstoß gegen das Völkerrecht festgestellt hatte, hat das BVerfG in seinem Beschluss vom 21.7.2010[277] – anders als noch im Jahr 2003[278] das bis dahin geltende Regelungskonzept zum Sorgerecht für die Kinder nicht miteinander verheirateter Eltern als verfassungswidrig erachtet. Auch gegen den Willen der Mutter muss dem Vater daher die Möglichkeit des Zugangs zur gemeinsamen elterlichen Sorge eröffnet werden. Auch muss er ohne Zustimmung der Mutter überprüfen lassen können, ob ihm (teilweise) die alleinige elterliche Sorge zu übertragen ist. Die vom BVerfG[277] erdachte Übergangsregelung, welche die Möglichkeit der (teilweisen) Übertragung einer gemeinsamen elterlichen Sorge bzw. Alleinsorge des Vaters auch gegen den Willen der Mutter eröffnet hat, ist nach dem Inkrafttreten der gesetzlichen Neuregelung[279] nunmehr obsolet.

Das neue Recht findet seit dem **19.5.2013** unmittelbar Anwendung. Es gilt für die zum Zeitpunkt des Inkrafttretens bereits geborenen Kinder. Hat ein Elternteil vor diesem Datum einen Antrag auf Ersetzung der Sorgeerklärung des anderen Elternteils gestellt, gilt dieser Antrag nach der Überleitungsregelung in Art. 229 § 30 EGBGB als ein Antrag auf Übertragung der gemeinsamen elterlichen Sorge nach § 1626a Abs. 2. Auch die Anträge auf Übertragung der alleinigen elterlichen Sorge nach § 1672 in der Fassung der Übergangsregelung des BVerfG und sonstige Verfahren des Familiengerichts aus dem Bereich des Sorgerechts nicht miteinander verheirateter Eltern sind nach dem neuen Recht zu entscheiden, wenn diese am 19.5.2013 noch nicht abgeschlossen waren.[280]

265 Geben die (rechtlichen) Eltern keine Erklärung ab, dass sie die Sorge gemeinsam übernehmen wollen (Sorgeerklärung) oder heiraten sie einander nicht, so hat die Mutter nach § 1626a Abs. 3 die alleinige elterliche Sorge, wenn dem nicht eine andere gesetzliche Regel

---

[276] *EGMR* 5. Sektion Urt. v. 3.12.2009 (Az. 22028/04).
[277] *BVerfG* Beschl. v. 21.7.2010 (Az. 1 BvR 420/09) = BVerfGE 127, 132.
[278] *BVerfG* Urt. v. 29.1.2003 (Az. BvL 20/99, 1 BvR 933/01) = FamRZ 2003, 285.
[279] *Gesetz* zur Reform des Sorgerechts betreffend die Kinder nicht miteinander verheirateter Eltern (BGBl. 2013 I, 795).
[280] *Heilmann*, Die Reform des Sorgerechts nicht miteinander verheirateter Eltern – Das Ende eines Irrwegs?, NJW 2013, 1473.

(etwa § 1673 Abs. 2 bei Minderjährigkeit der Mutter) entgegensteht oder sich aus einer familiengerichtlichen Entscheidung etwas anderes ergibt. Neben der Heirat kommt die gemeinsame elterliche Sorge durch Abgabe von beiderseitigen Sorgeerklärungen oder durch eine Übertragung auf Grund familiengerichtlicher Entscheidung zu Stande. Die gesetzliche Regelung zum Zustandekommen der gemeinsamen elterlichen Sorge bei Abgabe der Erklärungen, dass sie die Sorge gemeinsam übernehmen wollen, bleibt unverändert (§ 1626a Abs. 1 Nr. 1). Nach wie vor bleibt es den Eltern verwehrt, durch übereinstimmende Sorgeerklärungen ein gemeinsames Sorgerecht nur für **Teilbereiche** der elterlichen Sorge zu begründen; einer entsprechenden Anregung des Bundesrats stimmte die Bundesregierung nicht zu.[281]

Es reicht nach § 155a Abs. 5 S. 1 FamFG aus, dass die Sorgeerklärung bzw. eine etwa nach § 1626c S. 2 erforderliche Zustimmung des gesetzlichen Vertreters in einem gerichtlichen Erörterungstermin (vgl. § 155 Abs. 2 FamFG) abgegeben wird. Die Abgabe der Erklärung zur Niederschrift des Gerichts ersetzt die nach § 1626d Abs. 1 erforderliche öffentliche Beurkundung. Eine Kindeswohlprüfung des Familiengerichts findet unterhalb der Gefährdungsschwelle (§ 1666) nicht statt. Ist der Kindesmutter die elterliche Sorge jedoch ganz oder teilweise entzogen, ist sie an der Abgabe einer wirksamen Sorgeerklärung gehindert und der Vater kann die elterliche Sorge weder durch Sorgeerklärungen noch durch Heirat, sondern nur durch eine familiengerichtliche Entscheidung erlangen.[282]

§ 1626a Abs. 2 enthält die materiell-rechtlichen Voraussetzungen für eine vollständige oder teilweise Übertragung der gemeinsamen elterlichen Sorge durch das Familiengericht. Die hierzu korrespondierende verfahrensrechtliche Regelung findet sich in § 155a FamFG. Damit hat das Familiengericht unter Berücksichtigung der gesetzlichen Maßgabe zu entscheiden, welchen Verfahrensweg es einschlägt: den des (bewährten) regulären Verfahrens in Kindschaftssachen oder den des (neuen) vereinfachten Verfahrens.

Die **gemeinsame elterliche Sorge** ist vom Familiengericht (teilweise) zu übertragen, wenn die Übertragung dem **Kindeswohl** nicht widerspricht (§ 1626a Abs. 2 S. 1). Der Gesetzgeber hat sich damit für einen Maßstab entschieden, der dem Rechtsanwender geläufig ist. Er findet sich im geltenden Recht bereits in § 1680 Abs. 2 S. 1 als Voraussetzung für die Übertragung der elterlichen Sorge auf den anderen Elternteil bei Tod eines Elternteils sowie als Maßstab für die familiengerichtliche Billigung einer einvernehmlichen Regelung der Beteiligten zur Herausgabe des Kindes oder zum Umgang (§ 156 Abs. 1 S. 1, Abs. 2 FamFG und künftig auch in §§ 1671 Abs. 3 S. 2, 1678 Abs. 2 BGB. Erforderlich ist damit eine **negative Kindeswohlprüfung** und nicht (mehr) die vom *BVerfG* in seiner Übergangsregelung geforderte Feststellung, dass die gemeinsame elterlicher Sorge dem Kindeswohl entspricht.[283]

Liegen keine Gründe vor, die gegen die gemeinsame elterliche Sorge sprechen, soll sie grundsätzlich von **beiden Elternteilen** gemeinsam ausgeübt werden.[284] Allein die Ablehnung einer gemeinsamen elterlichen Sorge durch die Kindesmutter soll nach Ansicht des Gesetzgebers nicht die Annahme begründen, dass diese dem Kindeswohl widerspricht.[285]

---

[281] *BT-Drs.* 17/11048, S. 40, 45. Krit. hierzu *Coester* FamRZ 2012, FAMRZ Jahr 2012 S. 1337 (FamRZ 2012, 1344).
[282] *BGH* Beschl. v. 25.5.2005 (XII ZB 28/05) = FamRZ 2005, 1469.
[283] *BT-Drs.* 17/11048, S. 1; *Heilmann,* Die Reform des Sorgerechts nicht miteinander verheirateter Eltern – Das Ende eines Irrwegs?, NJW 2013, 1473.
[284] *BT-Drs.* 17/11048, S. 22.
[285] *BT-Drs.* 17/11048, S. 23.

Vielmehr sind beide Elternteile aufgerufen, Paar- und Elternebene zu trennen und zum Wohle des Kindes sachlich miteinander umzugehen. Auch sind sie gehalten, sich – insbesondere durch das Jugendamt – beraten zu lassen. Kommt es gleichwohl nicht zu einer Einigung, kann dies jedoch auf einen Konflikt zwischen den Eltern hinweisen, der sich folgenschwer auf das Kind auswirken kann.[286]

Trägt ein Elternteil im Rahmen des familiengerichtlichen Verfahrens keine Gründe vor, die der Übertragung der **gemeinsamen elterlichen Sorge** entgegenstehen können, und sind solche Gründe auch sonst nicht ersichtlich, wird gem. § 1626a Abs. 2 S. 2 **gesetzlich vermutet, dass die gemeinsame elterliche Sorge dem Kindeswohl nicht widerspricht**. Dies ist dann der Fall, wenn der andere Elternteil zum Antrag auf Übertragung der gemeinsamen elterlichen Sorge nach § 1626a Abs. 1 Nr. 3 keine Stellungnahme abgibt. Der Gesetzgeber geht insoweit davon aus, dass ein Elternteil, der tatsächlich gewichtige kindeswohlgetragene Gründe gegen die gemeinsame elterliche Sorge hat, diese auch vorbringt, während bei Schweigen – bei typisierender Betrachtung – regelmäßig angenommen werden könne, dass derartige Gründe nicht bestehen.[287] Die gesetzliche Vermutung greift auch dann ein, wenn die Stellungnahme keine Gründe erkennbar werden lässt, die der Übertragung der gemeinsamen elterlichen Sorge entgegenstehen, weil die vorgetragenen Tatsachen und Argumente entweder ohne jegliche Relevanz für das Kindeswohl sind oder nicht sichtbar wird, dass die beantragte Übertragung dem Kindeswohl widerspricht.[287]

Die **gesetzliche Vermutung** greift nicht ein, wenn Gründe, die der gemeinsamen elterlichen Sorge entgegenstehen können, auf andere Weise als durch die Stellungnahme des anderen Elternteils erkennbar werden oder bereits bekannt sind. Das gilt insbesondere dann, wenn die Beteiligten dem Familiengericht aus einem oder mehreren vorangegangenen gerichtlichen Verfahren bereits bekannt sind und sich hieraus ergibt, dass eine Übertragung der gemeinsamen elterlichen Sorge dem Wohl des Kindes widerspricht.

Das familiengerichtliche Verfahren zur Übertragung der gemeinsamen elterlichen Sorge ist in § 155a FamFG geregelt. Das Verfahren ist Kindschaftssache i.S. von § 151 Nr. 1 FamFG und damit Familiensache i.S. von § 111 FamFG. Für die Bestimmung der örtlichen Zuständigkeit gelten die gesetzlichen Regelungen der §§ 152–154 FamFG. Das Vorrang- und Beschleunigungsgebot des § 155 Abs. 1 FamFG ist anzuwenden.

III. Änderungen der elterlichen Sorge und Umgangsrecht

266 Ruht die mütterliche Alleinsorge (teilweise) wegen Vorliegens eines rechtlichen Hindernisses (beschränkter Geschäftsfähigkeit oder Geschäftsunfähigkeit) oder weil das Familiengericht feststellt, dass die Mutter die elterliche Sorge auf längere Zeit tatsächlich nicht ausüben kann (§§ 1673, 1674), so bedarf es für die **Übertragung des Sorgerechts auf den Vater** nicht mehr, dass dies dem Kindeswohl dienlich ist. Vielmehr reicht es nunmehr nach § 1678 Abs. 2 aus, dass die Übertragung der Alleinsorge auf ihn nicht dem Kindeswohl widerspricht. Bei dem Zugang zur Alleinsorge sollen für den Vater künftig keine unnötig hohen Hürden mehr aufgestellt werden, denn es besteht kein Anlass, ihm die elterliche Sorge nicht zu übertra-

---

286 *Heilmann*, Die Reform des Sorgerechts nicht miteinander verheirateter Eltern – Das Ende eines Irrwegs?, NJW 2013, 1473.
287 *BT-Drs.* 17/11048, S. 24.

Vormundschaft

gen, wenn er bereit ist, Verantwortung zu übernehmen und einer solchen Verantwortungsübernahme kindeswohlorientierte Gesichtspunkte nicht widersprechen.[288]

Auch bei **Versterben** der bislang nach § 1626a Abs. 3 allein sorgeberechtigten Mutter oder einer Entziehung ihres Sorgerechts durch das Familiengericht im Rahmen der §§ 1666, 1666a erhält der Vater nunmehr erleichterten Zugang zur Alleinsorge. Die bislang gesetzlich vorgesehene positive Kindeswohlprüfung, die danach verlangt hat, dass die Übertragung der elterlichen Sorge auf den Vater dem Wohl des Kindes dient, wird durch eine negative Kindeswohlprüfung ersetzt, so dass es ausreichend ist, dass die Übertragung dem Kindeswohl nicht widerspricht § 1680 Abs. 2, Abs. 3. Dies setzt regelmäßig jedenfalls voraus, dass der Vater die elterliche Verantwortung übernehmen will.[289]

Die Vorschrift des § 1696 Abs. 1 S. 2 regelt, dass eine Entscheidung des Familiengerichts nach § 1626a Abs. 2, mit der beiden Elternteilen die gemeinsame elterlichen Sorge übertragen worden ist, nicht dem hohen Abänderungsmaßstab des § 1696 unterliegt. Vielmehr sollen solche Entscheidungen bereits unter den Voraussetzungen des § 1671 Abs. 1 geändert werden können, insbesondere also dann, wenn dies dem Wohl des Kindes am besten entspricht. Wird der Antrag i.S.v. § 1626a Abs. 2 auf Übertragung der gemeinsamen elterlichen Sorge zurückgewiesen, so kann der Vater die Alleinsorge nach den Maßstäben des § 1671 Abs. 2 Nr. 2 erhalten. Die strengen Maßstäbe des § 1696 sind nicht anwendbar, da die elterliche Sorge insoweit nicht auf gerichtlicher Entscheidung, sondern auf Gesetz beruht.

Hingegen findet § 1696 grundsätzlich Anwendung, soweit eine nach § 1671 Abs. 2 ergangene familiengerichtliche Entscheidung, mit welcher die alleinige elterliche Sorge auf den Vater übertragen worden ist, abgeändert werden soll.

J. Vormundschaft, Betreuung und Pflegschaft

I. Vormundschaft

Ein Minderjähriger erhält gemäß § 1773 Abs. 1 einen Vormund, wenn er nicht unter elterlicher Sorge steht bzw. wenn die Eltern in den die Person oder das Vermögen betreffenden Angelegenheiten zur Vertretung des Minderjährigen nicht berechtigt sind oder wenn sein Familienstand nicht zu ermitteln ist, § 1773 Abs. 2. Der Vormund wird von dem Familiengericht nach § 1789 S. 1 bestellt. Der Vormund hat gemäß § 1793 Abs. 1 S. 1 das Recht und die Pflicht, für die Person (**Personensorge**) und das Vermögen (**Vermögenssorge**) des Mündels zu sorgen. Nach § 1793 Abs. 1 S. 2 gilt die Vorschrift des § 1626 Abs. 2 entsprechend. Gemäß § 1800 S. 1 bestimmt sich die Personensorge des Vormunds nach den Vorschriften der §§ 1631–1633. Die Vermögenssorge des Vormunds ist in §§ 1802–1831 geregelt. Dem Vormund steht in beiden Bereichen auch das Vertretungsrecht zu, sofern das Vertretungsrecht nicht durch § 1795 Abs. 1 Nr. 1–3 ausgeschlossen ist. **267**

Der Vormund bedarf in einer Vielzahl von Rechtsgeschäften der vorherigen Genehmigung (Zustimmung) des Familiengerichts oder eines Gegenvormundes. Wegen der Einzelheiten wird auf §§ 1809 ff. verwiesen. **268**

---

288 *BT-Drs.* 17/11048, S. 29; *Heilmann*, Die Reform des Sorgerechts nicht miteinander verheirateter Eltern – Das Ende eines Irrwegs?, NJW 2013, 1473.

289 *BT-Drs.* 17/11048, S. 30; *Heilmann*, Die Reform des Sorgerechts nicht miteinander verheirateter Eltern – Das Ende eines Irrwegs?, NJW 2013, 1473.

269 Nach § 1794 erstreckt sich die Vormundschaft nicht auf Angelegenheiten des Mündels, für die ein Pfleger bestellt ist. Das Vertretungsrecht des Vormunds ist bei den in § 1795 Abs. 1, Abs. 2 aufgeführten Rechtsgeschäften ebenfalls ausgeschlossen, sofern nicht diese Rechtsgeschäfte für das Kind lediglich einen rechtlichen Vorteil darstellen. Nimmt der Vormund solche Geschäfte vor, handelt er als Vertreter ohne Vertretungsmacht. Sie sind schwebend unwirksam, § 177. Sie können durch den Ergänzungspfleger nach § 1909 oder durch den volljährig gewordenen Mündel genehmigt werden.

270 Der Vormund kann gemäß § 1804 S. 1 in Vertretung des Mündels keine Schenkungen vornehmen. Ausgenommen sind Schenkungen, durch die einer sittlichen Pflicht oder einer auf den Anstand zu nehmenden Rücksicht entsprochen wird, § 1804 S. 2. Ein einseitiges Rechtsgeschäft, das ein Vormund ohne die erforderliche Genehmigung des Familiengerichts vornimmt, ist nach § 1831 S. 1 unwirksam. Das Familiengericht kann dem Vormund gemäß § 1796 Abs. 1 die Vertretung für einzelne Angelegenheiten oder für einen bestimmten Kreis von Angelegenheiten entziehen.

II. Betreuung

271 Kann ein Volljähriger auf Grund einer psychischen Krankheit oder einer körperlichen, geistigen oder seelischen Behinderung seine Angelegenheiten ganz oder teilweise nicht besorgen, so bestellt das Betreuungsgericht nach § 1896 Abs. 1 S. 1 auf seinen Antrag oder von Amts wegen für ihn einen Betreuer. Die Bestellung des Betreuers ist in § 1897 geregelt. Ein Betreuer darf nach § 1896 Abs. 2 S. 1 nur für Aufgabenkreise bestellt werden, in denen die Betreuung erforderlich ist. Die Betreuung ist nicht erforderlich, soweit die Angelegenheiten des Volljährigen durch einen Bevollmächtigten, der nicht zu den in § 1897 Abs. 3 bezeichneten Personen gehört, oder durch andere Hilfen, bei denen kein gesetzlicher Vertreter bestellt wird, ebenso gut wie durch einen Betreuer besorgt werden können, § 1896 Abs. 2 S. 2. In seinem Aufgabenkreis vertritt der Betreuer den Betreuten gerichtlich und außergerichtlich, § 1902. Eine Einschränkung der Vertretungsmacht des Betreuers ergibt sich aus den in § 1908i Abs. 1 geregelten Verweisungen auf das Vormundschaftsrecht.

272 Die Anordnung einer Betreuung berührt die Geschäftsfähigkeit des Betreuten nicht. Ist der Betreute geschäftsfähig, so kann es zu Doppelverfügungen – des Betreuers einerseits und des Betroffenen andererseits – kommen. Bei widersprüchlichen Erklärungen hat nach dem Prioritätsprinzip grundsätzlich die zeitlich erste Erklärung den Vorrang. Soweit es allerdings zur Abwendung einer erheblichen Gefahr für die Person oder das Vermögen des Betreuten erforderlich ist, kann das Betreuungsgericht nach § 1903 Abs. 1 S. 1 anordnen, dass der Betreute zu einer Willenserklärung, die den Aufgabenkreis des Betreuers betrifft, dessen Einwilligung bedarf (**Einwilligungsvorbehalt**). Ist ein Einwilligungsvorbehalt angeordnet, so bedarf der Betreute nach § 1903 Abs. 3 S. 1 nicht der Einwilligung seines Betreuers, wenn die Willenserklärung dem Betreuten lediglich **einen rechtlichen Vorteil** bringt. Soweit das Gericht nichts anderes angeordnet hat, gilt dies auch, wenn die Willenserklärung eine geringfügige Angelegenheit des täglichen Lebens betrifft. Nach § 1903 Abs. 2 darf sich der Einwilligungsvorbehalt nicht auf Willenserklärungen erstrecken, die auf die Eingehung einer Ehe oder die Begründung einer Lebenspartnerschaft gerichtet sind, sowie auf Verfügungen von Todes wegen und auf Willenserklärungen, zu denen ein beschränkt Geschäftsfähiger nicht der Zustimmung seines gesetzlichen Vertreters bedarf. Die Anordnung des Einwilligungsvorbehalts hat auf die Geschäftsfähigkeit des Betreuten keinen Einfluss, da der Einwilligungsvor-

Pflegschaft

behalt lediglich den Schutz des Betreuten sicherstellen soll. Dafür ist es nicht notwendig, ihm die Fähigkeit zu eigenem rechtsgeschäftlichem Handeln zu nehmen. Der Schutz des Betreuten wird vielmehr dadurch in ausreichender Weise sichergestellt, dass die Wirksamkeit seines rechtsgeschäftlichen Handelns in besonderen „gefährdeten" Bereichen von der **Einwilligung seines Betreuers** abhängig gemacht wird. Da der Einwilligungsvorbehalt nur für bestimmte Aufgabenbereiche angeordnet wird, gelten für den Betroffenen nur im Rahmen des jeweiligen Aufgabenbereichs die entsprechenden Beschränkungen. In den übrigen von dem Einwilligungsvorbehalt nicht erfassten Aufgabenbereichen bleibt es daher bei der uneingeschränkten eigenen rechtlichen Handlungsfähigkeit des Betreuten.

Eine Willenserklärung, die ein Betreuter unter Verstoß gegen den Einwilligungsvorbehalt vornimmt, ist **schwebend unwirksam**, sofern nicht die Einwilligung des Betreuers vorliegt. Dabei kommt es nicht darauf an, ob der Vertragspartner des Betreuten, dem gegenüber die Willenserklärung abgegeben wurde, von der Anordnung des Einwilligungsvorbehalts Kenntnis hatte. Denn die Regelung dient dem Schutz des Betreuten, der nur dann effektiv sein kann, wenn auf die objektive Sachlage abgestellt wird.

273

III. Pflegschaft

Die Pflegschaft, die in den §§ 1909 ff. geregelt ist, bezieht sich nur auf einzelne persönliche oder vermögensrechtliche Angelegenheiten. So erhält derjenige, der unter elterlicher Sorge oder unter Vormundschaft steht, für Angelegenheiten, an deren Besorgung die Eltern oder der Vormund verhindert sind, einen **Ergänzungspfleger**. Ein abwesender Volljähriger, dessen Aufenthalt unbekannt ist, erhält für seine Vermögensangelegenheiten, soweit sie der Fürsorge bedürfen, gemäß § 1911 Abs. 1 einen **Abwesenheitspfleger**. Auf die Pflegschaft finden die für die Vormundschaft geltenden Vorschriften nach § 1915 entsprechende Anwendung.

274

Online-Wissens-Check

Wissen Sie noch, für wen ein Vormund bestellt wird?

Überprüfen Sie jetzt online Ihr Wissen zu den in diesem Abschnitt erarbeiteten Themen. Unter **www.juracademy.de/skripte/login** steht Ihnen ein Online-Wissens-Check speziell zu diesem Skript zur Verfügung, den Sie kostenlos nutzen können. Den Zugangscode hierzu finden Sie auf der Codeseite.

2. Teil
Erbrecht

A. Einführung in das Erbrecht

I. Grundbegriffe des Erbrechts

1. Erblasser und Erbfall

275 Als **Erbfall** bezeichnet das Gesetz den Tod einer natürlichen Person, vgl. § 1922 Abs. 1. Dem Tod steht die Todesvermutung gleich, d.h. die durch Todeserklärung nach dem VerschG begründete (widerlegliche) Vermutung, dass der Verschollene in dem im Beschluss festgestellten Zeitpunkt gestorben ist (§ 9 Abs. 1 S. 1 VerschG). Mit dem vollständigen und irreversiblen Ausfall der Gehirnfunktionen tritt der Gehirntod einer natürlichen Person ein, der nach medizinischen Erkenntnissen als Todeszeitpunkt definiert wird.[1] Der Verstorbene ist der **Erblasser**. Das Gesetz spricht in §§ 2229 ff. allerdings auch bei einem lebenden Menschen, der eine Verfügung von Todes wegen errichtet hat, von einem Erblasser.

2. Erbe und Erbfähigkeit

276 *Erbe* ist diejenige Person, auf die mit dem Erbfall kraft Gesetzes (§§ 1924 bis 1931) oder durch Verfügung von Todes wegen die Gesamtheit der vererblichen Rechtspositionen übergeht. Von **Miterben** spricht das Gesetz in § 2032 Abs. 1, wenn der Erblasser mehrere Erben hinterlässt. Diese bilden eine Erbengemeinschaft als Gesamthandsgemeinschaft, § 2032 Abs. 1. Vom Erben zu unterscheiden sind der **Vermächtnisnehmer** und der **Pflichtteilsberechtigte**, die zwar durch den Erbfall Rechte erwerben, jedoch nicht Gesamtrechtsnachfolger werden.

277 Die **Erbfähigkeit** ist mit der Rechtsfähigkeit verknüpft. Erbfähig sind natürliche und juristische Personen[2] des öffentlichen und des privaten Rechts. Die Rechtsstellung des Erben wird erst mit dem Anfall der Erbschaft begründet. Eine **natürliche Person** kann daher nur Erbe werden, wenn sie im Zeitpunkt des Erbfalls lebt, § 1923 Abs. 1 oder wenigstens schon erzeugt ist (nasciturus) und später lebend geboren wird, § 1923 Abs. 2. Eine **juristische Person** ist nur erbfähig, wenn sie im Zeitpunkt des Erbfalls schon besteht.[3] Der Erwerb der Erbenstellung kann allerdings auch weiter hinausgeschoben sein und erst mit einem dem Erbfall nachfolgenden Ereignis eintreten, z.B. bei dem Nacherben. Vor dem Erbfall bestehen lediglich Erbaussichten.

---

1 *OLG Köln* Beschl. v. 24.2.1992 (Az. 2 Wx 41/919) = NJW-RR 1992, 1480.
2 Nach §§ 124 Abs. 1, 161 HGB auch *OHG* und *KG* sowie infolge der Änderung der Rechtsprechung des *BGH* zur Teilrechtsfähigkeit auch die Außen-GbR.
3 Zu beachten sind die Sonderregelungen bei Stiftungen § 84.

3. Erbschaft bzw. Nachlass

Das Gesetz spricht an vielen Stellen nicht von Erbschaft, sondern von dem Nachlass, ohne damit einen inhaltlichen Unterschied bezeichnen zu wollen. Das Gesetz setzt die Erbschaft mit dem Vermögen des Erblassers gleich, § 1922 Abs. 1. Zum Vermögen zählen sowohl das Aktivvermögen d.h. alle vermögensrechtliche Positionen als auch das Passivvermögen, so dass der Erbe auch für die Schulden des Erblassers haftet, § 1967. Höchstpersönliche Rechte sind nicht vererblich § 1090 Abs. 2 i.V.m. § 1061. Zu diesen Rechten zählen auch Körperteile oder der Leichnam des Erblassers, die nicht vererblich sind. Der Anspruch auf eine Geldentschädigung wegen einer Persönlichkeitsrechtsverletzung ist nach rechtlicher Wertung des BGH[4] nicht vererblich. Dagegen ist der Pflichtteilsanspruch nach § 2317 Abs. 2 vererblich.

278

II. Grundprinzipien des Erbrechts

1. Universalsukzession

Die Gesamtrechtsnachfolge (Universalsukzession) bedeutet den **automatischen** und **einheitlichen Übergang** aller vererblichen Rechte und Verbindlichkeiten auf den Erben bzw. auf alle Miterben. Eine erbrechtliche Rechtsnachfolge in einzelne Vermögensstücke (Sonderrechtsnachfolge bzw. Singularsukzession) ist nicht möglich. Die vererblichen Rechtsbeziehungen gehen *unmittelbar mit dem Erbfall* in einem einzigen Erwerbsvorgang auf den oder die Erben über. Der Erwerb des Eigentums an beweglichen Sachen ist unabhängig von der Besitzergreifung durch den Erben. Der Erwerb des Eigentums an unbeweglichen Sachen vollzieht sich außerhalb des Grundbuchs. Es wird durch den Erbfall unrichtig. Für den im Zeitpunkt des Erbfalls erfolgten Rechtsübergang sind weder zusätzliche behördliche oder gerichtliche Akte noch Handlungen des Erben erforderlich. Es gilt der *Grundsatz des „Von-selbst-Erwerbs"*. Eine Universalsukzession liegt dagegen nicht vor, wenn der Erblasser in dem Testament einen einzelnen Gegenstand durch Vermächtnis einer Person zuwendet. Diese Person wird nicht Erbe, sondern erhält nur einen schuldrechtlichen Anspruch gegen den Erben.

279

2. Ausnahmen von der Gesamtrechtsnachfolge

a) Anerbenrecht

Von der Sonderrechtsnachfolge (Singularzession) spricht man, wenn einzelne Rechte des Erblassers unmittelbar mit seinem Tod einen besonderen, vom Übergang des sonstigen Nachlasses abweichenden Weg gehen. Die Sonderrechtsnachfolge kann als erbrechtlicher Erwerb ausgestaltet sein, so dass der Sonderrechtsnachfolger zu den Erben zählt und das dem Sonderrechtsnachfolger anfallende Recht zum Nachlass zu rechnen ist. Eine Sondererbfolge findet sich im Bereich des Höferechts gemäß § 4 Höfeordnung. Diese Regelung will die Wirtschaftlichkeit von Bauernhöfen erhalten und die Aufteilung eines Hofes unter Miterben verhindern. Der Hof fällt im Zeitpunkt des Todes nebst Bestandteilen und Zubehör in das Alleineigentum des Hoferben, der jedoch die übrigen Erben abfinden muss.[5]

280

---

4 *BGH* Urt. v. 29.4.2014 (VI ZR 246/12) = BGHZ 201, 45-55.
5 Zur Rechtslage in den einzelnen Bundesländern Palandt-*Weidlich* Art. 64 EGBGB Rn. 2 ff.

b) Mietwohnung

281 Eine Sonderrechtsnachfolge tritt außerhalb des Erbrechts hinsichtlich eines *Wohnraum-Mietverhältnisses* nach § 563 ein.[6] Die Mietwohnung des Erblassers geht auf seinen Ehegatten, seinen Lebenspartner oder andere Familienangehörige über, die mit ihm einen gemeinsamen Hausstand geführt haben, unabhängig davon, ob sie auch Erben geworden sind.

c) Nachfolge in Anteile an Personengesellschaften

282 Eine Gesellschaft bürgerlichen Rechts wird nach § 727 mit dem Tod eines Gesellschafters aufgelöst und wandelt sich in eine Liquiditätsgesellschaft um. Während der Liquidation nehmen die Erben des verstorbenen Gesellschafters dessen Stellung in vermögensrechtlicher und in personenrechtlicher Hinsicht ein, § 727 Abs. 2. Der Gesellschaftsanteil fällt ungeteilt in den Nachlass. Die Vorschrift des § 727 ist durch Regelungen in einem Gesellschaftsvertrag abdingbar. In der Praxis geschieht dies durch sog. Fortsetzungs- oder Nachfolgeklauseln, die an anderer Stelle, nämlich im Gesellschaftsrecht behandelt werden.[7]

III. Gesetzliche und gewillkürte Erbfolge

283 Eine **gewillkürte Erbfolge** liegt vor, wenn der Erblasser durch Testament oder Erbvertrag (letztwillige Verfügung) bestimmt hat, wer Erbe sein soll. Die gewillkürte Erbfolge hat nach § 1937 Vorrang vor der gesetzlichen Erbfolge, die in den §§ 1924 ff. geregelt ist. Die gesetzliche Erbfolge, tritt immer dann ein, wenn der Erblasser keine Erben durch eine letztwillige Verfügung bestimmt hat oder die letztwillige Verfügung unwirksam ist bzw. aus rechtlichen bzw. tatsächlichen Gründen nicht ausgeführt werden kann.

> **JURIQ-Klausurtipp**
>
> In einer Klausur ist zunächst die Wirksamkeit der letztwilligen Verfügung zu prüfen. Erst wenn dies zu verneinen ist, ist auf die gesetzliche Erbfolge einzugehen. Auch bei Vorliegen einer wirksamen letztwilligen Verfügung kann der gesetzlichen Erbfolge Bedeutung für die Berechnung des Pflichtteils zukommen.

B. Gesetzliche Erbfolge

I. Prinzipien des Verwandtenerbrechts

1. Parentel- oder Ordnungssystem

284 Bei der Regelung der gesetzlichen Verwandtenerbfolge geht das Gesetz von einem System der *Ordnungen (Parentel)* aus. Es fasst die Verwandten in den §§ 1924 bis 1929 in Ordnungen, welche eine Rangfolge ihrer Erbberechtigung bilden. Das Familienrecht bestimmt in § 1589, wer Verwandter oder einem Verwandten gleichgestellt ist. Jeder Erbe einer vorhergehenden Ordnung schließt alle Angehörigen der nachrangigen Ordnungen aus (§ 1930).

---

6 *Jendrek* ZEV 2002, 60.
7 Siehe hierzu im Skript „Handels- und Gesellschaftsrecht" Rn. 404 ff., dort auch zur Lage bei OHG und KG.

Prinzipien des Verwandtenerbrechts

Parentelprinzip § 1924 ff. BGB				
1. Ordnung	2. Ordnung	3. Ordnung	4. Ordnung	5. Ordnung
§ 1924 BGB	§ 1925 BGB	§ 1926 BGB	§ 1928 BGB	§ 1929 BGB
Abkömmlinge und deren Abkömmlinge (Kinder, Enkel)	Eltern und deren Abkömmlinge (Geschwister, Neffen und Nichten)	Großeltern und deren Abkömmlinge (Onkel, Tanten, Cousins und Cousinen)	Urgroßeltern und deren Abkömmlinge (Großonkel und Großtanten)	Entfernte **Voreltern** und deren Abkömmlinge
Erbfolge nach Stämmen	Erbfolge nach Linien	Erbfolge nach Linien	Gradualsystem	Gradualsystem

→ § 1930 BGB: vorhergehende Ordnung schließt nachfolgende Ordnungen aus.

2. Stammesprinzip

Das Prinzip der Erbfolge nach Ordnungen wird ergänzt durch den Grundsatz der *Erbfolge nach Stämmen*. Innerhalb der ersten Ordnung werden die Erben und die Quote ihres Erbteils nach Stämmen ermittelt. In einem Stamm fasst das Gesetz diejenigen Abkömmlinge zusammen, die durch ein und dieselbe Person mit dem Erblasser verwandt sind. Jedes Kind des Erblassers, ob ehelich oder unehelich, bildet zusammen mit seinen Abkömmlingen einen gesonderten Stamm. Jeder Stamm erhält den gleichen Erbteil. Dabei schließt der nähere Abkömmling seine eigenen Abkömmlinge aus, *§ 1924 Abs. 2 **(Repräsentationprinzip)***. Diese kommen erst nach Wegfall des näheren Abkömmlings an dessen Stelle zum Zug, *§ 1924 Abs. 3 **(Eintrittsprinzip)***. Unter gleich nahen Erben kommt es innerhalb des Stammes zu einer *Erbteilung nach Köpfen (§ 1924 Abs. 4)*.

285

Zu der ersten Ordnung gehören alle Abkömmlinge des Erblassers. Durch das Gesetz zur erbrechtlichen Gleichstellung nichtehelicher Kinder (ErbGleichG)[8] sind seit dem 1.4.1998 die nichtehelichen Kinder den ehelichen Kindern gleichgestellt. Nach Art. 12 § 10 Abs. 2 S. 1 NEhelG waren allerdings von dieser Gleichstellung die nichtehelich geborenen Kinder ausgenommen, die vor dem 1.7.1949 geboren waren. Diese waren nach dem Tod ihres Vaters weder erb- noch pflichtteilsberechtigt. Diese Regelung ist erst durch Art. 1 des zweiten Gesetzes zur erbrechtlichen Gleichstellung nichtehelicher Kinder vom 12.4.2011[9] mit Wirkung zum 29.5.2009 aufgehoben worden. Dieses Gesetz ist erlassen worden, weil der EGMR am 28.5.2008[10] entschieden hatte, dass Art. 12 § 10 Abs. 2 S. 1 NEhelG, der ein vor dem 1.7.1949 nichtehelich geborenes Kind von jeglicher gesetzlichen Erbfolge nach dem Vater ausschloss, ohne ihm dafür einen finanziellen Ausgleich zu gewähren, Art. 14 i.V.m. Art. 8 EMRK verletzt. Die Gleichstellung gilt für die vor dem 1.7.1949 nichtehelich geborenen Kinder indes nur

---

[8] BGBl. 1997, Teil 1. S. 2968; BGBl. 1998 Teil I S. 524.
[9] BGBl. I 2011, 615.
[10] *EGMR* Urt. v. 28.5.2006 (Az. 3545/04) = NJW-RR 2009, 1603.

dann, wenn der Erbfall nach dem 29.9.2009 eingetreten ist. Für frühere Erbfälle bleibt es aus Gründen des Vertrauensschutzes bei der bisherigen Regelung. Hier ist nur für diejenigen Erbfälle, in denen der Staat Erbe geworden ist, ein Ausgleichsanspruch auf Auszahlung des Wertes des Nachlasses gegen den Staat vorgesehen. Die gesetzliche Fortschreibung der Ungleichbehandlung dieses Personenkreises ist von dem BGH[11] und von dem BVerfG[12] bestätigt worden.

> **JURIQ-Klausurtipp**
>
> In einer Klausur empfiehlt es sich eine Skizze zu erstellen, in der die Verwandten des Erblassers und deren Stämme und Linien aufgeführt sind. In dem Stammbaum sollten zur besseren Übersicht auch die verstorbenen Verwandten aufgenommen werden, da an ihre Stelle deren Abkömmlinge treten.

» Machen Sie sich für die nachfolgenden Beispiele eigene Skizzen! «

Beispiel Im Zeitpunkt des Todes des verwitweten Erblassers lebt von seinen Kindern nur noch die Tochter K 1. Die Kinder K 2 und K 3 sind bereits verstorben. Der Erblasser hinterlässt weiter die Enkel E 1 (Sohn der K 1), E 2 (Tochter des K 2), E 3 (Tochter der K 3) und die Urenkel U 1 (Sohn des E 1). Der Enkel E 4, der Sohn des K 3 war, ist vor dem Erblasser verstorben und hat eine Tochter hinterlassen, die Urenkelin U 2. Weiter lebt noch die Mutter des Erblassers M. Wie ist die gesetzliche Erbfolge?

Die Mutter ist von der Erbfolge ausgeschlossen, da Abkömmlinge der 1. Ordnung vorhanden sind. Die Abkömmlinge des Erblassers erben nach Stämmen § 1924 Abs. 3, wobei jedes Kind einen Stamm bildet. Der Enkel E 1 und der Urenkel U 1 sind von der Erbfolge ausgeschlossen, da die K 1 noch lebt. Ein lebender Abkömmling des Erblassers schließt die von ihm abstammenden Kinder von der Erbfolge aus (Repräsentationsprinzip). Da die Kinder des Erblassers K 2 und K 3 verstorben sind, treten an ihre Stelle die Enkel des Erblassers E 2 und E 3 (Eintrittsrecht). An die Stelle des verstorbenen Enkels E 4 tritt dessen Tochter die Urenkelin U 2. Die Stämme erben zu gleichen Teilen. Demnach erben die K 1 und die E 2 jeweils 1/3, während E 3 und U 2 jeweils 1/6 erben. Hätte der Erblasser ein weiteres Kind K 4 gehabt, das kinderlos vor ihm verstorben wäre, wäre dieser Stamm bei der Erbfolge nicht berücksichtigt worden, da ein erbfähiger Abkömmling nicht vorhanden gewesen wäre.

3. Linienprinzip

286 Sind nur Erben der **zweiten** oder **dritten** Ordnung vorhanden, so gilt zunächst das Prinzip der Linien. Jeder Elternteil des Erblassers bildet zusammen mit seinen Nachkommen eine Linie. Jede Linie erbt zu gleichen Teilen. Auch hier gilt das Repräsentationsprinzip (§ 1925 Abs. 2) und das Eintrittsprinzip (§ 1925 Abs. 3 S. 1). Fällt eine Linie aus, erbt der überlebende Teil einer anderen Linie allein. Halbgeschwister nehmen nur an der Hälfte teil, die auf den mit dem Erblasser gemeinsamen Elternteil entfallen wäre.

Beispiel 1 Der Erblasser E ist ledig und ohne Hinterlassung von Abkömmlingen verstorben. Sein Vater V ist vorverstorben, seine Mutter und seine beiden Geschwister A und B leben noch. Wie ist die gesetzliche Erbfolge?

---

[11] *BGH* Urt. v. 26.10.2011 (Az. IV ZR 150/10) = NJW 2012, 231.
[12] *BVerfG* Beschl. v. 18.3.2013 (Az. 1 BvR 2436/11, 1 BvR 3155/11) = NJW 2013, 2103.

| Prinzipien des Verwandtenerbrechts | 2 B I |

Die Mutter des Erblassers erbt 1/2. Da der Vater verstorben ist, geht seine Hälfte an seine Kinder A und B, so dass sie jeweils 1/4 erben. Hätte der Erblasser keine Geschwister gehabt, wäre seine Mutter Alleinerbin geworden. ■

Beispiel 2 Der Erblasser E ist ledig und ohne Hinterlassung von Abkömmlingen verstorben. Seine Eltern M und V sind vorverstorben. Er hat zwei Geschwister A und B. Sein Vater hat aus einer zweiten Ehe mit F noch die Tochter C. Wie ist die gesetzliche Erbfolge?

Würden die Eltern des Erblassers noch leben, hätten sie jeweils die 1/2 geerbt. Da sie nicht mehr leben, geht die Hälfte des Vaters an seine Kinder A B und C (jeweils 1/6). Die Hälfte der Mutter erben ihre Kinder A und B (jeweils 1/4). A und B erben daher jeweils 5/12 (1/4 + 1/6), während die C nur 1/6 erbt. ■

Beispiel 3 Der Erblasser E ist ledig und ohne Hinterlassung von Abkömmlingen verstorben. Er ist das einzige Kind seiner bereits verstorbenen Eltern V und M. Auch seine Großeltern GV 1 und GM 1 sowie GV 2 und GM 2 sind verstorben. Der Sohn S der Großeltern GV 1 und GM 1 lebt noch. Die Kinder K 1 und K 2 der Großeltern GV 2 und GM 2 sind ebenfalls verstorben. K 2 hat zwei Töchter, die C 1 und C 2, hinterlassen, die noch leben. Wie ist die gesetzliche Erbfolge?

Nach dem Linienprinzip erben die Eltern V und M jeweils 1/2. Da die Eltern des Erblassers verstorben sind, erben die Großeltern jeweils 1/4. An die Stelle der verstorbenen Großeltern GV 1 und GM 1 tritt deren Sohn S, der insgesamt 1/2 erbt (1/4 + 1/4). An die Stelle der verstorbenen Großeltern GV 2 und GM 2 treten deren Kinder. Da die K 1 kinderlos verstorben ist, fällt ihr Stamm weg. Die Erbteile von dem Stamm GV 2 und GM 2 gehen auf den Stamm K 2 über. Da K 2 verstorben ist, gehen von dem Nachlass auf C 1 und C 2 jeweils 1/4 über. ■

4. Gradualprinzip

Ab der **vierten Ordnung** gilt anstelle der Erbfolge nach Stämmen oder Linien das *Gradualsystem*, das auf die Gradnähe der Verwandtschaft abstellt. Ein mit dem Erblasser gradmäßig näher stehende Verwandte schließt die entfernten Verwandten aus, §§ 1928 Abs. 3, 1929. Der Nähegrad der Verwandtschaft bestimmt sich durch die Zahl der sie vermittelnden Geburten, § 1589 S. 3. Die Graderbfolge gilt immer nur in der jeweils zur Erbfolge berufenen Ordnung.

287

Beispiel Der Erblasser E ist ledig und ohne Hinterlassung von Abkömmlingen verstorben. Er ist das einzige Kind seiner bereits verstorbenen Eltern V und M. Auch seine Großeltern GV 1 und GM 1 sowie GV 2 und GM 2 sind verstorben. Auch die Urgroßeltern UG 1–8 leben nicht mehr. Von dem Urgroßelternpaar väterlicherseits UG 1 und UG 2 leben noch zwei Enkel E 1 und E 2. Von dem Urgroßelternpaar mütterlicherseits UG 7 und 8 leben noch die Urenkel UE 7 und UE 8. Wie ist die gesetzliche Erbfolge?

Da das Linien- und Stammesprinzip nicht bei der vierten Ordnung gilt, treten an die Stelle der weggefallenen Urgroßeltern nicht deren Abkömmlinge. Es kommt allein darauf an, wer dem Grad nach am nächsten mit dem Erblasser verwandt ist. E 1 und E 2 sind mit dem Erblasser im fünften Grad und UE 7 und UE 8 im sechsten Grad verwandt. Da nach § 1928 Abs. 3 die mit dem Erblasser dem Grade nach am nächsten verwandte Abkömmlinge als Erben berufen sind und mehrere gleichnahe Verwandte zu gleichen Teilen erben, bilden E 1 und E 2 eine Erbengemeinschaft mit einem Anteil von jeweils 1/2. Würde in diesem Fall ein Urgroßelternteil noch leben, wäre er Alleinerbe geworden, § 1928 Abs. 2. ■

II. Gesetzliches Erbrecht der Ehegatten

288 Das BGB reiht den überlebenden Ehegatten des Erblassers nicht in eine für die gesetzliche Erbfolge bestehende Ordnung ein. Es sieht die Erbberechtigung der Blutsverwandten und die Erbberechtigung des Ehegatten auf Grund der Ehe als *gleichwertig* an und lässt daher Ehegatten und (nähere) Verwandte nebeneinander zum Zuge kommen. Gehört der Ehegatte zu den erbberechtigten Verwandten, so erbt er zugleich als Verwandter nach § 1934. Es handelt sich um zwei getrennte Erbteile, die nicht miteinander verknüpft sind und daher auch getrennt ausgeschlagen werden können.

1. Ausschluss des gesetzlichen Erbrechts des Ehegatten

289 Voraussetzung für das Bestehen des gesetzlichen Erbrechts des Ehegatten ist das Bestehen einer wirksamen Ehe, § 1933. Das Ehegattenerbrecht ist ausgeschlossen, wenn die Ehe vor dem Erbfall rechtskräftig geschieden wurde (§ 1564) oder die Ehe durch rechtskräftiges Urteil aufgehoben wurde (§ 1313). Gleiches gilt, wenn der überlebende Ehegatte bei Eingehung der Ehe deren Aufhebbarkeit kannte (§§ 1313 ff., 1318 Abs. 5). Das Erbrecht des Ehegatten ist weiter ausgeschlossen, wenn die (materiellen) Voraussetzungen für die Scheidung der Ehe (§§ 1565–1568) gegeben sind, § 1933 S. 1. Nach der Rechtsprechung[13] ist für das Vorliegen der formellen Scheidungsvoraussetzungen erforderlich, dass der Scheidungsantrag rechtshängig geworden ist. Das Erbrecht des überlebenden Ehegatten erlischt auch, wenn der Ehegatte die Scheidung beantragt hat und der Erblasser noch vor seinem Tod der Scheidung zugestimmt hat. Die Zustimmung des Erblassers zur Scheidung kann nach §§ 134 Abs. 1, 114 Abs. 4 Nr. 3 FamFG durch privatschriftliche Erklärung gegenüber dem Familiengericht erfolgen.[14] Dass der Ehegatte dem Scheidungsantrag des anderen Ehegatten nicht entgegengetreten ist, reicht für die Annahme einer Zustimmung nicht aus.[15] Dagegen behält der überlebende Ehegatte sein gesetzliches Erbrecht, wenn er die Scheidung beantragt hat, der Erblasser sich aber bis zu seinem Tode der Scheidung widersetzt hat. Gleiches gilt, wenn der überlebende Ehegatte zunächst einen Scheidungsantrag gestellt hat, der Erblasser der Scheidung auch zugestimmt hat, der Ehegatte aber seinen Scheidungsantrag zurückgenommen hat.

> **Hinweis**
>
> Stirbt der Ehegatte, der den Scheidungsantrag gestellt hat, so verliert der Antragsgegner sein gesetzliches Erbrecht. Verstirbt dagegen der Antragsgegner, so behält der Antragsteller sein gesetzliches Erbrecht, obwohl er als Antragsteller den Willen zur Eheauflösung hatte.[16]

290 Der Ehegatte verliert in den oben genannten Fällen auch seinen Anspruch auf den Pflichtteil aus § 2303 sowie auf den Voraus (§ 1932). Ist der Erblasser im Todeszeitpunkt geschieden, geht eine bereits bestehende Unterhaltspflicht nach § 1586b auf die Erben über, wobei die Haftung auf den fiktiven Pflichtteil des überlebenden Ehegatten beschränkt ist.

---

[13] *BGH* Urt. v. 6.6.1990 (Az. IV ZR 88/89) = BGHZ 111, 329.
[14] *OLG Köln* Beschl. v. 11.3.2013 (Az. I-2 Wx 64/13, 2 Wx 64/13) = NJW-RR 2013, 2831.
[15] *OLG Düsseldorf* Beschl. v. 12.9.2011 (Az. I-3 Wx 179/11, 3 Wx 179/11) = NJW-RR 2011, 1642.
[16] *Olzen* Jura 1998, 135.

2. Umfang des gesetzlichen Ehegattenerbrechts

Der gesetzliche Erbteil des Ehegatten richtet sich danach, ob Verwandte des Erblassers vorhanden sind und welcher Ordnung sie angehören. Für die Erbquote ist weiter von Bedeutung, in welchem Güterstand die Ehegatten gelebt haben. **291**

a) Einfluss der Erbordnungen, § 1931

Der Ehegatte erbt zu folgenden Anteilen neben: **292**

	Zugewinngemeinschaft	Gütertrennung	Gütergemeinschaft
Gesetzliches Erbrecht der Ehegatten			
1. Ordnung	¼ (§ 1931 Abs. 1 S. 1) + ¼ als Zugewinnausgleich § 1371 = ½	½ (§ 1931 Abs. 4) neben 1 Kind oder dessen Abkömmlingen ⅓ neben 2 Kindern oder deren Abkömmlingen ¼ neben 3 oder mehr Kindern oder deren Abkömmlingen	¼ (§ 1931 Abs. 1 S. 1)
2. Ordnung	½ (§ 1931 Abs. 1 S. 1) + ¼ als Zugewinnausgleich § 1371 = ¾	½ (§ 1931 Abs. 1 S. 1)	½ (§ 1931 Abs. 1 S. 1)
neben Großeltern:			
3. Ordnung	½ (§ 1931 Abs. 1 S. 2) + Abkömmlingen der weggefallenen Großeltern (§ 1931 Abs. 1 S. 2 u. § 1926) + ¼ als Zugewinnausgleich = ¾ wenn alle Großeltern leben	½ (§ 1931 Abs. 1 S. 2) + Abkömmlingsanteil der weggefallenen Großeltern = mindestens ½	½ (§ 1931 Abs. 1 S. 2) + Abkömmlingsanteil der weggefallenen Großeltern = mindestens ½
wenn keine Großeltern mehr leben: alles			
4. Ordnung	alles	alles	alles

b) Einfluss des Güterstands der Ehegatten auf den Erbteil

aa) Gütertrennung

Bei Bestehen einer Gütertrennung erhält der überlebende Ehegatte neben einem Kind 1/2 neben zwei Kindern 1/3, § 1931 Abs. 4. Bei drei oder mehr Kindern erhält der Ehegatte nach § 1931 Abs. 1 1/4. **293**

bb) Gütergemeinschaft

Hier verbleibt es bei den allgemeinen erbrechtlichen Grundsätzen, da der Ehegatte bereits Miteigentümer des Gesamtguts ist. Haben die Ehegatten zu Lebzeiten eine fortgesetzte Gütergemeinschaft i.S.v. § 1483 ff. vereinbart, wird der Anteil des verstorbenen Ehegatten am Gesamtgut nicht vererbt § 1483 Abs. 1 S. 3. **294**

cc) Zugewinngemeinschaft

295 Beim gesetzlichen Güterstand der Zugewinngemeinschaft wird der Anteil an dem Erbe für den Ehegatten um 1/4 erhöht, § 1931 Abs. 3 i.V.m. § 1371 Abs. 1. Bei der Erhöhung des Erbteils handelt es sich um einen pauschalierten Zugewinnausgleich unabhängig von den konkreten Vermögensverhältnissen der Ehegatten.

> **Hinweis**
>
> Gehört ein Ehegatte zu den gesetzlichen Erben, muss zunächst festgestellt werden, neben welchen Verwandten der Ehegatte zum Erben berufen ist und in welchem Güterstand er gelebt hat. Auf dieser Grundlage ist die Erbquote zu ermitteln. Der verbleibende Rest des Nachlasses ist nach den Regeln der Verwandtenerbfolge unter den übrigen Erben zu verteilen.

Beispiel 1 Der Erblasser E und seine Ehefrau F leben im gesetzlichen Güterstand, als der E verstirbt. Sie haben zwei Kinder. Wie ist die gesetzliche Erbfolge?

Die F erhält 1/4 aus § 1931 Abs. 1 und 1/4 aus § 1371 Abs. 1 = 1/2. Die Kinder erben jeweils 1/4. ∎

Beispiel 2 Der Erblasser E und seine Ehefrau F leben im gesetzlichen Güterstand, als E verstirbt. Sie sind kinderlos. Die Eltern des Erblassers sind verstorben. E hat noch einen Bruder B. Wie ist die gesetzliche Erbfolge?

Die F erhält 1/2 aus § 1931 Abs. 1 und 1/4 aus § 1371 Abs. 1. Der Bruder erbt 1/4. ∎

> **Hinweis**
>
> Die im Rahmen der Zugewinngemeinschaft bestehenden Besonderheiten bei dem Pflichtteilsanspruch des überlebenden Ehegatten werden im Pflichtteilsrecht abgehandelt.

c) Übungsfall Nr. 4

„Ordentliche Erbfolge"

Die Erblasserin E hinterlässt ihren Ehemann M und die gemeinsamen Kinder K 1 und K 2, sowie ihre Schwester S und ihre Eltern V und Mu. E und M haben im gesetzlichen Güterstand der Zugewinngemeinschaft gelebt. Eine letztwillige Verfügung hat die E zu ihren Lebzeiten nicht errichtet. Wer ist Erbe der E geworden?

Abwandlungen: Wie wäre die Erbfolge, wenn E und M im Güterstand der Gütertrennung bzw. im Güterstand der Gütergemeinschaft gelebt hätten?

Lösung

A. Grundfall

Die gesetzliche Erbfolge tritt dann ein, wenn die Ehegatten keine letztwillige Verfügung errichtet haben.

I. Keine gewillkürte Erbfolge

Die E hatte im Zeitpunkt ihres Todes keine letztwillige Verfügung in Form eines Erbvertrages, eines gemeinschaftlichen Testaments oder eines Einzeltestamentes errichtet, so dass die gesetzliche Erbfolge eingetreten ist.

II. Ausschluss der Erben der zweiten Ordnung

Da K 1 und K 2 als Abkömmlinge der Erblasserin E vorhanden sind, sind die Erben der zweiten Ordnung und damit ihre Eltern V und Mu sowie ihre Schwester S von der Erbfolge gemäß § 1930 ausgeschlossen. Bei einer rein erbrechtlichen Betrachtung würden der M 1/4 und die Kinder K 1 und K 2 jeweils 3/8 gemäß § 1931 Abs. 1 S. 1 erben.

III. Erhöhung des Erbteils des M durch das Güterrecht

Nach § 1931 Abs. 3 i. V. mit § 1371 Abs. 1 wird der Zugewinn eines Ehegatten ohne Rücksicht darauf, ob ein Zugewinn erzielt worden ist, pauschal dadurch ausgeglichen, dass der gesetzliche Erbteil des Ehegatten um 1/4 erhöht wird. M erhält mithin die Hälfte die Abkömmlinge K 1 und K 2 jeweils 1/4. Der Sinn des pauschalierten Zugewinnausgleichs besteht nach der Vorstellung des Gesetzgebers darin, die Rechtslage zu vereinfachen und Streitigkeiten zwischen dem überlebenden Ehegatten und den gemeinsamen Kindern dadurch zu verhindern, dass die Berechnung des Zugewinns unterbleibt. Hätten die Ehegatten keine Kinder gehabt, so hätte der M neben den Erben der zweiten Ordnung nach § 1931 Abs. 1 S. 1 Hs. 2 nach der erbrechtlichen Betrachtung die Hälfte geerbt. Sein Erbteil hätte sich auch in diesem Fall nach §§ 1931 Abs. 3 i.V.m. 1371 pauschal um ein Viertel erhöht, sodass er insgesamt 3/4 und die Eltern der E jeweils 1/8 geerbt hätten.

B. Abwandlung 1

Hätten die Ehegatten M und E im Güterstand der Gütertrennung gelebt, so wären nach §§ 1930 bei der gesetzlichen Erbfolge die Erben der zweiten Ordnung und damit V, Mu und die S als gesetzliche Erben ausgeschieden, da Abkömmlinge der Erblasserin E vorhanden sind. Nach § 1931 Abs. 1 steht dem M ein 1/4 und den Kindern K 1 und K 1 jeweils 3/8 zu. Dieses Ergebnis wird bei der Gütertrennung der Ehegatten durch § 1931 Abs. 4 dahin modifiziert, dass die Abkömmlinge K 1 und K 2 jeweils keinen höheren Erbanteil als der M haben dürfen. K 1 und K 2 sowie M erben daher jeweils 1/3. Hätten die Ehegatten M und E keine Kinder gehabt, so würde der M neben den Eltern der E die Hälfte erben, während Mu und V jeweils ein Viertel erhalten hätten.

C. Abwandlung 2

Hätten die Ehegatten M und E im Güterstand der Gütergemeinschaft gelebt, so wären nach §§ 1930 die Erben der 2. Ordnung ebenfalls ausgeschlossen gewesen, da Abkömmlinge der E vorhanden sind. M hätte daher nach

§ 1931 Abs. 1 1/4 und die Abkömmlinge K 1 und 2 jeweils 3/8 geerbt. Für eine Korrektur in güterrechtlicher Hinsicht besteht bei der Gütergemeinschaft kein Anlass. Der M ist an dem Gesamtgut bereits als Gesamthänder zur Hälfte beteiligt. Gegenstand der Erbschaft ist nach § 1482 S. 1 nur der Anteil der E an dem Gesamtgut sowie an dem Sonder- und an dem Vorbehaltsgut. Hätte E keine Kinder hinterlassen, hätte M neben den Erben der zweiten Ordnung und damit den Eltern der E die Hälfte sowie V und Mu jeweils 1/4 geerbt. M wären daher insgesamt 3/4 des Gesamtguts verblieben.

Typenauswahl im Erbrecht

3. Der Voraus der Ehegatten, § 1932

Ist der Ehegatte neben Verwandten der zweiten Ordnung oder neben Großeltern gesetzlicher Erbe, so stehen ihm nach § 1932 Abs. 1 S. 1 die zum Haushalt der Eheleute gehörenden Gegenstände als Voraus zu, sofern sie nicht Zubehör eines Grundstücks sind. Neben Verwandten der ersten Ordnung kann der überlebende Ehegatte als gesetzlicher Erbe die Haushaltsgegenstände nur dann verlangen, soweit er sie zur Führung eines angemessenen Haushaltes benötigt. Der Anspruch des Ehegatten auf den Voraus begründet eine *Nachlassverbindlichkeit*, deren Erfüllung bei der Auseinandersetzung der Erbengemeinschaft vorweg verlangt werden kann (§ 2046). Der Ehegatte hat die Stellung eines Nachlassgläubigers.

III. Gesetzliches Erbrecht des gleichgeschlechtlichen Lebenspartners

Der gleichgeschlechtliche Lebenspartner wird in § 10 LPartG dem Ehegatten weitgehend gleichgestellt. Neben Verwandten der ersten Ordnung erhält er 1/4, neben Verwandten der zweiten Ordnung 1/2, neben Erben der dritten Ordnung wird er Alleinerbe. Leben die Partner in einer Zugewinngemeinschaft findet nach § 6 S. 2 LPartG § 1371 Anwendung. Bei Gütertrennung gilt § 10 Abs. 2 S. 2 LPartG.

IV. Gesetzliches Erbrecht des Staates

Wenn ein Verwandter oder ein Ehegatte des Erblassers nicht vorhanden ist, wird der Fiskus nach § 1936 gesetzlicher Erbe. Dieser kann die Erbschaft nicht ausschlagen, § 1942 Abs. 2. Er wird also **Zwangserbe**.

C. Gewillkürte Erbfolge

I. Typenauswahl im Erbrecht

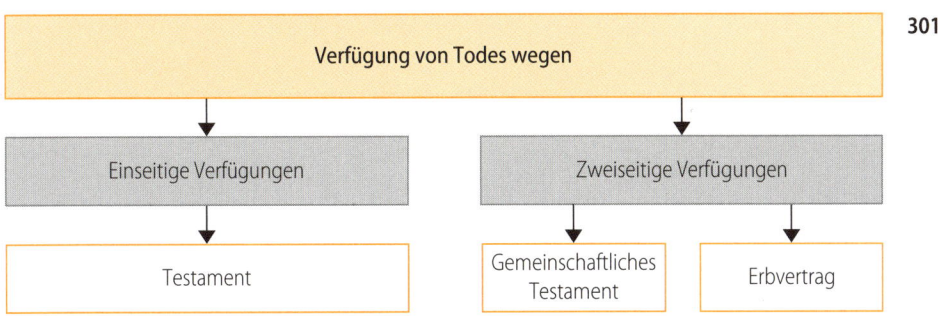

Wenn der Erblasser sein lebzeitig erworbenes Vermögen abweichend von der gesetzlichen Erbfolge im Todesfalle jemandem zukommen lassen möchte, kann er dies durch die Errichtung einer letztwilligen Verfügung von Todes wegen regeln. Die gewillkürte Erbfolge geht der gesetzlichen Erbfolge vor. Das Gesetz unterscheidet zwischen einseitigen und zweiseitigen letztwilligen Verfügungen. Einseitig ist die Errichtung eines **Testaments** (§ 1937), mehrseitig die Errichtung eines **gemeinschaftlichen Testaments** (§§ 2265 ff.) und der Abschluss eines **Erbvertrages** (§ 1941).

302 Eine letztwillige Verfügung ist immer dann anzunehmen, wenn der Erblasser erkennbar über sein Vermögen nach seinem Tod verfügen wollte (sog. **Testierwille**).[17] Das setzt voraus, dass er eine inhaltlich zulässige Anordnung für den Fall seines Todes treffen wollte.

> **Hinweis**
>
> Der Testierwille sollte in einer Klausur immer dann erörtert werden, wenn das Testament in einem Brief abgefasst worden ist oder wenn es um die Abgrenzung einer postmortalen Vollmacht zu einer letztwilligen Verfügung geht.

303 Die Testierfreiheit ist die im Rahmen des Erbrechts eingeräumte Möglichkeit, in den Grenzen des Pflichtteilsrechts frei durch Verfügung von Todes wegen über das eigene Vermögen zu verfügen. Die Testierfreiheit ist ein Ausfluss der Privatautonomie und ist durch Art. 14 GG abgesichert.[18] Sie wird eingeschränkt durch den **erbrechtlichen Typenzwang**[19] durch den der Erblasser gezwungen ist, die im Erbrecht vorgeschriebenen Rechtsinstitute zur Verwirklichung seines letzten Willens einzuhalten. Die Testierfreiheit findet ihre Grenze im Pflichtteilsrecht des Pflichtteilberechtigten. Der Erblasser kann seine Testierfreiheit durch Abschluss eines Erbvertrags auch selbst beschränken.

304 Wir werden uns im Folgenden die Verfügungsformen Testament, Erbvertrag und gemeinschaftliches Testament ansehen. Die ebenfalls im Erbrecht geregelte Schenkung von Todes wegen (§ 2301) wurde bereits an anderer Stelle behandelt[20] und ist daher nicht Gegenstand dieses Skripts.

---

17 *BGH* Urt. v. 14.4.1976 (Az. IV ZR 61/74) = WM 1976, 744.
18 *BVerfG* Beschl. v. 3.11.1981 (Az. 1 BvL 11/77, Az. 1 BvL 85/78, Az. 1 BvR 47/81) = BVerfGE 58, 377; *BVerfG* Beschl. v. 16.10.1984 (Az. 1 BvR 513/78) = BVerfGE 67, 329; *BGH* Beschl. v. 22.6.1995 (Az. 2 BvR 552/91) = BVerfGE 93, 165.
19 *BGH* Urt. v. 19.1.1954 (Az. V ZB 28/53) = BGHZ 12, 115 ff.
20 Siehe dazu im Skript „Schuldrecht BT I" unter Rn. 460.

II. Testament

> **Testamentarische Verfügung – Zustandekommen und Wirksamkeit** 305
>
> I. Äußerung eines Testierwillens
>
> II. Testierfähigkeit, § 2229
>
> III. Ggf. Inhaltsbestimmung durch Auslegung
>
> IV. Höchstpersönlichkeit = Verbot der Stellvertretung
> - Einräumung von Ermessensspielräumen an Dritte   Rn. 322
>
> V. Form, § 125 S. 1 i. V. m. §§ 2231 ff.
> - Zusätze unterhalb der Unterschrift   Rn. 327
>
> VI. (Keine) Nichtigkeit nach §§ 134, 138
> - Geliebtentestament   Rn. 335
> - Begünstigung von Heimträgern   Rn. 333
>
> VII. (Kein) Eintritt einer auflösenden Bedingung, §§ 2075, 2077
>
> VIII. (Kein) Widerruf, §§ 2253 ff.
>
> IX. (Keine) Anfechtung, §§ 2078 ff.

PRÜFUNGSSCHEMA

1. Zustandekommen durch Äußerung eines Testierwillens

Bei einem Testament handelt es sich um ein **einseitiges** Rechtsgeschäft, mit dem der Erblasser eine oder mehrere letztwillige Verfügung(en) i.S.d. §§ 1937–1940 trifft und damit einen bestimmten Testierwillen (siehe oben unter Rn. 302) zum Ausdruck bringt. 306

Testamentarische Erklärungen sind **nicht empfangsbedürftige Willenserklärungen**. Die jeweils getroffene testamentarische Verfügung kommt mit Errichtung des Testaments zustande, die Frage des **Zugangs** stellt sich mangels Empfangsbedürftigkeit **nicht**.[21] 307

Das Testament kann zu Lebzeiten **jederzeit von dem Erblasser widerrufen** werden, § 2253. Mangels Empfangsbedürftigkeit findet die zeitliche Beschränkung des Widerrufs nach § 130 Abs. 1 S. 2 keine Anwendung. 308

2. Testierfähigkeit, § 2229

Die Testierfähigkeit ist die **erbrechtliche Ausprägung der Geschäftsfähigkeit.** Die unbeschränkte Testierfähigkeit beginnt mit der Vollendung des 18. Lebensjahres. **Minderjährige**, die das **16. Lebensjahr vollendet** haben, sind **beschränkt testierfähig**, § 2229 Abs. 1. Auch **ohne Zustimmung des gesetzlichen Vertreters** können sie ein **Testament** errichten. Zum Schutz des Minderjährigen vor unüberlegten Verfügungen ist die Testierfähigkeit jedoch dahin beschränkt, dass das Testament nur durch mündliche Erklärung gegenüber einem Notar oder durch Übergabe einer offenen Schrift errichtet werden kann, §§ 2233 Abs. 1, 2247 309

---

21 Siehe dazu ausführlich im Skript „BGB AT I" Rn. 123 ff.

Abs. 4. Gleiches gilt, wenn der Erblasser nicht schreiben kann, § 2233 Abs. 2. Steht der Erblasser unter Betreuung, so erstreckt sich der Einwilligungsvorbehalt eines Betreuers nach § 1903 Abs. 2 nicht auf Verfügungen von Todes wegen.

310 Eine Testierunfähigkeit kann nicht partiell bestehen, sondern nur in vollem Umfang, auch wenn sich krankhafte Störungen der Geistestätigkeit nur in einzelnen Lebensbereichen auswirken.[22] Ob eine Testierunfähigkeit vorliegt, ist vom Nachlassgericht bei Erteilung des Erbscheins von Amts wegen zu prüfen (§ 352 Abs. 1 FamFG; §§ 2353, 2358), wenn konkrete Zweifel an der Testierfähigkeit besteht. Für die Bejahung eines Testierwillens bei Abfassung einer schriftlichen Erklärung muss der ernsthafte Wille des Erblassers, ein Testament zu errichten bzw. eine ergänzende Anordnung über sein Vermögen nach seinem Tode zu treffen, sicher festgestellt werden können; hierfür trägt derjenige die Beweislast, der sich auf die Testierfähigkeit des Erblassers beruft.[23] Die Tatsache, dass ein Betreuer bestellt war, beweist noch nicht die Testierunfähigkeit.[24] Bei solchen Zweifeln hat das Nachlassgericht zunächst die behaupteten auffälligen Verhaltensweisen des Erblassers aufzuklären und dazu ein Sachverständigengutachten eines Psychiaters einzuholen.[25]

> **Hinweis**
>
> Nach § 2247 Abs. 5 trägt derjenige die Beweislast für die Testierfähigkeit, der sich auf die Gültigkeit eines Testaments beruft.[26]

3. Ggf. Inhaltsbestimmung durch Auslegung

a) Auslegung nach § 133

311 Die Auslegung eines Testaments richtet sich aufgrund der fehlenden Empfangsbedürftigkeit nicht nach dem Empfängerhorizont, sondern nach dem wirklichen Willen des Erblassers. Maßgebend für die Auslegung ist daher ausschließlich die Vorschrift des § 133.[27]

> **Hinweis**
>
> Vor der Anwendung der gesetzlichen erbrechtlichen Auslegungsregeln ist in einer Klausur zunächst eine Auslegung nach § 133 vorzunehmen. Für die Anwendung der Auslegungsgrundsätze ist bei einer Klausur zudem nur Raum, wenn der Bearbeiter das Vorliegen eines wirksamen Testaments bejaht hat. Dabei ist zu beachten, dass die Vorschrift des § 157 nur für die Auslegung eines Erbvertrags und für die Auslegung von wechselbezüglichen Verfügungen in einem gemeinschaftlichen Testament herangezogen werden darf.[28]

---

22 *BayObLG* Beschl. v. 31.1.1991 (Az. BReg 1a Z 37/90) = NJW 1992, 248; Beschl. v. 21.7.1999 (Az. 1Z BR 122/98) = NJW-RR 2000, 6.
23 *OLG München* Urt. v. 16.2.2011 (Az. 3 U 4316/07) = FamRZ 2011, 1757.
24 *OLG Hamm* Beschl. v. 6.10.1988 (Az. 15 W 354/88) = Rpfleger 1989, 23, zur Gebrechlichkeitspflegschaft.
25 *OLG Hamm* Beschl. v. 6.10.1988 (Az. 15 W 354/88) = Rpfleger 1989, 23.
26 *BGH* FamRZ 1958, 127; *BayObLG* Beschl. v. 12.9.1995 (Az. 1Z BR 59/95) = NJW 1995, 3260; *OLG Hamm* Beschl. v. 20.5.2003 (Az. 15 W 393/01) = FamRZ 2004, 659.
27 Siehe dazu ausführlich im Skript „BGB AT I" Rn. 192 ff.
28 *BGH* Urt. v. 8.2.1989 (Az. IVa ZR 98/87) = BGHZ 106, 359; *BGH* Urt. v. 7.10.1992 (Az. IV ZR 160/91) = NJW 1993, 256.

Testament 2 C II

Im Rahmen des § 133 ist zu ermitteln, was der Erblasser mit seinen Worten sagen wollte.[29] Die Auslegung ist nicht auf den Wortlaut der letztwilligen Verfügung beschränkt. Es können auch außerhalb der Urkunde liegende Umstände herangezogen werden.[30] So sind auch Äußerungen des Erblassers zu seinen Lebzeiten und seine Gepflogenheiten zu berücksichtigen. Das gilt auch für die Frage, ob überhaupt eine Mehrdeutigkeit vorliegt. **312**

》 Zum Verhältnis zwischen Auslegung und Formfragen kommen wir sogleich unter Rn. 324 ff. 《

Beispiel In einem Testament hat der Erblasser seiner Tochter die Briefmarkensammlung vermacht. Angehörige und Freunde des Erblassers wissen, dass er damit nicht seine Briefmarken, sondern seine Münzen gemeint hat. ■

Maßgebender Zeitpunkt für die Ermittlung des Erblasserwillens ist der Zeitpunkt der Errichtung des Testaments. Eine Willensänderung nach der Testamentserrichtung ist unbeachtlich.[31] **313**

b) Ergänzende Auslegung

Die ergänzende Auslegung setzt eine irrtumsbedingte, ergänzungsbedürftige Lücke im Testament voraus. Mit der ergänzenden Auslegung wird der hypothetische Wille des Erblassers ermittelt, d.h. der Wille, den er bei Kenntnis der Umstände gehabt hätte. **314**

Beispiel Der Erblasser E setzt seine Geliebte G, die er später heiratet, als Alleinerbin ein. Als E stirbt, ist die G bereits verstorben. Sie hinterlässt eine Tochter T aus erster Ehe, die dem E sehr nahe stand. T ist der Auffassung, sie sei aufgrund ergänzender Auslegung Ersatzerbin nach § 2069 ihrer Mutter und damit Alleinerbin geworden. Das BayObLG[32] hat in der Erbeinsetzung der G einen ausreichenden Anhaltspunkt für die Ersatzerbeneinsetzung der T gesehen. Diese Auslegung hat das BayObLG darauf gestützt, dass das Erbrecht in § 2069 die Möglichkeit vorsehe einen im Testament nicht Bedachten als Ersatzerben anzusehen. Es liege daher nahe, die Möglichkeit eine durch ergänzende Auslegung festzustellende Ersatzerbeneinsetzung auch dann zu bejahen, wenn der Erblasser nicht einen Abkömmling bedacht habe. Der Ersatzerbe brauche dabei nicht notwendigerweise ein Abkömmling des Bedachten sein. Nach anderer Auffassung[33] soll in einem Fall der Erbeinsetzung einer nahestehenden Person eine analoge Anwendung des § 2069 nicht in Betracht kommen. Das OLG Düsseldorf hat vielmehr eine Prüfung gefordert, ob der Erblasser im Zeitpunkt der Errichtung des Testaments eine Ersatzerbenberufung der Abkömmlinge der Bedachten gewollt hat bzw. gewollt hätte. ■

Die ergänzende Auslegung beschränkt sich nicht nur auf die Ersatzerbeinsetzung, sondern kann sich auch auf die Anpassung sonstiger Umstände richten, die in einer Geldentwertung oder in einer tief greifenden Veränderung der Vermögenslage des Erblassers nach Errichtung des Testaments liegen können.[34] **315**

---

29 *BGH* Urt. v. 7.10.1992 (Az. IV ZR 160/91) = NJW 1993, 256.
30 *BGH* Urt. v. 28.1.1987 (Az. IVa ZR 191/85) = FamRZ 1987, 475; *BGH* Urt. v. 8.12.1982 (Az. IVa ZR 94/81) = BGHZ 86, 41.
31 *BayObLG* Beschl. v. 4.11.1992 (Az. 1Z BR 70/92) = FamRZ 1993, 1250.
32 *BayObLG* Beschl. v. 11.12.1992 (Az. 1Z BR 84/92) = FamRZ 1993, 1496.
33 *OLG Düsseldorf* Beschl. v. 30.7.2012 (Az. I-3 Wx 247/11, 3 Wx 247/11) = NJW-RR 2012, 1357; *OLG Frankfurt* Beschl. v. 3.9.2012 (Az. 21 W 81/12) = Erb 2013, 316.
34 *BGH* Urt. v. 15.12.1956 (Az. IV ZR 101/56) = BGHZ 22, 357.

c) Gesetzliche Auslegungsregeln

aa) Wohlwollende Auslegung, § 2084

316 Lässt eine letztwillige Verfügung mehrere Auslegungen zu, so ist nach § 2084 der Auslegung der Vorzug zu geben, die der Verfügung zum Erfolg verhilft. Mit Hilfe dieser Auslegungsregelung soll dem Willen des Erblassers so weit wie möglich zur rechtlichen Geltung verholfen werden.

> **Hinweis**
>
> Die Vorschrift des § 2084 findet auch Anwendung, wenn in Frage steht, ob eine letztwillige Verfügung vorliegt oder ein nichtiges Rechtsgeschäft unter Lebenden geschlossen worden ist.[35]

317 Die Verwirklichung des Erblasserwillens verfolgt auch § 2085. Diese Vorschrift bestimmt im Gegensatz zu § 139, dass die Unwirksamkeit einer einzelnen Verfügung nicht zur Unwirksamkeit sämtlicher Verfügungen in dem Testament führt. Dem liegt der Gedanke zu Grunde, dass den letztwilligen Verfügungen des Erblassers wenigstens teilweise zur Geltung verholfen werden soll, da nach seinem Tod der fehlerhafte Teil nicht mehr nachgeholt werden kann.

bb) Unwirksamkeit der letztwilligen Verfügung bei Auflösung der Ehe und der Verlobung

318 Die Vorschrift des § 2077 entspricht § 1933. Danach ist eine letztwillige Verfügung, durch die der Erblasser seinen Ehegatten oder Verlobten als Erben eingesetzt hat, unwirksam, wenn die Ehe oder das Verlöbnis vor dem Tod des Erblassers aufgelöst worden ist. Der Auflösung der Ehe steht es gleich, wenn im Zeitpunkt des Todes des Erblassers die Voraussetzungen für die Scheidung der Ehe gegeben waren und der Erblasser die Scheidung beantragt oder ihr zugestimmt hatte. Das gleiche gilt, wenn der Erblasser im Zeitpunkt seines Todes berechtigt war, die Auflösung der Ehe zu verlangen. Allerdings ist die letztwillige Verfügung auch in diesen Fällen wirksam, wenn anzunehmen ist, dass er die testamentarische Verfügung auch für den Fall der Scheidung getroffen haben würde, § 2077 Abs. 3.

319 Nach § 10 Abs. 5 LPartG ist § 2077 Abs. 1, Abs. 3 auf Lebenspartnerschaften anzuwenden. Keine analoge Anwendung findet diese Vorschrift auf heterosexuelle nichteheliche Lebensgemeinschaften.[36]

cc) Unklarheit über Höhe der Erbteile

320 Der Erblasser ist nicht gezwungen, über den gesamten Nachlass zu verfügen. Er kann auch einen oder mehrere Erben auf einen Bruchteil einsetzen und es im Übrigen bei der gesetzlichen Erbfolge belassen, § 2088. Lässt die Auslegung des Testaments den Schluss zu, dass der Erblasser, die gesetzliche Erbfolge ausschließen wollte, so tritt nach § 2089 eine verhältnismäßige Erhöhung der Erbteile ein. Überschreiten die zugewandten Bruchteile das Ganze, so sind sie nach § 2090 verhältnismäßig zu kürzen.

---

[35] *BGH* Urt. v. 11.1.1984 (Az. IVa ZR 30/82) = FamRZ 1985, 693.
[36] *BGH* Urt. v. 3.10.1983 (Az. II ZR 133/82) = FamRZ 1983, 1226; *OLG Celle* Beschl. v. 23.6.2003 (Az. 6 W 45/03) = FamRZ 2004, 310.

Testament

> **Hinweis**
>
> Das Erbrecht enthält in §§ 2066 bis 2076, 2087, 2097 weitere gesetzliche Auslegungsvorschriften, die bei der Auslegung eines Testaments zu beachten sind. Bei einer Verteilung einzelner Vermögensgegenstände, die insgesamt fast das gesamte Vermögen des Erblassers darstellen, ist nach § 2087 Abs. 1 davon auszugehen, dass der Erblasser mit diesen Verfügungen auch Erbeinsetzungen vornehmen wollte und zwar nach Bruchteilen entsprechend dem Wert der jeweils zugedachten Gegenstände.[37]

4. Höchstpersönliche Errichtung der Verfügung von Todes wegen, §§ 2064, 2274

a) Keine Stellvertretung

321 Nach § 2064 kann der Erblasser das Testament nur persönlich errichten. Entsprechendes gilt gem. § 2274 für den Erbvertrag. Diese Vorschriften schließen jede Art von Vertretung bei der Errichtung der letztwilligen Verfügung aus, sei es im Willen oder in der Erklärung. Ausgeschlossen ist die rechtsgeschäftliche Vertretung ebenso wie die Errichtung durch einen gesetzlichen Vertreter (Eltern, Betreuer, Vormund) oder einen Vertreter kraft Amtes (z.B. Insolvenzverwalter). Unzulässig ist auch das Handeln unter fremdem Namen[38] sowie die vollmachtlose Vertretung bei der Errichtung des Testaments bzw. Abschluss des Erbvertrages. Ausprägungen dieses Gebots sind die Vorschriften der § 2229 Abs. 2 und § 1903 Abs. 2, die die Testamentserrichtung durch einen Minderjährigen ab dem 16. Lebensjahr oder durch einen Betreuten von der Zustimmungspflicht der Eltern bzw. des Betreuers befreien.

b) Keine Bestimmung durch Dritte

322 Der Erblasser muss die Geltung und den Inhalt der erbrechtlichen Verfügung gemäß § 2065 eigenverantwortlich festlegen und seinen darauf gerichteten Willen vollständig und abschließend selbst bilden. Er darf keinem anderen die Entscheidung überlassen, ob und wann eine letztwillige Verfügung gelten soll (§ 2065 Abs. 1), wer Zuwendungsempfänger ist (§ 2065 Abs. 2 Alt. 1) und welchen Vermögensgegenstand er erhalten soll (§ 2065 Abs. 2 Alt. 2).

323 Die Vorschrift des § 2065 ist im Hinblick auf §§ 2074, 2075 indes einschränkend auszulegen. Nach §§ 2074, 2075 sind letztwillige Verfügungen unter einer aufschiebenden oder auflösenden Bedingung zulässig. Da der Eintritt einer Bedingung auch von dem Willen des Bedachten oder eines Dritten abhängen kann, wird im Falle einer **Potestativbedingung** wegen § 2065 verlangt, dass der Bedingungseintritt keine Vertretung im Willen darstellt. Dem Erblasser muss es gerade auf das Ereignis und nicht auf die dahinter stehende Entscheidung des Dritten ankommen. Deshalb ist eine Potestativbedingung in einer letztwilligen Verfügung nur dann zulässig, wenn der Erblasser die Rechtsfolge, die im Falle des

---

[37] *OLG Hamm* Urt. v. 2.2.2010 (Az. 10 U 125/09) = BeckRS 2010, 19846; *OLG Düsseldorf* Beschl. v. 19.7.2013 (Az. 3 Wx 56/13) = NotBZ 2013, 389.
[38] *Lange/Kuchinke* § 18 Abs. 1 S. 1.

Nichteintritts bzw. Eintritts der Bedingung ausgelöst wird, in seinen Willen mit aufgenommen hat.[39] Das ist insbesondere problematisch, wenn der Erblasser dem Dritten einen Ermessensspielraum eingeräumt hat.

Beispiel 1 Der Erblasser benennt keinen Erben namentlich, gibt aber objektive Kriterien an, nach denen sich der Bedachte individuell ermitteln lässt. Das ist mit § 2065 Abs. 2 vereinbar, da der Dritte keinen Ermessensspielraum hat.[40] ■

Beispiel 2 Der Erblasser überlässt einem Dritten die Bestimmung des Erben nach freiem Ermessen. Das ist nicht mit § 2065 Abs. 2 vereinbar und daher unzulässig.[41] ■

Beispiel 3 Der Erblasser räumt einem Dritten im Rahmen der vom ihm vorgegebenen Kriterien einen gewissen Ermessensspielraum ein. Nach dem BGH[42] ist in diesem Fall ein Verstoß gegen § 2065 Abs. 2 gegeben, da der Dritte bei der Bestimmung des Erben einen Ermessensspielraum hat. Dagegen halten das RG[43] und das Schrifttum[44] einen „gewissen Beurteilungsspielraum" des Dritten bei der Auswahl des Erben für zulässig, wenn der Beurteilungsspielraum nach objektiven und von dem Erblasser bestimmten Kriterien vorgegeben wurde ■

5. Form, §§ 2231 ff.

a) Auslegung und Form

324 Für das einseitige Testament gibt es Formvorschriften, die eine Verfälschung des Erblasserwillens verhindern und dem Erblasser die Möglichkeit eines erneuten Überdenkens seiner Verfügungen ermöglichen sollen. Bei einem Formverstoß ist das Testament nach § 125 S. 1 nichtig. Die Formvorschriften richten sich danach, ob es sich um ein **ordentliches** oder **außerordentliches** Testament handelt.

> **JURIQ-Klausurtipp**
>
> In einer Klausur wird von dem Bearbeiter in den meisten Fällen die Auslegung eines eigenhändigen Testaments gefordert, so dass die anderen Testamentsformen nur kurz behandelt werden.

325 Es besteht ein Spannungsverhältnis zwischen der nach § 133 gebotenen Berücksichtigung des wirklichen Erblasserwillens und dem Formerfordernis.[45] Der – ggf. durch Auslegung ermittelte – Erblasserwille muss in dem Testament eine Andeutung gefunden haben

---

39 *BGH* Urt. v. 26.4.1951 (Az. IV ZR 4/50) = BGHZ 2, 35; *BGH* Urt. v. 18.11.1954 (Az. IV ZR 152/5) = BGHZ 15, 199; *BGH* Urt. v. 14.7.1972 (Az. V ZR 124/70) = BGHZ 59, 220; *BayObLG* Beschl. v. 2.12.1997 (Az. 1Z BR 93/97) = NJW-RR 1998, 727; *BayObLG* NJW-RR 2000, 174.
40 *BGH* Urt. v. 18.11.1954 (Az. IV ZR 152/5) = BGHZ 15, 199, 202; *KG* Beschl. v. 5.2.1998 (Az. 1 W 6796/95) = FamRZ 1998, 1202.
41 *BGH* Urt. v. 22.1.1986 (Az. IVa ZR 90/84) = NJW 1986, 1812; *OLG Hamm* Beschl. v. 6.7.1995 (Az. 15 W 172/95) = NJW-RR 1995, 1477.
42 *BGH* Urt. v. 18.11.1954 (Az. IV ZR 152/5) = BGHZ 15, 199, so auch *OLG München* Beschl. v. 11.4.2011 (Az. 31 Wx 33/11) = NJW-RR 2011, 945.
43 *RG* Urt. v. 6.2.1939 (Az. IV 188/38) = RGZ 159, 296.
44 *Brox/Walker* Rn. 97; MüKo-*Leipold* § 2065 Rn. 26 ff.
45 Siehe dazu allgemein auch im Skript „BGB AT II" Rn. 257 ff.

(**Andeutungs- oder Anhaltstheorie**).[46] Die Andeutungstheorie führt nicht zu einer Einschränkung der Auslegung, sondern prüft vielmehr, ob der durch die Auslegung ermittelte Wille des Erblassers formgemäß erklärt worden ist.[47]

Beispiel Der Erblasser hinterlässt seine Ehefrau F, seine Mutter M und seine nichteheliche Tochter T. In einem eigenhändigen Testament hat er die F enterbt und bestimmt, dass im Übrigen die gesetzliche Erbfolge eintreten soll. Auf diese Weise wollte er die M zur Alleinerbin machen. Dabei ging er irrtümlich davon aus, dass seine Tochter T wegen ihrer nichtehelichen Geburt keine gesetzliche Erbin wäre. Der Wortlaut des Testaments steht zwar der Annahme einer Alleinerbeinsetzung der M nicht entgegen. Nach der Andeutungstheorie fehlt es indes an der Andeutung eines solchen Willens des Erblassers in dem Testament.

> **Hinweis**
>
> Bei einer falsa demonstratio verzichtet auch die Andeutungstheorie auf Anhaltspunkte in dem Testament, da das wirklich Gewollte nicht niedergeschrieben worden ist.

b) Eigenhändiges Testament, § 2247

aa) Eigenhändigkeit

Bei einem **eigenhändigen Testament** (§ 2247 Abs. 1) muss der Erblasser eine eigenhändig geschriebene und unterschriebene Erklärung abfassen. Die Eigenhändigkeit dient als Sicherungsmittel für die Echtheit der Urkunde. Für das eigenhändige Testament kann der Erblasser jede Sprache oder Schriftart wählen (z.B. Stenographie). Eine mechanische Schrift (Schreibmaschine, PC) genügt diesen Anforderungen jedoch nicht. Eine Unterstützung durch einen Dritten bei der Abfassung des Testaments ist nur zulässig, wenn der Testierwillige wegen eines körperlichen Gebrechens ein Testament nicht anders erstellen konnte. Eine Stützung der schreibenden Hand ist zulässig, wenn der Erblasser hiermit einverstanden war und mitgewirkt hat. Der Schreibvorgang und der Inhalt müssen vom Willen des Erblassers geprägt und erkennbar sein.[48] Allerdings ist ein von fremder Hand geschriebenes Testament selbst dann unwirksam, wenn er dem nachweisbaren Willen des Erblassers entspricht. Ein eigenhändiges Testament, das sowohl einen handschriftlichen Text als auch Pfeildiagramme enthält, die unstreitig von dem Erblasser stammen, ist nichtig.[49] Die Verwendung von Pfeildiagrammen ist unzulässig, weil dadurch nicht das gesetzliche Schriftformerfordernis gewahrt ist. Nur die Niederlegung eines handschriftlichen Textes lässt den Willen des Erblassers mit hinreichender Sicherheit zur Geltung kommen und gewährleistet die notwendige Authentizität.

326

Als weiteres Erfordernis verlangt § 2247 Abs. 3 die eigenhändige **Unterschrift** des Erblassers. Die Unterschrift muss die Urheberschaft und den Abschluss der Erklärung sicherstellen. Die Unterschrift hat eine **Identitätsfunktion**, da sie die Feststellung der Identität erlaubt. Erforderlich ist ein zur Feststellung der Urheberschaft notwendig lesbarer und individueller Schriftzug. Der Erblasser muss dafür nicht mit seinem vollen Namen unterschreiben. Es genügt jede

327

---

46 *BGH* Urt. v. 8.12.1982 (Az. IVa ZR 94/81) = BGHZ 86, 41.
47 *BGH* Beschl. v. 9.4.1981 (Az. IVa ZB 6/80 = BGHZ 80, 246; a.A. *Brox* JA 1984, 549.
48 *BGH* Urt. v. 12.3.1981 (Az. IVa ZR 111/80) = NJW 1981, 1900.
49 *OLG Frankfurt* Beschl. v. 11.2.2013 (Az. 20 W 542/11) = ZEV 2013, 334.

anderweitige Unterzeichnung, wenn sie die Urheberschaft des Erblassers und die Ernstlichkeit seiner Erklärung erkennen lässt (Kosename). Nicht ausreichend sind bloße Schnörkel oder 3 Kreuze. Die Unterschrift hat auch eine **Abschlussfunktion**, die die räumliche Vollständigkeit dokumentiert. Eine Selbstnennung am Anfang des Schriftstückes wird als nicht ausreichende Unterschrift gewertet.[50] Eine einmalige Unterschrift auf einem Blatt einer aus mehreren miteinander nicht verbundenen Blättern bestehenden Niederschrift kann nach Auffassung des OLG Köln[51] nur dann das Erfordernis einer Unterschrift i.S.v. § 2247 Abs. 1 bezüglich aller Blätter erfüllen, wenn sie inhaltlich ein Ganzes bilden sowie eine einheitliche Willenserklärung enthalten und die Unterschrift diese Willenserklärung abschließt; der textliche Zusammenhang muss unzweifelhaft sein. Dieser inhaltliche Zusammenhang könne nicht allein dadurch hergestellt werden, dass der Erblasser mehrere Schriftstücke zusammenheftet.

Probleme entstehen dann, wenn **unterhalb der Unterschrift** später weitere Zusätze hinzugefügt werden (postscripta). Wenn die Zusätze lediglich zur Erläuterung, Klarstellung oder Ergänzung dienen, sind sie zulässig.[52] Fraglich ist, ob bei Zusätzen unterhalb einer Unterschrift, die eine neue Verfügung enthalten, eine erneute Unterschrift notwendig ist. Die h.M. stellt darauf ab, ob die gesamte schriftliche Erklärung im Todeszeitpunkt des Erblassers durch die Unterschrift des Erblassers objektiv räumlich und nach dem aus der Urkunde erkennbaren Willen des Erblassers gedeckt ist.[53] Zusätze unterhalb der Unterschrift oder auf einem neuen Blatt, die eine neue Verfügung enthalten, müssen unterschrieben sein, um formwirksam zu sein.[54] Bei einem mehrseitigen Testament muss sich die Unterschrift auf sämtliche Seiten beziehen. Nach dem BGH[55] liegt auch bei einer mittels Kohlepapier hergestellten Durchschrift eine wirksame Unterschrift vor. Auch ein als Entwurf bezeichnetes Schriftstück wird als wirksames Testament angesehen, wenn es von dem Erblasser unterzeichnet ist. Allerdings wird eine auf einem Briefumschlag sich befindende Unterschrift nicht für ausreichend erachtet.[56] Gleiches gilt für eine nicht unterschriebene Kopie eines Testaments.[57] Nach Auffassung des Oberlandesgerichts Karlsruhe[58] ist allerdings ein hinreichender Testierwille erkennbar, wenn sich in einem verschlossenen Briefumschlag, auf dem eine unterschriebene Testamentsvollstreckung angeordnet ist, Kopien eines Testaments befinden. Kann zum Nachweis des testamentarischen Erbrechts die Urschrift der Urkunde, auf die das Erbrecht gestützt wird, nicht vorgelegt werden, sondern nur eine Kopie, so kann die Errichtung und der Inhalt des Testaments auch mit anderen Beweismitteln bewiesen werden.[59] Seine Erbenstellung aufgrund eines nicht auffindbaren privatschriftlichen Testaments kann der um einen Erbschein nachsuchende Antragsteller allerdings nicht dadurch beweisen, dass ein Zeuge bestätigt, der Erblasser habe mehrfach und bis zu seinem Tod auf Familienfeiern und ähnlichen Anlässen erklärt, dass er ein handschriftliches Testament mit dem besagten Inhalt (hier: Erbeinsetzung zu 1/2 Anteil) aufgesetzt habe und bei sich zu Hause aufbewahre.[60]

---

50 Staudinger-*Baumann* § 2247, Rn. 96.
51 *OLG Köln* Beschl. v. 14.2.2014 (Az. I-2 Wx 299/13, 2 Wx 299/13) = NJW-RR 2014, 1035.
52 *RG* Urt. v. 24.6.1909 (Az. IV 657/08) = RGZ 71, 303.
53 Palandt-*Weidlich* § 2247 Rn. 11.
54 *OLG München* Beschl. v. 13.9.2011 (Az. 31 Wx 298/11) = MDR 2011, 1298.
55 *BGH* Beschl. v. 3.2.1967 (Az. III ZB 15/66) = BGHZ 47, 58.
56 *BayObLG* Beschl. v. 4.2.2000 (Az. 1Z BR 16/99) = ZEV 2000, 365.
57 *OLG München* Beschl. v. 31.8.2011 (Az. 31 Wx 179/10) = NJW-RR 2011, 1644.
58 *OLG Karlsruhe* Beschl. v. 26.3.2010 (Az. 14 Wx 30/09) = FGPrax 2010, 239.
59 *OLG Naumburg* Beschl. v. 29.3.2012 (Az. 2 Wx 60/11) = MDR 2012, 856.
60 *OLG Düsseldorf* Beschl. v. 16.8.2013 (Az. I-3 Wx 134/13, 3 Wx 134/13) = FamRZ 2014, 1142.

Testament

Beispiel Der Erblasser E kündigt seinem Neffen N in einem handgeschriebenen und unterzeichneten Brief an, dass er im Falle seines Todes seinen Porsche erhalten soll. Liegt eine wirksame Erbeinsetzung vor?

Ein Brief kann grundsätzlich eine letztwillige Verfügung enthalten. Es ist aber durch Auslegung zu klären, ob der E mit einem entsprechenden Testierwillen gehandelt hat oder ob er nur die Absicht hatte, eine Verfügung von Todes wegen anzukündigen. Da zunächst zu ermitteln ist, ob überhaupt ein Testament vorliegt, kann nicht auf die Auslegungsregel des § 2084 zurückgegriffen werden. Vielmehr kommt dafür die Auslegungsregelung des § 133 zur Anwendung.[61]

bb) Orts- und Zeitangabe

Eine Orts-, Zeit- und Datumsangabe ist für die Wirksamkeit des Testaments nicht erforderlich. Die in § 2247 Abs. 2 geregelten Angaben sind lediglich **Sollvorschriften**. Die Zeit- und Ortsangaben dienen lediglich der Beweiserleichterung für die Feststellung, welches Testament früher errichtet wurde (§§ 2247 Abs. 5, 2258), wenn mehrere Testamente vorhanden sind.

328

Beispiel Nach dem Tod des E finden sich in seiner Wohnung zwei Testamente mit sich widersprechendem Inhalt ohne Datumsangabe. In dem einen Testament ist A als Erbe in dem anderen Testament ist B als Erbe eingesetzt. Nach § 2258 kommt es darauf an, welches Testament später errichtet wurde, da durch die Erstellung eines neuen Testaments das alte widerrufen wird. Da beide Testamente keine Angaben zu dem Datum enthalten, können weder A noch B den Beweis erbringen, dass das sie begünstigende Testament zu einem späteren Zeitpunkt errichtet worden ist. In diesem Fall sind beide Testamente als ungültig anzusehen, wodurch die gesetzliche Erbfolge eintritt.

> **Hinweis**
>
> Nach §§ 2355, 2356 Abs. 1 S. 1 ist zum Nachweis eines testamentarischen Erbrechts die Urschrift der Testamentsurkunde vorzulegen. Wer sich auf ein unauffindbares Testament beruft, muss die formgültige Errichtung und den Inhalt des Testaments beweisen und trägt insoweit im Erbscheinsverfahren die Feststellungslast.[62] Nach § 2259 Abs. 1 ist derjenige, der ein Testament in Besitz hat, verpflichtet, es unverzüglich nach Kenntnis vom dem Tod des Erblassers an das zuständige Nachlassgericht abzugeben. Wer dies vorsätzlich oder fahrlässig unterlässt, kann sich schadensersatzpflichtig machen.

> **Hinweis**
>
> Bei einem eigenhändigen Testament besteht für den Erblasser die Gefahr, dass seine testamentarischen Verfügungen zu auslegungsbedürftigen und unklaren Formulierungen führen können. Dagegen kann er sich nur schützen, indem er ein notarielles Testament errichtet oder sich anwaltlich beraten lässt. Es besteht zudem das Risiko, dass das eigenhändige Testament nach seinem Tod vernichtet oder verfälscht wird. Zum Schutz gegen solche Handlungen kann der Erblasser das Testament bei einem Amtsgericht zur Verwahrung hinterlegen (§ 2248, § 344 FamFG).

---

61 Zur Auslegung eines Brieftestaments *OLG Brandenburg* Beschl. v. 9.9.1997 (Az. 10 Wx 9/97) = FamRZ 1998, 985; *BayObLG* Beschl. v. 28.12.1989 (Az. BReg 1a Z 33/89) = FamRZ 1990, 672.
62 *OLG Schleswig* Beschl. v. 12.9.2011 (Az. 3 Wx 44/10) = FamRZ 2012, 100; *OLG München* Beschl. v. 16.4.2008 (Az. 31 Wx 94/07) = NJW-RR 2009, 305.

c) Öffentliches Testament, §§ 2231 Nr. 1, 2232

329 Das öffentliche Testament wird zur Niederschrift bei einem Notar errichtet, indem der Erblasser ihm gegenüber seinen letzten Willen zur Niederschrift erklärt oder dem Notar eine Schrift übergibt, mit der Erklärung, dass sie seinen letzten Willen enthält, §§ 2231 Nr. 1, 2232. Seit dem 1.8.2002 ist eine mündliche Erklärung nicht mehr erforderlich, weil sie auch durch eine Gebärdensprache oder durch Zeichen abgegeben werden kann.[63] Im Ausland sind zudem die deutschen Konsulate nach §§ 10, 11, 19 KonsularG zur Beurkundung befugt. Das öffentliche Testament hat für den Erblasser den Vorteil, dass seine testamentarischen Verfügungen wegen der aus § 17 BeurkG folgenden Rechtsberatung des Notars weniger Auslegungs- und Gültigkeitsfragen aufweisen. Weiterhin ist das Risiko der Unauffindbarkeit, der Vernichtung und der Fälschung des Testaments gering, da es in amtliche Verwahrung beim Amtsgericht hinterlegt wird (§ 344 Abs. 1 Nr. 1 FamFG, § 34 BeurkG). Das notarielle Testament ist eine öffentliche Urkunde i.S.v. § 415 ZPO, die auch einen Erbschein ersetzen kann, § 35 Abs. 1 GBO.[64]

d) Außerordentliche Testamente, sog. Nottestamente

330 Hierzu zählt das **Bürgermeistertestament** (§ 2249), das **Dreizeugentestament** (§ 2250) und das **Seetestament** (§ 2251). In diesen Fällen ist die Geltungsdauer des Testaments beschränkt. Das Testament verliert seine Gültigkeit, wenn drei Monate verstrichen sind und der Erblasser noch lebt, § 2252 Abs. 1.

331 Ein außerordentliches Testament kann errichtet werden, wenn dem Erblasser – in der ihm noch zur Verfügung stehenden Zeit – die Errichtung eines öffentlichen Testamentes nicht mehr möglich ist. Der Zulässigkeit eines Nottestaments steht indes nicht entgegen, dass in dieser Zeit noch ein eigenhändiges Testament hätte errichtet werden können. Bei den Nottestamenten gilt, dass Formfehler, die bei der Abfassung der Niederschrift über die Errichtung unterlaufen sind, der Wirksamkeit der Beurkundung nicht entgegenstehen, wenn mit Sicherheit anzunehmen ist, dass das Testament eine zuverlässige Wiedergabe der Erklärung des Erblassers enthält (§§ 2249 Abs. 6, 2250 Abs. 3 S. 2).

332 Ein durch ein außerordentliches Testament widerrufenes Testament lebt nach Ablauf von 3 Monaten wieder auf, wenn der Erblasser länger als drei Monate lebt.

6. Verstoß gegen Verbotsgesetz oder die guten Sitten (§§ 134, 138)

333 Ein Verstoß gegen § 14 HeimG und damit eine Nichtigkeit nach § 134 liegt vor, wenn der durch eine letztwillige Verfügung Bedachte ein Pflegeheim oder ein Pfleger ist. Die Vorschrift des § 14 Abs. 1 HeimG untersagt dem Heimträger u.a., sich von oder zugunsten von Heimbewohnern Geld- oder geldwerte Leistungen über das vereinbarte Entgelt hinaus versprechen oder gewähren zu lassen. Die Vorschrift des § 14 HeimG ist geschaffen worden, weil bei einem Heimbewohner das Risiko hoch ist, dass die Verfügung von Todes wegen nicht auf einem freien Willensentschluss des Erblassers beruht.[65] In diesem Fall verstößt die letztwillige Verfügung gegen ein gesetzliches Verbot nach § 134.[66] Dagegen ist das Testament eines

---

[63] Palandt-*Weidlich* § 2232 Rn. 2.
[64] *BGH* Urt. v. 7.6.2005 (Az. XI ZR 311/04) = NJW 2005, 2779.
[65] *BayObLG* Beschl. v. 28.6.1991 (Az. BReg 1a Z 3/90) = NJW 1992, 55; Beschl. v. 22.6.2004 (Az. 1Z BR 040/04) = NJW-RR 2004, 1591; a.A: *Brox/Walker* Rn. 261.
[66] Siehe dazu auch *BVerfG* Beschl. v. 3.7.1998 (Az. 1 BvR 434/98) = NJW 1998, 2964.

Testament

Angehörigen eines Heimbewohners, durch das der Heimträger zum Nacherben eingesetzt wird, und von dem dieser erst nach dem Tod des Erblassers erfährt, nach einer Entscheidung des BGH[67] nicht gemäß § 14 Abs. 1 HeimG i.V.m. § 134 unwirksam. Eine analoge Anwendung des § 14 HeimG auf Betreuer wird von der h.M.[68] ebenfalls abgelehnt.

334 Eine Sittenwidrigkeit nach § 138 kann auch vorliegen, wenn der Begünstigte seine berufliche Vertrauensstellung als Betreuer oder als langjähriger Hausarzt ausnützt, um sich Vermögensvorteile zu sichern.[69]

335 Auch die Motive des Erblassers können auf eine Sittenwidrigkeit hindeuten. Klassisches Beispiel ist das sog. Geliebtentestament, bei dem der Erblasser seine Geliebte unter Übergehung der ahnungslosen Ehefrau zur Erbin einsetzt.[70] Heute wird eine Nichtigkeit des Geliebtentestaments nur noch dann angenommen, wenn die Geliebte mit dem Testament für die geschlechtliche Hingabe belohnt oder zur Fortsetzung der sexuellen Beziehung bewegt werden soll („Hergabe für Hingabe").[71]

336 Die Sittenwidrigkeit musste nach der älteren Rechtsprechung[72] im Zeitpunkt der Errichtung der Verfügung von Todes wegen vorliegen. Nach der jetzt herrschenden Meinung[73] sind auf die sittlichen Maßstäbe im Zeitpunkt des Erbfalles abzustellen. Die Sittenwidrigkeit eines Testaments spielte auch bei einem von dem BGH[74] entschiedenen Fall eine Rolle, durch das der Erstgeborene einer adligen Familie nur dann zum Alleinerben berufen wurde, wenn er standesgemäß heiratet. Während der BGH die Sittenwidrigkeit verneint hat, hat das BVerfG[75] die Sittenwidrigkeit des Testaments wegen der Verletzung der Eheschließungsfreiheit des Erstgeborenen für möglich gehalten. Ein weiterer praktischer Fall stellt auch das sog. Behindertentestament dar, durch das die Eltern ein behindertes Kind nur als Vorerben einsetzen und eine Testamentsvollstreckung anordnen, um einen Rückgriff des Sozialamts für die Pflegekosten zu verhindern.[76]

7. Widerruf des Testaments

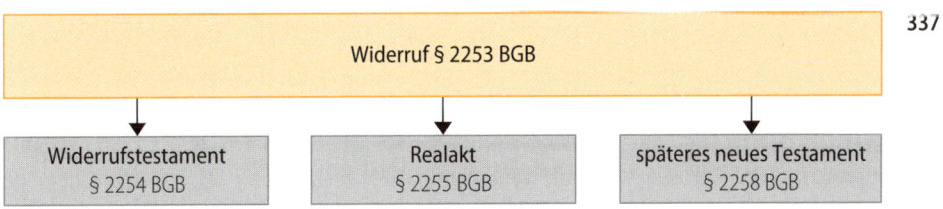

337

---

67 *BGH* Urt. 26.10.2011 (Az. IV ZB 33/10) = NJW 2012, 155.
68 *Palandt-Weidlich* § 1937 Rn. 13.
69 *OLG Braunschweig* Beschl. v. 4.11.1999 (Az. 2 U 29/99) = FamRZ 2000, 1189; *OLG Karlsruhe* Urt. v. 18.2.1999 (Az. 19 U 66/98) = MedR 2001, 643.
70 *BGH* Urt. v. 31.3.1970 (Az. III ZB 23/68) = BGHZ 53, 369.
71 *BayObLG* Beschl. v. 24.7.2001 (Az. 1Z BR 20/01) = FamRZ 2002, 915; *OLG Düsseldorf* Beschl. v. 3.12.1997 (Az. 3 Wx 278/97) = FamRZ 1998, 583.
72 *BGH* Urt. v. 15.2.1956 (Az. IV ZR 294/55) = BGHZ 20, 71.
73 *OLG Hamm* Beschl. v. 11.9.1979 (Az. 15 W 69/79) = OLGZ 79, 425.
74 *BGH* Beschl. v. 2.12.1998 (Az. IV ZB 19/97) = NJW 1999, 566.
75 *BVerfG* Beschl. v. 22.3.2004 (Az. 1 BvR 2248/01) = FamRZ 2004, 765.
76 *BGH* Urt. v. 19.1.2011 (Az. IV ZR 7/10) = BGHZ 188, 96; *BGH* Urt. v. 19.10.2005 (Az. IV ZR 235/03) = NJW-RR 2006, 223; *BGH* Urt. 20.10.1993 (Az. IV ZR 231/92) = BGHZ 123, 368; *OLG Frankfurt* ZEV 2004, 24; *OLG Karlsruhe* ZEV 2004, 26.

Ein Testament als einseitige Willenserklärung sowie jede einzelne darin enthaltene Verfügung kann von dem Erblasser jederzeit ohne Angaben von Gründen widerrufen werden, § 2253. Der Widerruf setzt die Testierfähigkeit des Erblassers im Zeitpunkt des Widerrufs voraus und kann nach dem Tod des Erblassers unter den Voraussetzungen der §§ 2078 angefochten werden.

a) Widerrufstestament

338 Der Widerruf kann durch ein neues Testament erfolgen, in dem der Erblasser erklärt, dass er das frühere Testament widerruft, § 2254. Das Widerrufstestament braucht keine neuen Verfügungen enthalten. Es müssen lediglich die für Testamente geltenden Formvorschriften beachtet werden. Nicht erforderlich ist, dass das Widerrufstestament in derselben Form errichtet wird, wie das widerrufene Testament, da alle Formen untereinander gleichwertig sind. Deshalb kann auch ein notarielles Testament durch ein eigenhändiges Testament widerrufen werden.

b) Späteres Testament

339 Auch ein späteres Testament, welches dem früheren Testament inhaltlich widerspricht, gilt als Widerruf, § 2258 Abs. 1.[77] Im Gegensatz zum Widerrufstestament nach § 2254 wird das frühere Testament nicht ausdrücklich, sondern konkludent widerrufen.

> **Beispiel** Der Erblasser E setzt in einem im Jahr 2003 errichteten Testament A als Erbe ein. Er errichtet ein weiteres Testament im Frühjahr 2007, in dem er B als Erben einsetzt. Durch das neuere Testament ist das ältere Testament konkludent aufgehoben worden. ■

c) Widerruf durch Vernichtung oder Veränderung der Testamentsurkunde

340 Ein Testament kann nach § 2255 S. 1 dadurch widerrufen werden, dass der Erblasser in der Absicht das Testament aufheben zu wollen, die Testamentsurkunde vernichtet oder Veränderungen an ihr vornimmt. Diese Vorschrift enthält die Besonderheit, dass ein Testament widerrufen werden kann, ohne dass der Widerruf unterzeichnet werden muss. Der Widerruf nach § 2255 S. 1 erfordert objektiv eine Einwirkung auf die Testamentsurkunde, indem diese vernichtet oder verändert wird. Eine Vernichtung durch Dritte hat auf den Bestand des Testaments keinen Einfluss, da der Widerruf höchstpersönlich zu erklären ist.[78] § 2255 S. 1 setzt voraus, dass der Erblasser selbst die Vernichtung oder Veränderung der Testamentsurkunde vornimmt, also persönlich handelt. Dabei kann es auch als persönliches Handeln angesehen werden, wenn er sich eines Dritten als unselbstständigem Werkzeug bedient, der in seinem Auftrag und mit seinem Willen die Urkunde vernichtet; dem Dritten darf dabei kein Entschluss- und Handlungsspielraum verbleiben.[79] Wird der Auftrag nicht zu Lebzeiten des Erblassers durchgeführt, liegt kein wirksamer Widerruf vor. Unzulässig ist es einem Dritten im Rahmen einer Stellvertretung einen eigenen Entscheidungsspielraum über die Vernichtung des Testaments zu überlassen. Deshalb liegt kein wirksamer Widerruf vor, wenn der Erblasser nachträglich die Vernichtung des Testaments durch einen Dritten billigt.

---

[77] Bamberger-Roth-*Litzenburger* § 2258 Rn. 6.
[78] Palandt-*Weidlich* § 2255 Rn. 4.
[79] *OLG München* Beschl. v. 11.4.2011 (Az. 31 Wx 33/11) = ZEV 2011, 652.

Beispiel Die Tochter T erfährt, dass ihr Vater E sie in seinem Testament enterbt hat. Sie findet das Testament zufällig und zerstört es. E erfährt davon und genehmigt es nachträglich. Das Testament ist nach § 2255 nicht wirksam widerrufen. Die T bleibt weiterhin enterbt, wenn E kein Widerrufstestament errichtet.

Vernichtet dagegen ein Dritter im Auftrag und mit Willen des Erblassers das Testament, steht dies dem Widerruf durch eigene Vernichtung des Erblassers gleich.[80] Soweit ein Testament nach dem Tod des Erblassers unauffindbar ist, besteht nach der Rechtsprechung[81] keine Vermutung, dass das Testament von dem Erblasser vernichtet worden ist. **341**

Für einen Widerruf nach § 2255 ist subjektiv der sich in der Einwirkung manifestierende Wille des Erblassers erforderlich, das Testament aufheben zu wollen. Soweit die Vernichtung des Testaments durch den Erblasser feststeht, wird nach § 2255 S. 2 der Wille des Erblassers vermutet, dass er das Testament aufheben wollte. Diese Vermutung kann nach der Rechtsprechung[82] widerlegt werden, indem nachgewiesen wird, dass der Erblasser das Testament versehentlich vernichtet hat. Ein teilweiser Widerruf kann auch durch Streichung einzelner Passagen erfolgen. Für den verbleibenden Teil der letztwilligen Verfügung müssen allerdings die für eine Testamentserrichtung erforderlichen Formvorschriften noch eingehalten sein. Fehlen diese, ist zwar die Streichung und damit der teilweise Widerruf des Testaments wirksam, nicht aber die Neuverfügung.[83] **342**

Beispiel Der Erblasser E setzt die Erben A, B und C zu gleichen Teilen in einem Testament als Erben ein. Streicht der E den C in dem Testament als Erben, liegt ein wirksamer Widerruf der Erbeinsetzung des C vor. Dadurch sind aber A und B nicht wirksam als Erben zu jeweils 1/2 eingesetzt, sofern nicht die Auslegungsregelungen der §§ 2088 Abs. 2, 2089 helfen.

Umstritten ist auch, ob diese Vermutung auch dann besteht, wenn der Erblasser mehrere gleichlautende Testamente errichtet hat und nur eines davon vernichtet. Nach h.M.[84] ist in diesem Fall eine Aufhebungsabsicht in der Regel nicht anzunehmen. Gestützt wird dies darauf, dass der Aufhebungswille nicht hinreichend deutlich zum Ausdruck komme, wenn der Erblasser nur an einer von mehreren ihm vorliegenden Testamentsurkunden Änderungen vornehme. **343**

Der Aufhebungswille müsse ernsthaft und eindeutig erklärt werden und unmissverständlich zum Ausdruck kommen. Werde die Widerrufsabsicht dadurch erklärt, dass Veränderungen nur an einer Testamentsurkunde von dem Erblasser vorgenommen würden, müssten die Änderungen zur Annahme eines Aufhebungswillens regelmäßig an sämtlichen vorliegenden Urkunden vorgenommen werden. Eine andere Ansicht[85] geht dagegen von der Wirksamkeit der übrigen Testamente aus, da diese nicht vernichtet worden seien.

Der Widerruf des Testaments nach § 2255 setzt die Testierfähigkeit des Erblassers im Zeitpunkt der Vernichtung bzw. Veränderung voraus. **344**

---

[80] *BayObLG* Beschl. v. 10.2.1992 (Az. 1 Z 57/91) = NJW-RR 1992, 1350.
[81] *BayObLG* Beschl. v. 19.1.2001 (Az. 1Z BR 126/00) = FamRZ 2001, 1327; *BayObLG* Beschl. v. 11.7.1989 (Az. BReg 1a Z 31/89) = FamRZ 1989, 1234; *BayObLG* Beschl. v. 21.7.1992 (Az. 1Z BR 58/92) = NJW-RR 1992, 1358.
[82] *BayObLG* Beschl. v. 7.7.1997 (Az. 1Z BR 118/97) = NJW-RR 1997, 1302.
[83] *BayObLG* Beschl. v. 30.9.2002 (Az. 1Z BR 33/02) = NJW-RR 2003, 151.
[84] *KG* Beschl. v. 6.1.1995 (Az. 1 W 7563/93) = FamRZ 1995, 987.
[85] Müko-*Hagena* § 2255 Rn. 5, 10.

d) Rücknahme eines öffentlichen Testaments aus der amtlichen Verwahrung, § 2256

345 Ein öffentliches Testament kann gemäß § 2256 Abs. 1 S. 1 durch Rücknahme aus der amtlichen Verwahrung widerrufen werden. Wegen den möglichen Konsequenzen (Fälschung, Vernichtung, Unauffindbarkeit) soll der Erblasser von der zurückgebenden Stelle über die Folgen der Rückgabe aufgeklärt werden. Die Belehrung ist nach § 2256 Abs. 1 S. 2 auf der Urkunde zu vermerken.

> **Hinweis**
>
> Bei der Rücknahme eines eigenhändigen Testaments, das bei dem Amtsgericht hinterlegt worden ist, liegt kein Widerruf des Testaments vor, § 2256 Abs. 3 Hs. 2.

e) Widerruf des Widerrufs

346 Ein Widerrufstestament gemäß § 2254 kann seinerseits widerrufen werden, § 2257. In diesem Fall lebt im Zweifel das ursprüngliche Testament wieder auf, d.h. das alte Testament gilt als von Anfang an wirksam, § 2258 Abs. 2. Hierbei handelt es sich um eine Vermutung, die widerlegt werden kann.[86] Der Widerruf des Widerrufs setzt ebenfalls die Testierfähigkeit voraus, da es sich um eine letztwillige Verfügung handelt. Ein Widerruf durch Vernichtung (§ 2255) oder durch Rücknahme aus einer amtlichen Verwahrung (§ 2256) kann nicht widerrufen werden. Deshalb muss ein vernichtetes Testament zur Wiederherstellung neu errichtet werden.[87]

8. Anfechtung eines Testaments

PRÜFUNGSSCHEMA

347 Anfechtung eines Testaments

    I. Anfechtungserklärung, § 2081

    II. Anfechtungsgrund, §§ 2078, 2079
        ▶ Wirkung der Anfechtung   Rn. 356

    III. Anfechtungsberechtigung, § 2080

    IV. Anfechtungsfrist, § 2082 Abs. 1

a) Allgemeines

348 Testamentsanfechtungen sind erst nach dem Tod des Erblassers durch Dritte möglich. Eines Anfechtungsrechts des Erblassers bedarf es zu dessen Lebzeiten nicht, da er das Testament jederzeit widerrufen kann, § 2253.

---

86 *OLG Köln* Beschl. v. 8.2.2006 (Az. 2 Wx 49/05) = FamRZ 2006, 731.
87 *BayObLG* 21.2.1996 (Az. 1Z BR 35/96) = NJW-RR 1996, 1094.

> **Hinweis**
>
> Vor der Prüfung der Anfechtung des Testaments ist zunächst der Erblasserwille durch Auslegung zu ermitteln. Denn die Anfechtung setzt voraus, dass der Erblasser sich in einem Irrtum befunden hat. Dazu muss zunächst klargestellt werden, was er wirklich wollte und von welchen Vorstellungen er sich leiten ließ.

b) Anfechtungserklärung

349 Die Anfechtung einer letztwilligen Verfügung, durch die ein Erbe (auch Vor- und Nacherbschaft) eingesetzt, ein gesetzlicher Erbe von der Erbfolge ausgeschlossen wird, ein Testamentsvollstrecker ernannt oder eine Verfügung solcher Art aufgehoben wird, muss nach §§ 2081 Abs. 1, 2082 Abs. 1, § 342 FamFG innerhalb eines Jahres gegenüber dem Nachlassgericht erfolgen. Die Anfechtungserklärung ist eine formlose empfangsbedürftige Willenserklärung, die schriftlich und auch zu Protokoll der Geschäftsstelle erklärt werden kann. Soweit § 2081 Abs. 1, Abs. 3 keine Sonderregelungen enthält, gilt § 143. Die Anfechtung muss bei sonstigen letztwilligen Verfügungen (Teilungsanordnungen, Vermächtnissen) gegenüber dem Bedachten erfolgen.

> **Beispiel** Der in einem Testament bedachte Erbe K will eine Vermächtnisanordnung des Erblassers zugunsten des B anfechten. Das Vermächtnis kann durch formlose Erklärung gegenüber dem B angefochten werden, § 143. Anders wenn B die Erbeinsetzung des K anfechten will. In diesem Fall muss die Anfechtungserklärung gegenüber dem Nachlassgericht erklärt werden. ■

c) Anfechtungsgrund

aa) Inhalts- und Erklärungsirrtum, § 2078 Abs. 1

350 Die Vorschrift des § 2078 Abs. 1 stellt eine Spezialvorschrift zu § 119 Abs. 1 dar. Im Rahmen dieser Vorschrift kommt es nicht auf die Verkehrssitte oder auf den Empfängerhorizont an, weshalb Anfechtungen wegen eines Inhaltsirrtums selten sind. Maßgeblich ist allein die wirkliche Absicht des Erblassers entsprechend seiner subjektiven Denk- und Anschauungsweise.[88] Eine Anfechtung nach dieser Vorschrift setzt voraus, dass der Erblasser bei Kenntnis der Sachlage die Erklärung nicht abgegeben hätte, wobei es genügt, dass der Irrtum wesentlich mitbestimmend war. Anfechtbar sind immer nur einzelne im Testament enthaltene Verfügungen, nicht die Verfügung von Todes wegen als solche.[89] Für die Anfechtung einer letztwilligen Verfügung nach § 2078 Abs. 1 ist es auch gleichgültig, ob ein Tatsachen- oder ein Rechtsirrtum vorliegt. Es liegt auch ein die Anfechtung eines Erbvertrages begründender Inhaltsirrtum vor, wenn sich der Erblasser bei dem Abschluss des Erbvertrages über dessen rechtliche Tragweite, insbesondere über die eintretende Bindungswirkung geirrt hat.[90]

» Wiederholen Sie an dieser Stelle noch einmal die allgemeinen Anfechtungsregeln der §§ 119 ff.! «

---

[88] Palandt-*Weidlich* § 2078 Rn. 3.
[89] *BGH* Urt. v. 8.5.1985 (Az. IVa ZR 230/83) = NJW 1985, 2025.
[90] *OLG Frankfurt* Beschl. v. 6.6.1997 (Az. 20 W 606/94) = ZEV 1997, 422; *BayObLG* Beschl. v. 2.5.2002 (Az. 1Z BR 24/01) = ZErb 2002, 294.

Beispiel Der Erblasser nimmt sein vor dem Notar errichtetes Testament aus der amtlichen Verwahrung, um es seiner Ehegattin zu zeigen. Er hat keine Kenntnis davon, dass nach § 2256 Abs. 1 S. 1 das Testament als widerrufen gilt. ■

351 Für einen **Erklärungsirrtum** gilt das gleiche wie bei § 119 Abs. 1.[91]

Beispiel Der Erblasser verschreibt sich in seinem Testament und ordnet ein Vermächtnis von 30 000 € anstatt – wie gewollt – von 3000 €. ■

bb) Motivirrtum, § 2078 Abs. 2

352 Nach dieser Vorschrift berechtigt jeder für die letztwillige Verfügung kausaler Motivirrtum des Erblassers zur Anfechtung. Darunter fällt jeder Motivirrtum auch der durch eine arglistige Täuschung herbeigeführte Irrtum.[92]

353 Der Irrtum kann sich hierbei auf vergangene oder gegenwärtige (Annahme) oder auf zukünftige (Erwartung) Umstände beziehen, deren Eintritt oder Nichteintritt den Erblasser zu der letztwilligen Verfügung bestimmt haben.[93] Zur Begründung der Anfechtbarkeit kommen sowohl Umstände, die unabhängig von dem Willen des Erblassers eintreten (wie Tod, Geburt, Bedürftigkeit des Bedachten) als auch solche, die im Belieben des Erblassers stehen.[94] Die Anfechtung kann nur auf solche Erwartungen und Annahmen gestützt werden, die der Erblasser im Zeitpunkt der Errichtung des Testaments gehabt hat.[95] Daher kann eine Verfügung nicht mit der Begründung angefochten werden, dass der Erblasser eine früher errichtete letztwillige Verfügung vergessen habe.[96] Unproblematisch ist die Anfechtung wegen eines Motivirrtums in den Fällen, in denen der Erblasser sich eine unrichtige Vorstellung gemacht hat.

Beispiel Der Erblasser geht davon aus, der Bedachte sei bedürftig oder habe sein Examen bestanden. ■

354 Nach der Rechtsprechung sollen dagegen für einen Motivirrtum auch unbewusste Vorstellungen in Form von zukünftigen Erwartungen genügen, die dem Erblasser zwar nicht bewusst sind, ihm aber so selbstverständlich erscheinen, dass er sie zur Grundlage seiner letztwilligen Verfügung gemacht hat.[97]

Beispiel Der Erblasser war Mitglied eines Gesangsvereins. In einem eigenhändigen Testament setzte er den Verein als Alleinerben ein. Noch vor seinem Tod bekam er mit dem Chorleiter Streit und trat aus dem Verein aus, ohne sein Testament zu widerrufen. Hier ist der Erblasser bei der Errichtung des Testaments selbstverständlich von dem Fortbestand seiner Mitgliedschaft in dem Verein ausgegangen. Seine gesetzlichen Erben sind daher § 2078 Abs. 2 berechtigt, das Testament wegen eines Motivirrtums des Erblassers anzufechten. ■

---

91 Siehe dazu ausführlich im Skript „BGB AT II" Rn. 354 ff.
92 *BayObLG* Beschl. v. 14.8.2002 (Az. 1Z BR 58/02) = FamRZ 2003, 708.
93 *BGH* Beschl. v. 6.7.1977 (Az. IV ZB 63/75) = FamRZ 1977, 786; *OLG Köln* Beschl. v. 3.11.2003 (Az. 2 Wx 26/03) = FGPrax 2004, 78.
94 *RG* Beschl. v. 22.6.1935 (Az. IV B 36/35) = RGZ 148, 222.
95 *BGH* Urt. v. 31.10.1962 (Az. V ZR 129/62) = NJW 1963, 246; Palandt-*Weidlich* § 2078 Rn. 4.
96 *BGH* Urt. v. 30.11.1964 (Az. III ZR 82/63) = BGHZ 42, 327.
97 *BGH* Urt. v. 31.10.1962 (Az. V ZR 129/62) = NJW 1963, 246; *BGH* Urt. v. 27.5.1987 (Az. IVa ZR 30/86) = NJW-RR 1987, 1412.

> **Hinweis**
>
> Zu den Vorstellungen, die einen Motivirrtum begründen können, zählen auch Erwartungen des Erblassers im Hinblick auf das Wohlverhalten des Bedachten, die im Nachhinein nicht erfüllt werden.[98]

Beispiel Der Erblasser geht bei der Errichtung des Testaments davon aus, dass der Bedachte sein Examen bestehen wird oder aus der katholischen Kirche nicht austreten wird. ∎

> **Hinweis**
>
> Dem Motivirrtum kam insbesondere im Hinblick auf die politischen Veränderungen auf dem Gebiet der neuen Bundesländer eine besondere Bedeutung bei der Anfechtung von Testamenten zu.[99]

Die Beweislast für das Vorliegen eines Anfechtungsgrundes nach § 2078 hat der Anfechtende. Die Vorschrift des § 2078 Abs. 2 Alt. 2 entspricht § 123 und weist keine Besonderheiten auf.[100]

355

cc) Wirkung der Anfechtung

Die Anfechtung nach § 2078 führt nicht zur Nichtigkeit des gesamten Testaments, sondern nur zur Nichtigkeit der konkret angefochtenen Verfügung in dem betroffenen Testament. Bei mehreren letztwilligen Verfügungen in dem Testament entsteht durch die Anfechtung nur eine Teilnichtigkeit des Testaments, § 2085.[101]

356

Beispiel E hat A ein Auto im Rahmen eines Vermächtnisses zugewandt und B als Erben eingesetzt. Wenn B erfolgreich das Vermächtnis des A anficht, bleibt dennoch die Erbeinsetzung des B wirksam. ∎

dd) Übergehen eines Pflichtteilsberechtigten, § 2079

(1) Zweck

Zweck dieses Anfechtungstatbestands ist der Schutz des Pflichtteilsberechtigten vor einem Ausschluss von der gesetzlichen Erbfolge durch den Erblasser in Unkenntnis dieser erbrechtlichen Sonderstellung. § 2079 ist ein Unterfall des in § 2078 Abs. 2 bereits geregelten Motivirrtums. Das Gesetz vermutet dabei, dass der Erblasser den Pflichtteilsberechtigten nicht von der gesetzlichen Erbfolge ausgeschlossen hätte, wäre ihm bei der Errichtung des Testaments dessen Existenz oder die später eingetretene Pflichtteilsberechtigung bekannt gewesen. Das Anfechtungsrecht steht nur dem Pflichtteilsberechtigten zu (§ 2080 Abs. 3).

357

---

98 *BayObLG* Beschl. v. 22.5.1998 (Az. 1Z BR 20/98) = FamRZ 1998, 1625.
99 *BGH* Urt. v. 1.12.1993 (Az. IV ZR 261/92) = NJW 1994, 582.
100 Siehe zu § 123 ausführlich im Skript „BGB AT II" Rn. 400 ff.
101 *BayObLG* Beschl. v. 20.7.1994 (Az. 1Z BR 108/93) = ZEV 1994, 369.

(2) Übergehen des Pflichtteilsberechtigten

358 Der Pflichtteilsberechtigte ist nur dann übergangen, wenn er in der angefochtenen Verfügung überhaupt nicht erwähnt ist, also weder enterbt noch als Erbe eingesetzt oder mit einem Vermächtnis bedacht worden ist.[102]

(3) Keine Kenntnis von dem Pflichtteilsberechtigten

359 Der Erblasser darf gemäß § 2079 S. 1 Alt. 1 im Zeitpunkt der Errichtung der Verfügung weder vom Vorhandensein der Person als solcher, noch von deren Pflichtteilsberechtigung etwas gewusst haben. Hierher gehören zunächst die Fälle, in denen dem Erblasser die Geburt eines Abkömmlings nicht bekannt war, oder in denen er eine Person irrtümlich für tot hielt. Die Anfechtbarkeit ist ferner gegeben, wenn der Erblasser bei Errichtung zwar von der Existenz der Person wusste, nicht dagegen von deren Pflichtteilsberechtigung. Eine Unkenntnis der Pflichtteilsberechtigung liegt auch dann vor, wenn der Erblasser die tatsächlichen Umstände (z.B. den Verwandtschaftsgrad), aus denen sich die Pflichtteilsberechtigung ergibt, nicht kannte. Der Grund des Nichtwissens ist für die Anfechtbarkeit bedeutungslos.

(4) Spätere Geburt des Pflichtteilsberechtigten

360 Die letztwillige Verfügung ist auch dann anfechtbar, wenn der Pflichtteilsberechtigte erst nach der Errichtung geboren wird (§ 2079 S. 1 Alt. 2). Das Gleiche gilt, wenn die Person zwar zurzeit der Errichtung bereits vorhanden war, aber erst danach – z.B. durch eine Heirat – pflichtteilsberechtigt geworden ist.

> **Hinweis**
>
> Die Ursache für das Übergehen eines Pflichtteilsberechtigten kann darin bestehen, dass vorgehende gesetzliche Erben vor dem Erbfall sterben oder der Erblasser heiratet[103] oder einen anderen adoptiert.[104] Dies kann aber auch die Folge einer Gesetzesänderung sein, beispielsweise durch das am 1.7.1970 in Kraft getretene NEhelG.[105]

Beispiel E vermacht seiner Geliebten ein wertvolles Bild. Im Übrigen belässt er es bei der gesetzlichen Erbfolge. Später heiratet er sie, ohne ein neues Testament zu errichten. In einem solchen Fall, in dem der Pflichtteilsberechtigte zu einem Zeitpunkt bedacht worden ist, als die Pflichtteilsberechtigung noch nicht bestanden hat, lässt die h.M.[106] nur dann eine Anfechtung der letztwilligen Verfügung zu, wenn die Zuwendung nur geringfügig war. Davon kann bei der Zuwendung eines wertvollen Bildes nicht ausgegangen werden. ■

---

[102] *BGH* Beschl. v. 4.10.1995 (Az. IV ZR 278/94) = ZEV 1995, 456; *OLG Karlsruhe* Urt. v. 5.8.1994 (Az. 15 U 38/94) = ZEV 1995, 454; *BayObLG* Beschl. v. 21.12.1993 (Az. 1Z BR 49/93) = ZEV 1994, 106.
[103] *BayObLG* Beschl. v. 26.5.1983 (Az. 1 Z 82/82) = FamRZ 1983, 952.
[104] *OLG Hamburg* Urt. v. 20.12.1989 (Az. 5 U 164/89) = FamRZ 1990, 910.
[105] *BGH* Urt. v. 13.5.1981 (Az. IVa ZR 171/80) = NJW 1981, 1735.
[106] *OLG Düsseldorf* Beschl. v. 11.5.1998 (Az. 3 Wx 89/98) = FamRZ 1999, 122; *BayObLG* Beschl. v. 21.12.1993 (Az. 1Z BR 49/93) = FamRZ 1994, 1066.

(5) Wirkung der Anfechtung

Die Anfechtung nach § 2079 bewirkt nach h.M.[107] die Nichtigkeit des gesamten Testaments, wodurch die gesetzliche Erbfolge eintritt. Diese Rechtsfolge tritt allerdings nach § 2079 S. 2 dann nicht ein, wenn anzunehmen ist, dass der Erblasser auch bei Kenntnis der Sachlage die Verfügung getroffen haben würde.

361

> **Hinweis**
>
> Die Anfechtungstatbestände der §§ 2078, 2079 schließen sich nicht gegenseitig aus. Während beim Motivirrtum gemäß § 2078 Abs. 2 der Anfechtende die Beweislast trägt, kehrt § 2079 S. 2 diese um und legt sie demjenigen auf, der behauptet, der Erblasser hätte die Verfügung auch in Kenntnis der Pflichtteilsberechtigung nicht anders getroffen. Nach § 2079 wird die Kausalität zwischen dem Irrtum und der Verfügung vermutet. Die Beweislasterleichterung des § 2079 greift ausschließlich in Bezug auf die Frage der Pflichtteilsberechtigung ein, nicht aber hinsichtlich sonstiger Irrtumsgründe.

d) Anfechtungsberechtigung, § 2080

Die Anfechtung ist nach § 2080 Abs. 1 auf die Personen beschränkt, denen die Aufhebung der letztwilligen Verfügung unmittelbar zu Gute kommt. Das ist durch einen Vergleich mit der Rechtslage zu beurteilen, wie sie sich infolge der Anfechtung darstellen würde.[108]

362

> **Hinweis**
>
> Als eigener Vorteil ist die Erlangung einer Erbeinsetzung oder der Wegfall einer Beschwer oder Beschränkung wie die Vor- oder Nacherbschaft oder Ersatzerbschaft anzusehen. Dagegen liegt ein unmittelbarer Vorteil des gesetzlichen Erbens nicht vor, wenn er die Anfechtung einer Erbeinsetzung erklärt, hinsichtlich der der Erblasser eine Ersatzerbschaft angeordnet hat. In diesem Fall kommt die Anfechtung dem Ersatzerben zugute und nicht dem gesetzlichen Erben.

Bei einem Irrtum, der sich auf eine bestimmte anfechtungsberechtigte Person bezieht, wie bei § 2079, steht nach § 2080 Abs. 2, Abs. 3 das Anfechtungsrecht nur dieser Person zu.

Jeder Anfechtungsberechtigte kann die Anfechtung unabhängig von den anderen erklären. Die nur von einem von mehreren Anfechtungsberechtigten vorgenommene Anfechtung kommt nach h.M.[108] auch den übrigen Beteiligten zugute. Die Anfechtung bewirkt die Nichtigkeit auch gegenüber allen anderen Anfechtungsberechtigten. Das wird darauf gestützt, dass bei diesem Verständnis der Gleichlauf der Anfechtung gemäß § 2078 mit derjenigen nach § 2281 bei einem Erbvertrag oder einem gemeinschaftlichen Testament besser gewährleistet werde.

363

Die Berechtigung zur Anfechtung ergibt sich in allen Fällen, in denen diese nach dem Tod des Erblassers erfolgt, aus § 2080, und zwar ohne Rücksicht darauf, ob die letztwillige Verfügung in einem Testament, in einem gemeinschaftlichen Testament oder in einem Erbvertrag getroffen worden ist. In den beiden zuletzt genannten Fällen ist es auch belanglos, ob die Anfechtung einseitige oder bindende Verfügungen betrifft.

364

---

107 BayObLGE 80, 41; BayObLGE 71, 147; Palandt-*Weidlich* § 2079 Rn. 2.
108 *BGH* Urt. v. 8.5.1985 (Az. IVa ZR 230/83) = NJW 1985, 2025.

e) Anfechtungsfrist, § 2082 Abs. 1

365 Die Anfechtung hat nach § 2082 Abs. 1 binnen **Jahresfrist ab Kenntnis des Anfechtungsgrundes** zu erfolgen. Die Frist gilt für alle Anfechtungen von letztwilligen Verfügungen und zwar ohne Rücksicht darauf, ob sie in einem Testament, in einem gemeinschaftlichen Testament oder in einem Erbvertrag enthalten sind und ob sie einseitigen oder bindenden Charakter haben. Die Frist beginnt **nicht vor dem Tod des Erblassers**. Da es sich bei der Anfechtungsfrist nicht um eine Verjährungsfrist, sondern um eine **Ausschlussfrist** handelt, gelten die allgemeinen Verjährungsregeln nicht unmittelbar. Jedoch erklärt § 2082 Abs. 2 S. 2 die Vorschriften der §§ 206, 210 und 211 über die Fristhemmung für entsprechend anwendbar. Mit Ablauf der Jahresfrist entfällt das Anfechtungsrecht. Da es sich hierbei nicht um eine Verjährungs-, sondern um eine echte Ausschlussfrist handelt, ist der Fristablauf von Amts wegen zu beachten, wenn sich der Anfechtungsgegner nicht darauf beruft. Nach Fristablauf bleibt dem Berechtigten nur noch die Einrede der Anfechtbarkeit gemäß § 2083. Die Anfechtung ist ohne Rücksicht auf die Kenntnis des Berechtigten vom Anfechtungsgrund gemäß § 2082 Abs. 3 ausgeschlossen, wenn seit dem Erbfall mehr als 30 Jahre vergangen sind.

III. Erbvertrag

PRÜFUNGSSCHEMA

366 Erbvertrag – Zustandekommen und Wirksamkeit

I. Vertragsschluss und Inhaltsbestimmung

II. Testier- und Geschäftsfähigkeit der Parteien

III. Höchstpersönlichkeit = Verbot der Stellvertretung
   Einräumung von Ermessensspielräumen an Dritte   Rn. 382

IV. Form, § 125 S. 1 i.V.m. § 2276

V. (Keine) Nichtigkeit nach §§ 134, 138

VI. (Keine) Beseitigung der Verfügung durch Aufhebung, Rücktritt, Anfechtung, Auflösung der Ehe

1. Einführung

367 Der Erbvertrag ist eine **vertragliche Verfügung von Todes wegen**, in dem mindestens ein Vertragsteil gegenüber dem anderen Vertragsteil mit erbvertraglicher Bindungswirkung i.S.d. § 2278 Abs. 1 einen oder mehrere Erben einsetzt und/oder Vermächtnisse oder Auflagen anordnet, und zwar ohne Rücksicht darauf, ob der Zuwendungsempfänger der andere Vertragsteil oder ein Dritter (§ 1941 Abs. 2) ist.[109] Durch den Abschluss des Erbvertrags tritt eine Bindungswirkung in Form der Einschränkung der Testierfreiheit ein, wenn eine vertragsgemäße Verfügung vorliegt. Der Abschluss eines Erbvertrags hindert die Vertragsparteien indes nicht, lebzeitig über ihr Vermögen zu verfügen, § 2286. Eingeschränkt wird dieses Recht nur bei beeinträchtigenden Schenkungen i.S.v. § 2287.

---

[109] *BGH* Beschl. v. 19.1.1954 (Az. V ZB 28/53) = BGHZ 12, 115.

2. Zustandekommen eines Erbvertrags

a) Abschluss

Der Abschluss eines Erbvertrages vollzieht sich durch Angebot und Annahme nach den allgemeinen Regeln, §§ 145 ff.[110] Allerdings ist – wie beim Testament – eine Stellvertretung ausgeschlossen, § 2274.

b) Inhalt und Arten eines Erbvertrags

aa) Einseitiger und zweiseitiger Erbvertrag

Ein zweiseitiger Erbvertrag liegt vor, wenn die Vertragsteile sich gegenseitig bindend mit einer Erbeinsetzung, mit einem Vermächtnis oder mit einer Auflage bedenken.

Beispiel E und F setzen sich gegenseitig als Erben ein. ■

> **Hinweis**
>
> Bei einem zweiseitigen Erbvertrag handelt es sich um Verfügungsgeschäfte, so dass die gegenseitigen Pflichten nicht im Synallagma i.S.v. § 320 stehen.

Bei einem einseitigen Erbvertrag trifft nur einer der Vertragsparteien eine letztwillige Verfügung i.S.v. § 2278. Der andere Vertragsteil nimmt nur dessen Erklärung entgegen oder verpflichtet sich zu einer schuldrechtlichen Verpflichtung (Pflege des Erblassers etc.). Die vertragliche Verpflichtung zur Versorgung des Erblassers ist kein Bestandteil des Erbvertrags, sondern stellt einen eigenständigen schuldrechtlichen Vertrag dar, der nicht im Synallagma mit dem Erbvertrag steht.[111] Die erbvertragsmäßige Bindung an die Erbeinsetzung eines Abkömmlings kann sich, wenn dieser wegfällt, aufgrund der Auslegungsregel des § 2069 auf dessen Abkömmlinge erstrecken, weil die Vorschrift des § 2279 Abs. 1 für vertragsmäßige Zuwendungen auf die für (einseitige) letztwillige Zuwendungen geltenden Vorschriften verweist.[112]

bb) Bindungswirkung der vertragsgemäßen Verfügungen, § 2278

Die Bindungswirkung des § 2278 gilt nur für vertragsgemäße Verfügungen. In einem Erbvertrag können nur Erbeinsetzungen, Auflagen und Vermächtnisse vertragsgemäß bindend angeordnet werden (vgl. §§ 2278 Abs. 2, 1941). Alle anderen letztwilligen Verfügungen können in einem Erbvertrag nur als einseitige, jederzeit widerrufliche Verfügungen getroffen werden.

cc) Aufhebung und Unwirksamkeit von widersprechenden Verfügungen

Nach § 2289 Abs. 1 S. 1 wird durch den Erbvertrag eine frühere letztwillige Verfügung aufgehoben, soweit sie das Recht des vertragsgemäß Bedachten beeinträchtigen würde. Eine nach Abschluss des Erbvertrags getroffene Verfügung wird unwirksam, § 2289 Abs. 1 S. 2. Eine

---

110 Siehe dazu ausführlich im Skript „BGB AT I" Rn. 245 ff.
111 *BGH* Urt. v. 3.11.1961 (Az. V ZR 48/60) = BGHZ 36, 65; *OLG Karlsruhe* Urt. v. 22.1.1997 (Az. 13 U 9/95) = NJW-RR 1997, 708.
112 *OLG Celle* Beschl. v. 5.11.2012 (Az. 6 W 197/12) = FamRZ 2013, 1164.

Beeinträchtigung des Vertragspartners liegt vor, wenn im Zeitpunkt des Erbfalls die anderweitige letztwillige Verfügung die vertragsmäßigen Zuwendungen mindern, beschränken, belasten oder gegenstandslos machen würde.

Beispiel Ein Erblasser setzt in einem Erbvertrag vertragsgemäß den A zum alleinigen Vorerben ein. Später verfügt er in einem handschriftlichen Testament, dass A Vollerbe zu 1/2 werden soll. Nach dem BGH[113] liegt eine Beeinträchtigung immer dann vor, wenn ein Widerspruch zwischen der vertraglichen und anderweitigen letztwilligen Verfügung besteht (rechtliche Beeinträchtigung). Eine solche Beeinträchtigung liegt vorliegend vor, da ein Widerspruch zu der vertragsgemäßen Einsetzung besteht. Eine andere Ansicht[114] stellt auf eine wirtschaftliche Betrachtungsweise ab. Dagegen spricht, dass es vorliegend schwierig zu bestimmen ist, ob eine alleinige Vorerbschaft oder eine Vollerbschaft zu 1/2 wirtschaftlich günstiger ist. Aus diesem Grund ist der Auffassung der Rechtsprechung der Vorzug zu geben.

373 Eine formlose Zustimmung des vertragsmäßig Bedachten zu der ihn beeinträchtigenden Verfügung ändert an der sich aus § 2289 Abs. 1 ergebenden Unwirksamkeit nichts. Für die Aufhebung des Erbvertrags ist nach § 2290 Abs. 4 i.V.m. § 2276 Abs. 1 eine notarielle Beurkundung notwendig.[115]

dd) Freie Verfügungsbefugnis zu Lebzeiten, § 2286

374 Vertragsmäßige Verfügungen im Erbvertrag hindern den Erblasser nur, über sein Vermögen von Todes wegen anderweitig zu verfügen (§ 2289 Abs. 1 S. 2), nicht jedoch Rechtsgeschäfte unter Lebenden abzuschließen (§ 2286). Der Abschluss des Erbvertrags schränkt zwar die Testierfreiheit ein, nicht aber die Freiheit, lebzeitige Rechtsgeschäfte aller Art vorzunehmen. Auch wenn § 2286 sich nur auf Verfügungen bezieht, so sind darunter nicht nur die eigentlichen Verfügungsgeschäfte, sondern auch alle Verpflichtungsgeschäfte und geschäftsähnliche Handlungen oder tatsächliche Rechtshandlungen zu verstehen.[116] Rechtsgeschäfte unter Lebenden sind dabei selbst dann wirksam, wenn sie in der Absicht abgeschlossen werden, die Rechte des vertragsmäßig Bedachten zu beeinträchtigen, sofern nicht die Voraussetzungen des § 2287 Abs. 1 erfüllt sind.[117]

ee) Schenkungen mit Beeinträchtigungsabsicht, § 2287 Abs. 1

375 § 2287 Abs. 1 schützt den Bedachten vor Schenkungen des Erblassers, die dieser in der Absicht vorgenommen hat, den Vertragserben zu beeinträchtigen. Nach der neueren Rechtsprechung des BGH[118] genügt für die Beeinträchtigungsabsicht das Wissen des Erblassers, dass er durch die unentgeltliche Weggabe das Erbe des Bedachten schmälert und dadurch sein Recht auf die Vornahme von lebzeitigen Rechtsgeschäfte missbraucht. Ein solcher Missbrauch liegt dann nicht vor, wenn der Erblasser ein beachtenswertes lebzeitiges

---

113 *BGH* Urt. v. 8.1.1958 (Az. IV ZR 219/5) = BGHZ 26, 204.
114 Palandt-*Weidlich* § 2289 Rn. 2.
115 *BGH* Urt. v. 12.7.1989 (Az. IVa ZR 174/88) = BGHZ 108, 252.
116 MüKo-*Musielak* § 2286 Rn. 2.
117 *BGH* Urt. v. 21.6.1989 (Az. IVa ZR 302/87) = NJW 1989, 2389.
118 *BGH* Urt. v. 27.1.1982 (Az. IVa ZR 240/80) = BGHZ 83, 44; Urt. v. 23.9.1981 (Az. IVa ZR 185/80) = BGHZ 82, 274.

Eigeninteresse an der Schenkung gehabt hat.[119] Ein solches Interesse wird angenommen, wenn es dem Erblasser darum geht, seine Altersversorgung zu sichern oder zu verbessern oder wenn er einer sittlichen Pflicht bei einer außergewöhnlichen Hilfeleistungen des Beschenkten genügt hat. Es muss sich um Gründe handeln, die ihrer Art nach so sind, dass der Bedachte sie anerkennen und damit hinnehmen muss.[120]

Beispiel Der erbvertraglich gebundene Erblasser E überträgt zu Lebzeiten sein Hausgrundstück seiner Haushälterin H mit der Auflage ihn bis zu seinem Tod zu pflegen. In einem ähnlich gestalteten Fall hat das OLG München[121] ein lebzeitiges Eigeninteresse bejaht.

Ist ein lebzeitiges Eigeninteresse des Erblassers zu verneinen, entsteht der Anspruch des Bedachten gegen den Beschenkten im Zeitpunkt des Erbfalls. Er ist auf Herausgabe des Geschenks nach den Vorschriften über das Bereicherungsrecht gerichtet. Es handelt sich dabei um eine Rechtsfolgenverweisung. **376**

> **Hinweis**
>
> Handelt es sich um eine gemischte Schenkung, so kann die Herausgabe des Geschenks nur Zug um Zug gegen Zahlung des geleisteten Betrags verlangt werden.

Ist der Beschenkte ein Pflichtteilsberechtigter erfährt der Schutz des Vertragserben eine Einschränkung, da er mit der Erfüllung einer Pflichtteilslast rechnen muss. Der Bedachte ist daher nicht beeinträchtigt, soweit das Geschenk des Erblassers den Pflichtteil zu decken geeignet ist.[122] **377**

> **Hinweis**
>
> Die Vorschrift gilt unmittelbar zwar nur für vertragsmäßige Verfügungen in Erbverträgen, ist aber auf *wechselbezügliche Verfügungen* in **gemeinschaftlichen Testamenten** entsprechend anzuwenden.[123]

ff) Vermächtnisvereitelung, § 2288

Der § 2288 dient dem Schutz des vertragsmäßigen Vermächtnisnehmers. Von dieser Vorschrift wird nicht nur das Verschenken, sondern auch das Veräußern, Belasten, Beschädigen oder Beiseiteschaffen des Vermächtnisses erfasst. Die Beeinträchtigungsabsicht ist bereits dann gegeben, wenn der Erblasser „wissentlich dem Vermächtnis den Boden entzieht".[124] Ein lebzeitiges Eigeninteresse an der Vereitelung des Vermächtnisses wird im Rahmen des § 2288 dann bejaht, wenn nach Abschluss des Erbvertrags eine Änderung der Sachlage eingetreten **378**

---

119 *BGH* Urt. v. 17.6.1992 (Az. IV ZR 88/91) = NJW 1992, 2630; Urt. v. 23.9.1981 (Az. IVa ZR 185/80) = BGHZ 82, 274.
120 *BGH* Urt. v. 17.6.1992 (Az. IV ZR 88/91) = NJW 1992, 2630; *BGH* Beschl. v. 26.10.2011 (Az. IV ZR 72/11) = NJW-RR 2012, 207.
121 *BGH* Urt. v. 30.4.1987 (Az. 24 U 472/86) = NJW-RR 1987, 1484.
122 *BGH* Urt. v. 28.9.1983 (Az. IVa ZR 168/82) = BGHZ 88, 269.
123 *BGH* Urt. v. 30.9.1959 (Az. V ZR 66/58) = DNotZ 1960, 207.
124 *BGH* Urt. v. 23.11.1983 (Az. IVa ZR 230/8) = NJW 1984, 731.

ist, und der erstrebte Zweck nicht durch andere wirtschaftliche Maßnahmen erreicht werden kann.[125] Schuldner dieses Anspruchs sind die Erben, hilfsweise nach § 2288 Abs. 2 S. 2 auch der Beschenkte.

3. Testier- und Geschäftsfähigkeit der Beteiligten

379 Nach § 2275 Abs. 1 muss der vertragsschließende Erblasser unbeschränkt geschäftsfähig sein. Für seinen Vertragspartner, der nicht letztwillig verfügt, gelten dagegen die Vorschriften der §§ 104 ff.

380 Bei Erbverträgen zwischen Verlobten und Ehegatten reicht nach § 2275 Abs. 2 und Abs. 3 eine beschränkte Geschäftsfähigkeit aus, sofern der gesetzliche Vertreter oder bei einer Vormundschaft das Familiengericht dem Abschluss des Vertrags zustimmt. Diese Ausnahme gilt nicht für eingetragene Lebenspartner, da für die Eingehung einer Lebenspartnerschaft Volljährigkeit vorausgesetzt wird, § 1 Abs. 3 Nr. 1 LPartG.

4. Höchstpersönliche Errichtung, § 2274

381 Diese Vorschrift schließt jede Art von Stellvertretung des Erblassers bei Abschluss des Erbvertrags aus. Unter Erblasser ist dabei die Person zu verstehen, die vertragsmäßig in der Vertragsurkunde verfügt hat. Das Gleiche gilt für die Anfechtung (§ 2282 Abs. 1 S. 1) sowie für die Bestätigung eines anfechtbaren Erbvertrags (§ 2284 S. 1), für dessen Aufhebung (§ 2290 Abs. 2 S. 1) sowie für den Rücktritt vom Erbvertrag (§ 2296 Abs. 1 S. 1). Der Vertragspartner, der selbst weder vertragsmäßig noch einseitig in der Erbvertragsurkunde letztwillig verfügt, kann dagegen beliebig vertreten werden. Verfügt er jedoch selbst vertragsmäßig, so ist er selbst Erblasser i.S.d. § 2274, so dass eine Stellvertretung ausgeschlossen ist. Verfügt er in dem Erbvertrag einseitig testamentarisch, so ergibt sich die gleiche Rechtsfolge aus § 2064.

> **Hinweis**
>
> Der von einem Vertreter des Erblassers abgeschlossene Erbvertrag ist unheilbar nichtig. Er wird auch nicht durch nachträgliche Genehmigung des Erblassers wirksam.

>> Siehe dazu noch einmal oben unter Rn. 321. «

382 Das beim Testament aus der Höchstpersönlichkeit folgende Verbot, die Entscheidung über die Geltung einer letztwilligen Verfügung des Erblassers einem anderen zu überlassen, gilt auch für den Erbvertrag.[126]

5. Form, § 2276 Abs. 1

383 Der Erbvertrag kann nur vor einem Notar bei gleichzeitiger Anwesenheit beider Vertragsteile geschlossen werden. Bei einem Formmangel kann unter Umständen eine Umdeutung (§ 140) in ein einseitiges Testament in Betracht kommen, sofern dessen Voraussetzungen erfüllt sind.

---

[125] *BGH* Urt. v. 23.11.1983 (Az. IVa ZR 230/8) = NJW 1984, 731.
[126] BGHZ 15, 199; MüKo-*Musielak* § 2276 Rn. 6.

6. Beseitigung vertragsgemäßer Verfügungen

a) Änderungsvorbehalt

Die Bindungswirkung der vertragsmäßigen Verfügung kann durch einen in dem Erbvertrag vereinbarten Änderungsvorbehalt eingeschränkt oder aufgehoben werden. Ein solcher Vorbehalt wird von dem BGH[127] nur unter der Voraussetzung für wirksam erachtet, dass wenigstens eine vertragsgemäße Anordnung nicht von dem Vorbehalt erfasst wird, da sonst keine Änderung, sondern ein Rücktritt vorliegt.

384

Die Vereinbarung des Änderungsvorbehalts bedarf der Form der notariellen Beurkundung, während die spätere Abänderung durch einfache testamentarische Verfügung wirksam ist.

385

b) Einverständliche Aufhebung

Der Erbvertrag kann gemäß § 2290 Abs. 1 S. 1 durch einen notariellen Vertrag der Vertragsparteien aufgehoben werden. Das gilt auch dann, wenn in dem Vertrag nur ein Dritter bedacht worden ist.[128] Es bedarf hierbei nicht der Zustimmung des Dritten, da der Erbvertrag kein Vertrag zugunsten Dritter ist. Nach dem Tod einer der Vertragsparteien ist der Abschluss eines Aufhebungsvertrags unzulässig, § 2290 Abs. 1 S. 2. Eine Formerleichterung sieht § 2292 für Erbverträge vor, die von Ehegatten geschlossen worden sind. Sie können den Erbvertrag auch durch ein gemeinschaftliches Testament aufheben. Ein vertragsmäßig angeordnetes Vermächtnis oder eine Auflage kann der Erblasser nach § 2291 Abs. 1 durch ein Testament aufheben, wobei die Aufhebungsverfügung der notariellen Zustimmung des Vertragspartners bedarf, § 2291 Abs. 2. Der Erbvertrag wird auch durch den Abschluss eines neuen formwirksamen Erbvertrags mit abweichendem i.S.d. § 2258 widersprechenden Inhalts aufgehoben.[129]

386

c) Rücktritt

aa) Ausübung

Die Ausübung des Rücktrittsrechts ist höchstpersönlich zu erklären und bedarf in allen Fällen der Form des § 2296 Abs. 2 (notariell beurkundete Rücktrittserklärung gegenüber dem Vertragspartner) oder der Voraussetzungen des § 2297 (Aufhebung durch Testament des Erblassers nach Tod des Vertragspartners).

387

bb) Rücktrittsrechte

Das Gesetz enthält zugunsten des vertragsmäßig gebundenen Erblassers drei Möglichkeiten für einen Rücktritt vom Erbvertrag:

388

(1) Vereinbarung eines Rücktrittsvorbehalt, § 2293

Der vertragsmäßig gebundene Erblasser kann sich gemäß § 2293 in dem Erbvertrag einen Rücktritt von dem Vertrag oder auch nur für einzelne vertragsmäßige Verfügungen vorbehalten. Ist der Rücktrittsvorbehalt an die nicht ordnungsgemäße Erfüllung einer Verpflichtung des Vertragspartners geknüpft, bedarf es vor der Erklärung des Rücktritts einer **Abmahnung**.[130]

389

---

127 *BGH* Urt. v. 8.1.1958 (Az. IV ZR 219/57) = BGHZ 26, 204.
128 *BGH* Beschl. v. 19.1.1954 (Az. V ZB 28/53) = BGHZ 12, 115.
129 *BayObLG* Beschl. v. 25.2.1993 (Az. 1Z BR 67/92) = FamRZ 1994, 190.
130 *BGH* Urt. v. 22.1.1981 (Az. IVa ZR 97/80) = NJW 1981, 2299; *OLG Düsseldorf* Urt. v. 11.2.1994 (Az. 7 U 39/93) = NJW-RR 1995, 141.

(2) Rücktritt bei Verfehlungen des Bedachten, § 2294

390 Der Erblasser kann gemäß § 2294 den Rücktritt von einer vertragsmäßigen Verfügung (Erbeinsetzung, Vermächtnis, Auflage) erklären, wenn sich der **Bedachte** einer Verfehlung schuldig gemacht hat, die den Erblasser zur Entziehung des Pflichtteilsrechts berechtigen würde. Falls der Bedachte nicht zu dem Kreis der Pflichtteilsberechtigten gehört, ist eine Verfehlung erforderlich, die den Erblasser zur Entziehung eines Pflichtteils eines Abkömmlings berechtigen würde. Verfehlungen des anderen Vertragschließenden, der nicht zugleich auch Bedachter dieser Verfügung ist, berechtigen den Erblasser dagegen nicht zum Rücktritt.[131] Das Rücktrittsrecht wird jedoch nur durch solche Verfehlungen begründet, die erst nach dem Vertragsschluss begangen worden sind.

(3) Aufhebung der Gegenverpflichtung, § 2295

391 Der Erblasser kann von einer vertragsmäßigen Verfügung zurücktreten, wenn die Verfügung mit Rücksicht auf eine rechtsgeschäftliche Verpflichtung des Bedachten, dem Erblasser zu dessen Lebzeiten Unterhalt zu gewähren, getroffen worden ist und die Verpflichtung vor dem Tod des Erblassers aufgehoben wird. Nach der bislang h.M.[132] ist der Erblasser gemäß § 2295 zum Rücktritt nicht berechtigt, wenn der Bedachte seine Leistungspflichten nicht oder schlecht erfüllt oder mit ihnen in Verzug gerät, da wegen § 2302 ein Gegenseitigkeitsverhältnis i.S.d. §§ 320 ff. zwischen dem Erbvertrag und dem schuldrechtlichen Rechtsgeschäft ausgeschlossen ist.[133]

> **Beispiel** E setzt A in einem Erbvertrag als Alleinerben ein. A verpflichtet sich im Gegenzug zu wiederkehrenden Unterhaltsleistungen. Weil A seine vertraglichen Verpflichtungen nur unzureichend erfüllt, will E sich von dem Erbvertrag lösen. Ein Rücktrittsrecht aus § 2295 steht ihm nicht zu, da die Vertragsparteien die Gegenverpflichtung nicht aufgehoben haben. Ein Rücktritt aus § 323 ist unzulässig, da der Erbvertrag wegen § 2302 kein gegenseitiger Vertrag i.S.v. § 320 ist.

Nach dem BGH[134] kann der Erblasser wegen unterbliebener Pflegeleistungen nach § 323 von dem Vertrag mit der übernommenen Pflegeverpflichtung und zugleich von dem Erbvertrag nach § 2295 zurücktreten. Vor dem Rücktritt müsse der Erblasser allerdings den Pflegepflichtigen unter Fristsetzung aufgefordert haben, die im Einzelnen zu bezeichnenden Pflegeleistungen zu erbringen. Ein Rücktritt von dem Erbvertrag sei nur dann ausgeschlossen, wenn dem Pflegpflichtigen die Leistungserbringung nach § 275 Abs. 1 subjektiv unmöglich geworden sei, weil er lediglich zur Betreuung des Erblassers im häuslichen Umfeld verpflichtet ist, dieser aber freiwillig in eine Alten- und Pflegeheim gezogen sei.

---

131 MüKo-*Musielak* § 2294 Rn. 2; a.A. *Lange/Kuchinke* § 25 VII 5a Fn. 264.
132 Palandt-*Weidlich* § 2295 Rn. 4.
133 *OLG Karlsruhe* Urt. v. 22.1.1997 (Az. 13 U 9/95) = NJW-RR 1997, 708.
134 *BGH* Urt. v. 5.10.2010 (Az. IV ZR 30/10) = NJW 2011, 224.

Erbvertrag

392 Umstritten ist, auf welchem Weg sich der Erblasser in einem solchen Fall aus seiner erbvertraglichen Bindung lösen kann. Die einen wollen ihm eine Kündigung aus wichtigem Grund § 626 geben,[135] die anderen einen Konditionsanspruch gemäß § 812 Abs. 1 S. 2 Alt. 2.[136] Zutreffend dürfte jedoch auch hier der Weg der Anfechtung gemäß §§ 2078, 2281 sein.[137]

d) Anfechtung, § 2281 ff.

393 Der Erbvertrag kann von dem Erblasser nach Maßgabe der §§ 2281 bis 2285 und durch einen Dritten nach §§ 2078, 2079 angefochten werden. Die Jahresfrist für die Anfechtung des Erbvertrages beginnt in den Fällen des Irrtums nach § 2078 Abs. 2 in dem Zeitpunkt, in dem der Erblasser von dem Anfechtungsgrund Kenntnis erlangt. Die Gründe entsprechen den Anfechtungsgründen bei dem Testament. Die Begründung eines eigenen Anfechtungsgrundes des Erblassers ist bei dem Erbvertrag erforderlich, da er vertragsmäßige Verfügungen nicht einseitig widerrufen kann. Irrt sich der Erblasser über die Bindungswirkung einer vertragsmäßigen Verfügung kann er nach h.M.,[138] den Erbvertrag wegen eines Inhaltsirrtums anfechten. Ein Rechtsirrtum ist hierbei nach dem BGH[139] beachtlich, wenn er die Unkenntnis einer die Anfechtung begründenden Tatsache zur Folge hat. Dagegen soll ein solcher Irrtum unbeachtlich sein, wenn es sich nur um eine rechtsirrtümliche Beurteilung des Anfechtungstatbestandes selbst handelt (hier: Rechtsirrtum bei Änderung der Vermögensverhältnisse nach dem Tod des Vertragserblassers mit überschuldetem Nachlass durch späteren Vermögenserwerb des Vertragserben).

>> Wiederholen Sie hierzu noch einmal die erbrechtlichen Anfechtungsregeln oben unter Rn. 348 ff. «

Beispiel M und F schließen einen Erbvertrag, in dem sie sich gegenseitig als Alleinerben und ihre Tochter T als Schlusserbin nach dem Tod des zuletzt Verstorbenen einsetzen. Zu Lebzeiten beider Ehegatten, beginnt M ein außereheliches Verhältnis mit G. Kann F ihre vertragsmäßigen Verfügungen anfechten?

Die F kann die in dem Erbvertrag getroffenen vertragsgemäßen Verfügungen nach § 2281 i.V.m. § 2078 Abs. 2 nach den Grundsätzen anfechten, die die Rechtsprechung[140] für die Fälle der unbewussten Vorstellung (siehe oben unter Rn. 352 ff.) entwickelt hat. Die Anfechtung muss F gegenüber M in notariell beurkundeter Form nach §§ 2282 Abs. 3, 143 Abs. 2 erklären. Die Anfechtung führt nach § 142 Abs. 1 zu Nichtigkeit der eigenen vertragsmäßigen Verfügung und nach § 2298 Abs. 1, Abs. 2 zur Nichtigkeit der Verfügung von M. ∎

e) Aufhebung der Ehe, § 2279 Abs. 2

394 Nach § 2279 Abs. 2 findet die Vorschrift des § 2077 (Aufhebung oder Scheidung der Ehe) auch auf Erbverträge Anwendung, die von Ehegatten geschlossen worden sind. Das gilt auch dann, wenn in dem Erbvertrag ausschließlich Dritte bedacht worden sind.

---

135 *LG Köln* Urt. v. 5.7.1978 (Az. 13 S 171/77) = DNotZ 1978, 685.
136 Palandt-*Weidlich* § 2295 Rn. 4; *Kipp-Coing* Erbrecht § 40 I 2b; *Ebenroth* Erbrecht Rn. 264; *Vollmar* ZErb 2003, 274.
137 MüKo-*Musielak* § 2295 Rn. 5 m.w.N.; *Kipp-Coing* § 40 I 2b; *Ebenroth* Erbrecht Rn. 264.
138 *BayObLG* Beschl. v. 2.5.2002 (Az. 1Z BR 24/01) = ZErb 2002, 294; *OLG Frankfurt* Beschl. v. 6.6.1997 (Az. 20 W 606/94) = ZEV 1997, 422.
139 *BGH* Beschl. v. 9.3.2011 (Az. IV ZB 16/10) = FamRZ 2011, 1224.
140 *BGH* Beschl. v. 6.7.1977 (Az. IV ZB 63/75) = FamRZ 1977, 786; *OLG Köln* Beschl. v. 3.11.2003 (Az. 2 Wx 26/03) = FGPrax 2004, 78.

IV. Gemeinschaftliches Testament von Ehegatten

> **PRÜFUNGSSCHEMA**
>
> **395 Gemeinschaftliches Testament – Zustandekommen und Wirksamkeit**
>
> I. Äußerung eines Testierwillens durch Ehegatten/Lebenspartner
>
> II. Testierfähigkeit, § 2229
>
> III. Ggf. Inhaltsbestimmung durch Auslegung
>
> IV. Höchstpersönlichkeit = Verbot der Stellvertretung
>
> V. Form, § 125 S. 1 i. V. m. §§ 2231 ff., 2267
>
> VI. (Keine) Nichtigkeit nach §§ 134, 138
>
> VII. (Kein) Eintritt einer auflösenden Bedingung, §§ 2075, 2268 Abs. 1
>
> VIII. (Kein) Widerruf, §§ 2253 ff., 2271
> > Widerruf wechselbezüglicher Verfügungen   Rn. 401 ff.
>
> IX. (Keine) Anfechtung, §§ 2078 ff.

1. Begriff

396 Ehegatten können gemäß § 2265 ihren letzten Willen in einem **gemeinschaftlichen Testament** regeln. Nach § 10 Abs. 4 S. 1 LPartG steht dieses Recht **auch eingetragenen gleichgeschlechtlichen Lebenspartnern** zu. Verlobte und heterosexuelle Lebensgemeinschaften können nur getrennte Einzeltestamente errichten oder einen notariellen Erbvertrag schließen.

> **Hinweis**
>
> Ein von einem nichtehelichen Paar errichtetes gemeinschaftliches Testament ist nichtig. Eine spätere Eheschließung führt nicht zur Wirksamkeit des gemeinschaftlichen Testaments.[141]
> Wurde das nichtige gemeinschaftliche Testament von einem der nichtehelichen Partnern in der Form des § 2267 errichtet, kann es im Wege der **Umdeutung** nach § 140 als Einzeltestament aufrechterhalten werden, sofern die Anforderungen des § 2247 erfüllt sind.[142] Die Umdeutung kann sich allerdings nur auf einseitige Verfügungen beziehen. Umstritten ist, ob die Umdeutung in ein Einzeltestament auch für wechselbezügliche Verfügungen gilt, da derartige Verfügungen miteinander „stehen und fallen". Bei **Unverheirateten** kann zur Feststellung der Wechselbezüglichkeit der Verfügungen nicht auf die Vermutung des § 2270 Abs. 2 zurückgegriffen werden. Die Rechtsprechung[143] lehnt deshalb die Umdeutung bei wechselbezüglichen Verfügungen ab.[144]

---

[141] *BayObLG* Beschl. v. 28.6.1990 (Az. 1a Z 27/90) = FamRZ 1990, 1284.
[142] *BGH* Urt. v. 16.6.1987 (Az. IVa ZR 74/86) = NJW-RR 1987, 1410; *OLG Hamm* Beschl. v. 25.4.1996 (Az. 15 W 379/95) = ZEV 1996, 304.
[143] *RG* Urt. v. 20.5.1915 (Az. IV 699/14) = RGZ 87, 33; *OLG Hamm* Beschl. v. 25.4.1996 (Az. 15 W 379/95) = ZEV 1996, 304.
[144] A.A. *Lange/Kuchinke* § 24 Abs. 1 S. 4b, der darauf abstellt, dass das Gesetz kein Umdeutungsverbot vorsehe.

Das gemeinschaftliche Testament hat keinen vertraglichen Charakter. Es liegen vielmehr zwei getrennte Verfügungen von Todes wegen vor, da jeder Ehegatte über sein Vermögen verfügt. Es kann im Gegensatz zum Einzeltestament einseitige als auch wechselbezügliche Verfügungen enthalten. Setzen die Ehegatten sich in einem notariellen gemeinschaftlichen Testament gegenseitig als Alleinerben ein und bestimmen sie einen Dritten als Erben für den Fall des gleichzeitigen Versterbens, so ist umstritten, ob eine Auslegung dieser letztwilligen Verfügung ergeben kann, dass die Erbeinsetzung des Dritten auch für den Fall der Versterbens der Ehegatten in einem zeitlich größeren Abstand gewollt ist. Während dies von dem OLG Hamm[145] bejaht wird, vertritt das OLG Düsseldorf[146] und das OLG München[147] die Ansicht, dass eine zeitliche Nähe der beiden Sterbefälle gegeben sein muss. **397**

Die Scheidung führt nach § 2268 Abs. 1 i.V.m. § 2077 zur Unwirksamkeit des gemeinschaftlichen Testaments. Eine Ausnahme gilt nach § 2268 Abs. 2 dann, wenn und soweit eine Verfügung in dem Testament nach dem wirklichen oder hypothetischen Willen des Erblassers – bezogen auf den Zeitpunkt der Testamentserrichtung – auch für den Fall der Ehescheidung weitergelten soll. Sollte eine Verfügung wechselbezüglich sein, ist dies ein Indiz gegen das Bestehen eines Aufrechterhaltungswillens.[148] **398**

Wir werden uns im Folgenden nur die sich aus §§ 2265 ff. ergebenden Besonderheiten ansehen. Im Übrigen gelten die zum Testament oben unter Rn. 306 ff. dargestellten Regeln. **399**

2. Errichtung, § 2267

Ein **gemeinschaftliches Testament** kann in jeder allgemein für Testamente vorgesehenen Form errichtet werden, d.h. in Form eines eigenhändigen Testaments, eines öffentlichen Testaments oder als Nottestament. Die Vorschrift des § 2267 enthält für gemeinschaftliche Testamente eine **Formerleichterung**. Es reicht aus, wenn ein Ehegatte das Testament eigenhändig schreibt und unterzeichnet, während der andere Ehegatte die letztwillige Verfügung nur mitunterschreibt. Der Formwirksamkeit des gemeinschaftlichen Testaments steht nicht entgegen, dass sich auf der Urkunde eine weiterer Unterschrift einer Zeugin befindet.[149] Eine sukzessive Errichtung eines gemeinschaftlichen Testaments ist auch dann wirksam errichtet, wenn der andere Ehegatte erst nach längerer Zeit beitritt, sofern im Zeitpunkt des Beitritts der Wille des ersttestierenden Ehegatten weiter besteht.[150] **400**

Fehlt es an der Unterschrift eines Ehegatten kommt eine Umdeutung in ein eigenhändiges Testament i.S.v. § 2247 desjenigen in Betracht, der die letztwillige Verfügung errichtet hat.[151] Gleiches gilt, wenn ein Ehegatte testierunfähig war. In einem solchen Fall, kann das gemeinschaftliche Testament als Einzeltestament des testierfähigen Ehegatten aufrechterhalten wer-

---

145 *OLG Hamm* Beschl. v. 6.1.2011 (Az. I-15 Wx 484/10, 15 Wx 484/10) = ZEV 2011, 427.
146 *OLG Düsseldorf* Beschl. v. 23.8.2011 (Az. I-3 Wx 193/11, 3 Wx 193/11) = FamRZ 2012, 249.
147 *OLG München* Beschl. v. 24.10.2013 (Az. 31 Wx 139/13) = NJW-RR 2014, 71.
148 *OLG Schleswig* Beschl. v. 8.10.2012 (Az. 3 Wx 153/11), zitiert nach juris.
149 *OLG Koblenz* Beschl. v. 10.12.2012 (Az. 2 U 963/11) juris.
150 *OLG München* Beschl. v. 1.12.2011 (Az. 31 Wx 249/10) = NJW-RR 2012, 338.
151 *BayObLG* Beschl. v. 29.6.2000 (Az. 1 Z BR 40/00) = NJW-RR 2000, 1534; *OLG Frankfurt* Beschl. v. 31.5.2011 (Az. 20 W 75/11) = NJW-RR 2012, 11.

den.¹⁵² Das gemeinschaftliche Testament kann auch in getrennten Urkunden errichtet werden. Hierbei muss sich aber der Wille der Ehegatten zur Errichtung des gemeinschaftlichen Testaments andeutungsweise aus beiden Urkunden ergeben.¹⁵³

Beispiel Die F setzte in einem eigenhändigen Testament ihren Ehemann M zum Alleinerben ein. M verfügte in einer getrennten Urkunde mit gleichem Datum und Uhrzeit sowie mit identischem Wortlaut die gleiche letztwillige Verfügung zugunsten der F. Bei den beiden Testamenten ist von einer inneren Abhängigkeit der letztwilligen Verfügungen auszugehen und ein Wille der Ehegatten zur Errichtung eines gemeinschaftlichen Testaments zu bejahen.

3. Widerruf wechselbezüglicher Verfügungen

a) Wechselbezügliche Verfügungen, § 2270

401 Wechselbezügliche Verfügungen können (nur) die Erbeinsetzung, das Vermächtnis oder die Auflage sein.

402 Als wechselbezüglich sind nach § 2270 Abs. 1 nur solche Verfügungen anzusehen, die durch den Willen der Ehegatten derart verbunden sind, dass sie sich in ihrer Wirksamkeit gegenseitig bedingen. Nach § 2270 Abs. 1 hat die Nichtigkeit der einen wechselbezüglichen Verfügung die Unwirksamkeit der anderen zur Folge. Als wechselbezügliche Verfügungen werden nur diejenigen Verfügungen angesehen, die ein Ehegatte nicht ohne die Verfügung des anderen getroffen hätte. Entscheidend ist die gegenseitige innere Abhängigkeit der letztwilligen Verfügungen.¹⁵⁴ Ob eine solche Abhängigkeit der letztwilligen Verfügungen von den Ehegatten gewollt ist, ist durch Auslegung zu ermitteln ist. Wechselbezüglich ist nur die einzelne Verfügung und nicht das gemeinschaftliche Testament insgesamt. Lässt sich ein Wille der Ehegatten, gemeinschaftlich zu testieren, nicht ermitteln, ist auf die Vermutungsregelung des § 2270 Abs. 2 abzustellen.¹⁵⁵ Danach ist die Wechselbezüglichkeit zu bejahen, wenn sich die Ehegatten gegenseitig bedenken oder wenn dem einen Ehegatten von dem anderen Ehegatten eine Zuwendung gemacht worden ist und für den Fall des Überlebens des Bedachten eine Verfügung zugunsten einer Person getroffen worden ist, die mit dem anderen Ehegatten verwandt oder ihm sonst nahe steht.

Beispiel Die kinderlosen Ehegatten M und F setzen sich gegenseitig als Alleinerben ein und den vorehelichen Sohn S der F, zu dem M keine näheren Bindungen hat, als Schlusserben ein. Die gegenseitigen Erbeinsetzungen der Ehegatten stellen wechselbezügliche Verfügungen dar, § 2270 Abs. 2. Die Erbeinsetzung von M durch F ist im Zweifel wechselbezüglich zur Schlusserbeneinsetzung von S. Dagegen dürfte die Erbeinsetzung von F durch M nicht wechselbezüglich zur Erbeinsetzung des S als Schlusserben sein. Rechtsfolge dieser Auslegung ist, dass nach dem Tod von M die Erbeinsetzung des S widerrufen könnte, während nach dem Tod von F M an die Erbeinsetzung des S gebunden wäre.

---

152 *OLG München* Beschl. v. 19.5.2006 (Az. 31 Wx 38/10) = NJW-RR 2010, 1382.
153 *BGH* Urt. v. 12.3.1953 (Az. IV ZR 131/52) = BGHZ 9, 113; *OLG Zweibrücken* Beschl. v. 17.7.2002 (Az. 3 W 82/02) = ZEV 2002, 414.
154 *OLG Hamm* Beschl. v. 15.7.2003 (Az. 15 W 178/03) = FamRZ 2004, 662; *BayObLG* Beschl. v. 17.3.2005 (Az. 1Z BR 106/04) = FGPrax 2005, 164; *OLG Düsseldorf* FamRZ 2008, 307.
155 *OLG Koblenz* Beschl. v. 13.12.2006 (Az. 2 U 80/06) = FamRZ 2007, 1917.

Die Wechselbezüglichkeit entfällt nicht durch die Regelung, dass jeder der überlebenden Ehegatten von den Verfügungsbeschränkungen befreit ist, da hierin keine Änderungsbefugnis, sondern nur ein Hinweis auf die unbeschränkte Erbenstellung des Überlebenden gesehen wird.[156] Setzen sich Ehegatten in einem gemeinschaftlichen Testament gegenseitig zu Alleinerben ein und bestimmen anschließend – vor der nachfolgenden Schlusserbeneinsetzung der gemeinsamen Kinder –, der Längstlebende solle „über den beiderseitigen Nachlass frei verfügen können", spricht dies nach Auffassung des OLG Schleswig[157] angesichts des nicht eindeutigen Wortlauts und fehlender Anhaltspunkte außerhalb des Testaments jedenfalls im Hinblick auf die systematische Stellung dieses Satzes im Gefüge des Testaments dafür, dass nur eine lebzeitige Verfügungsfreiheit gemeint ist und dem Längstlebenden nicht das Recht eingeräumt werden soll, die wechselbezügliche Schlusserbeneinsetzung zu ändern. Die Wechselbezüglichkeit der Erbeinsetzung der Kinder des vorverstorbenen Ehegatten aus dessen erster Ehe entfällt nicht allein deswegen, weil der überlebende Ehegatte erhebliches Vermögen von seiner Verwandtschaft nach dem Tod des vorverstorbenen Ehegatten erlangt hat. Nur wenn im Rahmen einer ergänzenden Auslegung eine entsprechende Änderungsbefugnis festgestellt werden kann, ist der überlebende Ehegatte zu einer neuen Verfügung befugt.[158]

403

Unter dem in § 2270 Abs. 2 enthaltenen Begriff des **„sonst nahe Stehens"** kommt es auf die Existenz von engen persönlichen Beziehungen an. Das wird bejaht bei Verwandten, Adoptiv-, Stief- und Pflegekindern.[159] Dagegen genügt das Bestehen einer Schwägerschaft ebenso wenig wie gute nachbarschaftliche Beziehungen. Allerdings kann eine nahe Beziehung auch zu einer juristischen Person oder einer Stiftung bestehen.

> **Hinweis**
>
> Die Vermutungsregelung des § 2270 Abs. 2 greift nicht ein, wenn die Ehegatten ausschließlich Verfügungen zugunsten Dritter getroffen haben. In einem solchen Fall ist die Frage der Wechselbezüglichkeit unter Berücksichtigung sämtlicher Umstände des Einzelfalls zu ermitteln. Da die Wechselbezüglichkeit an den anderen Ehegatten gerichtet ist, muss zur Auslegung § 157 herangezogen werden. Nach h.M.[160] kommt die Vorschrift des § 2270 Abs. 2 auch nicht zum Tragen, wenn die als Schlusserben eingesetzten Kinder bereits vorverstorben sind und deren Erben nach § 2069 als Ersatzerben berufen sind. Nach Auffassung des BGH findet sich in einem gemeinschaftlichen Testament für die Einsetzung von Ersatzerben – ohne weitere Anhaltspunkte – keine auf § 2270 Abs. 2 gestützte Vermutung. Eine doppelte gesetzliche Auslegungsregel würde sich insoweit verbieten.

b) Widerruf zu Lebzeiten beider Ehegatten

Jeder Ehegatte kann zu Lebzeiten die **einseitigen** als auch die **wechselbezüglichen letztwilligen Verfügungen durch eine notariell beurkundete Erklärung gegenüber seinem Ehegatten widerrufen**, §§ 2271 Abs. 1 S. 1, 2296. Der Widerruf kann auch gegenüber einem testierunfähigen Ehegatten widerrufen werden. Es genügt der Zugang der notariell beurkunde-

404

---

[156] *OLG Hamm* Urt. v. 29.3.2011 (Az. 10 U 112/10) = Erbrecht effektiv 2011, 181.
[157] *OLG Schleswig* Beschl. v. 27.1.2014 (Az. 3 Wx 75/13) = NJW-RR 2014, 965.
[158] *OLG München* Beschl. v. 28.3.2011 (Az. 31 Wx 93/10) = NJW-RR 2012, 1020.
[159] *KG* Beschl. v. 16.2.1993 (Az. 1 W 6261/91) = OLGZ 93, 398.
[160] *BGH* Urt. v. 16.1.2002 (Az. IV ZB 20/01) = BGHZ 149, 363.

ten Widerrufserklärung an einen für den Aufgabenkreis der Vermögenssorge bestellten Ersatzbetreuer, auch wenn dieser ein Abkömmling des Erblassers ist.[161] Ein Widerruf durch eine einseitige letztwillige Verfügung ist unwirksam, § 2271 Abs. 1 S. 2. Dagegen ist ein Widerruf durch ein späteres gemeinschaftliches Testament möglich.[162]

405 Die Wirksamkeit des Widerrufs wird nicht dadurch beeinträchtigt, dass der Widerruf dem anderen Ehegatten erst nach dem Tod des Widerrufenden zugeht, § 130 Abs. 2.[163] Dafür ist jedoch erforderlich, dass sich die Widerrufserklärung im Zeitpunkt des Todes des Erklärenden bereits auf dem Weg zu dem Adressaten befunden hat.[163] Im Zeitpunkt des Zugangs des Widerrufs muss der Adressat noch leben.[164]

c) Widerruf nach dem Tod eines Ehegatten

aa) Widerruf durch Verfügung von Todes wegen

406 Mit dem Tod eines Ehegatten erlischt das Recht des anderen zum Widerruf einer wechselbezüglichen Erklärung. Der Überlebende ist dadurch in seiner Testierfreiheit beschränkt, zugunsten eines Dritten eine der wechselbezüglichen Verfügung widersprechende anderweitige letztwillige Verfügung zu treffen.

bb) Widerruf nach Ausschlagung, § 2271 Abs. 2 S. 1

407 Von der Bindungswirkung der wechselseitigen Verfügungen kann sich der überlebende Ehegatte dadurch befreien, dass er die Erbschaft ausschlägt, § 2271 Abs. 2 S. 1. Durch die Ausschlagung ist er berechtigt, seine eigene wechselseitige Verfügung zu widerrufen, wodurch die wechselbezüglichen Verfügungen des Erstverstorbenen unwirksam werden.[165] Setzen Ehegatten sich in einem gemeinschaftlichen Testament gegenseitig als Erben sowie jeweils einseitig mit ihnen verwandte Personen gemeinsam als Erben des Letztversterbenden ein und schlägt der überlebende Ehegatte nach dem Tode des Erstversterbenden die Erbschaft aus, kann die Schlusserbeneinsetzung nach Auffassung des OLG Hamm[166] regelmäßig nicht als Ersatzerbeneinsetzung auf den Nachlass des Erstverstorbenen ausgelegt werden; für seinen Nachlass tritt dann gesetzliche Erbfolge ein.

Bei der Ausschlagung können auch Probleme mit der Vorschrift des § 1948 Abs. 1 auftreten.

Beispiel Die kinderlosen Ehegatten M und F setzen sich in einem gemeinschaftlichen Testament gegenseitig als Alleinerben ein und einen gemeinsamen Freund A als Schlusserben ein. Nach dem Tod des M schlägt die F die Erbschaft aus gewillkürter Erbfolge aus, nimmt sie aber als gesetzliche Erbin an. Tritt durch die Ausschlagung die gesetzliche Erbfolge ein und fällt dem Überlebenden nach § 1948 Abs. 1 ein Erbteil zu, das fast so groß ist wie das ausgeschlagene Erbe oder sogar gleich, muss sie nach dem KG[167] auch die gesetzliche Erbschaft ausschlagen, um ihre Testierfreiheit wiederzuerlangen.

---

161 *OLG Nürnberg* Beschl. v. 6.6.2013 (15 W 764/13) = ZEV 2013, 450.
162 *OLG Braunschweig* Beschl. v. 13.3.2006 (Az. 2 W 121/05) = ZEV 2007, 178.
163 *BGH* Urt. v. 19.10.1967 (Az. III ZB 18/67) = BGHZ 48, 374.
164 Palandt-*Weidlich* § 2271 Rn. 7.
165 Palandt-*Weidlich* § 2271 Rn. 17, 19.
166 *OLG Hamm* Beschl. v. 14.3.2014 (Az. I-15 W 136/13, 15 W 136/13) = NJW-RR 2014, 781.
167 *KG* Beschl. v. 24.7.1990 (Az. 1 W 949/89) = NJW-RR 1991, 330.

Nach dem BGH[168] greift das Ausschlagungsrecht zu Gunsten des überlebenden Ehegatten nicht nur dann ein, wenn dieser zum Erben benannt worden sei, sondern auch dann, wenn er mit einem Vermächtnis bedacht worden sei. Dieses Recht werde auch nicht dadurch eingeschränkt, dass eine „Abwendungsbefugnis" für den überlebenden Ehegatten im Testament ausgeschlossen worden sei. Das Ausschlagungsrecht des § 2271 Abs. 2 S. 1 sei nicht abdingbar. Die Ausschlagung des Vermächtnisses sei auch nicht fristgebunden, da der Gesetzeswortlaut des § 2180 eine Frist nicht vorsehe. Die in § 1944 geregelte Ausschlagungsfrist sei auf die Vermächtnisausschlagung nicht anwendbar, weil § 2180 Abs. 3 auf diese Frist nicht verweise. Eine nach § 2271 Abs. 2 unwirksame Beeinträchtigung des durch eine bindende wechselbezügliche Verfügung Bedachten stellt auch die Bestimmung eines Nacherben oder die Anordnung einer Testamentsvollstreckung durch den gebundenen Überlebenden dar.[169]

cc) Schwere Verfehlung des Bedachten, § 2271 Abs. 2 S. 2

Nach § 2271 Abs. 2 S. 2 ist der Überlebende auch nach Annahme der Zuwendung berechtigt, seine eigenen wechselbezüglichen Verfügungen zu widerrufen, wenn sich der Bedachte einer schweren Verfehlung schuldig gemacht hat, die den Erblasser zum Rücktritt nach § 2294 berechtigt hätte. Nach § 2271 Abs. 2 S. 2 kann der Überlebende auch eine Erbeinsetzung eines Kindes aufheben, soweit nach §§ 2294, 2336 eine Pflichtteilsentziehung zulässig ist. **408**

dd) Änderungsvorbehalt

Die Ehegatten können die Bindungswirkung in einem gemeinschaftlichen Testament beschränken oder ausschließen. Aus diesem Grund können sie in dem gemeinschaftlichen Testament auch ein **Widerrufsrecht** vereinbaren.[170] **409**

Haben sich Ehegatten in einem gemeinschaftlichen Testament gegenseitig zu Erben und einen Dritten zum Vorerben eingesetzt und wird die Erbenstellung des Dritten rückwirkend unwirksam, ist der Dritte aus der Sicht des OLG Koblenz[171] von Anfang an nur als Erbschaftsbesitzer anzusehen.

ee) Selbstanfechtung

Nach der Rechtsprechung[172] sind die Vorschriften der §§ 2281 i.V.m. § 2078 Abs. 1 auch auf die Selbstanfechtung durch den überlebenden Ehegatten anzuwenden. Anfechtungsgrund kann die Wiederverheiratung des überlebenden Ehegatten sein, da dieser Umstand zu einem neuen Pflichtteilsberechtigten führt (§ 2303 Abs. 2), der durch die wechselbezüglichen Verfügungen übergangen wird. In diesem Fall bedarf es der Anfechtung, da nach dem Tod des Erstverstorbenen nach § 2271 Abs. 2 S. 2 der Widerruf der wechselbezüglichen Verfügung ausgeschlossen ist. Die Ursächlichkeit zwischen dem Irrtum und der wechselbezüglichen Verfügung wird in § 2079 vermutet. Danach ist im Zweifel davon auszugehen, dass die **410**

---

168 *BGH* Urt. v. 12.1.2011 (Az. IV ZR 230/09) = FamRZ 2011, 468.
169 *OLG Schleswig* Beschl. v. 13.5.2013 (Az. 3 Wx 43/13) = NJW-RR 2013, 906.
170 *BGH* Urt. v. 26.4.1951 (Az. IV ZR 4/50) = BGHZ 2, 35.
171 *OLG Koblenz* Urt. v. 6.5. 2014 (Az. 3 U 1272/13) = ZEV 2014, 328 in Anknüpfung an *BGH* Urt. v. 5.6.1985 (Az. IVa ZR 257/83) = NJW 1985, 3068.
172 *BGH* Urt. v. 4.7.1962 (Az. V ZR 206/60) = BGHZ 37, 331.

Unkenntnis von zukünftigen Pflichtteilsberechtigten bestimmendes Motiv des Erblassers war und er bei Kenntnis der Sachlage, den Pflichtteilsberechtigten bedacht hätte. Der überlebende Ehegatte kann indes seine eigenen einseitigen letztwilligen Verfügungen nicht anfechten, da er diese weiterhin nach §§ 2254, 2299 widerrufen kann. Die Frist zur Anfechtung beginnt mit dem Tod des Erstverstorbenen. Die wirksame Anfechtung der eigenen wechselseitigen Verfügungen oder derjenigen des Verstorbenen hat nach § 2270 Abs. 1 die Unwirksamkeit der jeweils anderen Verfügung zur Folge. Durch die Anfechtung tritt die gesetzliche Erbfolge nach dem Erstverstorbenen ein.

4. Beeinträchtigende Schenkungen

411 Durch ein gemeinschaftliches Testament werden Ehegatten nicht gehindert, unter Lebenden über ihr Vermögen frei zu verfügen. Das gilt zu Lebzeiten beider Ehegatten ebenso wie nach dem Tod eines Ehegatten. Nach h.M.[173] findet allerdings §§ 2287, 2288 analog auf wechselbezügliche Verfügungen in einem gemeinschaftlichen Testament Anwendung.

> **Beispiel** Die Ehegatten M und F setzen sich gegenseitig in einem gemeinschaftlichen Testament als Erben und die gemeinsame Tochter T als Erbin des zuletzt Verstorbenen ein. Nach dem Tod der F schenkt M seiner neuen Freundin G 100 000 €. Der T steht nach § 2287 Abs. 1 analog bei einer ihr Erbrecht beeinträchtigenden Schenkung ein Herausgabeanspruch gegen die Beschenkte G gemäß §§ 818 ff. (Rechtsfolgenverweisung) nach dem Tod des M zu. Von einer beeinträchtigenden Schenkung geht die Rechtsprechung aus, wenn ein achtenswertes lebzeitiges Eigeninteresse des Erblassers an der Vermögensdisposition fehlt. Die Beschenkte kann sich, sofern nicht die verschärfte Haftung nach § 819 greift, auf den Wegfall der Bereicherung nach § 818 Abs. 3 berufen. ■

5. Berliner Testament

a) Inhalt

412 Das **Berliner Testament** ist eine Sonderform des gemeinschaftlichen Testaments. Von einem Berliner Testament ist auszugehen, wenn sich Ehegatten gegenseitig bedenken und einen Dritten, in der Regel die gemeinsamen Kinder, zu Erben des zuletzt verstorbenen Ehegatten einsetzen. Die Ehegatten können dies in Form der Voll- und Schlusserbfolge (**Einheitsprinzip**) oder als Vor- und Nacherbfolge (**Trennungsprinzip**) gestalten.

> **JURIQ-Klausurtipp**
>
> Die Unterscheidung der Einheits- von der Trennungslösung bei dem Berliner Testament und die sich daraus ergebende Einschränkung der Verfügungsbefugnis des Überlebenden ist häufig Gegenstand erbrechtlicher Klausuren.

> **Beispiel** In einem gemeinschaftlichen Testament haben die Ehegatten folgende letztwillige Verfügungen getroffen: „Wir, die Eheleute M und F, setzen uns gegenseitig zu Erben ein. Nach dem Tod des Überlebenden soll der Nachlass an unseren gemeinsamen Sohn S fallen". Wie ist die Rechtslage?

---

[173] *BGH* Urt. v. 26.11.1975 (Az. IV ZR 138/74) = BGHZ 66, 8; *BGH* Urt. v. 23.9.1981 (Az. IVa ZR 185/80) = BGHZ 82, 274.

Der Wille der Ehegatten kann darauf gerichtet sein, den Überlebenden als Vorerben hinsichtlich des Vermögens des Erstversterbenden und den Sohn S als Nacherben einzusetzen, §§ 2100 ff. Mit dem Tod des zuletzt Verstorbenen tritt der Nacherbfall ein. Der Nacherbe wird zu diesem Zeitpunkt Vollerbe bezüglich des Vermögens des länger lebenden Ehegatten. Der Sohn S erhält das Vermögen seiner Eltern in zwei getrennten Erbgängen, zum einen als Nacherben des zuerst Verstorbenen und als Vollerbe des länger lebenden Ehegatten (Trennungsprinzip). Bei dieser Auslegung des Testaments ist der überlebende Ehegatte hinsichtlich des Nachlasses des Verstorbenen in seiner Verfügungsbefugnis gemäß § 2113 beschränkt. Er behält allerdings die freie Verfügungsbefugnis hinsichtlich seines Vermögens.

Der Wille der Testierenden kann aber auch dahin ausgelegt werden, dass der erstversterbende Ehegatte Vollerbe wird, wodurch der Nachlass des Verstorbenen und das Vermögen des Überlebenden verschmelzen (Einheitsprinzip). Der Überlebende behält die freie Verfügungsbefugnis über den Nachlass und über sein eigenes Vermögen. Bei der Annahme des Einheitsprinzips ist der Sohn im Zeitpunkt des Eintritts des ersten Erbfalls enterbt. Er wird im Zeitpunkt des Todes des länger lebenden Ehegatten in einem Erbgang Schlusserbe des Vermögens seiner Eltern. ■

> **Hinweis**
>
> Der Wille der Testierenden ist oft schwierig zu ermitteln. Von Laien werden in einem Berliner Testament die Begriffe der Vor- und Nacherbschaft bzw. Voll- und Schlusserbschaft häufig gebraucht, obwohl ihnen die Rechtsbegriffe nicht gebräuchlich sind. Deshalb können sie in der Regel nur begrenzte Interpretationshilfe leisten.[174] Aus diesem Grund bestimmt die Auslegungsregel des § 2269 Abs. 1, dass im Zweifel das Einheitsprinzip gewollt ist.

b) Auswirkungen auf den Pflichtteil

Das Einheits- und das Trennungsprinzip haben unterschiedliche Auswirkungen auf den Pflichtteil.   413 »Zum Pflichtteilsrecht nachfolgend ausführlich unter Rn. 543 ff.«

aa) Lage bei Trennungsprinzip

Im Zeitpunkt des Todes des Erstverstorbenen ist der Nacherbe nicht enterbt. Pflichtteilsansprüche kann er nur geltend machen, wenn er die Nacherbschaft ausschlägt, §§ 2306 Abs. 2 i.V.m. 2306 Abs. 1. Die Stellung als Erbe des zuletzt versterbenden Ehegatten behält er in diesem Fall.   414

bb) Lage bei Einheitsprinzip

Bei dem Einheitsprinzip ist der eingesetzte Schlusserbe im Zeitpunkt des Todes des Erstverstorbenen enterbt. Er kann Pflichtteilsansprüche geltend machen, da er als Erbe übergangen worden ist.   415

---

174 *BGH* Urt. v. 22.9.1982 (Az. IVa ZR 26/81) = NJW 1983, 277.

> **Hinweis**
>
> Um Abkömmlinge davon abzuhalten, bei dem Tod des Erstverstorbenen Pflichtteilsansprüche geltend zu machen, wird in einem Berliner Testament oft eine Pflichtteilsstrafklausel aufgenommen, nach der sie nach dem Tod des zuletzt Verstorbenen ebenfalls nur das Pflichtteil erhalten, wenn sie Pflichtteilsansprüche nach dem Tod des Erstverstorbenen verlangen. Durch die Geltendmachung des Pflichtteils bei dem ersten Todesfall wird der überlebende Ehegatte Vollerbe und ist an die Erbeinsetzung des Dritten als Schlusserben nicht mehr gebunden.[175] Auch die Rückzahlung des Pflichtteils führt nicht zu dem Wiederaufleben der Erbeinsetzung.[176]

c) Beeinträchtigende Schenkungen

416 Der Nacherbe ist hinsichtlich der Verschleuderung des Nachlasses durch den überlebenden Ehegatten durch §§ 2113 ff. geschützt. Eine solche Einschränkung der Verfügungsbefugnis besteht bei dem Trennungsprinzip hinsichtlich des eigenen Vermögens des überlebenden Ehegatten nicht. Gleiches gilt bei der Einheitslösung für die Verfügungsbefugnis des überlebenden Ehegatten hinsichtlich des ererbten Nachlasses und des eigenen Vermögens. Wird durch eine Schenkung des überlebenden Ehegatten, die Vollerbschaft des Nacherben oder die Erbschaft des Schlusserben beeinträchtigt, kommt eine analoge Anwendung der §§ 2286, 2287 in Betracht.

d) Wiederverheiratungsklausel

417 Durch eine Wiederverheiratungsklausel soll sichergestellt werden, dass Abkömmlinge ihren Anteil an dem Nachlass erhalten, wenn der überlebende Ehegatte wieder heiratet.

aa) Rechtslage bei Trennungsprinzip

418 Bei dem Trennungsprinzip wird durch eine Wiederverheiratungsklausel bestimmt, dass der Nacherbfall nicht mit dem Tod des Vorerben, sondern bereits im Zeitpunkt der Wiederverheiratung eintritt.

bb) Rechtslage bei Einheitsprinzip

419 Haben die Ehegatten das Einheitsprinzip vereinbart, verwandelt die Wiederverheiratungsklausel die Einheitslösung in eine Vorerbschaft. Nach h.M.[177] liegt in diesem Fall eine auflösend bedingte Vollerbeneinsetzung und eine aufschiebend bedingte Vorerbschaft des überlebenden Ehegatten sowie eine aufschiebend bedingte Nacherbeneinsetzung der Kinder vor. Stirbt der länger lebende Ehegatte, ohne wieder geheiratet zu haben, so ist seine Stellung als Vollerbe endgültig geworden. Nach a.A.[178] handelt es sich um eine auflösend bedingte Vorerbschaft verbunden mit einer aufschiebend bedingten Vollerbschaft des überlebenden Ehegatten. Danach wird bei fehlender Wiederverheiratung (Ausfall der auflösenden Bedingung) die

---

[175] *BayObLG* Beschl. v. 20.3.1990 (Az. BReg 1a Z 65/88) = *BayObLG* 1990, 58; *BayObLG* Beschl. v. 9.6.1994 (Az. 1Z BR 117/93) = *BayObLG* 94, 164.
[176] *BayObLG* 20.1.2004 (Az. 1Z BR 134/02) = FamRZ 2004, 1672.
[177] *BGH* Beschl. v. 6.11.1985 (Az. IVa ZB 5/85) = BGHZ 96, 198.
[178] MüKo-*Musielak* § 2269 Rn. 54 ff.

Gemeinschaftliches Testament von Ehegatten

Vorerbschaft des überlebenden Ehegatten im Zeitpunkt seines Todes zur Vollerbschaft. Unterschiedliche Auswirkungen haben die beiden Auffassungen nicht, da der überlebende Ehegatte nach beiden Auffassungen bei einer Wiederverheiratungsklausel den Beschränkungen der §§ 2113 ff. unterliegt, sofern nicht ausdrücklich eine befreite Vorerbschaft angeordnet worden ist.[179] Das Nachlassgericht erteilt dem überlebenden Ehegatten im Falle einer Wiederverheiratungsklausel nur einen Erbschein, der ihn als Vorerben ausweist.

> **Hinweis**
>
> Eine in einem gemeinschaftlichen Testament enthaltene Wiederverheiratungsklausel widerlegt die in § 2079 geregelte Vermutung (Übergehen eines Pflichtteilsberechtigten), da eine mögliche Wiederverheiratung des überlebenden Ehegatten von den Testierenden in ihre Überlegungen einbezogen worden ist. Die wechselbezüglichen Verfügungen der Ehegatten sind in diesem Fall in Kenntnis der Sachlage i.S.v. § 2079 S. 2 getroffen worden, so dass ein Anfechtungsrecht des überlebenden Ehegatten ausscheidet.
>
> Nach der gefestigten Rechtsprechung des BGH[180] zum so genannten Behindertentestament sind Verfügungen von Todes wegen, in denen Eltern eines behinderten Kindes die Nachlassverteilung durch eine kombinierte Anordnung von Vor- und Nacherbschaft sowie einer – mit konkreten Verwaltungsanweisungen versehen – Dauertestamentsvollstreckung so gestalten, dass das Kind zwar Vorteile aus dem Nachlassvermögen erhält, der Sozialhilfeträger auf dieses jedoch nicht zugreifen kann, grundsätzlich nicht sittenwidrig, sondern vielmehr Ausdruck der sittlich anzuerkennenden Sorge für das Wohl des Kindes über den Tod der Eltern hinaus.

---

179 *RG* Beschl. v. 25.11.1937 (Az. IV B 34/37) = RGZ 156, 172.
180 *BGH* Urt. v. 19.1.2011 (Az. IV ZR 7/10) = BGHZ 188, 96-109 m.w.N.

e) Übungsfall Nr. 5

„Lauter Verfügungen"

Die Ehegatten M und F errichteten am 10.11.1999 ein gemeinschaftliches notarielles Testament, in dem sie sich gegenseitig als befreite Vorerben und ihre Tochter T als Nacherbin einsetzten. M und F waren sich einig, dass ihr Vermögen auch im Falle einer Scheidung der T zufallen sollte. Die Ehegatten trennten sich 2002 und ließen sich 2005 scheiden. Die F lebt seitdem mit ihrem Geliebten G zusammen. Sie errichtete 2007 ein notarielles Testament, in dem sie unter Aufhebung aller bisherigen letztwilligen Verfügungen die Zoologische Berlin AG zur ihrer Alleinerbin einsetzte, der T eine lebenslange Rente und dem G ein lebenslanges Wohnrecht in ihren beiden Wohnhäusern vermachte. Anfang August 2014 erfährt F, dass sie unheilbar erkrankt ist und nur noch wenige Monate zu leben hat. Sie heiratet daraufhin G im August 2014. Sie nimmt das im Jahr 2007 errichtete Testament aus der amtlichen Verwahrung und errichtet am 15.9.2014 ein eigenhändiges Testament, in dem sie den G als befreiten Vorerben und T als Nacherbin einsetzt. Am 4.2.2015 stirbt die F. T ist der Ansicht, dass sich die Erbfolge nach dem gemeinschaftlichen Testament ihrer Eltern aus dem Jahr 1999 richtet und beantragt festzustellen, dass sie Nacherbin nach dem bereits im Jahr 2012 verstorbenen Vorerben M geworden ist. Ist die Feststellungsklage begründet?

(Anmerkung: Dem Sachverhalt liegt die Entscheidung des BGH[181] zugrunde.)

Lösung

Die Feststellungsklage ist nach § 256 ZPO begründet, wenn T Nacherbin nach ihrem Vater M als Vorerbe geworden ist. Das wäre der Fall, wenn das 1999 von F und M errichtete gemeinschaftliche Testament wirksam ist und nicht durch spätere letztwillige Verfügungen der F aufgehoben worden wäre.

I. Wirksame Errichtung des gemeinschaftlichen Testaments

Als Ehegatten konnten die F und der M wirksam ein gemeinschaftliches Testament gemäß § 2265 errichten. Die Errichtung des gemeinschaftlichen Testaments erfolgte gemäß §§ 2231 Nr. 1, 2232 formgerecht zur Niederschrift eines Notars. Entsprechend der darin getroffenen Verfügungen war M befreiter Vorerbe i.S.v. § 2136 und T seine Nacherbin nach § 2100.

II. Unwirksamkeit des gemeinschaftlichen Testaments aufgrund der Scheidung

Das gemeinschaftliche Testament könnte durch die Scheidung von F und M seine Wirksamkeit verloren haben. Ein gemeinschaftliches Testament wird gemäß § 2268 Abs. 1 unwirksam, wenn die Ehe vor dem Tod des Erblassers aufgelöst wird, § 2077. Das war hier der Fall, da die zwischen M und F bestehende Ehe rechtskräftig geschieden worden ist und damit die Ehe i.S.v. § 2077 aufgelöst ist. Die Vorschrift des § 2268 Abs. 2 macht allerdings von diesem Grundsatz eine Ausnahme, wenn anzunehmen ist, dass die Ehegatten die Wirksamkeit ihrer letztwilligen Verfügungen auch für den Fall der Scheidung gewollt hätten.[182] F und M waren sich im Zeitpunkt der Errichtung des gemeinschaftlichen Testaments darüber einig, dass auch im Fall der Scheidung ihr Vermögen der T zufallen sollte. Die Scheidung berührte daher die Wirksamkeit des von F und M errichteten gemeinschaftlichen Testaments nicht. Dabei ist es unerheblich, ob es sich dabei um wechselbezügliche oder um einseitige Verfügungen gehandelt hat. Entscheidend ist der Aufrechterhaltungswillen der Ehegatten im Zeitpunkt der Testamentserrichtung, wobei bei wechselbezüglichen Verfügungen der Wille beider Ehegatten erforderlich ist, während bei einseitigen Verfügungen der Wille des jeweils Verfügenden maßgebend ist.

---

[181] *BGH* Urt. v. 7.7.2004 (Az. IV ZR 187/03) = BGHZ 160, 33.

[182] Palandt-*Weidlich* § 2268 Rn. 2.

III. Aufhebung des gemeinschaftlichen Testaments

Das gemeinschaftliche Testament könnte durch die späteren Verfügungen der F aus den Jahren 2007 und 2014 widerrufen worden sein. Bei dem Testament aus dem Jahr 2007 könnte es sich um ein Widerrufstestament i.S.v. § 2254 handeln, da F darin ausdrücklich die Aufhebung aller bisherigen letztwilligen Verfügungen angeordnet hat. Ein Widerruf könnte zudem durch die Errichtung des Testaments aus dem Jahr 2014 erfolgt sein, da die darin vorgenommene Einsetzung des G zum befreiten Vorerben in einem inhaltlichen Widerspruch zu dem gemeinschaftlichen Testament aus dem Jahr 1999 als auch zu dem im Jahr 2007 notariell errichteten Testament steht, § 2258. Aufgrund der Besonderheiten des gemeinschaftlichen Testaments könnte ein einseitiger Widerruf durch F ausgeschlossen sein, wenn die zu widerrufende Verfügung wechselbezüglich i.S.v. § 2270 war. In diesem Fall wäre gemäß § 2271 Abs. 1 S. 1 ein Widerruf nur in der für den Rücktritt vom Erbvertrag geltenden Form des § 2296 Abs. 2 durch notariell beurkundete Erklärung gegenüber dem anderen Teil möglich gewesen.

1. Vorliegen von wechselbezüglichen Verfügungen

Verfügungen von Ehegatten sind dann wechselbezüglich, wenn die eine Verfügung nicht ohne die andere Verfügung getroffen worden wäre, die Verfügungen müssen sich also gegenseitig bedingen. Eine wechselbezügliche Verfügung könnte darin gesehen werden, dass F und M ihre gemeinsame Tochter T als Nacherbin eingesetzt haben. Dass Eltern ihre gemeinsamen Kinder als Nacherben einsetzen, beruht in erster Linie auf dem engen Verwandtschaftsverhältnis zu den Abkömmlingen und erfolgt unabhängig davon, ob auch der andere Ehegatte das Kind bedenkt. Die Einsetzung der T durch F kann daher nicht als wechselbezügliche Einsetzung der T durch M angesehen werden. Allerdings ist anzunehmen, dass F und M sich nur dann gegenseitig als befreite Vorerben einsetzen wollten, wenn der jeweils andere im Falle seines Überlebens die T als Nacherben einsetzt. Bei der gegenseitigen Einsetzung der Ehegatten als befreite Vorerben und der Einsetzung der T als Nacherbin handelt es sich damit um wechselbezügliche Verfügungen. Ein Widerruf einer solchen Verfügung konnte formwirksam nur durch eine notariell beurkundet Erklärung gegenüber M nach §§ 2271 Abs. 1 S. 1, 2296 erfolgen.

2. Auswirkung der Scheidung der Ehegatten auf die Widerrufbarkeit der Verfügungen

Allerdings könnte die Wechselbezüglichkeit der Verfügungen durch die Trennung entfallen sein, wodurch die F ihre letztwilligen Verfügungen formlos und einseitig widerrufen konnte. Nach der Entscheidung des BGH[183] bleiben letztwillige Verfügungen auch nach der Auflösung der Ehe wirksam, wenn die Ehegatten bei der Errichtung des Testaments einen entsprechenden Aufrechterhaltungswillen hatten. Der BGH stützt dies auf die Vorschrift des § 2268 Abs. 2, wonach die wechselbezüglichen Verfügungen der Ehegatten bei einem entsprechenden Willen inhaltlich aufrechterhalten bleiben, und zwar so, wie es die Ehegatten im Zeitpunkt der Testamentserrichtung wollten. Anhaltspunkte für einen Fortfall der Wechselbezüglichkeit mit dem Ende der Ehe ergäben sich weder aus dem Gesetz noch aus der Entstehungsgeschichte der Vorschrift des § 2268. Anders als eine in der Literatur vertretene Ansicht[184] hätte nicht die Fortgeltung der Wechselbezüglichkeit einer ausdrücklichen Regelung der Ehegatten bedurft, sondern deren Beschränkung. Wenn § 2268 Abs. 2 den Ehegatten die Möglichkeit eröffne, über die Dauer der Ehe hinaus zu testieren, müsse ihr Wille, eine Bindung ihrer Verfügungen im Wege der Wechselbezüglichkeit zu schaffen, respektiert werden. Es liefe dem das Erbrecht beherrschenden Grundsatz, den Erblasserwillen zu verwirklichen (§ 2084) zuwider, würde man der von den Ehegatten gewollten Wechselbezüglichkeit mit dem Ende der Ehe die ausreichende gesetzliche Legitimation entziehen.

---

183 *BGH* Urt. v. 7.7.2004 (Az. IV ZR 187/03) = BGHZ 160, 33.

184 *Muscheler* DNotZ 1994, 733.

3. Zwischenergebnis

Nach der Auffassung des BGH konnte F die wechselbezüglichen Verfügungen aus dem gemeinschaftlichen Testament aus dem Jahr 1999 nicht formlos widerrufen. Für einen wirksamen Widerruf hätte die Form der §§ 2271 Abs. 1, 2296 gewahrt werden müssen. Wegen des Fehlens eines wirksamen Widerrufs durch F ist M befreiter Vorerbe und T Nacherbin nach M geworden.

IV. Gesamtergebnis

Die Feststellungsklage der T ist begründet.

D. Formen der Erbeinsetzung

Der Erblasser kann im Rahmen der gewillkürten Erbfolge verschiedene Anordnungen hinsichtlich der Erbeinsetzung treffen. Diese Anordnungen können in jeder im Erbrecht zulässigen Form der letztwilligen Verfügung (Testament, gemeinschaftliches Testament, Berliner Testament, Erbvertrag etc.) getroffen werden.

I. Anordnung der Vor- und Nacherbschaft

1. Begriff

Der Erblasser kann nach §§ 2100 ff. einen Erben (**Nacherbe**) in der Weise einsetzen, dass dieser erst Erbe wird, nachdem ein anderer Erbe (**Vorerbe**) geworden ist. Vor- und Nacherbe sind zeitlich nacheinander Rechtsnachfolger des Erblassers. Der Erblasser kann auch mehrere Personen hintereinander als Nacherben einsetzen (**gestaffelte Nacherbenfolge**). Bei der Nacherbfolge ist zwischen dem Erbfall und dem Nacherbfall zu unterscheiden. Der Erbfall tritt mit dem Tod des Erblassers ein. Zu diesem Zeitpunkt erwirbt der Vorerbe die Erbschaft. Der Nacherbfall tritt mit dem von dem Erblasser bestimmten Zeitpunkt oder Ereignis ein (Wiederverheiratung des Vorerben etc.). Bei Fehlen einer solchen Bestimmung tritt der Nacherbfall mit dem Tod des Vorerben ein. Die Einsetzung eines Nacherben wird nach § 2109 Abs. 1 S. 1 mit Ablauf von 30 Jahren unwirksam, wenn nicht zuvor der Nacherbfall eingetreten ist. Der Nachlass wird dann freies Vermögen des Vorerben. Ist als Nacherbe eine natürliche Person eingesetzt, sieht § 2109 Abs. 1 S. 2 Nr. 1, Nr. 2 Ausnahmen von der dreißigjährigen Ausschlussfrist vor.

> **Beispiel** Erblasser E setzt sein Ehegattin F als Vorerbin und seine Kinder K 1 und K 2 als Nacherben ein. Die F stirbt 34 Jahre nach dem Tod des E. Nach § 2109 Abs. 1 S. 2 Nr. 1 bleibt in diesem Fall die Nacherbfolge auch nach Ablauf von 30 Jahren wirksam. Gleiches gilt nach § 2109 Abs. 1 S. 2 Nr. 2, wenn dem Vorerben oder dem Nacherben für den Fall, dass ihm ein Bruder oder eine Schwester geboren wird, der Bruder oder die Schwester als Nacherbe bestimmt ist. ■

2. Bedingte Erbeinsetzung bei Vor- und Nacherbfolge

Eine Erbeinsetzung unter einer **aufschiebenden** Bedingung (§ 2074) oder **auflösenden Bedingung** (§ 2075) führt unter der Voraussetzung, dass später die Bedingung eintritt, zwingend zur Vor- bzw. Nacherbschaft.

> **Beispiel 1** Der Erblasser E setzt in seinem Testament seine Tochter T unter der Bedingung als Alleinerbin ein, dass sie erfolgreich ihr Studium abschließt. Die Erbeinsetzung der Tochter ist unter einer **aufschiebenden Bedingung** erfolgt, dass sie ihr Examen besteht. Tritt diese Bedingung noch zu Lebzeiten des Erblassers ein, wird die T Alleinerbin. Ist die Bedingung im Zeitpunkt des Erbfalles noch nicht eingetreten und hat der Erblasser – wie hier – keine Bestimmung getroffen, wer bis zum Eintritt der Bedingung Erbe sein soll, so ist nach § 2105 Abs. 1 anzunehmen, dass die gesetzlichen Erben Vorerben werden. Der Eintritt der Bedingung entspricht dem Nacherbfall, § 2105 Abs. 1. Die Vorschrift des § 2105 Abs. 1 will verhindern, dass der Nachlass herrenlos wird. ■

Beispiel 2 Der Erblasser E setzt seine Ehefrau F unter der **auflösenden** Bedingung zur Alleinerbin ein, dass sie nicht wieder heiratet. Im Falle der Wiederverheiratung hat die F den Nachlass an den Nacherben herauszugeben. Hat der Erblasser – wie hier – keinen Nacherben bestimmt, ist gemäß § 2104 S. 1 anzunehmen, dass seine gesetzlichen Erben Nacherben werden. ■

3. Abgrenzung Nacherbe und Ersatzerbe

425 Benennt ein Erblasser in einer letztwilligen Verfügung neben dem Erben eine weitere Person, muss durch Auslegung des Testaments ermittelt werden, ob jemand als Nacherbe oder Ersatzerbe i.S.v. § 2096 eingesetzt worden ist. Nach § 2102 Abs. 2 ist im Zweifel anzunehmen, dass der Dritte als Ersatzerbe eingesetzt worden ist. Die Einsetzung als Nacherbe enthält im Zweifel nach § 2102 Abs. 1 auch die Einsetzung als Ersatzerben. Das hat in den Fällen Bedeutung, wenn der Vorerbe stirbt.

> **Hinweis**
>
> Stirbt der Vorerbe vor dem Eintritt des Erbfalls kommt nur eine Ersatzerbschaft des Nacherben in Betracht. Dagegen ist in den Fällen, in denen der Vorerbe nach dem Erbfall aber vor Eintritt des Nacherbfalles stirbt, der zunächst Bedachte Vorerbe geworden. Er ist damit nicht weggefallen i.S.v. § 2096, weshalb nur eine Nacherbschaft und keine Ersatzerbschaft angenommen werden kann. Ob die Anordnung einer Nacherbschaft von dem Erblasser in seiner letztwilligen Verfügung tatsächlich gewollt war, ist durch Auslegung zu ermitteln, § 2102 Abs. 2.

426 Bei der Ausschlagung der Erbschaft durch den Vorerben fällt die Erbschaft im Zweifel schon mit dem Tod des Erblassers an den Nacherben, da die Einsetzung als Nacherben im Zweifel die Einsetzung als Ersatzerben enthält, § 2102 Abs. 1. Schlägt einer von mehreren Vorerben die Erbschaft aus und verlangt den Pflichtteil, so kann sein als Nacherbe eingesetzter Abkömmling als Ersatzerbe zum Zuge kommen, wenn nicht ein anderer Erblasserwille feststellbar ist.[185] Schlägt der Nacherbe die Erbschaft aus, verbleibt die Erbschaft im Zweifel dem Vorerben, § 2142 Abs. 2.

4. Rechtstellung des Vorerben

a) Verfügungsbeschränkungen des einfachen Vorerben

427 Der Vorerbe kann über die zur Erbschaft gehörenden Gegenstände nach § 2112 frei verfügen. Dieser Grundsatz ist zugunsten des Nacherben, dem der Stammwert der Erbschaft erhalten bleiben soll, durch die Vorschriften der §§ 2113 bis 2115 eingeschränkt. Die Verfügungsbeschränkungen des Vorerben beziehen sich nach § 2111 Abs. 1 S. 1 nicht nur auf die Gegenstände, die im Zeitpunkt des Erbfalls zum Nachlass gehörten, sondern auch auf die Surrogate des vererbten Vermögens, die ebenfalls in die Erbschaft fallen (**dingliche Surrogation**). Dazu zählt alles, was der Vorerbe aufgrund eines zur Erbschaft gehörenden Rechts oder als Ersatz für die Zerstörung, Beschädigung oder Entziehung eines Erbschaftsgegenstands erlangt hat.

---

[185] *OLG München* Beschl. v. 26.10.2011 (Az. 31 Wx 30/11) = NJW-RR 2012, 211.

Anordnung der Vor- und Nacherbschaft 2 D I

Beispiel Der Vorerbe erwirbt mit dem aus dem Nachlass stammendem Geld ein wertvolles Auto. Das Auto tritt an die Stelle der weggegebenen Nachlasswerte. Es gehört daher zu dem Nachlass und unterliegt den sich aus §§ 2113–2115 ergebenden Verfügungsbeschränkungen. ■

Wird einem Vorerben während der Dauer der Vorerbschaft ein enteignetes Grundstück nach dem Vermögensgesetz zurück übertragen, welches ursprünglich im Eigentum des vor dem Inkrafttreten des Vermögensgesetz verstorbenen Erblassers stand, so fällt das Eigentum am Grundstück in entsprechender Anwendung des § 2111 mit dem Eintritt des Nacherbfalls in das Eigentum des Nacherben[186]. Der für den Fall erneuter Heirat zum auflösend bedingten Voll- und aufschiebend bedingten Vorerben eingesetzte Ehegatte ist in der Verfügung über das geerbte Vermögen nur im Falle dieser Heirat und auch nur von diesem Zeitpunkt an wie ein Vorerbe beschränkt.[187]

> **Hinweis**
>
> Der Nacherbe trägt die Darlegungs- und Beweislast dafür, dass ein bestimmter Gegenstand durch Surrogation Bestandteil des Nachlasses geworden ist.[188] Darunter fallen allerdings nicht die von dem Vorerben gezogenen Nutzungen, da diese dem Eigenvermögen des Vorerben unterliegen.[189]

Der **Einwilligung** des Nacherben bedarf es für folgende Rechtsgeschäfte: **428**

aa) Verfügungen über Grundstücke und Grundstücksrechte, § 2113 Abs. 1

Verfügungen des Vorerben über Grundstücke oder Grundstücksrechte und Schiffe, die zur **429** Erbschaft gehören, sind nach § 2113 Abs. 1 bei dem Eintritt des Nacherbfalles insoweit unwirksam, als sie das Recht der **Nacherbfolge** beeinträchtigen. Die durch § 2113 angeordnete Unwirksamkeit betrifft nur das dingliche Rechtsgeschäft und erstreckt sich nicht auf den schuldrechtlichen Vertrag. Die von dem Vorerben insoweit getroffenen Verfügungen sind zunächst wirksam. Die von dem Vorerben getroffenen Verfügungen werden erst unwirksam, wenn die Nacherbfolge eintritt. Es handelt sich um einen Fall der absoluten Unwirksamkeit, so dass sich nicht nur der Nacherbe, sondern auch ein Dritter auf die Unwirksamkeit des Rechtsgeschäfts berufen kann.[190] Nach § 2113 Abs. 3 werden gutgläubige Erwerber durch §§ 892, 893 geschützt. Gutgläubigkeit liegt vor, wenn der Dritte die Verfügungsbeschränkungen nicht kannte. Anders als bei einem relativen Veräußerungsverbot i.S.v. § 135 Abs. 2 muss die Möglichkeit des gutgläubigen Erwerbs bei einem absoluten Veräußerungsverbot gesetzlich angeordnet sein.

Die in § 2113 Abs. 1 geregelte Verfügungsbeschränkung bewirkt keine Grundbuchsperre. Bei der Eintragung eines Vorerben in das Grundbuch hat das Grundbuchamt nach § 51 GBO von Amts wegen das Recht des Nacherben in das Grundbuch einzutragen (**Nacherbenvermerk**). Ist ein solcher Vermerk im Grundbuch eingetragen, kommt ein gutgläubiger Erwerb nicht in Betracht.

---

[186] BGH Urt. v. 17.3.2010 (Az. IV ZR 144/08) = FamRZ 2010, 892.
[187] OLG Celle Beschl. v. 4.10.2012 (Az. 6 W 180/12) = ZEV 2013, 40.
[188] BGH Urt. v. 29.6.1983 (Az. IVa ZR 57/82) = NJW 1983, 2874.
[189] BGH Urt. v. 29.6.1983 (Az. IVa ZR 57/82) = NJW 1983, 2875; BGH Urt. v. 4.11.1987 (Az. IVa ZR 118/86) = WM 1988, 126.
[190] BGH Urt. v. 14.7.1969 (Az. V ZR 122/66) = BGHZ 52, 269.

bb) Unentgeltliche Verfügungen, § 2113 Abs. 2 S. 1

430 Das Verfügungsrecht des Vorerben ist auch bei unentgeltlichen Verfügungen und bei Verfügungen zur Erfüllung eines Schenkungsversprechens beschränkt. Eine Unentgeltlichkeit der Verfügung liegt vor, wenn es an einer in den Nachlass eingebrachten Gegenleistung fehlt.[191]

> **Beispiel** Vorerbe V schenkt seinem Freund F eine wertvolle Fotokamera, die zum Nachlass gehört. Nach dem Tod des V verlangt der Nacherbe N von dem F die Herausgabe der Kamera. Die Übereignung der Kamera war zunächst nach § 929 S. 1 wirksam. Die Unwirksamkeit der dinglichen Verfügung trat erst mit dem Nacherbfall ein. Der F könnte die Kamera im Rahmen eines gutgläubigen Erwerbs nach §§ 2113 Abs. 3, 932 ff. erworben haben, wenn er weder wusste noch ihm infolge von grober Fahrlässigkeit unbekannt war, dass die Kamera zu einer Nacherbschaft gehörte. Allerdings wäre der F auch bei einem gutgläubigen Erwerb zur Herausgabe der Kamera an den N gemäß § 816 Abs. 1 S. 2 verpflichtet, da die Verfügung unentgeltlich getroffen worden ist.

> **JURIQ-Klausurtipp**
>
> Im Rahmen einer Klausurbearbeitung ist zu beachten, dass ein Missverhältnis von Leistung und Gegenleistung eine gemischte Schenkung darstellt, die ebenfalls dem Schutzbereich des § 2113 Abs. 2 S. 1 unterliegt. Das gilt selbst dann, wenn der entgeltliche Teil überwiegt. Allerdings braucht der Erwerber das Erlangte nur Zug um Zug gegen Rückgewähr der erbrachten Gegenleistung herauszugeben. Weiter ist erforderlich, dass der Vorerbe die (Teil-)Unentgeltlichkeit kannte oder bei ordnungsgemäßer Verwaltung hätte erkennen können.
>
> Die Verfügungsbeschränkung des § 2113 Abs. 2 S. 1 greift nicht ein, wenn es sich um eine Pflicht- oder Anstandsschenkung handelt, § 2113 Abs. 2 S. 2.

b) Zwangsvollstreckung gegen den Vorerben, § 2115

431 Verfügungen über Nachlassgegenstände, die wegen einer gegen den Vorerben bestehenden Forderung im Wege der Zwangsvollstreckung erfolgen, sind nach § 2115 S. 1 unwirksam, wenn dadurch das Recht der Nacherbfolge beeinträchtigt wird. Obwohl eine solche Verfügung erst mit Eintritt des Nacherbfalls unwirksam wird, kann der Nacherbe schon während der Vorerbschaft nach § 771 ZPO die Verwertung der Gegenstände im Rahmen einer Drittwiderspruchsklage verhindern. Tritt der Nacherbfall ein, kann der Nacherbe die Aufhebung der Pfändung verlangen. Dagegen ist die Zwangsvollstreckung gegenüber dem Nacherben wirksam, wenn sie von einem Nachlassgläubiger oder von dem Inhaber eines an einem Erbschaftsgegenstand bestehenden und dem Nacherben gegenüber wirksamen Rechts betrieben wird, § 2115 S. 2.

c) Verfügungsrecht des befreiten Vorerben

432 Nach § 2136 kann der Erblasser den Vorerben von den Beschränkungen des § 2113 Abs. 1 befreien. Ob und inwieweit der Erblasser den Vorerben befreien wollte, ist durch Auslegung zu ermitteln. Eine Auslegungsregel für die Befreiung enthält § 2137 Abs. 1. Danach gilt die

---

[191] *BGH* Urt. v. 2.10.1952 (Az. IV ZR 24/52) = BGHZ 7, 274; *OLG Zweibrücken* Beschl. v. 12.1.2011 (Az. 3 W 195/10) = NJW-RR 2011, 666.

Anordnung der Vor- und Nacherbschaft

Befreiung von den in § 2136 aufgeführten Beschränkungen als angeordnet, wenn der Erblasser den **Nacherben** auf das eingesetzt hat, was von der Erbschaft übrig ist. Das Gleiche gilt nach § 2113 Abs. 2 im Zweifel, wenn der Erblasser bestimmt hat, dass der Vorerbe zur freien Verfügung über die Erbschaft berechtigt sein soll. Die Befreiung ist im Grundbuch gemäß § 51 GBO bei dem Nacherbenvermerk einzutragen und nach § 2363 Abs. 1 S. 1 im Erbschein aufzuführen. Eine Befreiung des Vorerben ist unzulässig, wenn es sich um eine unentgeltliche Verfügung nach § 2113 Abs. 2 oder um eine Verfügung i.S.v. § 2115 (Zwangsvollstreckung gegen den Vorerben) handeln. Solche Verfügungen werden auch bei einer Befreiung des Vorerben nur wirksam, wenn der Nacherbe sie genehmigt, § 2120 S. 1. Aufgrund des § 2113 Abs. 2 S. 1 hat das Grundbuchamt auch im Rahmen einer befreiten Vorerbschaft bei einer Verfügung über ein Grundstück oder ein Grundstücksrecht zu prüfen, ob der Nachweis der Entgeltlichkeit in der nach § 29 GBO vorgeschriebenen Form erfolgt ist.

5. Rechtslage nach Eintritt des Nacherbfalls

a) Herausgabepflicht des Vorerben

Der **Vorerbe** ist nach § 2130 Abs. 1 S. 1 verpflichtet, dem **Nacherben** die Erbschaft in dem Zustand herauszugeben, der sich bei einer bis zur Herausgabe fortgesetzten ordnungsgemäßen Verwaltung ergibt. Die Herausgabepflicht erstreckt sich auch auf die **Surrogate**, die in den Nachlass nach § 2111 Abs. 1 S. 1 gefallen sind. **433**

> **Hinweis**
>
> War der unmittelbare Besitz an den Nachlassgegenständen auf den Vorerben nach § 857 übergegangen, geht er auf seine Erben über, wenn der Nacherbfall durch den Tod des Vorerben eingetreten ist. Tritt der Nacherbfall durch ein von dem Erblasser angeordnetes Ereignis oder durch einen bestimmten Zeitpunkt ein, verbleibt der unmittelbare Besitz bei dem Vorerben. Der Besitz an den Nachlassgegenständen muss in beiden Fällen dem Nacherben nach § 2130 Abs. 1 S. 1 übertragen werden.

Sind Nachlassgegenstände nicht mehr vorhanden, haftet der Vorerbe dem Nacherben nur für diejenige **Sorgfalt**, die er in **eigenen Angelegenheiten** anzuwenden pflegt, § 2131 i.V.m. §§ 280 Abs. 1, Abs. 3, 283, 277. Daneben kommt eine Haftung nach § 823 Abs. 1 wegen Verletzung des Anwartschaftsrechts in Betracht. Veränderungen und Verschlechterungen von Erbschaftsgegenständen hat der Vorerbe aber nicht zu vertreten, wenn sie durch ordnungsgemäße Benutzung entstanden sind, § 2132. **434**

Bei Eigenverbrauch von Erbschaftsgegenständen hat er nach § 2134 Wertersatz zu leisten. Übermaßfrüchte hat er nach § 2133 herauszugeben.

Mit dem Eintritt des Nacherbfalls endet die Verfügungsberechtigung des Vorerben, § 2139. Nach § 2140 S. 1 wird er als verfügungsberechtigt behandelt, wenn er von dem Eintritt des Nacherbfalls keine Kenntnis hatte. **435**

b) Haftung für Nachlassverbindlichkeiten

Mit dem Eintritt des **Nacherbfalls** erlischt die Haftung des Vorerben und der Nacherbe haftet nur noch für die Nachlassverbindlichkeiten, § 1967 Abs. 2, für die von dem Vorerben eingegangenen Verbindlichkeiten haftet der Nacherbe nur, wenn sie zugleich Nachlassverbindlich- **436** keiten darstellen. Das trifft auf solche Schulden zu, die der Vorerbe im Rahmen der **ordnungsgemäßen Verwaltung** eingegangen ist.[192]

437 Bei der Nacherbschaft kann der Nacherbe nach § 2144 Abs. 1 die Haftung auf dasjenige beschränken, was er aus der Erbschaft erlangt hat. Darunter fallen auch die gegen den Vorerben ihm zustehenden Herausgabe und Erstattungsansprüche.

II. Anordnung der Ersatzerbschaft

438 **Ersatzerbe** ist, wer für den Fall als Erben eingesetzt wird, das ein anderer vor oder nach Eintritt des Erbfalls als Erbe wegfällt, **§ 2096.** Eine gesetzliche Auslegungsregelung enthält die Vorschrift des § 2097. Ist jemand für den Fall, dass der zunächst berufene Erbe nicht Erbe sein kann, oder für den Fall, dass er nicht Erbe sein will, als Ersatzerbe eingesetzt, so ist im Zweifel anzunehmen, dass er für beide Fälle eingesetzt ist. Der Ersatzerbe ist nur unter der **aufschiebenden Bedingung** zum Erben eingesetzt, dass der zuerst Berufene nicht Erbe wird. Der Ersatzerbe wird mit Wegfall des Erben unmittelbar Rechtsnachfolger des Erblassers. Vor dem Erbfall kommen für die Annahme des Wegfalls des Erben vor allem Vorversterben oder Erbverzicht in Betracht, § 2346. Ein Wegfall nach dem Tod des Erblassers setzt immer voraus, dass der zuerst berufene Erbe mit Rückwirkung auf den Zeitpunkt des Erbfalls wegfällt, so dass er zu **keiner Zeit** Erbe geworden ist. Das ist in den Fällen der Ausschlagung (§ 1953), der Anfechtung (§§ 2078, 2079) oder der Erbunwürdigkeitserklärung (§ 2344 Abs. 1) der Fall. Verstirbt der zuerst Bedachte nach Eintritt des Erbfalls liegt kein Wegfall i.S.v. § 2096 vor. Er ist mit Eintritt des Erbfalls Erbe geworden, so dass für eine Ersatzerbeneinsetzung kein Raum ist.

> **Beispiel** Erblasser E setzt seine Tochter T zur Alleinerbin ein. Weiter bestimmt er, dass seine Schwester S Erbin werden soll, wenn T nicht Erbin wird. Stirbt die T vor E, wird die S Alleinerbin. Gleiches gilt, wenn die T den E überlebt, aber die Erbschaft ausschlägt, § 1953. Anders wäre es, wenn die T nach Eintritt des Todes des E verstorben wäre. In diesem Fall ist sie Erbin geworden, so dass eine Einsetzung der S als Ersatzerbin nicht mehr in Betracht kommt. ■

439 Ein Wegfall eines Erben liegt auch nicht vor, wenn die Voraussetzungen des § 2077 (Unwirksamkeit letztwilliger Verfügungen bei Auflösung der Ehe) erfüllt sind, da es in diesem Fall an einer wirksamen Erbeinsetzung fehlt.

> **Hinweis**
>
> Die Nacherbschaft unterscheidet sich von der Ersatzerbschaft dadurch, dass zunächst ein anderer Erbe geworden ist.

---

192 *BGH* Urt. v. 10.2.1960 (Az. V ZR 39/589) = BGHZ 32, 60.

III. Übungsfall Nr. 6

„Davor und danach"

440

Die Ehegatten M und F errichteten im Jahr 2009 ein formwirksames gemeinschaftliches Testament. Darin setzten sie sich gegenseitig als Alleinerben ein und bestimmten außerdem:

„Als Nacherben setzen wir ein:

Unsere Nichten N 1 und N 2, die uns sehr nahe stehen, sollen jeweils die Hälfte des Nachlasses erhalten. Unsere Tochter T soll aus dem Nachlass nur den Pflichtteil bekommen."

Die F verfügt über ein Barvermögen von 300 000 €. Am 30.11.2011 verstirbt F. Nach ihrem Tod kommt es zwischen dem M und den Nichten N 1 und N 2 zu persönlichen Auseinandersetzungen. M schenkt daraufhin aus seinem eigenen Vermögen, das nicht aus der Erbschaft der F stammt, ein Grundstück der T, das einen Wert von 500 000 € hat. Dabei bestimmt er, dass eine Anrechnung des Grundstücks auf das Pflichtteil der T nicht erfolgen soll. Als M im Jahr 2014 verstirbt, hinterlässt er ein Vermögen von 300 000 €. N 1 und N 2 verlangen von T die Herausgabe des Grundstücks. Sie sind der Auffassung, T sei zur Herausgabe des Grundstücks verpflichtet, weil M die Schenkung nur vorgenommen habe, um den Nachlass zu schmälern und dadurch die Nacherbschaft der N 1 und N 2 zu beeinträchtigen. T wendet ein, das gemeinschaftliche Testament sei unwirksam, da F dem M gedroht habe, sich das Leben zu nehmen, wenn er das gemeinschaftliche Testament nicht unterschreibe. M habe zwar das Testament nicht angefochten. Das sei jedoch für die Frage, ob er die Schenkung gemäß § 2287 mit Beeinträchtigungsabsicht unter Missbrauch seiner lebzeitigen Verfügungsbefugnis vorgenommen habe, ohne Bedeutung. Die Nichten N 1 und N 2 haben dagegen vorgetragen, M habe das Testament aus freien Stücken unterschrieben, weil T den Kontakt zu ihren Eltern abgebrochen habe. Erst auf den Vorschlag der F hin hätten sich ihre Eltern ohne Druck von einer Seite darauf geeinigt, der T ihren Pflichtteil zu vermachen. Andere Verwandte des M sind nicht vorhanden. Ob F den M bei der Errichtung des Testaments gedroht hat, sich das Leben zu nehmen, lässt sich nicht mehr aufklären.

Können N 1 und N 2 von T die Herausgabe des Grundstücks verlangen?[193]

Lösung

441

N 1 und N 2 könnten gegen T einen Anspruch auf Herausgabe des Grundstücks gemäß § 2287 Abs. 1 i.V.m. §§ 818 ff. haben.

I. Anwendbarkeit des § 2287

Die Vorschrift des § 2287 schützt den durch einen Erbvertrag Bedachten vor lebzeitigen Schenkungen des Erblassers, die den Nachlass schmälern und gibt ihm einen bereicherungsrechtlichen Herausgabeanspruch gegen den Beschenkten. Nach seinem Wortlaut setzt er den Abschluss eines Erbvertrags voraus. Das ist hier nicht der Fall, da M und F keinen Erbvertrag, sondern ein gemeinschaftliches Testament errichtet haben.

II. Analoge Anwendbarkeit des § 2287

Für einen Herausgabeanspruch der N 1 und N 2 müsste die Vorschrift des § 2287 Abs. 1 analog anwendbar sein. Aufgrund des Wortlauts und seiner systematischen Stellung gilt § 2287 Abs. 1 zwar nur für den Vertragserben und damit für den durch einen Erbvertrag Bedachten. Die Erbeinsetzung von N 1 und N 2 erfolgte durch ein gemeinschaftliches Testament der Ehegatten M und F. Daher kommt nur eine analoge Anwendung des § 2287 Abs. 1 in Betracht. Die für eine Analogie notwendige Regelungslücke besteht, da es für gemeinschaftliche Testamente keine entsprechende Vorschrift gibt. Im Übrigen müsste die Interessenlage desjenigen, der durch ein gemeinschaftliches Testament als Erbe eingesetzt wurde, mit den Interessen des Vertragser-

---

[193] BGH Beschl. v. 3.5.2006 (Az. IV ZR 72/05) = FamRZ 2006, 1186.

ben vergleichbar sein. Das ist zu bejahen, da die letztwilligen Verfügungen der Ehegatten bindend geworden sind und nicht mehr einseitig widerrufen werden können. In diesem Fall ist der durch ein gemeinschaftliches Testament Bedachte gegenüber lebzeitig vorgenommenen Schenkungen des Erblassers ebenso schutzwürdig wie der Vertragserbe, so dass nach allgemeiner Ansicht die Vorschrift des § 2287 Abs. 1 auch auf gemeinschaftliche Testamente analog anwendbar ist.[194]

III. Verfügung i.S.v. § 2270

Entscheidend ist, ob die testamentarische Einsetzung von N 1 und N 2 als Erben für den M bindend geworden ist. Hierfür müsste es sich bei der Erbeinsetzung von N 1 und N 2 um eine wechselbezügliche Verfügung i.S.v. § 2270 Abs. 1 handeln, da nur eine solche Verfügung gemäß § 2271 Abs. 1 S. 1 bindend werden kann.

1. Wechselbezüglichkeit der Verfügung

Verfügungen sind zueinander wechselbezüglich, wenn die Verfügung des einen Ehegatten nicht ohne die Verfügung des anderen Ehegatten getroffen werden sollte. Ob dies der Fall ist, ist im Einzelfall durch Auslegung zu ermitteln. Maßgebend ist der übereinstimmende Wille der Ehegatten im Zeitpunkt der Testamentserrichtung. Vorliegend lässt sich der Wille der Ehegatten nicht mehr zweifelsfrei feststellen. Daher kann auf die Regelung des § 2270 Abs. 2 zurück gegriffen werden, wonach ein solches Verhältnis der Verfügungen zueinander im Zweifel anzunehmen ist, wenn sich die Ehegatten gegenseitig bedenken oder wenn dem einen Ehegatten von dem anderen eine Zuwendung gemacht und für den Fall des Überlebens des Bedachten eine Verfügung zugunsten einer Person getroffen worden ist, die mit dem anderen Ehegatten verwandt ist oder ihm sonst nahe steht. M und F haben sich in dem gemeinschaftlichen Testament gegenseitig als Erben eingesetzt und für den Fall ihres Überlebens N 1 und N 2 als Nacherben eingesetzt. Die Erbeinsetzung des M durch F ist zu der Erbeinsetzung der F durch M wechselbezüglich. Gleiches gilt für die Erbeinsetzung des M durch F zur Nacherbeneinsetzung von N 1 und N 2, die zur Erbeinsetzung der F durch M zur Nacherbeneinsetzung von N 1 und N 2 wechselbezüglich ist.

2. Eintritt der Bindungswirkung

Mit dem Tod der F am 30.11.2011 ist die Erbeinsetzung von N 1 und N 2 für den M bindend geworden. Das Recht zum Widerruf erlischt nach § 2271 Abs. 2 S. 1 mit dem Tode des anderen Ehegatten.

3. Zwischenergebnis

N 1 und N 2 sind mithin durch die von den Ehegatten M und F getroffenen wechselbezüglichen Verfügungen, die durch den Tod der F bindend geworden sind, als Nacherben eingesetzt worden. Das hat zur Folge, dass die Vorschrift des § 2287 analog anwendbar ist.

IV. Anfechtbarkeit der Einsetzung von N 1 und N 2 als Nacherben

Etwas anderes könnte dann gelten, wenn M – wie T behauptet – zu der Einsetzung der N 1 und N 2 als Nacherben durch die Drohung der F, sich das Leben zu nehmen, zur Unterzeichnung des gemeinschaftlichen Testaments bestimmt worden wäre, §§ 2281 analog, 2078 Abs. 2.

1. Auswirkungen der Anfechtbarkeit des gemeinschaftlichen Testaments

Die Rechtsfolge des § 2287 soll nach dem Sinn und Zweck der Vorschrift nur dann eintreten, wenn der Nacherbe aufgrund der Bindung des Erblassers berechtigterweise darauf vertrauen darf, in den Genuss der Erbschaft zu kommen. Nur in diesem Fall ist er gegenüber böswilligen, den Nachlass schmälernden Schenkungen des Erblassers schutzwürdig. Die Vorschrift des § 2287 ist daher nicht anwendbar, wenn für den Vertragserben – oder wie hier für den überlebenden Ehegatten – die Möglichkeit besteht, sich von der letztwilligen Verfügung zu lösen, sofern die beeinträchtigende Schenkung innerhalb der Anfechtungsfrist vorgenommen wurde. Ob die Anfechtung tatsächlich erklärt worden ist, ist unerheblich. Entscheidend ist allein, dass der Vertragserbe

---

[194] Paland-*Weidlich* § 2277 Rn. 10.

bzw. der überlebende Ehegatte noch nicht endgültig an die letztwillige Verfügung gebunden war.[195]

2. Anwendbarkeit der Anfechtungsvorschriften auf gemeinschaftliche Testamente

Die erbvertraglichen Anfechtungsregelungen gelten analog für das gemeinschaftliche Testament, da ein solches Testament den überlebenden Ehegatten nicht stärker binden kann, als ein Vertragserbe bei einem Erbvertrag.[196]

3. Anfechtbarkeit des gemeinschaftlichen Testaments

Ein Anfechtungsrecht des M könnte sich daraus ergeben, dass F ihn durch eine Drohung zur Errichtung des gemeinschaftlichen Testaments gemäß §§ 2281 Abs. 1 analog, 2087 Abs. 2 bestimmt hat. Die Ankündigung des Selbstmords für den Fall, dass M die Unterzeichnung des gemeinschaftlichen Testaments verweigert, ist das Inaussichtstellen eines künftigen empfindlichen Übels, auf dessen Eintritt die F vorgegeben hat, Einfluss zu haben und ist daher eine Drohung i.S. des § 2078 Abs. 2. Vorliegend ist jedoch nicht geklärt, ob überhaupt eine solche Drohung durch die F stattgefunden hat. Zu wessen Lasten die Unaufklärbarkeit des Sachverhalts (non-liquet) geht, hängt davon ab, wer für die Vornahme der Drohung die Beweislast zu tragen hat. Nach allgemeinen Beweislastgrundsätzen muss derjenige, der sich auf eine für ihn günstige Tatsache beruft, diese auch beweisen.[197] Danach ist die T, für die eine Anfechtung des gemeinschaftlichen Testaments günstig wäre und die sich auch auf die Anfechtbarkeit des Testaments beruft, beweisbelastet für die Voraussetzungen der Anfechtung. Das negative Beweisergebnis geht daher zu ihren Lasten.

Mangels Anfechtbarkeit war M an die in dem gemeinschaftlichen Testament getroffenen Verfügungen gebunden. Die Vorschrift des § 2287 Abs. 1 ist mithin analog anwendbar.

4. Voraussetzungen des § 2287

Ein Anspruch auf Herausgabe gemäß §§ 2287 Abs. 1, 818 ff. setzt eine objektiv beeinträchtigende Schenkung in Beeinträchtigungsabsicht voraus.

a) Objektiv beeinträchtigende Schenkung

M hat T ein Grundstück im Wert von 500 000 € unentgeltlich zugewandt und hierdurch objektiv die Substanz seines Vermögens und den Wert des Nachlasses geschmälert. Die Vorschrift des § 2113 greift vorliegend nicht ein, da das Grundstück nicht aus dem geerbten Vermögen der F stammt, sondern dem M gehörte. Anders wäre es, wenn das Grundstück zu dem Nachlass der F gehört hätte. In diesem Fall wäre zu klären, ob die Ehegatten M und F sich in dem gemeinschaftlichen Testament für die Einheits- oder die Trennungslösung entschieden haben. Die Vorschrift des § 2113 fände nur im Rahmen der Trennungslösung Anwendung. Dass die Ehegatten N 1 und N 2 in dem gemeinschaftlichen Testament als Nacherben bezeichnet haben, ist nicht entscheidend. Maßgebend ist vielmehr, ob nach dem Willen der Ehegatten der überlebende Ehegatte über das ererbte Vermögen frei oder nur innerhalb der Grenzen einer Vorerbschaft hätte verfügen sollen.

b) Beeinträchtigungsabsicht

Eine Beeinträchtigungsabsicht liegt nach Ansicht der Rechtsprechung[198] dann vor, wenn für die Schenkung kein beachtenswertes lebzeitiges Eigeninteresse des Erblassers bestand. Die Absicht, dem Erben zu schaden, muss nicht der treibende Beweggrund für die Schenkung gewesen sein.[199] Ob ein lebzeitiges Eigeninteresse des Erblassers vorliegt, ist durch Abwägung der beteiligten Interessen und anhand objektiver Kriterien zu ermitteln. Die Rechtsprechung[200] stellt darauf ab, ob nach dem Urteil eines objektiven Beobachters die Beweggründe des Erblassers unter Berücksichtigung der erbvertraglichen Bindung billigens-

---

195 Palandt-*Weidlich* § 2287 Rn. 1.
196 *Brox/Walker* Rn. 251.
197 *Musielak* Grundkurs ZPO Rn. 476.
198 *BGH* Urt. v. 5.7.1972 (Az. IV ZR 125/70) = BGHZ 59, 343.
199 Palandt-*Weidlich* § 2287 Rn. 6.
200 *BGH* Urt. v. 27.1.1982 (Az. IVa ZR 240/80) = BGHZ 83, 44.

wert und gerechtfertigt erscheinen und der Bedachte daher die Benachteiligung hinnehmen muss. Anerkannt ist etwa das Interesse des Erblassers mit der Schenkung eine sittliche Pflicht zu erfüllen, oder die eigene Altersvorsorge bzw. die eigene Pflege sichern zu wollen. Nicht ausreichend ist dagegen der Wunsch des Erblassers durch die Schenkung in seinen Augen eine ungerechte letztwillige Verfügungen zu korrigieren.[201] Hier war das Motiv für die Schenkung des M die in dem gemeinschaftlichen Testament benachteiligte T zu entschädigen und wegen des mit N 1 und N 2 bestehenden Zerwürfnisses deren Erbrecht zu beeinträchtigen. M handelte daher mit Beeinträchtigungsabsicht i.S.v. § 2287 Abs. 1.

5. Zwischenergebnis

Die Voraussetzungen des § 2287 Abs. 1 analog liegen vor. T müsste danach das Geschenk an N 1 und N 2 herausgeben.

V. Pflichtteilsberechtigung der Beschenkten

Dem Herausgabeanspruch der N 1 und N 2 könnte entgegenstehen, dass T als Abkömmling des M pflichtteilsberechtigt nach § 2303 Abs. 1 ist und Pflichtteils- bzw. Pflichtteilsergänzungsansprüche geltend machen kann.

1. Auswirkungen des Pflichtteilsrecht auf § 2287

Die Vorschrift des § 2287 schützt den Erben vor solchen Schenkungen, die seine berechtigte Erberwartung schmälern. Der Erbe muss von Anfang an damit rechnen, dass Pflichtteilsansprüche ausgeglichen werden müssen. Soweit eine Zuwendung des Erblassers geeignet ist, Pflichtteilsansprüche zu erfüllen, wird kein schutzwürdiges Vertrauen beeinträchtigt. Übersteigt der Wert des Pflichtteils die Höhe der Zuwendung entfällt der Herausgabeanspruch des § 2287. Andernfalls richtet sich der Anspruch auf Herausgabe dessen, was nach der Begleichung des Pflichtteils übrig bleibt.[202]

2. Bestehen eines Pflichtteilsanspruchs der T

T ist das einzige Kind des M und durch die zugunsten von N 1 und N 2 getroffene letztwillige Verfügung enterbt. Nach § 2303 Abs. 1 S. 2 steht ihr die Hälfte ihres Erbteils als Pflichtteilsanspruch zu. T muss sich den Wert des geschenkten Grundstücks nach dem eindeutig geäußerten Willen des M nicht gemäß § 2315 auf den Pflichtteil anrechnen lassen.

3. Bestehen eines Pflichtteilsergänzungsanspruchs

T könnte daneben einen Pflichtteilsergänzungsanspruch nach § 2325 Abs. 1 zustehen, weil M den Nachlass und damit ihren Pflichtteilsanspruch durch die Schenkung geschmälert hat. Aus § 2327 Abs. 1 S. 1 ergibt sich, dass dem Pflichtteilsergänzungsanspruch nicht entgegensteht, dass T selbst die Beschenkte ist. Zur Berechnung des Pflichtteilsergänzungsanspruchs ist die Schenkung dem Nachlass zuzurechnen und auf dieser Grundlage ein fiktiver Gesamtpflichtteilsanspruch zu bilden, §§ 2325 Abs. 1, 2327 Abs. 1 S. 1. Unter der Hinzurechnung des Werts des Grundstücks beträgt der Nachlasswert 800 000 € (300 000 € + 500 000 €). Der Pflichtteil der T beläuft sich daher auf 400 000 €. Abzüglich des aus dem Barvermögen sich ergebenden Pflichtteilsanspruchs in Höhe von 150 000 € (300 000 € : 2) könnte T noch 250 000 € als Pflichtteilsergänzungsanspruch verlangen.

4. Anrechnung des Geschenks auf Pflichtteils- und Pflichtteilsergänzungsansprüche

Da T selbst die Beschenkte ist, muss sie sich nach § 2327 Abs. 1 den Wert des Geschenks auf ihren Pflichtteilsergänzungsanspruch anrechnen lassen. Das würde vorliegend dazu führen, dass der Pflichtteilsergänzungsanspruch gänzlich entfiele. Danach könnte sie nur ihren Pflichtteil in Höhe von 150 000 € verlangen. Gleichzeitig müsste sie das geschenkte Grundstück nach § 2287 analog an N 1 und N 2 herausgeben. Sie wäre daher durch die Schenkung doppelt benachteiligt und würde insgesamt schlechter stehen, als ohne die Zuwendung. Ohne die Schenkung würde der

---

[201] *BGH* Urt. v. 29.6.2005 (Az. IV ZR 56/04) = NJW-RR 2005, 1462.
[202] *BGH* Urt. v. 28.9.1983 (Az. IVa 168/82) = BGHZ 88, 269.

Nachlasswert 800 000 € betragen und T ein Pflichtteil in Höhe von 400 000 € erhalten. Aus diesen Gründen erscheint die Anrechnung der Schenkung auf den Pflichtteilsergänzungsanspruch unbillig, wenn die T die Schenkung an N 1 und N 2 herausgeben müsste.[203] T hat damit einen Anspruch auf 400 000 € (150 000 € Pflichtteilsanspruch 250 000 € Pflichtteilsergänzungsanspruch).

5. Verhältnis des Herausgabeanspruchs aus § 2287 zu dem Pflichtteilsergänzungsanspruch

Dem Anspruch der T in Höhe von 400 000 € steht der Anspruch der N 1 und N 2 auf Herausgabe des Grundstücks gemäß § 2287 analog entgegen. Nach Auffassung des BGH[204] ist entscheidend, ob der Pflichtteilsberechtigte den Wert des Geschenks überwiegend zurückgeben muss oder behalten darf. Hier steht der Wert des Geschenks überwiegend der T zu, da sie in Höhe von 4/5 des Wertes einen Pflichtteilsanspruch hat. T darf daher das Grundstück behalten. Sie ist aber im Gegenzug verpflichtet, den Differenzbetrag in Höhe von 100 000 € (500 000 € – 400 000 €) an N 1 und N 2 zu zahlen.

VI. Ergebnis

N 1 und N 2 haben keinen Anspruch auf Herausgabe des Grundstücks, sondern nur einen Anspruch auf Zahlung von 100 000 €.

---

203 Müko-*Lange* § 2327 Rn. 3.

204 *BGH* Beschl. v. 3.5.2006 (Az. IV ZR 72/05) = FamRZ 2006, 1186.

IV. Sonstige letztwillige Anordnungen des Erblassers

442 Der Erblasser kann in einer letztwilligen Verfügung neben einer Erbeinsetzung auch ein **Vermächtnis**, eine **Auflage**, eine **Teilungsanordnung** oder eine **Testamentsvollstreckung** anordnen.

1. Vermächtnis, §§ 1939, 2147 ff.

a) Begriff

443 Ein **Vermächtnis** ist eine Zuwendung von Todes wegen, die nicht in einer Erbeinsetzung erfolgt. Der Vermächtnisnehmer ist nicht dinglich als Gesamtrechtnachfolge an dem Nachlass beteiligt, sondern hat nur einen schuldrechtlichen Anspruch. Ein Vermächtnis kann durch eine letztwillige Verfügung (Testament oder Erbvertrag) zugewandt worden sein, §§ 1939, 1941. Ein Vermächtnis kann aber auch auf **gesetzlicher Anordnung** beruhen („Voraus" gem. § 1932, „Dreißigster" nach § 1969). Vermächtnisnehmer oder Bedachter ist derjenige, dem der Vermögensvorteil zugewandt worden ist. Beschwerter ist derjenige, der das Vermächtnis erfüllen muss.

> **Hinweis**
>
> Das Vermächtnis unterscheidet sich von einer **Erbeinsetzung** dadurch, dass der Erbe unmittelbar Gesamtrechtsnachfolger des Erblassers wird. Dagegen erwirbt der Begünstigte eines Vermächtnisses (Vermächtnisnehmer) mit dem Erbfall nur einen schuldrechtlichen Anspruch gegen den mit dem Vermächtnis Beschwerten (Erbe oder Untervermächtnisnehmer) auf Leistung des vermachten Gegenstands, § 2174. Das Vermächtnis unterscheidet sich von einer **Auflage** dadurch, dass der durch die Auflage Begünstigte keinen Anspruch gegen den Beschwerten erwirbt. Das Vermächtnis unterscheidet sich von einem erst mit dem Tod des Erblassers zu erfüllenden Vertrag zugunsten eines Dritten dadurch, dass es eine Verfügung von Todes wegen ist, während es sich bei dem Vertrag um ein Rechtsgeschäft unter Lebenden handelt.

444 Ist zweifelhaft, ob der Erblasser eine Erbeinsetzung oder ein Vermächtnis gewollt hat, greift die **Auslegungsregelung** des § 2087 Abs. 2 ein. Danach ist im Zweifel keine Erbeinsetzung, sondern nur ein Vermächtnis anzunehmen, wenn dem Bedachten nur einzelne Gegenstände zugewandt worden sind. Diese Auslegungsregelung wird durch die Vorschrift des § 2304 ergänzt, wonach die Zuwendung eines Pflichtteils keine Erbeinsetzung darstellt. Vorrang vor der Anwendung des § 2087 Abs. 2 haben allerdings die allgemeinen Auslegungsregelungen. Danach kann nach der Auslegung des Erblasserwillens die Zuwendung eines einzelnen Gegenstands auch eine Erbeinsetzung auf die diesen Gegenstand betreffende Erbquote, verbunden mit einer Teilungsanordnung sein.[205] Dagegen ist nach § 2087 Abs. 1 von einer Erbeinsetzung auszugehen, wenn dem Bedachten das Vermögen oder ein Bruchteil des Vermögens zugewandt worden ist. Diese Auslegungsregel greift indes nicht ein, wenn ein **Universalvermächtnis** vorliegt, bei dem der Erblasser die Zuwendung der Erbschaft im Ganzen oder als Bruchteil im Rahmen eines Vermächtnisses gewollt hat.

---

[205] *BayObLG* Beschl. v. 12.3.2002 (Az. 1Z BR 14/01) = FamRZ 2002, 1745.

Das Vermächtnis begründet zwischen dem Bedachten und dem Beschwerten ein Schuldverhältnis, § 2174. Soweit die §§ 2147 ff. keine Sonderregelungen enthalten, gilt für den Fall der Schlechterfüllung oder Nichterfüllung das Allgemeine Schuldrecht. **445**

Beispiel Der Erblasser E hat seinem Freund F eine wertvolle Vase vermacht. Als der Alleinerbe T sie dem F übergeben möchte, lässt er sie aus Unachtsamkeit fallen. T ist zum Schadensersatz nach § 280 Abs. 1, Abs. 3 i.V.m. § 283 verpflichtet, da ihm die Erfüllung des Vermächtnisses durch sein Verschulden unmöglich wurde. Wäre die Vase nicht irreparabel zerstört, sondern nur beschädigt, so stünde dem F neben dem Anspruch auf Übereignung und Übergabe der Vase ein Schadensersatzanspruch aus § 280 Abs. 1 zu.

b) Der Erwerb des Vermächtnisses

Das Vermächtnis fällt gemäß § 2176 dem Vermächtnisnehmer grundsätzlich mit dem Erbfall an.[206] Der **Anfall** des Vermächtnisses vollzieht sich kraft Gesetzes. **446**

Der Vermächtnisnehmer kann das Vermächtnis nach § 2180 Abs. 1 **ausschlagen**. Die Ausschlagung des Vermächtnisses ist nicht fristgebunden.[207] Eine entsprechende Anwendung der Ausschlagungsfrist des § 1944 auf Vermächtnisse kommt auch bei wechselbezüglichen Verfügungen im Sinn von §§ 2270, 2271 nicht in Betracht. Dieses Recht besteht nicht mehr, wenn der Vermächtnisnehmer das Vermächtnis **angenommen** hat. Die Annahme und die Ausschlagung des Vermächtnisses erfolgen gemäß § 2180 Abs. 2 S. 1 durch Erklärung gegenüber dem Beschwerten. Ist der Vermächtnisnehmer im Zeitpunkt des Erbfalls bereits verstorben, so ist es nach § 2160 unwirksam. **447**

c) Vermächtnisnehmer

aa) Person des Bedachten

Die Person des Bedachten wird in der Regel durch eine Anordnung des Erblassers bestimmt. Ausnahmsweise kann nach §§ 2151, 2152 auch ein Dritter oder der Beschwerte die Person des Bedachten bestimmen. **448**

Vermächtnisnehmer kann jede rechtsfähige Person sein. Nach § 2178 können – im Gegensatz zur Erbeinsetzung § 1923 Abs. 2 – Vermächtnisnehmer auch Personen sein, die erst nach dem Erbfall gezeugt werden. Ein Vermächtnisnehmer kann auch ein Erbe oder Miterbe sein (**Vorausvermächtnis**) § 2150. Im Gegensatz zur Teilungsanordnung § 2048 S. 1 muss sich der Erbe, der ein Vorausvermächtnis erhält, den Wert des Vermächtnisses nicht auf seinen Erbteil anrechnen lassen. **449**

Beispiel Der Erblasser E setzt A, B und C zu Miterben ein und vermacht dem B ein Vermächtnis in Höhe von 20 000 € aus dem Erbteil des A. Hier haftet der B nicht für die Erfüllung seines eigenen Vermächtnisses.

Anders ist es indes, wenn der Erbe mit seinem eigenen Vermächtnis **beschwert** ist.

---

206 Modifikationen ergeben sich aus §§ 2177, 2178.
207 *BGH* Urt. v. 12.1.2011 (Az. IV ZR 230/09) = NJW 2011, 1353.

Beispiel Erblasser E setzt A und B zu Miterben ein und hinterlässt ihnen 100 000 €. Er bedenkt zudem den B mit einem Vermächtnis von 6000 €. In Höhe von 3000 € ist der B als Erbe hinsichtlich der Erfüllung seines eigenen Vermächtnisses beschwert, da er Erbe zu 1/2 geworden ist. Zunächst ist aus dem Nachlass das Vermächtnis des B zu befriedigen, § 2046 Abs. 1. Sodann erhält B als begünstigter Miterbe bei der Teilung den ungekürzten Bruchteil des Restnachlasses.[208] A und B erhalten von dem nach Erfüllung des Vermächtnisses noch bestehenden Nachlass von 94 000 € jeweils die Hälfte.

450 Wird zugunsten eines Vorerben ein Vorausvermächtnis angeordnet, so erwirbt er nach § 2110 Abs. 2 den vermachten Gegenstand bereits mit Eintritt des Vorerbfalls.[209]

Nach § 2180 Abs. 1 kann der Vermächtnisnehmer das Vermächtnis nicht mehr ausschlagen, wenn er es angenommen hat. Die Annahme und die Ausschlagung des Vermächtnisses muss durch Erklärung gegenüber dem Beschwerten erfolgen, § 2180 Abs. 2 S. 1. Die Erklärung kann erst nach dem Erbfall abgeben werden. Sie ist unwirksam, wenn sie unter einer Bedingung oder eine Zeitbestimmung abgeben wird, § 2180 Abs. 2 S. 2. Nach Auffassung des BGH[210] ist die Ausschlagung eines Vermächtnisses nicht fristgebunden. Eine entsprechende Anwendung der Ausschlagungsfrist des § 1944 auf Vermächtnisse kommt auch bei wechselbezüglichen Verfügungen i.S.v. §§ 2270, 2271 nicht in Betracht.

bb) Mehrere Bedachte

451 Mehreren Personen kann gemeinschaftlich derselbe Gegenstand vermacht werden (**gemeinschaftliches Vermächtnis**). Mehrere Vermächtnisnehmer können nach § 2190 auch ersatzweise in der Weise bedacht werden, dass der zweite das Vermächtnis nur dann erhält, wenn der zunächst Bedachte das Vermächtnis nicht erwirbt (**Ersatzvermächtnis**). Ein **Nachvermächtnis** liegt nach § 2191 Abs. 1 vor, wenn mehrere Personen nacheinander mit einem Vermächtnis bedacht werden.

d) Beschwerter

452 Mit der Erfüllung eines Vermächtnisses kann der Erbe oder ein Vermächtnisnehmer (**Untervermächtnis**) beschwert sein. Fehlt es an einer ausdrücklichen Bestimmung des Beschwerten, ist der Erbe nach § 2147 S. 2 beschwert. Mehrere Erben haften gemäß § 2058 für die Erfüllung des Vermächtnisses als Gesamtschuldner. Im Innenverhältnis haften die Miterben bzw. die Vermächtnisnehmer, wenn sie mit demselben Vermächtnis beschwert sind, nach § 2148 im Zweifel nach dem Verhältnis ihrer Erbteile bzw. nach dem Wertverhältnis der ihnen zufallenden Vermächtnisse. Bei Wegfall des zunächst Beschwerten (Tod vor dem Erbfall) ist nach § 2161 S. 1 derjenige beschwert, dem der Wegfall des zunächst Beschwerten unmittelbar zu Gute kommt.

Beispiel Erblasser E hat seinen Freund F zum Alleinerben eingesetzt. Seinem Freund A hat er ein Vermächtnis in Höhe von 5000 € vermacht. Vor dem Tod des E stirbt F. Die Erbschaft fällt an die gesetzlichen Erben des E, die das Vermächtnis erfüllen müssen.

---

208 *BGH* Urt. v. 15.10.1997 (Az. IV ZR 327/96) = NJW 1998, 682; *BayObLG* Beschl. v 10.12.1992 (Az. 1Z BR 45/92) = NJW-RR 1993, 581.
209 *BGH* Urt. v. 10.2.1960 (Az. V ZR 39/58) = BGHZ 32, 60.
210 *BGH* Urt. v. 12.1.2011 (Az. IV ZR 230/09) = NJW 2011, 1353.

Sonstige letztwillige Anordnungen des Erblassers 2 D IV

aa) Haftung des Erben

Der Erbe haftet für die Erfüllung der Vermächtnisse nur mit dem Nachlass, solange seine Haftung noch beschränkbar ist. Ist der Nachlass für die Erfüllung der Nachlassverbindlichkeiten nicht ausreichend, so werden die Nachlassgläubiger und die Pflichtteilsberechtigten vor den Vermächtnisnehmern befriedigt. Soweit der Nachlass für die Befriedigung aller Vermächtnisnehmer nicht ausreicht, werden die Vermächtnisse nach § 2189 anteilsmäßig gekürzt.

453

bb) Haftung des Vermächtnisnehmers

Der Vermächtnisnehmer ist für die Erfüllung eines Untervermächtnisses nach § 2186 erst dann verpflichtet, wenn er die Erfüllung des Hauptvermächtnisses verlangen kann. Er kann gemäß § 2187 Abs. 1 die Erfüllung des Untervermächtnisses verweigern, wenn dasjenige, was er aus dem Hauptvermächtnis erlangt hat, zur Erfüllung des Untervermächtnis nicht ausreicht.

454

e) Vermächtnisformen

> **JURIQ-Klausurtipp**
>
> Sämtliche Vermächtnisformen sind im Gesetz geregelt, so dass sie nicht auswendig gelernt werden müssen.

455

aa) Vermächtnis eines bestimmten Gegenstands

Hat der Erblasser dem Bedachten einen bestimmten Gegenstand vermacht, handelt es sich um ein **Stückvermächtnis**. Ein solches Vermächtnis ist nach § 2169 Abs. 1 unwirksam, soweit der Gegenstand nicht im Eigentum des Erblassers stand. Nach § 2169 Abs. 4 gilt dies auch dann, wenn der Erblasser sich schuldrechtlich zur Veräußerung des Gegenstands verpflichtet hatte. Eine Ausnahme hiervon machen §§ 2169 Abs. 1, 2170 Abs. 1. Danach ist das Vermächtnis eines fremden Gegenstands wirksam, wenn anzunehmen ist, dass der Gegenstand dem Bedachten auch für den Fall zugewendet werden soll, dass er nicht zu Erbschaft gehört (**Verschaffungsvermächtnis**).

456

> **Beispiel** Der Erblasser bestimmt in einem Testament, dass er einen Porsche, den er noch erwerben werde, seiner Geliebten G als Vermächtnis vermacht. Hat E bis zu seinem Tod, das Fahrzeug nicht erworben, müssen seine Erben mit den Mitteln des Nachlasses einen Porsche kaufen und der G übereignen.

Nach § 2169 Abs. 2 kann der Erblasser dem Bedachten auch den Besitz an einem Gegenstand vermachen (**Besitzvermächtnis**), sofern der Besitz für den Bedachten rechtlich vorteilhaft ist. Der Erblasser kann nach § 2169 Abs. 3 dem Bedachten auch einen Anspruch auf eine Leistung des vermachten Gegenstands (z.B. Auflassungsanspruch) oder einen Erstattungsanspruch hinsichtlich dieses Gegenstands (z.B. einen Anspruch auf eine Versicherungsleistung) vermachen.

457

bb) Forderungsvermächtnis

Mit dem Anfall des Vermächtnisses erlangt der Bedachte einen Anspruch auf Abtretung der Forderung, wenn der Erblasser ihm eine Forderung vermacht hat (**Forderungsvermächtnis**). War die Forderung auf eine Geldleistung gerichtet, so gilt nach § 2173 S. 2 im Zweifel die

458

Geldsumme als vermacht, falls sie noch in der Erbschaft vorhanden ist (Sparguthaben). Das **Befreiungsvermächtnis** geht auf Befreiung des Vermächtnisnehmers von einer Schuld des Erblassers. Mit dem Eintritt des Erbfalls erwirbt der Vermächtnisnehmer den Anspruch auf Erlass der Schuld.

cc) unbestimmte Vermächtnisse

(1) Wahlvermächtnis

459 Ein solches Vermächtnis liegt vor, wenn der Bedachte von mehreren Gegenständen nur einen erhalten soll. Das Wahlrecht kann nach § 2154 dem Beschwerten oder einem Dritten übertragen werden.

(2) Gattungsvermächtnis

460 Bei einem Gattungsvermächtnis ist nach § 2155 der Gegenstand nur der Gattung nach bestimmt, wobei eine den Verhältnissen des Erblassers entsprechende Sache vermacht ist. Für Sach- und Rechtsmängel der geleisteten Sache haftet der Beschwerte nach §§ 2182, 2183 in ähnlicher Weise wie der Verkäufer einer Gattungssache.

(3) Zweckvermächtnis

461 Der Erblasser kann den Zweck eines Vermächtnisses festlegen (z.B. Unterhalt), die Bestimmung der Leistung (Höhe) aber dem billigen Ermessen des Beschwerten oder eines Dritten überlassen, §§ 2156, 315, 316.

2. Auflage, §§ 1940, 2192 ff.

462 Eine **Auflage** ist eine Verfügung von Todes wegen, durch die der Erblasser den Erben oder den Vermächtnisnehmer zu einer Leistung verpflichtet, ohne einem anderen ein Recht auf diese Leistung einzuräumen, §§ 1940, 1941 Abs. 1.

> **Beispiel** Der Erblasser E bestimmt in einem Testament, dass der Alleinerbe A die Grabpflege übernehmen soll. Hier fehlt es an einer begünstigten Person. Würde der Erblasser in einer letztwilligen Verfügung bestimmen, dass das Nachbargrundstück nicht bebaut werden darf, wäre der Nachbar eine begünstigte Person. Er hätte indes durch die Auflage keinen klagbaren Anspruch auf Einhaltung der Auflage.

> **Hinweis**
>
> Durch Auslegung ist zu ermitteln, ob der Erblasser mit der letztwilligen Anordnung eine Auflage oder ein Vermächtnis gewollt hat. Für die Abgrenzung ist entscheidend, ob er dem Begünstigten einen eigenen klagbaren Anspruch einräumen wollte.

463 Nach § 2192 sind die Vorschriften über das Vermächtnis entsprechend anwendbar. Nach § 2193 Abs. 1 kann der Erblasser bei der Anordnung der Auflage, deren Zweck er bestimmt hat, die Bestimmung der Person, an welche die Leistung zu erfolgen hat, dem Beschwerten oder einem Dritten überlassen. Kann eine Auflage wegen **veränderter Umstände** nicht in der Weise vollzogen werden, wie es der Erblasser angeordnet hat, so ist sie nicht wegen Unmöglichkeit unwirksam, wenn dem Erblasserwillen auch durch eine andere Art der Vollzie-

Sonstige letztwillige Anordnungen des Erblassers

hung Rechnung getragen werden kann.²¹¹ Kann ein solcher Wille nicht ermittelt werden, ist die Auflage nach § 2196 Abs. 1 unwirksam. Hat der Beschwerte die Erfüllung der Auflage schuldhaft unmöglich gemacht, oder ist gegen ihn fruchtlos vollstreckt worden, ist das durch die Nichterfüllung der Auflage Ersparte nach Bereicherungsrecht an den herauszugeben, dem der Wegfall des Beschwerten unmittelbar zu statten kommt, § 2196 Abs. 1, Abs. 2.

464 Die Durchsetzung der Auflage können nur die in § 2194 S. 1 genannten Personen verlangen. Das sind die Erben und diejenigen Personen, welchem der Wegfall des mit der Auflage zunächst Beschwerten unmittelbar zustattenkommen würde (z.B. die gesetzlichen Erben bei Wegfall des beschwerten Testamentserben). Liegt die Vollziehung im öffentlichen Interesse kann dies auch die zuständige Behörde verlangen. Nach § 2203 kann die Durchsetzung der Auflage auch der Testamentsvollstrecker verlangen.

3. Teilungsanordnung, § 2048

465 Mit dem Erbfall geht der Nachlass auf die Erben als Ganzes über. Die Zuordnung einzelner Nachlassgegenstände erfolgt erst im Rahmen der Auseinandersetzung der Erbengemeinschaft. Durch eine Teilungsanordnung kann der Erblasser einem Miterben einen bestimmten Gegenstand zuweisen. Die Zuweisung begründet einen schuldrechtlichen Anspruch des Miterben auf den Nachlassgegenstand und hat keine dingliche Wirkung. Der Vollzug der Teilungsanordnung erfordert die Übertragung des Nachlassgegenstands durch die Erbengemeinschaft auf den einzelnen Miterben nach den für die Übereignung geltenden Rechtsvorschriften. Die Teilungsanordnung führt nicht zu einer Vergrößerung des Erbteils. Der Wert des zugeteilten Nachlassgegenstands ist auf die Erbquote anzurechnen.

> **Hinweis**
>
> Die Abgrenzung einer Teilungsanordnung von einem Vorausvermächtnis bestimmt sich nach dem Willen des Erblassers, der durch Auslegung zu ermitteln ist. Geht dieser Wille dahin, dass er einem Miterben einen besonderen Vermögensvorteil zuwenden wollte, liegt ein Vorausvermächtnis vor. Fehlt ein solcher Begünstigungswille handelt es sich um eine Teilungsanordnung.²¹²

Online-Wissens-Check

Kennen Sie noch die Bedeutung wechselbezüglicher Verfügungen?

Überprüfen Sie jetzt online Ihr Wissen zu den in diesem Abschnitt erarbeiteten Themen. Unter www.juracademy.de/skripte/login steht Ihnen ein Online-Wissens-Check speziell zu diesem Skript zur Verfügung, den Sie kostenlos nutzen können. Den Zugangscode hierzu finden Sie auf der Codeseite.

---

211 *BGH* Urt. v. 30.11.1964 (Az. III ZR 82/63) = BGHZ 42, 327.
212 *BGH* Urt. v. 8.11.1961 (Az. V ZR 31/60) = BGHZ 36, 115.

E. Ausschluss von der Erbfolge

I. Annahme und Ausschlagung der Erbschaft

1. Begriff

466 Mit dem Eintritt des Erbfalls fällt die Erbschaft nach § 1942 Abs. 1 dem Erben an (**Vonselbsterwerb**). Der Erbe wird dadurch Träger von Rechten und Pflichten, ohne dass es einer ausdrücklichen Annahmeerklärung des Erben bedarf. Nach § 1944 Abs. 1 kann der Erbe die Erbschaft **ausschlagen**. Der Anfall der Erbschaft gilt nach § 1953 Abs. 1 als nicht erfolgt. Eine Ausschlagung der Erbschaft ist nach § 1943 nicht mehr möglich, wenn der Erbe die Erbschaft **angenommen** hat. Bis zur Annahme bzw. Ausschlagung sind die Erben nur „vorläufige Erben". Annahme und Ausschlagung sind nach § 1947 bedingungsfeindlich.

2. Ausschlagung der Erbschaft

467 Die Ausschlagung ist nach § 1943 **ausgeschlossen**, wenn der Erbe die Erbschaft angenommen hat. Der Fiskus kann die ihm als gesetzlicher Erbe zugefallene Erbschaft nach § 1942 Abs. 2 **nicht ausschlagen**. Die Erbschaft kann nach § 1946 nicht vor Eintritt des Erbfalles ausgeschlagen werden.

> **Hinweis**
>
> Der Schlusserbe eines Berliner Testaments kann die Erbschaft erst nach Eintritt des Todes des überlebenden Ehegatten ausschlagen, da er nur diesen beerbt.[213]

468 Die Ausschlagung der Erbschaft erfolgt durch Erklärung gegenüber dem Nachlassgericht durch Niederschrift des Gerichts (Rechtspfleger) oder in öffentlich beglaubigter Form, § 1945 Abs. 1. Die Ausschlagung kann nach § 1944 Abs. 1 nur **innerhalb von 6 Wochen** erfolgen. Die Frist beginnt mit Kenntnis des Erben von dem Erbfall und dem Grund seiner Berufung, § 1944 Abs. 2 S. 1. Bei einer Erbeinsetzung eines Minderjährigen ist auf die Kenntnis des Vertretungsberechtigten abzustellen. Umstritten ist, ob dafür die Kenntnis beider Elternteile erforderlich ist.[214] Für den durch eine Verfügung von Todes wegen berufenen Erben beginnt die Frist nicht vor der Eröffnung der letztwilligen Verfügung durch das Nachlassgericht, § 1944 Abs. 2 S. 2. Fehlt es an einer ordnungsgemäßen Ladung des Erben zu der Eröffnung, beginnt die Frist erst mit der Kenntnis des Erben von der Eröffnung der letztwilligen Verfügung.[215] Nach § 1944 Abs. 3 beträgt die Frist zur Ausschlagung **6 Monate**, wenn der Erblasser seinen letzten Wohnsitz im Ausland hatte oder wenn der Erbe sich bei dem Beginn der Frist im Ausland aufhält.

---

[213] *BGH* Urt. v. 8.10.1997 (Az. IV ZR 236/96) = FamRZ 1998, 103.
[214] *Dafür: OLG Frankfurt* Beschl. v. 3.7.2012 (Az. 21 W 22/12) = RNotz 2012, 579; *a.A. OlG Celle* Beschl. v. 11.9.2012 (Az. 10 UF 56/12) = ZErB 2012, 295.
[215] *BGH* Urt. v. 26.9.1990 (Az. IV ZR 131/89) = BGHZ 112, 229.

Annahme und Ausschlagung der Erbschaft 2 E I

> **Hinweis**
>
> Nach § 1944 Abs. 2 S. 3 finden die Vorschriften der §§ 206, 210 auf den Lauf der Frist entsprechende Anwendung. Nach § 206 ist die Frist bei höherer Gewalt gehemmt. Sie ist gemäß § 210 auch dann gehemmt, wenn eine geschäftsunfähige oder in der Geschäftsfähigkeit beschränkte Person ohne gesetzlichen Vertreter Erbe geworden ist. In diesem Fall tritt der Ablauf der Frist nicht vor dem Ablauf von 6 Monaten ein, nachdem sie geschäftsfähig geworden oder der Mangel der Vertretung behoben worden ist.

469 Stirbt der Erbe vor Ablauf der Ausschlagungsfrist, so endet die Frist nicht vor dem Ablauf der für die Erbschaft seiner Erben vorgeschriebenen Ausschlagungsfrist. Diese Fristbestimmung folgt daraus, dass das Recht des Erben zur Ausschlagung der Erbschaft – obwohl es nicht übertragbar ist – nach § 1952 Abs. 1 vererblich ist.

470 Die Ausschlagung erstreckt sich nach § 1949 Abs. 2 im Zweifel sowohl auf die Berufung als testamentarischer als auch auf die Berufung als gesetzlicher Erbe. Nach § 1948 Abs. 1 kann allerdings ein Erbe, der durch eine letztwillige Verfügung als Erbe eingesetzt worden ist, die Erbschaft ausschlagen und das Erbe als gesetzlicher Erbe annehmen z.B. der Ehegatte um den Voraus nach § 1932 zu bekommen. Bei wirksamer Ausschlagung der Erbschaft gilt der Anfall der Erbschaft an den Ausschlagenden als nicht erfolgt, § 1953 Abs. 1. Die Erbschaft fällt gemäß § 1953 Abs. 2 rückwirkend demjenigen an, der als Erbe berufen wäre, wenn der Ausschlagende im Zeitpunkt des Erbfalls nicht gelebt hätte.

3. Annahme der Erbschaft

471 Die Annahme ist ein formloses nicht empfangsbedürftiges Rechtsgeschäft. Die Annahme kann durch schlüssiges Handeln erfolgen, sofern daraus der Wille hervorgeht, endgültig Erbe werden zu wollen. Bedeutung hat die Annahmeerklärung des Erben nur insoweit, als dadurch der Erbe das Ausschlagungsrecht verliert. Als Annahme einer Erbschaft kommt der Antrag auf Erteilung eines Erbscheins, der Verkauf eines Nachlassgegenstands oder die Geltendmachung einer Nachlassforderung in Betracht, sofern diese Handlungen nicht allein dazu dienen, den Nachlass vorläufig zu sichern oder zu erhalten. Wird die Ausschlagung nicht fristgemäß erklärt, gilt sie nach § 1943 als angenommen.

> **Hinweis**
>
> Annahme und Ausschlagung sind nicht in der Hinsicht teilbar, dass ein Erbteil nur zu einem Bruchteil angenommen oder ausgeschlagen werden kann, § 1950.

Beispiel 1 E ist als Erbe zu 1/2 berufen. Er kann nicht erklären, dass er den Erbteil zu 1/4 annimmt. Unzulässig ist auch die Beschränkung der Annahme und Ausschlagung auf einen Erbteil, wenn die Berufung zu mehreren Erbteilen auf demselben Berufungsgrund beruht. Um denselben Berufungsgrund handelt es sich auch dann, wenn die betreffenden Erbteile durch verschiedene Testamente oder durch mehrere mit dem gleichen Vertragspartner geschlossene Erbverträge zugewandt worden sind. ■

Beispiel 2 E wird in einem Testament zunächst zu 1/4 und in einem weiteren Testament, das nach dem Willen des Erblassers ebenfalls Gültigkeit haben soll, zu einem weiteren 1/4 als Erben eingesetzt.

Bei mehreren Erbteilen, die auf verschiedenen Berufungsgründen (gewillkürte und gesetzliche Erbfolge) beruhen, kann dagegen der eine Erbteil ausgeschlagen und der andere angenommen werden, § 1951 Abs. 1.²¹⁶ ■

> **Hinweis**
>
> Nach § 1960 hat das Nachlassgericht bis zur Annahme der Erbschaft für die Sicherung des Nachlasses zu sorgen. Ist der Erbe unbekannt und ist auch ungewiss, ob er die Erbschaft annimmt, kann das Nachlassgericht einen Nachlasspfleger gemäß § 1960 Abs. 2 bestellen, auf den die Pflegschaftsvorschriften der §§ 1909 ff. anwendbar sind.

4. Anfechtung der Annahme und der Ausschlagung der Erbschaft

472 Als Willenserklärungen sind die Annahme und die Ausschlagung der Erbschaft anfechtbar. Für die **Form** und **Frist** der Anfechtung enthalten die §§ 1954, 1955 **Sondervorschriften**. Die Anfechtung bedarf derselben **Form** wie die Ausschlagung, § 1955 S. 2, und ist gegenüber dem Nachlassgericht zu erklären. Die **Anfechtungsfrist** beträgt nach § 1954 Abs. 1 **6 Wochen**. Für die Anfechtung der Willenserklärung ist auf die Anfechtungsgründe der §§ 119, 123 zurückzugreifen.

> **Hinweis**
>
> Einen Sonderfall des Motivirrtums regelt § 1949 Abs. 1, wonach der Irrtum über den Berufungsgrund zur Unwirksamkeit der Annahme oder der Ausschlagung der Erbschaft führt.

Beispiel Nimmt der Erbe E die Erbschaft an, weil er glaubt testamentarisch dazu berufen zu sein, obwohl er gesetzlicher Erbe ist, so gilt die Annahme der Erbschaft als nicht erfolgt. In diesem Fall ist keine Anfechtung des Erben notwendig, da die Erklärung der Annahme nichtig ist. ■

473 Von besonderer Bedeutung für die Anfechtung der Annahme ist ein Irrtum über die **Überschuldung des Nachlasses**. Nach überwiegender Meinung stellt der Wert des Nachlasses eine **verkehrswesentliche Eigenschaft** i.S.v. § 119 Abs. 2 dar.²¹⁷ Für die Anfechtung der Annahme reicht indes nicht aus, dass weitere unbekannte Nachlasspassiva auftauchen. Vielmehr ist erforderlich, dass die neu entdeckten Verbindlichkeiten bewirken, dass es nunmehr an einem wesentlichen Reinnachlass fehlt.²¹⁸

Beispiel 1 Der Erbe E nimmt die Erbschaft an. Wenige Tage später erfährt er, dass sich keine Aktiva in dem Nachlass befinden, sondern der Erblasser 100 000 € Schulden hat. Nach § 119 Abs. 2 kann E die Annahmerklärung anfechten, da der Nachlass völlig überschuldet ist. ■

---

216 *BayObLG* Beschl. v. 27.6.1996 (Az. 1Z BR 148/95) = NJW-RR 1997, 72.
217 *BGH* Urt. 8.2.1989 (Az. IVa ZR 98/87) = BGHZ 106, 359; *BayObLG* Beschl. v. 14.2.1997 (Az. 1Z BR 254/96) = ZEV 1997, 257; *OLG Düsseldorf* Urt. v. 18.11.1998 (Az. 11 U 49/98) = ZEV 2000, 64.
218 *BayObLG* Beschl. v. 11.1.1999 (Az. 1Z BR 113/98) = NJW-RR 1999, 590.

Annahme und Ausschlagung der Erbschaft

Beispiel 2 Der Erbe E schlägt die Erbschaft aus, weil er irrtümlich denkt, der Wert des ihm vermachten Grundstücks reiche zur Tilgung der hinterlassenen Schulden nicht aus. Später erfährt er, dass das Grundstück erheblich mehr wert ist. Der E hat kein Anfechtungsrecht i.S.v. § 119 Abs. 2, weil kein Irrtum über eine verkehrswesentliche Eigenschaft vorlag. Im Zeitpunkt der Ausschlagung der Erbschaft waren ihm die für die Ermittlung des Nachlasswertes maßgeblichen Tatsachen bekannt. Der Irrtum über den Verkehrswert des Grundstücks ist ein unbeachtlicher Motivirrtum.[219] ■

Da § 1943 die Fristversäumung als Annahmeerklärung fingiert, kann nach § 1956 auch die Versäumung der Ausschlagungsfrist angefochten werden. Die Versäumung der Ausschlagungsfrist, mit der die Erbschaft als angenommen „gilt" (§ 1943 Hs. 2) kann nach § 1956 in gleicher Weise wie die Annahme angefochten werden. Auf die Fristversäumung finden die §§ 119 ff. mit der Maßgabe Anwendung, dass anstelle des Tatbestandsmerkmals „Abgabe einer Willenserklärung" zu lesen ist „Versäumung der Ausschlagungsfrist". Die in der Fristversäumung liegende Annahme kann wegen Irrtums angefochten werden, wenn der als Erbe Berufene die Erbschaft in Wirklichkeit nicht hat annehmen wollen und die Ausschlagungsfrist nur deshalb versäumt hat, weil er davon ausging, die Erbschaft bereits wirksam ausgeschlagen zu haben.[220] Eine Anfechtung der Fristversäumnis ist auch in den Fällen möglich, in denen der Erbe nicht weiß, dass er durch das Verstreichenlassen der Frist die Erbschaft annimmt oder wenn er keine Kenntnis davon hat, dass er die Erbschaft ausschlagen kann.[221] Gleiches gilt, wenn sich der Annehmende nicht bewusst ist, dass er mit der Annahme der Erbschaft auf die Möglichkeit des § 2306 Abs. 1 und damit auf seinen Pflichtteil verzichtet.[222]

474

Die Ausübung des Anfechtungsrechts führt nach § 142 Abs. 1 zur rückwirkenden Nichtigkeit der Annahme oder der Ausschlagung der Erbschaft. Die Vorschrift des § 1957 bestimmt zudem, dass die Anfechtung der Annahme als Ausschlagung und die Anfechtung der Ausschlagung als Annahme gilt.

475

> **JURIQ-Klausurtipp**
>
> Die Ausschlagung und die Anfechtung der Erbschaft sind häufig Gegenstand von Examensklausuren. Prägen Sie sich die Systematik daher besonders gut ein!

5. Rechtsstellung des vorläufigen Erben

Nach § 1958 kann vor der Annahme der Erbschaft ein Anspruch, der sich gegen den Nachlass richtet, nicht gegen die Erben gerichtlich geltend gemacht werden. Besorgt der vorläufige Erbe vor der Ausschlagung erbrechtliche Geschäfte, so ist er demjenigen gegenüber, welcher Erbe wird, wie ein Geschäftsführer ohne Auftrag berechtigt und verpflichtet. Er muss dem endgültigen Erben die gezogenen Zinsen nach §§ 681, 667 herausgeben.

476

---

[219] *OLG Düsseldorf* Beschl. v. 31.1.2011 (Az. I-3 Wx 21/11, 3 Wx 21/11) = ZEV 2011, 317.
[220] *OLG Jena* Beschl. v. 9.5.2011 (Az. 6 W 51/11) = FamRZ 2011, 1759 m.w.N.
[221] *BayObLG* Beschl. v. 24.6.1983 (Az. 1 Z 124/82) = BayObLGZ 1983, 153; *BayObLG* Beschl. v. 24.6.1983 (Az. 1 Z 124/82) = NJW-RR 1994, 586.
[222] *BGH* Beschl. v. 5.7.2006 (Az. IV ZB 39/05) = FamRZ 2006, 1519.

477 Verfügungen des vorläufigen Erben sind nach § 1959 Abs. 2 dem endgültigen Erben gegenüber nur insoweit wirksam, als sie ohne Nachteil für den Nachlass nicht hinausgeschoben werden können. Fehlt es an einer solchen Dringlichkeit, sind die von dem vorläufigen Erben vorgenommenen Verfügungen unwirksam. Sie können nur durch Genehmigung des endgültigen Erben oder durch einen gutgläubigen Erwerb eines Dritten wirksam werden. Ein Gegenstand, über den der vorläufige Erben unberechtigt verfügt hat, ist dem endgültigen Erben nicht i.S.v. § 935 abhanden gekommen. Die tatsächliche Besitzergreifung des vorläufigen Erben überwindet die in §§ 857, 1953 Abs. 1 geregelten rückwirkenden Besitzfiktionen.[223] Einseitige empfangsbedürftige Rechtsgeschäfte, die gegenüber dem Erben vorgenommen werden müssen, bleiben nach § 1959 Abs. 3 wirksam, wenn sie gegenüber dem vorläufigen Erben getätigt werden. Es kommt dabei weder auf Dringlichkeit noch auf die Kenntnis von der fehlenden Endgültigkeit der Erbschaft desjenigen an, der das einseitige Rechtsgeschäft vorgenommen hat. Einseitige empfangsbedürftige Rechtsgeschäfte sind die Rücktritts- bzw. Kündigungserklärung, die Widerrufs- und Anfechtungserklärung, die Erklärung der Minderung, sowie die Erklärung einer Genehmigung und die Ausübung eines Vorkaufsrechts.

II. Entziehung der Erbschaft wegen Erbunwürdigkeit

478 Dem gesetzlichen oder gewillkürten Erben kann die Erbschaft entzogen werden, wenn er erbunwürdig ist. Erbunwürdig ist der Erbe, der Verfehlungen begangen hat, die in § 2339 Abs. 1 genannt sind (Erbunwürdigkeitsgründe).

> **Beispiel** Der Erblasser E diktiert ein Testament, das seine Ehegattin F mit der Schreibmaschine schreibt und der E unterzeichnet. Darin setzt er die F als Alleinerbin ein. Als die F erfährt, dass das Testament formungültig ist, schreibt sie ein inhaltsgleiches Testament mit der Hand und unterschreibt es mit dem Namen des E. Die F ist erbunwürdig nach § 2339 Abs. 1 Nr. 4, da sie ein Testament gefälscht hat. Auf die Beweggründe kommt es nach h.M.[224] nicht an. Aus diesem Grund spielt es auch keine Rolle, dass die F den wahren Willen des Erblassers mit der Urkundenfälschung verwirklicht hat. ■

479 Die Erbunwürdigkeit wird durch Anfechtung des Erbschaftserwerbs nach §§ 2340 ff. im Wege der Klage geltend gemacht. Anfechtungsberechtigt ist nach § 2341 jeder, der durch den Wegfall des Erbunwürdigen unmittelbar oder mittelbar begünstigt wird.

480 Hat ein Pflichtteilsberechtigter oder ein Vermächtnisnehmer eine Verfehlung begangen, die einen Erbunwürdigkeitsgrund i.S.v. § 2339 Abs. 1 verwirklicht, so ist er nach § 2345 Abs. 1, Abs. 2 zugleich vermächtnis- bzw. pflichtteilsunwürdig. Der Erwerb des Vermächtnisses bzw. des Pflichtteiles kann nach § 2345 angefochten werden. Die Anfechtung ist auch dann zulässig, wenn der Erblasser von einer Pflichtteilsentziehung abgesehen hat.

III. Erbverzicht

481 Verwandte sowie der Ehegatte des Erblassers können durch Vertrag mit dem Erblasser auf ihr gesetzliches Erbrecht gemäß § 2346 Abs. 1 S. 1 verzichten. Der Verzichtende ist von der gesetzlichen Erbfolge ausgeschlossen, wie wenn er zur Zeit des Erbfalls nicht mehr lebte; er

---

[223] *BGH* Urt. v. 19.6.1953 (Az. V ZR 170/52) = BGHZ 10, 121.
[224] *BGH* Urt. v. 20.10.1969 (Az. III ZR 208/67) = NJW 1970, 197; *OLG Stuttgart* Urt. v. 26.3.1998 (Az. 19 U 239/97) = ZEV 1999, 187.

hat kein Pflichtteilsrecht, § 2346 Abs. 1 S. 2. Der Verzicht kann gemäß § 2346 Abs. 2 auf das Pflichtteilsrecht beschränkt werden. Verzichtet ein Abkömmling oder ein Seitenverwandter des Erblassers auf das gesetzliche Erbrecht, so erstreckt nach § 2349 sich die Wirkung des Verzichts auf seine Abkömmlinge, sofern nicht ein anderes bestimmt wird. Verzichtet jemand zugunsten eines anderen auf das gesetzliche Erbrecht, so ist im Zweifel nach § 2350 Abs. 1 anzunehmen, dass der Verzicht nur für den Fall gelten soll, dass der andere Erbe wird. Verzichtet ein Abkömmling des Erblassers auf das gesetzliche Erbrecht, so ist im Zweifel nach § 2350 Abs. 2 anzunehmen, dass der Verzicht nur zugunsten der anderen Abkömmlinge und des Ehegatten des Erblassers gelten soll. Nach § 2352 S. 1 kann jemand, der durch Testament als Erbe eingesetzt oder mit einem Vermächtnis bedacht ist, durch Vertrag mit dem Erblasser auf die Zuwendung verzichten. Das Gleiche gilt nach § 2352 S. 2 für eine Zuwendung, die in einem Erbvertrag einem Dritten gemacht ist. Die Vorschriften der §§ 2347–2349 finden dabei entsprechend Anwendung.

Nach der seit 1.1.2010 und für alle Erbfälle ab diesem Zeitpunkt geltenden Fassung des § 2352 i.V.m. § 2349 erstreckt sich ein Verzicht auf testamentarische Zuwendung grundsätzlich auch auf die Abkömmlinge des Verzichtenden, wenn nicht von den Vertragsparteien des Verzichtsvertrags etwas anderes bestimmt ist. Hat indes in einem vor dem 1.1.2010 beurkundeten Verzichtsvertrag der Notar ausdrücklich darauf hingewiesen, dass sich der Zuwendungsverzicht nicht auf die Abkömmlinge der Verzichtenden erstreckt, kann nach Ansicht des OLG Schleswig[225] daraus der Schluss zu ziehen sein, dass die Vertragsparteien übereinstimmend eine Erstreckung des Zuwendungsverzichts auf Abkömmlinge nicht wollten, auch wenn der Hinweis des Notars nur der damaligen Rechtslage entsprach.

F. Rechtsstellung der Erben

I. Miterbengemeinschaft

1. Begriff

Gibt es mehrere Erben, geht der Nachlass mit dem Erbfall im Wege der Universalsukzession auf die Miterben über. Mit dem Erbfall wird der Nachlass gemeinschaftliches Vermögen der Miterben, § 1922 Abs. 1, 2032 Abs. 1. Die Miterben bilden eine **Gesamthandsgemeinschaft** (Erbengemeinschaft). Die Besonderheit der Gesamthandsgemeinschaft liegt in der **Bildung von Sondervermögen**, das kraft Gesetzes vom Vermögen der einzelnen Miterben getrennt ist. In das Sondervermögen fallen auch die **Surrogate** des Nachlasses § 2041 S. 1.

482

> **Hinweis**
>
> Wird das Rechtsgeschäft mit Mitteln des Nachlasses vorgenommen (Mittelsurrogation), tritt diese Wirkung unmittelbar ohne Vorliegen eines Nachlassbezugs ein. Ein objektiver Bezug zum Nachlass ist nach § 2041 S. 1 in den Fällen notwendig, in denen eine Surrogation als Ersatz für ein Recht (Rechtssurrogation), als Ersatz für eine beschädigte oder zerstörte Sache (Ersatzsurrogation) oder durch ein auf den Nachlass bezogenes Rechtsgeschäft (Beziehungssurrogation) erlangt wird. Bei einem Erwerb mit fremden Mitteln erfordert die Beziehungssurrogation allerdings den subjektiven Willen, den Gegenstand für den Nachlass zu erwerben.[226]

---

225 *OLG Schleswig* Beschl. v. 15.4.2014 (Az. 3 Wx 93/13) = ZEV 2014, S. 425.
226 *OLG Köln* OLGZ 65, 117.

483 Da der Nachlass von dem Eigenvermögen der Miterben getrennt ist, erlischt eine Forderung des Erblassers gegen den Miterben oder umgekehrt mit Eintritt des Erbfalls nicht durch Konfusion. Ebenso wenig geht ein Mobiliarpfandrecht (§ 1253) des Erblassers an einer Sache des Miterben nicht durch Konsolidation unter.

484 Von der Bruchteilsgemeinschaft unterscheidet sich die Gesamthandsgemeinschaft dadurch, dass den Miterben als Gesamthänder kein ideeller Bruchteil an den einzelnen Nachlassgegenständen zusteht. Jeder Miterbe hat vielmehr einen durch die Erbquote bestimmten Anteil an dem gesamten Nachlass.

> **Beispiel** A und B sind Miterben zu 1/2. Der Erblasser E hat ihnen ein Grundstück hinterlassen. Unter Vorlage des Erbscheins begehren sie die Berichtigung des Grundbuchs nach §§ 22 Abs. 1 S. 1, 35 Abs. 1 S. 1 GBO. Obwohl sie in dem Erbschein als Miterben zu 1/2 ausgewiesen sind, werden sie im Grundbuch nur als Erbengemeinschaft ohne Angabe ihrer Erbquote eingetragen, § 47 Abs. 1 Alt. 2 GBO. Eine wertmäßige Beteiligung der Miterben an dem Nachlass kommt nur bei der Auseinandersetzung des Nachlasses zum Tragen.

485 Da die Erbengemeinschaft nicht auf Dauer, sondern auf Auseinandersetzung angelegt ist, wird sie nicht als rechtsfähig angesehen.[227] Sie ist daher auch nicht parteifähig i.S.v. § 50 Abs. 1 ZPO.

2. Verfügungen über den Erbteil, § 2033

486 Der Miterbe kann über seinen *Anteil am Nachlass* verfügen, § 2033 Abs. 1. Für den *Alleinerben* gilt die Vorschrift des § 2033 nicht.[228] Der Miterbe soll durch diese Bestimmung in die Lage versetzt werden, seinen Anteil schon vor der Teilung des Nachlasses wirtschaftlich zu verwerten.[229]

> **Beispiel** Die Erben A, B und C sind Miterben zu 1/3. A und B veräußern ihren Erbanteil an C. Durch die Übertragung der Erbteile des A und B auf den C erlischt die Gesamthand.[230] Ist die Erbengemeinschaft durch Vereinigung aller Anteile in einer Hand beendet worden, ist die (dingliche) Rück- oder Weiterübertragung eines Anteils nicht mehr möglich. Gehört ein Grundstück zu dem Nachlass wird C Alleineigentümer. Die Eintragung des C als Alleineigentümer in dem Grundbuch erfolgt lediglich im Rahmen einer Grundbuchberichtigung, da sich die Änderung der Eigentumsstellung durch die Übertragung der Erbanteile und damit außerhalb des Grundbuchs vollzieht.

487 Den Erben eines Miterben steht der Anteil dieses Miterben zur gesamten Hand zu. Sie können nur gemeinsam über ihn verfügen.[231]

---

[227] *BGH* Urt. v. 11.9.2002 (Az. XII ZR 187/00) = NJW 2002, 3389.
[228] *BGH* Urt. v. 12.7.1967 (Az. V ZR 137/64) = WM 1967, 978; *RG* Urt. v. 21.2.1916 (Az. IV 361/15) = RGZ 88, 116; MüKo-*Gergen* § 2033 Rn. 5.
[229] Staudinger-*Werner* § 2033 Rn. 2; *Lange/Kuchinke* § 42 Abs. 2 S. 1.
[230] *BGH* Urt. v. 19.3.1992 (Az. IX ZR 14/91) = FamRZ 1992, 659; *BGH* Beschl. v. 23.2.2005 (Az. IV ZR 55/04) = NJW-RR 2005, 808; Staudinger-*Werner* § 2033 Rn. 6.
[231] *RG* Urt. v. 8.2.1940 (Az. IV 125/39) = RGZ 162, 397; Palandt-*Edenhofer* § 2033 BGB Rn. 2.

> **Hinweis**
>
> § 2033 enthält *zwingendes Recht*. Der Erblasser kann zwar die Teilung des Nachlasses aufschieben (§ 2044 Abs. 1). Die Veräußerung eines Anteils nach § 2033 kann er jedoch nicht ausschließen oder von der Zustimmung eines Testamentsvollstreckers abhängig machen,[232] wenn auch die Erbeinsetzung unter der auflösenden Bedingung einer Anteilsveräußerung stehen kann.[233] Durch Vereinbarung der Erben untereinander kann die Veräußerung des Anteils ebenfalls nicht mit dinglicher Wirkung ausgeschlossen werden (§ 137).

488 Wird der Nachlassanteil auf einen Dritten übertragen, der nicht Mitglied der Erbengemeinschaft ist, so tritt dieser in die vermögensrechtliche Stellung des Erben ein. Er wird indes nicht Erbe. Die Erbenstellung als solche ist nicht übertragbar. In dem Erbschein wird der Dritte nicht aufgeführt. Dem Erben verbleibt weiterhin, das Anfechtungsrecht nach §§ 2078 ff. und das Recht einen Antrag auf Entlassung des Testamentsvollstreckers nach § 2227 zu stellen. Dagegen tritt der Erwerber in alle Rechte und Pflichten des Erben hinsichtlich der Verwaltung, der Auseinandersetzung und der Haftung für die Nachlassverbindlichkeiten ein, § 2036.

> **Hinweis**
>
> § 2033 betrifft nur die **dingliche** Verfügung über den Nachlassanteil. Der schuldrechtliche Erbschaftskauf und ähnliche Verträge sind in §§ 2371 ff., 2385 Abs. 1 geregelt. Eine Verfügung i.S.v. § 2033 Abs. 1 S. 1 stellt nicht nur die Übertragung des Erbanteils, sondern auch dessen Verpfändung oder eine Nießbrauchsbestellung an dem Erbteil dar.

489 Für eine Verfügung über den Erbanteil ist nach § 2033 Abs. 1 S. 2 eine notarielle Beurkundung erforderlich. Liegt der Verfügung ein Erbschaftskauf nach § 2371 zugrunde, so ist auch für diesen die notarielle Beurkundung erforderlich.

490 Durch das in §§ 2034, 2035 geregelte **Vorkaufsrecht** genießen die Miterben einen gewissen Schutz gegen den Eintritt Dritter in die Erbengemeinschaft.

3. Verwaltung des Nachlasses

a) Verwaltungsmaßnahmen der Miterbengemeinschaft

491 Unter den Begriff der Verwaltung fallen alle rechtliche und tatsächlichen Maßnahmen, die auf die Erhaltung und Mehrung des Nachlassvermögens gerichtet sind.

b) Innenverhältnis

492 Die Verwaltung des Nachlasses steht den Miterben nach § 2038 Abs. 1 S. 1 gemeinschaftlich zu. Trotz des Grundsatzes der gemeinschaftlichen Verwaltung ist eine Einstimmigkeit der Miterben nur bei außerordentlichen Maßnahmen erforderlich, § 2038 Abs. 1 S. 1. Darunter sind Maßnahmen zu verstehen, die über eine ordnungsgemäße Verwaltung hinausgehen. Dage-

---

[232] Staudinger-*Werner* § 2033 Rn. 4; MüKo-*Gergen* § 2033 Rn. 4.
[233] *Lange/Kuchinke* § 42 Abs. 2 S. 2c.

gen können Maßnahmen der ordnungsgemäßen Verwaltung mit der Stimmenmehrheit der Miterben getroffen werden, § 2038 Abs. 2 S. 1. Nach § 745 Abs. 1 S. 2, auf den § 2038 Abs. 2 S. 1 verweist, richten sich die Stimmen nach der Größe des Erbteils. Maßnahmen der ordnungsgemäßen Verwaltung sind solche, die nach billigem Ermessen dem objektiven Interesse aller Miterben und der Beschaffenheit des Gegenstands entsprechen.[234] Es handelt sich dabei um alle wirtschaftlich vernünftigen Maßnahmen, die von der laufenden Verwaltung des Nachlasses erfasst werden. Wesentliche Veränderungen des Nachlasses als Ganzes sind nach § 745 Abs. 3 S. 1 ausgeschlossen, wobei einzelne Nachlassgegenstände veräußert, verarbeitet oder umgestaltet werden können, soweit dies einer ordnungsgemäßen Verwaltung entspricht.[235] Nach § 2038 Abs. 1 S. 2 Alt. 1 ist jeder Miterbe verpflichtet, an den Maßnahmen der ordnungsgemäßen Verwaltung mitzuwirken. Die zur Erhaltung des Nachlasses **notwendigen** Maßnahmen kann nach § 2038 Abs. 1 S. 2 Alt. 2 jeder Miterbe ohne Mitwirkung der anderen Miterben treffen.

c) Außenverhältnis

aa) Verpflichtungsgeschäfte

493 Die Vertretungsmacht der Miterben richtet sich im Außenverhältnis bei der Eingehung von Verpflichtungsgeschäften nach der im Innenverhältnis bestehenden Geschäftsführungsbefugnis der Miterben, §§ 2038 Abs. 1, Abs. 2 S. 1, 745 ff.[236]

> **Beispiel** A, B und C sind Miterben zu je 1/3. Sie haben ein älteres Anwesen geerbt. A und B wollen das Haus renovieren und es anschließend vermieten. C möchte es gerne abreißen und ein Mehrfamilienhaus auf dem Grundstück errichten. An einigen Stellen ist das Dach undicht, wodurch es nicht ausreichend vor Regen geschützt ist.
>
> Die angestrebte Dachreparatur ist eine Erhaltungsmaßnahme des Nachlasses und damit eine notwendige Verwaltungsmaßnahme, die nach § 2038 Abs. 1 S. 2 Alt. 2 von jedem Miterben allein getroffen werden kann.[237] Da die Vorschrift des § 2038 auch für die Vertretungsmacht bei der Eingehung von Verpflichtungsgeschäfte gilt, kann jeder Miterbe als Stellvertreter der Erbengemeinschaft einen Dachdecker mit der Reparatur beauftragen. Die Renovierung und die anschließende Vermietung stellen Maßnahmen einer ordnungsgemäßen Verwaltung dar. Eine solche Maßnahme kann im Innenverhältnis gemäß § 2038 Abs. 2 S. 1 i.V.m. § 745 nur mit Stimmenmehrheit beschlossen werden. Nach § 2038 wirkt der von A und B beschlossene Mehrheitsbeschluss auch im Außenverhältnis, so dass sie in Stellvertretung für die Erbengemeinschaft auch die für die Renovierung und Vermietung erforderlichen Werk- und Mietverträge abschließen können. Bei der Absicht des C, das Haus vollständig abzureißen und das Grundstück neu zu bebauen, handelt es sich um eine außerordentliche Maßnahme, für die sowohl im Innen- als auch im Außenverhältnis nach § 2038 Abs. 1 eine Einstimmigkeit der Miterben erforderlich ist. ∎

---

234 *BGH* Urt. v. 22.2.1965 (Az. III ZR 208/63) = FamRZ 1965, 267.
235 *BGH* Urt. v. 28.9.2005 (Az. IV ZR 82/04) = ZEV 2006, 24.
236 *BGH* Urt. v. 29.3.1971 (Az. III ZR 255/6) = BGHZ 56, 47.
237 *BGH* Urt. v. 8.5.1952 (Az. IV ZR 163/51) = BGHZ 6, 76.

bb) Verfügungsgeschäfte

Nach § 2040 Abs. 1 können die Erben über einen Nachlassgegenstand nur gemeinschaftlich verfügen. Verfügungen sind Rechtsgeschäfte, durch die bestehende Rechte mit unmittelbarer Wirkung aufgehoben, übertragen, belastet oder inhaltlich verändert werden (Übereignung, Abtretung, Erlass, Verpfändung). Unter den Verfügungsbegriff des § 2040 fallen auch die Anfechtung, die Kündigung, die Aufrechnung und die Annahme als Erfüllung.[238] Verfügungen von einzelnen Miterben können nachträglich durch Genehmigung der anderen Miterben wirksam werden, § 185 Abs. 2. Das gilt allerdings nicht für einseitige Verfügungen, da diese nach § 182 Abs. 1 nur mit Einwilligung der Miterben vorgenommen werden können.

494

Seinem Wortlaut nach gilt § 2040 Abs. 1 für sämtliche Arten von Verwaltungsmaßnahmen. Die h.M.[239] nimmt indes an, dass entsprechend § 2038 Abs. 1 S. 2 Alt. 2 jeder Miterbe im Rahmen von notwendigen Verwaltungsmaßnahmen allein verfügungsberechtigt ist. Das wird darauf gestützt, dass das Erfordernis einer gemeinschaftlichen Verfügung der Miterben zu einer untragbaren Schwerfälligkeit und Verzögerung der notwendigen Maßnahmen führen würde. Für Verfügungen im Rahmen einer ordnungsgemäßen Verwaltung wird § 2040 Abs. 1 dagegen von der h.M.[240] als lex specialis angesehen.

495

> **Hinweis**
>
> Ist die Veräußerung eines Nachlassgegenstands eine Maßnahme der ordnungsgemäßen Verwaltung i.S.v. § 2038 Abs. 2 S. 1 ergibt sich aus dem von den Miterben getroffenen Mehrheitsbeschluss zur Veräußerung, auch die Verpflichtung für alle Miterben der Verfügung zuzustimmen. Wird die Zustimmung von den Miterben verweigert, kann auf Abgabe der Willenserklärung geklagt werden, § 894 ZPO. Die Erben können ein Mietverhältnis über eine zum Nachlass gehörende Sache nach der Entscheidung des BGH[241] wirksam mit Stimmenmehrheit kündigen, wenn sich die Kündigung als eine Maßnahme der ordnungsgemäßen Verwaltung darstellt. Das OLG Brandenburg[242] hat die Grundsätze der Entscheidung des BGH auch auf die Kündigung eines Girovertrags bzw. eines Sparbuchs übertragen. Dem hat sich das OLG Frankfurt[243] angeschlossen und diese Grundsätze auch auf die Kündigung eines Darlehens übertragen.

---

238 *BGH* Urt. v. 28.4.2006 (Az. LwZR 10/05) = FamRZ 2006, 1026.
239 *BGH* Urt. v. 21.3.1985 (Az. VII ZR 148/83) = BGHZ 94, 117; Palandt-*Weidlich* § 2038 Rn. 11.
240 *BGH* Urt. v. 24.10.1962 (Az. V ZR 1/61) = BGHZ 38, 118, 122; *BGH* Urt. v. 29.3.1971 (Az. III ZR 255/68) = BGHZ 56, 47; zweifelnd: *BGH* Urt. v. 28.4.2006 (Az. LwZR 10/05) = FamRZ 2006, 1026; a.A. Jauernig-*Stürner* BGB, § 2040 Rn. 2; *Muscheler* ZEV 1997, 222.
241 *BGH* Urt. v. 11.11.2009 (Az. XII ZR 210/05) = BGHZ 183, 131.
242 *OLG Brandenburg* Urt. v. 24.8.2011 (Az. 13 U 56/10) = NJW-RR 2012, 336.
243 *OLG Frankfurt* Urt. v. 29.7.2011 (Az. 2 U 255/10) = ZEV 2012, 258.

d) Geltendmachung von Nachlassforderungen

496 Nach § 2039 S. 1 kann jeder Miterbe eine Nachlassforderung gerichtlich und außergerichtlich geltend machen. Durch das Einziehungsrecht wird der einzelne Miterbe in die Lage versetzt ein fremdes Recht, d.h. das Recht der Gesamthand im eigenen Namen als Partei einzuklagen (**gesetzliche Prozessstandschaft**). Jeder Miterbe kann die Leistung nur an alle Erben fordern. Der Verpflichtete kann mit befreiender Wirkung nur an alle Erben gemeinschaftlich leisten. Ein Miterbe kann auch einen Anspruch der Erbengemeinschaft gegen einen anderen Miterben geltend machen, § 2039 S. 1. Die Erbengemeinschaft kann mit Stimmenmehrheit auch einen der Teilhaber zur Einziehung einer Nachlassforderung ermächtigen, sofern dies einer ordnungsgemäßen Verwaltung entspricht.[244]

Beispiel A und B sind Miterben zu 1/2. A verursacht einen Verkehrsunfall mit einem Auto, das zum Nachlass gehört. Der Erbengemeinschaft steht gegen A ein Schadensersatzanspruch wegen der Beschädigung des Fahrzeugs gemäß § 823 Abs. 1 zu. A ist einerseits Schuldner, aber auch Gläubiger des Schadensersatzanspruchs, da er Mitglied der Erbengemeinschaft ist. B ist berechtigt, die Forderung der Gesamthand gegen A in vollem Umfang gerichtlich geltend zu machen. Die gegen einen Miterben gerichteten Schadensersatzansprüche werden dabei nicht um den Anteil gekürzt, der im Innenverhältnis der Miterben auf den Schuldner entfiele.[245] B kann die Zahlung des Schadensersatzes indes nicht an sich, sondern nur an die Erbengemeinschaft verlangen, § 2039 S. 1.

4. Auseinandersetzung der Erbengemeinschaft

a) Begriff

497 Die Erbengemeinschaft ist eine auf Liquidation angelegte Gemeinschaft (**geborene Liquidationsgemeinschaft**). Nach § 2042 Abs. 1 kann jeder Miterbe die Auseinandersetzung der Erbengemeinschaft grundsätzlich jederzeit verlangen. Eine Teilauseinandersetzung nur eines Miterben unter Fortsetzung der Erbengemeinschaft unter den übrigen Erben ist gesetzlich nicht vorgesehen. Eine Teilauseinandersetzung kann nur ausnahmsweise verlangt werden, wenn besondere Gründe dies rechtfertigen und Belange der Erbengemeinschaft und der anderen Miterben nicht beeinträchtigt werden.[246]

b) Durchführung der Auseinandersetzung

aa) Teilungsanordnungen des Erblassers

498 Der Erblasser kann nach § 2048 S. 1 Anordnungen für die Auseinandersetzung des Nachlasses treffen. Er kann auch anordnen, dass die Teilung nach billigem Ermessen eines Dritten zu erfolgen hat, § 2048 S. 2. Die Teilungsanordnung des Erblassers hat nur schuldrechtliche Wirkung.

Beispiel Der Erblasser E hat in einem Testament angeordnet, dass bei der Auseinandersetzung der Erbgemeinschaft der A ein bestimmtes Grundstück erhalten soll. Die Teilungsanordnung hat nur schuldrechtliche Wirkung. Die Erbengemeinschaft muss daher das Grundstück dem A auflassen und der Eintragung als Alleineigentümer zustimmen, §§ 873, 925.

---

[244] *BGH* Urt. v. 19.9.2012 (Az. XII ZR 151/10) = FamRZ 2013, 27.
[245] *Brox/Walker* Rn. 509.
[246] *OLG Koblenz* Beschl. v. 9.1.2013 (Az. 3 W 672/12) = MDR 2013, 349.

bb) Auseinandersetzungsvertrag

Die Miterben können auch durch einen formfreien Auseinandersetzungsvertrag die Auseinandersetzung der Erbengemeinschaft regeln. Der Vertrag ist nur dann formbedürftig, wenn er eine Verpflichtung enthält, die nach § 311b der notariellen Beurkundung bedarf.

499

cc) Materielle Teilungsvorschriften

Die Auseinandersetzung erfolgt nach den Teilungsvorschriften der §§ 2046 ff., wenn die Miterben einvernehmlich keine andere Regelung getroffen haben. Nach § 2046 Abs. 1 S. 1 sind zunächst die Nachlassverbindlichkeiten zu berichtigen. Der danach verbleibende Überschuss steht gemäß § 2047 Abs. 1 den Miterben nach dem Verhältnis ihrer Erbteile zu. Die Teilung erfolgt wie bei der Gemeinschaft nach Bruchteilen. Können sich die Miterben über die Verteilung der Nachlassgegenstände nicht einigen, sind sie zu verkaufen und der Veräußerungserlös zu teilen, wenn die Naturalteilung ohne Wertminderung nicht möglich ist. Sofern eine Teilung ohne Eintritt einer Wertminderung erfolgen kann, sind die Nachlassgegenstände in Natur zu teilen, §§ 2042 Abs. 2 i.V.m. §§ 752 ff. Grundstücke sind zum Zwecke der Aufhebung der Gemeinschaft zu versteigern, § 753 Abs. 1 S. 1. Persönliche Schriftstücke des Erblassers bleiben nach § 2047 Abs. 2 gemeinschaftliches Eigentum der Miterben.

500

II. Haftung der Erben für Nachlassverbindlichkeiten

1. Begriff

Nach § 1967 Abs. 1 haftet der Erbe für die Nachlassverbindlichkeiten. Zu den Nachlassverbindlichkeiten gehören nach § 1967 Abs. 2 die von dem Erblasser herrührenden Schulden (Erblasserschulden) und die den Erben als solche treffenden Verbindlichkeiten (Erbfallschulden), die aus Anlass des Erbfalls entstehen. Eine Nachlasserbenschuld liegt vor, wenn der Nachlassgläubiger zugleich persönlicher Gläubiger des Erben ist.

501

Beispiel Der Erblasser E hat seine Ehefrau F in einem Testament als Alleinerbin eingesetzt. Nach dem Tod des E verlangt der Gläubiger G von F einen Kaufpreis wegen eines dem E zu Lebzeiten übereigneten Fahrzeugs, das sich in dem Nachlass des E befindet. Der Sohn S des E macht gegenüber F Pflichtteilsansprüche geltend. Der Bestatter B verlangt von F die Bestattungskosten für die Beerdigung des E. Der Elektriker H verlangt von F die Zahlung eines Werklohns für die von ihr in Auftrag gegebene Reparatur einer Elektroleitung in dem Haus des E.

Die Kaufpreisforderung des G ist von dem E noch begründet worden. Es handelt sich daher um eine Erblasserschuld. Der Pflichtteilsanspruch des S ist neben der Erfüllung von Vermächtnissen und Auflagen ausdrücklich als Erbfallschuld in § 1967 Abs. 2 aufgeführt. Als Erbfallschuld hat die F als Alleinerbin gemäß § 1968 die Beerdigungskosten zu tragen und damit auch die Forderung des B zu erfüllen. Der Werklohnanspruch des H ist dagegen nicht aus Anlass des Erbfalls entstanden. Vielmehr ist der Auftrag von F im Rahmen einer ordnungsgemäßen Verwaltung des Nachlasses ausgelöst worden. Für eine derartige Verbindlichkeit haftet sowohl der Nachlass als auch das Eigenvermögen des Erben (Nachlasserbenschulden).[247] ∎

---

247 *RG* Urt. v. 26.3.1917 (Az. IV 398/16) = RGZ 90, 91.

2. Haftung des Alleinerben

a) Grundsatz

502 Der Alleinerbe haftet gemäß § 1967 Abs. 1 für die Nachlassverbindlichkeiten persönlich und unbeschränkt.

503 Ist der Nachlass überschuldet, kann der Erbe die Erbenhaftung nach §§ 1975 ff. gegenüber allen Nachlassgläubigern auf den Nachlass beschränken. Die Haftung des Erben ist gemäß § 1975 auf den Nachlass beschränkt, wenn die **Nachlassverwaltung** i.S.v. § 1981 angeordnet oder das **Nachlassinsolvenzverfahren** nach § 1980 eröffnet wird. Durch die Haftungsbeschränkung tritt eine Trennung von Nachlass und Eigenvermögen ein. Die Nachlassgläubiger können nur noch in den Nachlass und die Eigengläubiger nur noch in das Eigenvermögen des Erben vollstrecken, § 1984 Abs. 2. Der Gläubiger einer Nachlasserbenschuld kann in beide Vermögensmassen vollstrecken.[248] Wird das Mietverhältnis nach dem Tod des Mieters gemäß § 564 S. 1 mit dem Erben fortgesetzt, sind die nach dem Erbfall fällig werdenden Forderungen jedenfalls dann reine Nachlassverbindlichkeiten, wenn das Mietverhältnis innerhalb der in § 564 S. 2 bestimmten Frist beendet wird.[249] Dagegen handelt es sich nach dem Erbfall fällig werdende oder durch Beschluss der Wohnungseigentümergemeinschaft begründete Wohngeldschulden einer im Nachlass befindlichen Immobilie um eine Eigenverbindlichkeit des Erben, wenn ihm das Halten der Wohnung als ein Handeln bei der Verwaltung des Nachlasses zugerechnet werden kann. Hiervon ist in der Regel spätestens dann auszugehen, wenn er die Erbschaft angenommen hat oder die Ausschlagungsfrist abgelaufen ist und ihm faktisch die Möglichkeit zusteht, die Wohnung zu nutzen.[250]

b) Haftungsbeschränkung gegenüber einzelnen Gläubigern

aa) Erschöpfungseinrede, § 1973

504 Der Erbe kann nach §§ 1970 ff., §§ 454 ff. FamFG ein **Aufgebotsverfahren** durchführen, das auf einen entsprechenden Antrag des Erben von dem Nachlassgericht eingeleitet wird. Das Nachlassgericht erlässt eine öffentliche Aufforderung, die Nachlassforderung innerhalb einer bestimmten Frist anzumelden, die nach § 458 Abs. 2 FamFG 6 Monate nicht überschreiten darf. Die Aufforderung enthält zudem die Mitteilung, dass im Falle einer nicht fristgerechten Anmeldung die ausgeschlossenen Gläubiger eine Befriedigung ihrer Forderungen nur erlangen können, wenn nach der Befriedigung der nicht ausgeschlossenen Gläubiger ein Überschuss verbleibt, § 458 Abs. 1 FamFG. Nach Ablauf dieser Frist ergeht ein **Ausschließungsbeschluss** i.S.v. § 439 Abs. 1 FamFG, durch den die Gläubiger, die ihre Forderungen nicht fristgerecht geltend gemacht haben, ausgeschlossen werden.

505 Nach § 1973 Abs. 1 S. 1 kann der Erbe die Befriedigung eines im Aufgebotsverfahren ausgeschlossenen Gläubigers verweigern, wenn der Nachlass durch die Befriedigung der nicht ausgeschlossenen Gläubiger erschöpft ist (**Erschöpfungseinrede**). Der Erbe hat nach § 1973 Abs. 2 S. 1 den Überschuss zum Zwecke der Befriedigung des ausgeschlossenen Nachlassgläubigers nach Bereicherungsrecht herauszugeben. Er hat nach § 1973 Abs. 1 S. 2

---

[248] Palandt-*Weidlich* § 1991 Rn. 4.
[249] *BGH* Urt. v. 23.1.2013 (Az. VIII ZR 68/12) = NJW 2013, 933.
[250] *BGH* Urt. v. 5.7.2013 (Az. V ZR 81/12) = NJW 2013, 3446; a.A. *OLG Schleswig* Beschl. v. 4.10.2013 (Az. 3 Wx 11/12) = ZEV 2014, 389.

die ausgeschlossenen Gläubiger vor der Erfüllung der Vermächtnisse, der Pflichtteilsansprüche und der Auflagen zu befriedigen.

506 Meldet sich ein Nachlassgläubiger später als 5 Jahre nach dem Erbfall, so steht er – auch wenn kein Aufgebotsverfahren durchgeführt worden ist – einem ausgeschlossenen Gläubiger gleich, § 1974 S. 1 (**Verschweigenseinrede**).

bb) Dürftigkeitseinrede, § 1990

507 Der Erbe kann nach § 1990 Abs. 1 S. 1 sich auf die **Dürftigkeitseinrede** berufen, wenn die Anordnung der Nachlassverwaltung oder die Eröffnung des Nachlassinsolvenzverfahrens daran gescheitert ist, dass der Wert des Nachlasses die Kosten des Verfahrens nicht gedeckt hat oder aus diesen Gründen das Verfahren aufgehoben worden ist. Nach § 1990 Abs. 1 S. 2 ist der Erbe verpflichtet, den Nachlass zum Zwecke der Befriedigung im Wege der Zwangsvollstreckung den Gläubigern herauszugeben. Beruft sich der Erbe auf die Dürftigkeitseinrede hat er wegen Forderungen, die ihm selbst gegen den Nachlass zustehen, ein **Vorwegbefriedigungsrecht**, indem er die Befriedigung der übrigen Gläubiger in Höhe seiner Forderung verweigern darf, § 1991 Abs. 3 analog.[251]

> **Hinweis**
>
> Die Wirkung der Einrede aus § 1990 Abs. 1 S. 1 ist wie bei § 1973 grundsätzlich darauf beschränkt, dass dem Erben gestattet wird, die Vollstreckung eines Nachlassgläubigers in sein Eigenvermögen durch eine Klage nach den §§ 785, 781, 767 ZPO abzuwehren. Bei der Dürftigkeitseinrede tritt zwar keine Trennung zwischen dem Eigenvermögen und dem Nachlass in der Weise ein, dass der Nachlass als Sondervermögen dem Verfügungsrecht des Erben entzogen ist und einer Fremdverwaltung untersteht. Im Verhältnis zwischen dem Erben und dem Nachlassgläubiger werden indes die Verbindlichkeiten aus dem Nachlass von den Verbindlichkeiten aus dem Eigenvermögen getrennt. Aus dieser Trennung folgt nach § 1991 Abs. 2 das Wiederaufleben der durch **Konfusion** oder **Konsolidation** erloschenen Rechtsverhältnisse.

508 Auf die Dürftigkeitseinrede kann sich der Erbe nach § 1992 S. 1 weiter berufen, wenn eine **Überschuldung** des Nachlasses wegen der Erfüllung von **Vermächtnissen** und **Auflagen** eingetreten ist. In diesem Fall steht dem Erben die Dürftigkeitseinrede auch dann zu, wenn eine Dürftigkeit des Nachlasses im Übrigen nicht vorliegt, d.h. der Nachlass zur Deckung der Kosten eines Nachlassinsolvenzverfahrens ausreicht.

> **Hinweis**
>
> Macht der Erbe die Dürftigkeitseinrede aus diesen Gründen geltend, ist er gemäß § 1992 S. 1 berechtigt, die Berichtigung dieser Verbindlichkeiten aus Vermächtnissen und Auflagen nach den §§ 1990, 1991 zu bewirken; dabei ist die sich aus § 1991 Abs. 4 i.V.m. § 327 InsO ergebende **Rangfolge** zu beachten.

---

251 *RG* Urt. v. 12.1.1933 (Az. IV 353/32) = RGZ 139, 199, 202.

c) Aufschiebende Einreden

509 Der Erbe kann die Berichtigung der Nachlassverbindlichkeiten 3 Monate lang nach der Erbschaftsannahme verweigern, jedoch nicht über die Errichtung eines Inventars hinaus, § 2014 (**Dreimonatseinrede**). Gleiches gilt bis zur Beendigung des Aufgebotsverfahrens, wenn das Gläubigeraufgebot innerhalb eines Jahres nach der Erbschaftsaufnahme beantragt und der Antrag zugelassen worden ist, § 2015 Abs. 1 (**Aufgebotseinrede**).

d) Verlust der Haftungsbeschränkung

510 Der Erbe verliert die Möglichkeit der Haftungsbeschränkung allen Gläubigern gegenüber, wenn er nicht rechtzeitig ein Inventar d.h. ein Verzeichnis über die Nachlassgegenstände erstellt, §§ 1993 ff., 2005 (**Inventarpflicht**). Gleiches gilt nach § 2005 Abs. 1, wenn der Erbe ein unrichtiges Inventarverzeichnis erstellt hat. Das Recht zur Haftungsbeschränkung verliert der Erbe gegenüber einzelnen Gläubigern, wenn er auf deren Antrag hin, die Abgabe einer eidesstattlichen Versicherung über die Richtigkeit des Inventars verweigert, § 2006 Abs. 3 S. 1. Die gleiche Rechtsfolge tritt auch durch eine vorbehaltlose Verurteilung zur Erfüllung einer Nachlassverbindlichkeit ein.

> **Hinweis**
>
> Der Erbe kann gegenüber einer Zwangsvollstreckung durch einen Nachlassgläubiger die Beschränkung seiner Haftung auf den Nachlass geltend machen. Das setzt allerdings voraus, dass der für die Zwangsvollstreckung erforderliche Titel (Urteil), der gegen den Erben erlassen worden ist, einen Vorbehalt der beschränkten Erbenhaftung enthält. Die Aufnahme des Vorbehalts wird nicht von Amts wegen berücksichtigt, sondern erfordert die **Erhebung der Einrede** durch den Erben, § 780 Abs. 1 ZPO. Der Vorbehalt in dem Urteil hindert indes nicht die Zwangsvollstreckung in das gesamte Vermögen des Erben. Der Erbe muss vielmehr im Rahmen der Vollstreckungsgegenklage nach § 767 ZPO die Beschränkung geltend machen, §§ 781, 785 ZPO. Die Aufnahme des Vorbehalts in dem Urteil erhält ihm dieses Recht, das ansonsten wegen § 767 Abs. 2 ZPO ausgeschlossen wäre. Ist streitig, ob der Erbe beschränkt haftet, kann das Gericht ohne Beweis hierüber zu erheben, die Klärung dieser Frage dem Gericht überlassen, das über die Vollstreckungsgegenklage entscheidet, indem es den Erben unter Vorbehalt seiner Haftungsbeschränkung verurteilt.[252] Die Einrede der beschränkten Erbenhaftung nach § 780 ZPO kann nach dem BGH[253] auch noch in der Berufungsinstanz erfolgreich erhoben werden, sofern die Erbenstellung unstreitig ist.

3. Haftung der Miterben für Nachlassverbindlichkeiten

a) Haftung vor der Nachlassteilung

511 Ein Nachlassgläubiger, der einen Anspruch gegen eine ungeteilte Erbengemeinschaft geltend macht, kann nach § 2059 Abs. 2 eine **Gesamthandklage** gegen alle Miterben erheben und Befriedigung aus dem ungeteilten Nachlass verlangen. Die gemeinschaftlich in Anspruch genommenen Miterben sind notwendige Streitgenossen, § 62 Abs. 1 Alt. 2 ZPO. Er kann aber auch die **Gesamtschuldklage** nach § 2058 gegen einzelne Miterben richten, die

---

[252] Zöller-*Stöber* ZPO § 780 Rn. 11.
[253] *BGH* Urt. v. 2.2.2012 (Az. VI ZR 82/09) = NJW-RR 2010, 664.

für die Nachlassverbindlichkeiten als Gesamtschuldner haften. Der in Anspruch genommene Miterbe kann bis zur Teilung des Nachlasses die Befriedigung der Forderung aus seinem Eigenvermögen nach § 2059 Abs. 1 S. 1 verweigern. Vor der Teilung des Nachlasses kann ein Nachlassgläubiger den Erbteil des Miterben nach §§ 859 Abs. 2, 857 ZPO pfänden. Vollstreckt er in das Eigenvermögen des Miterben kann dieser die Vollstreckungsgegenklage §§ 767, 781, 785 erheben.

> **Hinweis**
>
> Im Prozess wird der Miterbe, der sich auf § 2059 Abs. 1 beruft, zur Zahlung unter Vorbehalt der beschränkten Erbenhaftung verurteilt, § 780 ZPO. Der Vorbehalt in dem Urteil hindert nicht die Zwangsvollstreckung in das gesamte Vermögen des Miterben. Der Miterbe muss vielmehr im Rahmen der Vollstreckungsgegenklage, § 767 ZPO, die Beschränkung der Haftung auf den Nachlass geltend machen, §§ 781, 785 ZPO. Die Aufnahme des Vorbehalts im Urteil erhält ihm dieses Recht, das ansonsten wegen § 767 Abs. 2 ZPO ausgeschlossen wäre.

b) Haftung der Miterben nach der Nachlassteilung

Nach der Teilung haften die Miterben nach § 2058 weiter als Gesamtschuldner. **512**

Während eine Nachlassverwaltung nach § 2062 Hs. 2 nur bis zur Auseinandersetzung der Erbengemeinschaft möglich ist, können die Miterben auch danach noch die Eröffnung eines Nachlassinsolvenzverfahrens beantragen, § 316 Abs. 2 InsO. **513**

Beruft sich ein Miterbe nach der Teilung auf die Dürftigkeitseinrede nach §§ 1990, 1992 haftet er nur mit den Nachlassgegenständen, die er bei der Auseinandersetzung erhalten hat. In den in §§ 2060 ff. aufgeführten Fällen wandelt sich die Gesamtschuld des Miterben in eine Teilschuld nach Maßgabe der Erbquote um. **514**

c) Haftung für Forderungen eines Miterben

Auch ein Miterbe, der zugleich Nachlassgläubiger ist, kann gegen die übrigen Miterben wahlweise die Gesamtschuld- oder die Gesamthandklage geltend machen. Bei der Erhebung der Gesamthandklage, die der Miterbe schon vor der Teilung des Nachlasses anhängig machen kann, muss er die seinem Erbteil entsprechende Quote absetzen, da er den anderen Miterben nach § 426 Abs. 1 regresspflichtig ist.[254] **515**

G. Erbschaftsanspruch, §§ 2018 ff.

I. Begriff

Hat ein Dritter aufgrund eines angeblichen oder vermeintlichen Erbrechts etwas aus der Erbschaft erlangt, ist er dem Erben nach § 2018 zur Herausgabe des Erlangten verpflichtet. Der Erbschaftsanspruch ist ein Gesamtanspruch (Universalklage) mit dem der Erbe die Heraus- **516**

---

[254] *BGH* Urt. v. 24.4.1963 (Az. V ZR 16/62) = NJW 1963, 1611, 1612; *BGH* Urt. v. 10.2.1988 (Az. IVa ZR 227/86) = NJW-RR 1988, 710.

gabe des gesamten Nachlasses einschließlich der Surrogate und Nutzungen von dem Erbschaftsbesitzer (**Erbprätendent**) verlangen kann. Daneben stehen dem Erben auch die Singularansprüche nach §§ 985, 861, 1007, 823, 812 ff. zu, wobei sich gemäß § 2029 die Haftung des Erbschaftsbesitzers auch hinsichtlich dieser Ansprüche nach §§ 2018 ff. richtet. Für die Geltendmachung des Erbschaftsanspruchs ist der besondere Gerichtstand der Erbschaft gegeben (§ 27 ZPO), so dass die Klage gegen den Erbschaftsbesitzer an dem Ort erhoben werden kann, an dem der Erblasser seinen allgemeinen Wohnsitz hatte, § 13 ZPO.

II. Schuldner und Gläubiger des Erbschaftsanspruchs

1. Gläubiger

517 **Gläubiger** ist nach § 2018 der **Alleinerbe** oder die **Miterbengemeinschaft**. Ein einzelner Miterbe kann den Anspruch im Wege der gesetzlichen Prozessstandschaft nach § 2039 S. 2 geltend machen. Ein Miterbe kann gegenüber einem anderen Miterben die Erbschaftsklage erheben, wenn er dessen Erbrecht bestreitet.[255] Bei der Anordnung der Vor- und Nacherbfolge, steht der Erbschaftsanspruch dem Vorerben bis zum Nacherbfall zu, danach dem Nacherben. Im Verhältnis zum Vorerben hat der Nacherbe kein Anspruch aus § 2018, da § 2130 lex specialis ist. Danach ist der Vorerbe nur dann Erbschaftsbesitzer, wenn er den Eintritt des Nacherbfalls leugnet und für sich sein Vorerbrecht weiterhin in Anspruch nimmt. Der Nachlassverwalter, der Nachlassinsolvenzverwalter und der Testamentsvollstrecker können für den Erben ebenfalls den Erbschaftsanspruch geltend machen und die Erbschaftsklage erheben.

2. Schuldner

518 **Schuldner** des Erbschaftsanspruchs ist derjenige, der aufgrund eines ihm in Wirklichkeit nicht zustehenden Erbrechts etwas aus der Erbschaft erlangt hat. Diese Voraussetzung ist nicht erfüllt, wenn sich der Dritte auf ein Rechtsgeschäft unter Lebenden beruft. Allerdings genügt es, dass er sich nur im Zeitpunkt der Erlangung des Vermögensvorteils ein Erbrecht angemaßt hat. Wechselt er später seinen Rechtsstandpunkt und beruft sich auf ein Rechtsgeschäft unter Lebenden, ist dies unbeachtlich.

Über den Wortlaut des § 2018 hinaus, ist auch derjenige Erbschaftsbesitzer, der zunächst die Nachlassgegenstände ohne Anmaßung eines Erbrechts erlangt hat, sie dann später für sich als Erbe in Anspruch nimmt. Das gleiche gilt auch dann, wenn er die Erbenstellung rückwirkend durch Anfechtung einer letztwilligen Verfügung oder wegen Erbunwürdigkeit verloren hat.[256] Einem Erbschaftsbesitzer steht derjenige gleich, der die Erbschaft oder Teile der Erbschaft durch einen Erbschaftskauf erworben hat, § 2030. Dafür ist nicht ausreichend, dass nur einzelne Gegenstände aus dem Nachlass erworben worden sind. Der Erbe des Erbschaftsbesitzers unterliegt ebenfalls der Haftung des § 2018. Für die Haftung als Erbschaftsbesitzer spielt es keine Rolle, ob er bei dem Erwerb der Erbschaft gut- oder bösgläubig war. Auch ein Miterbe kann Erbschaftsbesitzer sein, wenn er sich ein weitergehendes Erbrecht anmaßt. Der Haftung des § 2018 ff. unterliegt nicht der vorläufige Erbe, der später die Erbschaft ausschlägt. Dieser haftet nach § 1959 Abs. 1 dem Erben nur aus Geschäftsführung ohne Auftrag § 677 ff.

---

[255] *RG* Urt. v. 8.2.1913 (Az. IV 527/12) = RGZ 81, 293.
[256] *BGH* Urt. v. 5.6.1985 (Az. IVa ZR 257/83) = NJW 1985, 3068.

III. Inhalt des Erbschaftsanspruchs

→ + kein Vermächtnis! (Thiko)

519 Der Herausgabeanspruch des Erben ist auf die Herausgabe des ursprünglich Erlangten gerichtet. Ursprünglich erlangt, sind nicht nur die Sachen, die im Eigentum des Erblassers standen, sondern auch die Gegenstände, die er als Mieter, Pächter oder Entleiher in Besitz hatte. Es genügt, dass die Sachen sich tatsächlich in der Erbschaft befunden haben, wobei mittelbarer Besitz ausreichend ist. Die Vorschriften der §§ 2019, 2020 erweitern den Herausgabeanspruch des Erben auch auf die durch Rechtsgeschäft erlangten Surrogate (dingliche Surrogation) und die gezogenen Nutzungen.

> **Beispiel** Der Erblasser E hat einen Sohn S, der bei Eintritt des Erbfalls glaubt, gesetzlicher Erbe zu sein. Mit dem von E hinterlassenen Bargeld in Höhe von 50 000 € kauft er sich einen Mercedes. Tatsächlich hat der Erblasser ein Testament errichtet, in dem er seine Geliebte G als Alleinerbin eingesetzt hat. Die G hat gegen den S einen Anspruch auf Herausgabe des Fahrzeugs nach § 2019 Abs. 1, da es ein Surrogat ist, das mit Mitteln der Erbschaft von dem S als Erbschaftsbesitzer erworben worden ist. Ohne die Regelung des § 2019 Abs. 1 hätte die G gegen den S nur einen Anspruch auf Wertersatz nach den Grundsätzen des Bereicherungsrechts. ∎

520 Verfügt der Erbschaftsbesitzer über das Surrogat ist erneut eine Surrogation (**Kettensurrogation**) möglich.

521 Zum Nachlass gehören auch die Forderungen des Erblassers gegen Dritte. Soweit diese durch Zahlung des Schuldners an den Erbschaftsbesitzer erloschen sind, §§ 2019 Abs. 2, 407, hat der Erbe gegen den Erbschaftsbesitzer einen Anspruch auf Herausgabe des Surrogats § 2019 Abs. 1.

> **Beispiel 1** Der Erblasser E hat eine Darlehensforderung gegen den Schuldner S. Nach dem Tod des E nimmt der B als vermeintlicher Erbe die Erbschaft in Besitz. S zahlt das Darlehen an B zurück. Später stellt sich heraus das F Erbe geworden ist. Da der Erbschaftsbesitzer die Forderung aus dem Darlehen eingezogen hat, ist er nach §§ 2018, 2019 zur Herausgabe des Erlangten verpflichtet. Das gilt unabhängig davon, ob die Forderung wegen der Zahlung durch S mit befreiender Wirkung erloschen ist, §§ 2019 Abs. 2, 407. ∎
>
> **Beispiel 2** Der Erbschaftsbesitzer veräußert ein im Nachlass befindliches Fahrzeug an einen Dritten. Die Kaufpreisforderung wird von dem Dritten an den Erbschaftsbesitzer mit befreiender Wirkung entrichtet. Auch in diesem Fall ist der Erbschaftsbesitzer verpflichtet, die Herausgabe des Erlangten nach § 2019 Abs. 1 dem Erben herauszugeben. Daneben kommen auch Ansprüche des Erben nach § 816 Abs. 2 in Betracht. ∎

522 Begleicht der Erbschaftsbesitzer mit Mitteln der Erbschaft eigene Schulden, tritt keine Surrogation ein, da der erlangte Vermögensvorteil des Erbschaftsbesitzers in seinem Eigenvermögen aufgeht. In diesem Fall ist der Erbschaftsbesitzer nach § 2021 nur zur Herausgabe nach Bereicherungsrecht verpflichtet. Nach § 2020 hat der Erbschaftsbesitzer auch sämtlich gezogenen Nutzungen an den Erben herauszugeben.

IV. Haftung des Erbschaftsbesitzers

1. Unverklagter und gutgläubiger Erbschaftsbesitzer

523 Soweit der unverklagte und gutgläubige Erbschaftsbesitzer zur Herausgabe des ursprünglich Erlangten oder der Surrogate außerstande ist, haftet er auf Wertersatz nach §§ 2021, 818 Abs. 2, Abs. 3 nur noch in Höhe der vorhandenen Bereicherung.

Beispiel Hat der gutgläubige Erbschaftsbesitzer das zum Nachlass gehörende Barvermögen verbraucht, haftet er nur, wenn er selbst Aufwendungen erspart hat.

524 Er kann im Gegenzug Ersatz aller und damit auch Ersatz der nutzlosen Verwendungen verlangen, die er auf die Nachlassgegenstände oder den gesamten Nachlass gemacht hat, § 2022. Im Hinblick auf die getätigten Verwendungen steht ihm ein Zurückbehaltungsrecht zu, §§ 2022 Abs. 1 S. 2, 1000.

2. Verklagter oder böswilliger Erbschaftsbesitzer

525 Bösgläubig ist der Erbschaftsbesitzer, der bei dem Beginn des Erbschaftsbesitzes weiß oder infolge grober Fahrlässigkeit nicht weiß, dass er kein Erbe ist. Nach § 2024 S. 1 haftet er so, als wäre der Anspruch des Erben zu dieser Zeit rechtshängig geworden. Er haftet für jede verschuldete Verschlechterung bzw. Unfähigkeit zur Herausgabe der Nachlassgegenstände (§§ 2023 Abs. 1, 989, 2024 S. 1) und für die in das Eigentum des Erblassers gefallenen Sachfrüchte, §§ 2020, 2023 Abs. 2, 292, 989. Er hat auch Ersatz für die gezogenen Nutzungen zu leisten, § 2023 Abs. 2. Soweit er auf Wertersatz gemäß §§ 812 ff. in Anspruch genommen wird, kann er sich nicht auf den Wegfall der Bereicherung berufen, §§ 2024 S. 1, 2023 Abs. 1, 818 Abs. 4. Hat der Erbschaftsbesitzer den Nachlass durch eine Straftat oder durch eine verbotene Eigenmacht erlangt, haftet er nach § 2025 S. 1 nach den Vorschriften über die unerlaubte Handlung (Rechtsgrundverweisung). Der bösgläubige oder verklagte Erbschaftsbesitzer erhält nur die notwendigen Verwendungen nach den Grundsätzen der Geschäftsführung ohne Auftrag erstattet, §§ 2023 Abs. 1, 994 Abs. 2.

V. Auskunftspflicht des Erbschaftsbesitzers

526 Der Erbschaftsbesitzer hat nach §§ 2027 Abs. 1, 260 Auskunft über den Bestand der Erbschaft, über den Verbleib der Nachlassgegenstände, über ihren Untergang oder ihre Verschlechterung sowie über die erzielten Surrogate zu erteilen. Nach § 2027 Abs. 2 besteht der Auskunftsanspruch des Erben auch gegenüber demjenigen, der – ohne Erbschaftsbesitzer zu sein – eine Sache aus dem Nachlass in Besitz genommen hat, bevor der Erbe den tatsächlichen Besitz ergriffen hat. Ein Auskunftsanspruch des Erben besteht nach § 2028 Abs. 1 zudem demjenigen gegenüber, der mit dem Erblasser bei Eintritt des Erbfalls in häuslicher Gemeinschaft gelebt hat.

VI. Ersitzung des Erbschaftsbesitzers

527 Nach § 2026 kann der Erbschaftsbesitzer durch Ersitzung Eigentum an den Nachlassgegenständen erwerben. Solange der Erbschaftsanspruch noch nicht verjährt ist, ist der Erbschaftsbesitzer zur Rückübertragung der Nachlassgegenstände an den Erben verpflichtet. Das gilt

auch dann, wenn der Erbschaftsbesitzer nicht nach § 2018, sondern im Rahmen eines Singularanspruchs z.B. § 985 in Anspruch genommen wird, da die Vorschriften über die Haftung des Erbschaftsbesitzers gemäß § 2029 auch auf die Einzelansprüche Anwendung finden.

H. Erbschein

I. Begriff

Der Erbschein dient dem Erben als Legitimation für seine Erbenstellung. Der Erbschein ist ein amtliches Zeugnis des Nachlassgerichts über die Erbfolge, über den Umfang des Erbrechts und über die Verfügungsbeschränkungen des Erben durch die Anordnung einer Vor- und Nacherbfolge oder durch die Anordnung einer Testamentsvollstreckung, §§ 2353, 2363 Abs. 1, 2364 Abs. 1. Die Erteilung des Erbscheins erfordert einen Antrag bei dem Amtsgericht am letzten Wohnsitz des Erblassers, §§ 23a Abs. 1, Abs. 2 GVG i.V.m. § 343 FamFG. Berechtigte für die Stellung des Antrages sind der Alleinerbe, der Miterbe, der Vorerbe und der Ersatzerbe und die Gläubiger der Erben, die für die Zwangsvollstreckung einen Erbschein benötigen, §§ 792, 896 ZPO. Der Inhalt des Antrags muss den §§ 2354–2357 entsprechen. Nach § 2359 ist der Erbschein von dem Nachlassgericht nur dann zu erteilen, wenn es die für die Begründung des Antrages erforderlichen Tatsachen für festgestellt erachtet. Das Nachlassgericht ist von Amts wegen verpflichtet, die erforderlichen Tatsachen zu ermitteln und Beweise zu erheben, da im FamFG-Verfahren der Amtsermittlungsgrundsatz, nach § 26 FamFG gilt. Beurteilt das Nachlassgericht die Erbfolge anders, als es beantragt worden ist, hat es den Antrag auf Erteilung des Erbscheins zurückzuweisen. Ist ein unrichtiger Erbschein erteilt, hat das Nachlassgericht den Erbschein nach § 2361 Abs. 1 S. 1 einzuziehen. Mit der Einziehung wird der Erbschein kraftlos, § 2361 Abs. 1 S. 2. Kann der Erbschein nicht sofort eingezogen werden, so hat ihn das Nachlassgericht durch Beschluss für kraftlos zu erklären, § 2361 Abs. 2 S. 1. Der wirkliche Erbe kann von dem Besitzer des unrichtigen Erbscheines die Herausgabe an das Nachlassgericht verlangen.

> **Hinweis**
>
> Der Erbschein wirkt nur deklaratorisch. Er begründet lediglich eine widerlegbare Vermutung, die sich darauf erstreckt, dass der in dem Erbschein Genannte das darin ausgewiesene Erbrecht hat (**Richtigkeitsvermutung**) und nicht durch andere als die angegebenen Anordnungen des Erblassers beschränkt ist (**Vollständigkeitsvermutung**), § 2365. Es handelt sich in beiden Fällen um eine Rechtsvermutung, die nach § 292 ZPO durch Beweis des Gegenteils entkräftet werden kann. Da der Erbschein keine materiellen Rechtswirkungen entfaltet, schließt der Erbschein nicht aus, eine andere Erbfolge durch eine Klage vor den ordentlichen Gerichten geltend zu machen.

II. Rechtswirkungen des Erbscheins

1. Öffentlicher Glaube

529 Der Erbschein genießt einen öffentlichen Glauben wie das Grundbuch. Der Regelungszweck und die Struktur der §§ 2366, 2367 entsprechen §§ 892, 893. Bei dem Erbschein tritt – wie bei dem Grundbuch – die Rechtswirkung des öffentlichen Glaubens unabhängig davon ein, ob der Dritte von dem Vorhandensein des Erbscheins Kenntnis hatte.[257] Falls mehrere sich widersprechende Erbscheine ausgestellt worden sind, entfällt die Wirkung des öffentlichen Glaubens, soweit sie sich inhaltlich widersprechen.[258]

530 Der öffentliche Glaube des Erbscheins erstreckt sich nur auf die Erbenstellung des verfügenden Erbscheinserben und darauf, dass andere als die in dem Erbschein angegebenen Beschränkungen nicht bestehen. Die Schutzwirkung des Erbscheins bezieht sich indes nicht darauf, dass ein Gegenstand über den der Erbscheinserbe verfügt hat, tatsächlich zum Nachlass gehört.

531 Die Schutzwirkung des Erbscheins entfällt, wenn der Dritte bösgläubig ist. Davon ist auszugehen, wenn er Kenntnis von der Unrichtigkeit des Erbscheins oder von einem Beschluss über die Einziehung des Erbscheins hat. Auf die Schutzwirkung des Erbscheins kann sich ein Erwerber auch dann nicht berufen, wenn er keine Kenntnis davon hatte, dass der erworbene Gegenstand zum Nachlass gehört, da der Erbschein nach § 2366 sich nur auf einen Erbschaftsgegenstand bezieht.[259]

532 Die Vorschriften der §§ 2366, 2367 finden keine Anwendung auf die rechtsgeschäftliche Gesamtrechtsnachfolge und auf einen Rechtserwerb kraft Gesetzes. Verpflichtungsgeschäfte werden von den §§ 2366, 2367 ebenfalls nicht erfasst.

Beispiel Ein gutgläubiger Dritter kann sich auf den öffentlichen Glauben des Erbscheins nicht berufen, wenn er von dem Erbscheinserben eine Wohnung anmietet. ■

533 Die Schutzwirkung der §§ 2366, 2367 greift auch dann nicht ein, wenn kein Verkehrsgeschäft vorliegt.

Beispiel Der Scheinerbe S lässt sich zu seinen Gunsten eine Eigentümergrundschuld eintragen. ■

2. Erwerb vom Erbscheinserben, § 2366

534 Der Erbschein gilt einem gutgläubigen Dritten gegenüber als richtig, der von dem Erbscheinserben durch Rechtsgeschäft einen Nachlassgegenstand, ein dingliches Recht an einem solchen Gegenstand erworben oder die Befreiung von einem zum Nachlass gehörenden dinglichen Recht erlangt hat, § 2366.

---

[257] *BGH* Urt. v. 23.11.1960 (Az. V ZR 142/59) = BGHZ 33, 314.
[258] *RG* Urt. v. 24.5.1894 (Az. IV 437/93) = RGZ 33, 314.
[259] *Brox/Walker* Rn. 616.

Rechtswirkungen des Erbscheins 2 H II

> **Hinweis**
>
> Die Vorschrift des § 2366 überwindet die Vorschriften der §§ 857, 935. Bei Veräußerung eines Erbschaftsgegenstands durch den Erbscheinserben kommt die Sache dem wahren Erben i.S.v. §§ 857, 935 abhanden, wodurch ein gutgläubiger Erwerb i.S.d. §§ 932 ff. nicht in Betracht kommt. Dieses Hindernis wird durch die Anwendung des § 2366 überwunden. Gutgläubig i.S.d. Vorschrift ist nur derjenige, der die Unrichtigkeit des Erbscheins nicht kennt und weiß, dass es sich um einen Erbschaftsgegenstand handelt.

Beispiel B ist Alleinerbe des E. Der durch einen unrichtigen Erbschein ausgewiesene Scheinerbe S veräußert aus dem Nachlass des E ein Auto an K. S kann das Auto nicht gemäß § 929. S. 1 an K wirksam übereignen, da er nicht Eigentümer des Fahrzeugs ist. Auch ein gutgläubiger Erwerb nach §§ 932 ff. scheitert an § 935, da B den fiktiven Erbenbesitz i.S.v. § 857 verloren hat, so dass ein Abhandenkommen gemäß § 935 vorliegt. Wegen des öffentlichen Glaubens des Erbscheins wird der K aber so gestellt, als hätte er von dem wahren Erben das Auto erworben. ■

Die Vorschrift des § 2366 überwindet nur das Abhandenkommen der Sache gegenüber dem wirklichen Erben. Stand der Gegenstand, über den der Erbscheinserbe verfügt hat, nicht im Eigentum des Erblassers, so sind neben der Vorschrift des § 2366 bei einem Erwerb von dem Erbscheinserben noch die §§ 932 ff. zu prüfen. War die Sache dem tatsächlichen Eigentümer abhanden gekommen, ist ein gutgläubiger Erwerb des Dritten nicht möglich. **535**

Beispiel Hätte im vorhergehenden Beispielsfall das Auto nicht im Eigentum des E gestanden, sondern hätte er es sich von seiner Geliebten G geliehen, würde K nach § 2366 ebenfalls so gestellt, als hätte er von dem wahren Erben B das Auto erworben. Da der Erblasser E nicht Eigentümer des Autos war, käme ein Eigentumserwerb des K nur durch einen gutgläubigen Erwerb nach §§ 932 ff. in Betracht. K hätte in diesem Fall das Auto gutgläubig erwerben können, da der Alleinerbe B in die Besitzposition des E nach § 857 eingerückt wäre und gegenüber der G als tatsächliche Eigentümerin kein Abhandenkommen der Sache vorgelegen hätte. Anders wäre es, wenn der Erblasser E das Auto der G gestohlen hätte. In diesem Fall würde ein gutgläubiger Erwerb an § 935 scheitern. ■

Bei einem Erwerb eines Grundstücks greift die Vorschrift des § 2366 nur ein, wenn der Scheinerbe noch nicht als Eigentümer im Grundbuch eingetragen worden ist (Ausnahme vom Grundsatz der Voreintragung, § 40 Abs. 1 GBO). Hat er sich dagegen vor der Veräußerung des Grundstücks im Rahmen einer Grundbuchberichtigung nach §§ 13 Abs. 1, 22 Abs. 1, 35 Abs. 1 S. 1 GBO als Eigentümer eintragen lassen, finden hinsichtlich eines gutgläubigen Erwerbs eines Dritten nur noch die Vorschriften der § 892 i.V.m. §§ 873, 925 Anwendung, da der öffentliche Glaube des Grundbuchs Vorrang vor der Schutzwirkung des § 2366 hat. Ein gutgläubiger Erwerb eines Dritten kann nur durch Eintragung eines Widerspruchs des richtigen Erben im Grundbuch verhindert werden. Der Widerspruch steht in diesem Fall auch dem öffentlichen Glauben des Erbscheins entgegen. **536**

189

537 Maßgeblicher Zeitpunkt für die Gutgläubigkeit ist die Vollendung des Rechtserwerbs. Nach h.M.[260] ist § 892 Abs. 2 nicht anwendbar, so dass auf den Zeitpunkt der tatsächlichen Eintragung des Rechts im Grundbuch abzustellen ist. Im Gegensatz zu §§ 398 ff. (Ausnahme: § 405) ist gemäß § 2366 auch ein gutgläubiger Forderungserwerb möglich.

Beispiel Der durch einen unrichtigen Erbschein ausgewiesene Scheinerbe S tritt eine Forderung des Erblassers E an den gutgläubigen K ab. Nach § 2366 wird K so gestellt, als hätte er von dem wahren Erben die Forderung abgetreten bekommen. ■

3. Leistung an den Erbscheinserben

538 Die Vorschrift des § 2367 erstreckt den öffentlichen Glauben des Erbscheins auch auf Leistungen, die aufgrund eines zum Nachlass gehörenden Rechts an den Erbscheinserben bewirkt werden.

Beispiel A begleicht eine Forderung des Erblassers E an den durch einen unrichtigen Erbschein ausgewiesenen Scheinerben S. Ist A gutgläubig, so ist er durch das Bewirken der Zahlung von der Verbindlichkeit befreit worden. Dem wahren Erben E steht gegen den Scheinerben S ein Bereicherungsanspruch aus § 816 Abs. 2 zu. ■

539 Nach § 2367 Alt. 2 unterliegen auch die Aufhebung oder die inhaltliche Änderung eines Rechts an einem Grundstück und die Vormerkung dem Schutz des § 2366.

Beispiel Der Scheinerbe S bewilligt dem A eine Vormerkung an einem zum Nachlass gehörenden Grundstück. A erwirbt von S die Vormerkung als ein einem dinglichen Recht ähnliches Recht i.S.v. § 2367.[261] Der gutgläubige Erwerb einer Auflassungsvormerkung vom Scheinerben erfolgt nach § 2367, da die Vormerkung kein dingliches Recht, sondern nach § 893 die Bewilligung einer Verfügung ist. ■

> **Hinweis**
>
> Lässt sich S im Rahmen einer Grundbuchberichtigung zunächst als Eigentümer eintragen, so greift für die Prüfung eines gutgläubigen Erwerbs der Auflassungsvormerkung nur noch die Vorschrift des § 893 ein.

540 Von § 2367 werden auch einseitige Rechtsgeschäfte und rechtsgeschäftsähnliche Handlungen mit Verfügungscharakter erfasst, wie die Kündigung, die Anfechtung, die Aufrechnung die Genehmigung nach § 185 und der Verzicht auf ein dingliches Recht oder eine Forderung.

---

[260] Palandt-*Weidlich* § 2365 Rn. 2.
[261] *BGH* Urt. v. 10.12.1971 (Az. V ZR 90/69) = BGHZ 57, 341.

III. Übungsfall Nr. 7

"Folgen eines Erbschaftsbesitzes"

In dem Nachlass des Erblassers E, der am 8.4.2014 verstorben ist, befindet sich ein handschriftlich verfasstes und eigenhändig unterschriebenes Schriftstück mit folgendem Inhalt:

„Nach meinem Tod soll mein lieber Bruder B alles bekommen, was mir gehört.

3.3.2004 Unterschrift E"

Der B nimmt daraufhin die Erbschaft in Besitz. Einige Tage später zeigt B seinem Freund F eine von dem E geerbte Münzsammlung. F ist von der Sammlung so begeistert, dass er sie dem B sofort für 5000 € abkauft. Den Kaufpreis überweist F am nächsten Tag auf ein Konto des B. Nachdem B einen Erbschein erhalten hat, der ihn als Alleinerben ausweist, veräußert er zudem ein Auto des E, das einen Wert von 10 000 € hat, für 8000 € gegen Barzahlung an F. Zuvor hatte B noch Reparaturen an dem Fahrzeug in Höhe von 1000 € ausführen lassen. T, die einzige Tochter des E, entsinnt sich eines handgeschriebenen Briefes, den der E ihr kurz nach dem Tod seiner Ehefrau geschickt hatte und der folgenden Inhalt hatte:

„Meine liebe T,

Dir soll alles zustehen, wenn ich einmal nicht mehr lebe.

28.7.2011 Dein Vater."

Welche Ansprüche hat T gegen B und F bezüglich der Münzsammlung und des Autos?

Lösung

A. Ansprüche der T gegen F auf Herausgabe der Münzsammlung

I. Anspruch aus §§ 2018, 2030

Ein Herausgabeanspruch der T könnte sich aus §§ 2018, 2030 ergeben, wenn nicht B, sondern T Erbin des E geworden wäre. Für die Anwendung dieser Vorschriften ist entscheidend, ob F sich hinsichtlich der Münzsammlung eine Erbenstellung anmaßt. Das ist hier nicht der Fall, da F sich weder eines Erbrechtes i.S.v. § 2018 berühmt noch die Erbschaft von B nach § 2030 erworben hat. Ein Anspruch aus §§ 2018, 2030 scheidet daher aus.

II. Anspruch aus § 985

1. Eigentumserwerb kraft Erbfolge

Für einen Herausgabeanspruch nach § 985 müsste T Eigentümerin der Münzsammlung sein. Das ursprünglich dem E zustehende Eigentum an der Münzsammlung könnte im Wege der Universalsukzession nach § 1922 auf T übergegangen sein, wenn sie Alleinerbin des E geworden wäre. Durch das Schreiben des E vom 3.3.2004 wurde der B formwirksam gemäß § 2247 zum Alleinerben eingesetzt, § 1937. In dem Brief vom 28.7.2011 könnte ein Widerruf der Erbeinsetzung des B durch eine spätere inhaltlich widersprechende letztwillige Verfügung zu sehen sein, § 2258 Abs. 1. Das wäre nur dann der Fall, wenn der an T gerichtete Brief ein Testament i.S.v. § 2247 wäre. Grundsätzlich kann auch in einem Brief ein Testament errichtet werden. Ob der E tatsächlich in dem Brief eine letztwillige Verfügung treffen wollte, d.h. mit dem erforderlichen Testierwillen gehandelt hat, ist anhand der Auslegungsregel des § 133 zu ermitteln. Die Reaktion auf den Tod seiner Ehefrau deutet darauf hin, dass E nicht bloß eine Erbeinsetzung der T ankündigen wollte, sondern ernsthaft den Willen hatte, in dem Brief letztwillig zugunsten der T zu verfügen. Auch die übrigen Voraussetzungen des § 2247 sind erfüllt. Dass der E nicht mit seinem Namen, sondern mit Dein Vater unterzeichnet hat, schadet nicht, da anhand der Handschrift eine eindeutige Identifizierung nach § 2247 Abs. 3 S. 2 möglich ist. T ist daher Alleinerbin des E und damit Eigentümerin der Münzsammlung geworden.

2. Verlust des Eigentums

T könnte ihre Eigentümerstellung durch die von B bewirkte Übereignung der Münzsammlung an F verloren haben. B war Nichtberechtigter, so dass nur ein gutgläubiger Erwerb des F nach §§ 929 S. 1, 932 in Betracht kommt. Die Voraussetzungen der §§ 929, 932 sind vorliegend erfüllt, da D gutgläubig war. Dem Eigentumserwerb könnte aber § 935 entgegenstehen, wenn die Münzsammlung der T abhanden gekommen wäre. Von einem Abhandenkommen i.S.v. § 935 kann nur bei einem unfreiwilligen Besitzverlust der T ausgegangen werden. Mit dem Erbfall wurde T fiktive unmittelbare Besitzer der Münzsammlung i.S.v. § 857. Dieser Besitz wurde ihr aufgrund der Veräußerung der Münzsammlung an F durch B entzogen. Zweck des § 857 i.V.m. § 935 ist es, den Erben vor einem gutgläubigen Eigentumserwerb durch Dritte zu schützen. T ist mithin Eigentümerin der Münzsammlung geblieben. Da F als Besitzer der Münzsammlung kein Besitzrecht i.S.v. § 986 hat, hat T gegen F gemäß § 985 einen Anspruch auf Herausgabe der Münzsammlung.

III. Anspruch aus § 1007

Ein Anspruch der T aus § 1007 Abs. 1 kommt nicht in Betracht, da F bei dem Erwerb des Besitzes in gutem Glauben war, § 932. T hat jedoch einen Anspruch aus § 1007 Abs. 2 S. 1. Danach kann T die Herausgabe auch von einem gutgläubigen Besitzer verlangen, wenn die Sache ihr gestohlen worden, verloren gegangen oder sonst abhanden gekommen war.

B. Ansprüche der T gegen B auf Herausgabe des Erlöses in Höhe von 5000 €

I. Ansprüche aus §§ 2018, 2019 Abs. 1

Die Voraussetzungen des Erbschaftsanspruches gemäß § 2018 sind erfüllt, da die T Alleinerbin und der B Erbschaftsbesitzer ist. B ist mithin grundsätzlich verpflichtet, den gesamten Nachlass an T herauszugeben. Fraglich ist, ob dies auch in Ansehung des Erlöses gilt.

1. Dingliche Surrogation, § 2019 Abs. 1

Zum Nachlass, den der B der T herauszugeben hat, gehört alles, was B kraft dinglicher Surrogation mit Mitteln der Erbschaft erworben hat, § 2019 Abs. 1. Hätte F die 5000 € in bar bezahlt, wäre eine dingliche Surrogation an den Geldscheinen möglich gewesen. Durch die von F getätigte Überweisung des Kaufpreises auf ein Konto des B scheidet eine dingliche Surrogation indes aus. B hat durch die Überweisung des Kaufpreises durch F keine eigenständige Forderung gegen die Bank erworben, die Grundlage einer dinglichen Surrogation sein könnte. Der von F überwiesene Geldbetrag wird gemäß § 355 HGB zu einem rechtlich unselbständigen Rechnungsposten der zwischen der Bank und B bestehenden Kontokorrentabrede.

2. Ergebnis

Ein Anspruch auf Herausgabe des Erlöses nach §§ 2018, 2019 Abs. 1 scheidet mithin aus.

II. Anspruch aus § 2021 i.V.m. §§ 812 ff.

Wegen des Fehlens einer dinglichen Surrogation kommen über § 2021 die Vorschriften der ungerechtfertigten Bereicherung und damit auch § 816 Abs. 1 S. 1 zur Anwendung. Die von B vorgenommene Verfügung war gegenüber der T unwirksam, da er zur Veräußerung der Münzsammlung nicht berechtigt war. T hat indes nach § 185 die Möglichkeit die unberechtigte Verfügung des B zu genehmigen und von ihm die Herausgabe des Erlöses nach § 816 Abs. 1 S. 1 zu verlangen. Zu dem gleichen Ergebnis führt die Anwendung des § 2021 i.V.m. § 816 Abs. 2. Die Kaufpreisforderung des B gegen F wurde mit Mitteln der Erbschaft i.S.v. § 2019 Abs. 1 erlangt, weil als Gegenleistung die Übereignung eines Erbschaftsgegenstands versprochen worden ist. Die Kaufpreisforderung stand kraft dinglicher Surrogation der T zu. Durch die Überweisung des Kaufpreises an B wurde F von seiner Verpflichtung zur Zahlung des Kaufpreises befreit. Wird an einen Nichtberechtigten eine Leistung bewirkt, die dem Berechtigten gegenüber wirksam ist, so ist der Nichtberechtigte gemäß § 816 Abs. 2 dem Berechtigten zur Herausgabe des Geleisteten verpflichtet, so dass T von B

§ 816 Abs. 2 Herausgabe des Erlöses verlangen kann. In dem Herausgabeverlangen liegt auch konkludent die Genehmigung der T hinsichtlich der Verfügung des B über die Münzsammlung. Die Genehmigung der Verfügung hat allerdings zur Folge, dass F Eigentümer der Münzsammlung geworden ist und damit Herausgabeansprüche gegen ihn ausscheiden.

C. Ansprüche der T gegen F auf Herausgabe des Autos

I. Anspruch aus §§ 2018, 2030

Ein Anspruch aus §§ 2018, 2030 scheidet aus, da F sich weder eines Erbrechtes i.S.v. § 2018 berühmt hat noch die Erbschaft von B nach § 2030 erworben hat.

II. Anspruch aus § 985

1. Eigentum der T an dem Auto

T hat als Alleinerbin Eigentum an dem Auto durch Universalsukzession nach § 1922 erworben. Die T könnte ihr Eigentum an dem Auto durch die Veräußerung an F verloren haben. Ein gutgläubiger Eigentumserwerb des F nach §§ 929, 932 scheidet auch hier aus, da das Auto der T i.S.v. § 935 abhanden gekommen ist.

2. Gutgläubiger Erwerb des F aufgrund des Erbscheins

Ein gutgläubiger Erwerb des F könnte sich indes daraus ergeben, dass dem B im Zeitpunkt der Veräußerung des Autos bereits ein Erbschein erteilt worden war. Dieser erzeugt eine Gutglaubenswirkung unabhängig davon, ob der F von der Erteilung des Erbscheins Kenntnis hatte und ermöglicht einen Eigentumswechsel nach §§ 929, 2366. F wird so gestellt, als hätte er das Auto von dem wahren Erben erworben. Die Erbin T hätte als Berechtigte dem F Eigentum an dem Auto verschaffen können. Für den Eigentumserwerb des F kommt es daher nicht auf die Vorschriften über einen gutgläubigen Erwerb nach §§ 932 ff. an. Einem Eigentumserwerb nach § 2366 steht daher nicht §§ 935, 857 entgegen. Aufgrund des Erbscheins, dessen Unrichtigkeit dem F nicht bekannt war, ist F Eigentümer des Autos geworden. Die T hat das Eigentum an dem Auto verloren.

3. Ergebnis

Der T steht kein Anspruch auf Herausgabe des Autos gegen F zu.

III. Anspruch aus § 1007

Ein Anspruch aus § 1007 Abs. 1 ist nicht gegeben, weil F bei dem Erwerb des Autos in gutem Glauben war. Ein Anspruch aus § 1007 Abs. 2 S. 1 scheitert ebenfalls daran, dass der F Eigentümer des Autos geworden ist.

IV. Anspruch aus § 812 Abs. 1 S. 1 Alt. 2

Ein Anspruch auf Eingriffskondiktion kommt wegen der zwischen B und F bestehenden Leistungsbeziehung nicht in Betracht.

D. Ansprüche gegen B auf Herausgabe des Veräußerungserlöses

I. Ansprüche aus §§ 2018, 2019 Abs. 1

Der T steht ein Anspruch auf das dingliche Surrogat, d.h. auf die bei B noch unterscheidbar vorhandenen Geldscheinen gemäß § 2019 Abs. 1 zu. Sofern die Geldscheine wegen der Vermischung mit anderem Geld nicht mehr identifizierbar sind, hätte T als Miteigentümer § 948 Abs. 1 i.V.m. § 947 Abs. 1 ein einseitiges Teilungsrecht.

II. Verwendungsersatzanspruch nach § 2022

B hat allerdings nach § 2022 Abs. 1 einen Anspruch auf Ersatz aller Verwendungen, die er auf die Erbschaft gemacht hat. Verwendungen sind alle freiwilligen Vermögensopfer, die dem Nachlass zugutekommen. Dabei spielt es keine Rolle, ob es sich um notwendige, nützliche oder sogar Luxusverwendungen gehandelt hat, solange der Erbschaftsbesitzer gutgläubig ist und nicht von dem wahren Erben verklagt worden ist, §§ 2023 Abs. 2, 2024. Von einer Bösgläubigkeit des B ist auszugehen, wenn er bei der Inbesitznahme der Erbschaft gewusst oder infolge grober Fahrlässigkeit keine Kenntnis davon hatte, dass er nicht Erbe geworden ist oder später positiv Kenntnis davon erlangt hat. Beides trifft auf B nicht zu. Er kann daher von T Ersatz der Reparaturkosten in Höhe von 1000 € verlangen. Wegen der von ihm getätigten Verwendungen steht dem B ein Zurückbehaltungsrecht gemäß § 2022 Abs. 1 S. 2 i.V.m. § 1000 zu.

III. Anspruch aus § 2021

Da B das Auto unter dessen Verkehrswert an F veräußert hat, stellt sich die Frage, ob T Ersatz des tatsächlichen Wertes von B verlangen kann. Die Vorschrift des § 2021 verweist für den Fall eines Verlustes eines Erbschaftsgegenstands auf die Vorschriften der ungerechtfertigten Bereicherung. B ist daher nach § 818 Abs. 2 verpflichtet, Wertersatz hinsichtlich des Mehrwerts des Autos zu leisten. Dieser Anspruch scheitert aber daran, dass B in Bezug auf den Mehrwert des Autos gemäß § 818 Abs. 3 nicht mehr bereichert ist.

IV. Anspruch aus §§ 2025, 823

In der Inbesitznahme der Erbschaft lag zwar wegen des fiktiven Erbenbesitzes der T eine verbotene Eigenmacht des B vor. Da jedoch wegen § 857 jede Verfügung des Erbschaftsbesitzers eine verbotene Eigenmacht ist, greift die Privilegierung des § 2025 S. 2 zugunsten des gutgläubigen Erbschaftsbesitzers ein, der nach dieser Vorschrift nicht aus Delikt haftet, solange der wahre Erbe den tatsächlichen Besitz der Sache noch nicht ergriffen hat.

V. Anspruch aus §§ 989, 990

Ein Schadensersatzanspruch aus §§ 989, 990 besteht mangels eines Verschuldens schon dem Grunde nach nicht. Im Übrigen darf wegen § 2029 die Haftung des Erbschaftsbesitzers bei Einzelansprüchen, insbesondere aus dem Eigentümer-Besitzer-Verhältnis nicht weitergehend sein, als die Haftung nach den Vorschriften der §§ 2018 ff.

VI. Ergebnis

Der T steht gegen B kein Anspruch auf Wertersatz hinsichtlich des Autos in Höhe von 2000 € zu.

I. Pflichtteilsrecht

I. Begriff

Das Pflichtteilsrecht ist Ausfluss der Erbrechtsgarantie, zu der auch das Prinzip des Verwandtenerbrechts gehört, Art. 6 GG. Das Recht der Verwandten an dem Nachlass teilzuhaben, rechtfertigt eine Einschränkung der dem Erblasser eingeräumten Testierfreiheit.[262] Das Pflichtteilsrecht garantiert nahen Verwandten des Erblassers eine Mindesteilhabe an seinem Nachlass.

543

II. Kreis der pflichtteilsberechtigten Personen

Pflichtteilsberechtigt sind nach § 2303 Abs. 1 S. 1 **die Abkömmlinge** des Erblassers, nach § 2303 Abs. 2 S. 1 der **Ehegatte** und die **Eltern** des Erblassers, sowie nach § 10 Abs. 6 S. 1 LPartG der **gleichgeschlechtliche Lebenspartner**. Diesen Personen steht ein Pflichtteilsanspruch zu, wenn sie **durch eine Verfügung von Todes wegen von der gesetzlichen Erbfolge ausgeschlossen** worden sind, § 1938. Nach § 2309 werden entferntere Abkömmlinge und die Eltern des Erblassers als Pflichtteilsberechtigte verdrängt, wenn ein näherer Abkömmling, der sie bei der gesetzlichen Erbfolge nach §§ 1930, 1924 Abs. 2 ausschließen würde, den Pflichtteil verlangen kann.

544

> **Beispiel** Der Erblasser E hinterlässt seine Tochter T und seinen Sohn S und seinen Enkel A (Sohn des S). Außerdem leben noch seine Eltern V und M. E hat seine Tochter T als Alleinerbin eingesetzt. V und M sowie A sind von dem Erblasser nicht enterbt worden, da sie auch bei Eintritt der gesetzlichen Erbfolge nicht als Erben berufen wären. Pflichtteilsberechtigt ist daher nur der Sohn S, dessen Pflichtteil 1/4 beträgt.

Ein Pflichtteilsanspruch besteht nicht, wenn der Ehegatte seinen Abkömmlingen oder seinen Eltern den Pflichtteil rechtmäßig entzogen hat, § 2333. Gleiches gilt, wenn die Pflichtteilsberechtigten auf die Erbschaft verzichtet haben (§ 2346 Abs. 1 S. 2) oder wenn sie erbunwürdig sind, §§ 2339, 2345 Abs. 2. Der BGH[263] stützt in seiner grundlegenden Entscheidung zur Wirksamkeit eines Pflichtteilsverzichts oder einer Erbausschlagung durch behinderte Empfänger von Sozialhilfe die Verneinung der Sittenwidrigkeit auf die verfassungsrechtliche Figur der „negativen Erbfreiheit". Danach kann sich ein Pflichtteilsberechtigter für einen Verzicht auf sein Erb- und Pflichtteil nicht nur auf die durch Art. 2 Abs. 1 GG gewährleistete Privatautonomie, sondern auch auf den Grundgedanken der Erbfreiheit berufen.

545

Keinen Pflichtteilsanspruch hat der Ehegatte bzw. der Lebenspartner, wenn sie kraft Gesetzes nach § 1933 (Auflösung der Ehe) bzw. § 10 Abs. 3, Abs. 6 S. 2 LPartG von der gesetzlichen Erbfolge ausgeschlossen worden sind. War der Erblasser in diesem Fall dem überlebenden Ehegatten unterhaltspflichtig, geht die Unterhaltpflicht auf die Erben über. Der Umfang des Unterhaltsanspruchs des überlebenden Ehegatten gegen die Erben ist durch die Höhe des fiktiven Ehegattenpflichtteils begrenzt, § 1586b Abs. 1 S. 3, Abs. 2. Entsprechendes gilt für den Lebenspartner nach §§ 10 Abs. 3, Abs. 6 S. 2, 16 S. 2 LPartG. Kein Pflichtteilsanspruch steht auch dem Erben zu, der die Erbschaft ausgeschlagen hat. Etwas anderes gilt nur nach § 2306 Abs. 1 sowie für Ehegatten gemäß § 2303 Abs. 2 S. 2 i.V.m. § 1371 Abs. 3.

---

262 *BVerfG* Beschl. v. 11.5.2005 (Az. 1 BvR 62/00) = NJW 2005, 1561; *BVerfG* Nichtannahmebeschl. v. 30.8.2000 (Az. 1 BvR 2464/97) = NJW 2001, 141.
263 *BGH* Urt. v. 19.1.2011 (Az. IV ZR 7/10) = BGHZ 188, 96.

III. Entstehung und Inhalt des Pflichtteilsanspruchs

PRÜFUNGSSCHEMA

546 Pflichtteilsanspruch – Voraussetzungen

I. Eintritt des Erbfalls, § 2317 Abs. 1

II. Pflichtteilsberechtigung des Anspruchstellers
 1. Zugehörigkeit zum Personenkreis des § 2303 bzw. § 10 Abs. 6 LPartG
 2. Kein Ausschluss nach § 2309
 3. Keine Entziehung nach §§ 2333 ff.
 4. Kein Verzicht, § 2346 Abs. 1 S. 2
 5. Keine Unwürdigkeit, §§ 2339 Abs. 1, 2345 Abs. 2

III. Ausschluss von Erbfolge durch Verfügung von Todes wegen
 Sonderfälle der §§ 2305–2307   Rn. 554
 Enterbter Ehegatte in Zugewinngemeinschaft   Rn. 552

IV. Umfang
 1. Wertberechnung nach §§ 2303 Abs. 1 S. 2, 2310 ff.
 2. Anrechnung und Ausgleichung nach §§ 2315, 2316

547 Nach § 2317 Abs. 1 entsteht der Pflichtteilsanspruch mit dem Eintritt des Erbfalls. Er ist nach § 2317 Abs. 2 vererblich und übertragbar. Nach § 852 Abs. 1 ZPO ist der Pflichtteilsanspruch nur pfändbar, wenn er durch Vertrag anerkannt oder rechtshängig geworden ist. Ein Pflichtteilsverzicht verstößt weder für sich genommen noch in einer Gesamtschau mit einem Behindertentestament gegen die guten Sitten und ist daher auch gegenüber dem Sozialamt wirksam. Beim Pflichtteilsverzicht eines Leistungsbeziehers handelt es sich schon deswegen nicht um einen unzulässigen "Vertrag zu Lasten Dritter" - wie der Kläger meint -, weil dem Sozialversicherungsträger durch den Verzicht keinerlei vertragliche Pflichten auferlegt werden. Der Nachteil der öffentlichen Hand entsteht vielmehr nur als Reflex durch Aufrechterhaltung der Bedürftigkeit. Für Dritte lediglich mittelbar durch das Rechtsgeschäft verursachte nachteilige Wirkungen sind von diesen jedoch grundsätzlich hinzunehmen und berühren die Wirksamkeit des Geschäfts im Regelfall nicht.[264]

1. Voraussetzungen des Pflichtteilsanspruchs

548 Ein Pflichtteilsanspruch setzt nach § 2303 Abs. 1 S. 1, Abs. 2 S. 1 voraus, dass der Pflichtteilsberechtigte enterbt worden ist. Das ist nicht nur bei einer ausdrücklichen Enterbung gegeben. Vielmehr genügt für die Annahme einer Enterbung, dass der Erblasser den Nachlass anderweitig durch letztwillige Verfügungen verteilt hat. Nach der Auslegungsregelung des § 2304 liegt auch eine Enterbung vor, wenn dem Pflichtteilsberechtigten der Pflichtteil zugewendet worden ist.

549 Ist einem Pflichtteilsberechtigten ein Erbteil zugewendet worden, der geringer ist als die Hälfte des gesetzlichen Erbteils ist, so steht ihm nach § 2305 S. 1 gegen die Miterben ein Anspruch auf einen Zusatzpflichtteil (**Pflichtteilsrestanspruch**) in Höhe der Differenz zwischen dem Wert des Erbteils und dem Wert des Pflichtteils zu.

---

264 *BGH* Urt. v. 19.1.2011 (Az. IV ZR 7/10) = BGHZ 188, 96-109.

Entstehung und Inhalt des Pflichtteilsanspruchs

Beispiel Der Erblasser E hinterlässt einen Sohn S, den er als Erben zu 1/4 einsetzt. Den restlichen Nachlass vermacht er seinem Freund F. S kann von F einen Zusatzpflichtteil in Höhe von 1/4 verlangen, da sein Pflichtteil 1/2 betragen würde.

Ist der Pflichtteilsberechtigte mit einem Vermächtnis bedacht, kann er nach § 2307 Abs. 1 S. 1 den Pflichtteil verlangen, wenn er das Vermächtnis ausschlägt. Schlägt er das Vermächtnis nicht aus, so hat er nur einen Anspruch auf den Restpflichtteil. Den Wert des Vermächtnisses muss er sich auf seinen Pflichtteil anrechnen lassen, § 2307 Abs. 1 S. 2.

550

Beispiel Der Erblasser E vermacht seinem Sohn S 10 000 €. Als Alleinerbin setzt er seine Geliebte G ein. Der Wert des Nachlasses beläuft sich auf 100 000 €. S kann das Vermächtnis ausschlagen und seinen Pflichtteil in Höhe von 50 000 € von der G als Alleinerbin verlangen. Er kann das Vermächtnis auch annehmen und einen Restpflichtteil in Höhe von 40 000 € von G fordern.

Nach der **Neufassung** des § 2306 Abs. 1 gilt bei Beschränkungen und Beschwerungen unabhängig davon, ob der hinterlassene Erbteil kleiner, gleich oder größer ist, als der Pflichtteil, die Regelung, die bisher nur für den das Pflichtteil übersteigenden Erbteil galt. Nach § 2306 Abs. 1 n.F. hat jeder pflichtteilsberechtigte Erbe, der durch die Einsetzung eines Nacherben, durch die Ernennung eines Testamentsvollstreckers oder durch eine Teilungsanordnung beschränkt oder mit einem Vermächtnis oder einer Auflage beschwert ist, unabhängig von der Höhe des ihm vermachten Erbteils ein Wahlrecht. Er kann entweder den Erbteil mit den Belastungen und Beschränkungen annehmen oder den Erbteil ausschlagen und den Pflichtteil verlangen. Der lediglich als Nacherbe eingesetzte Pflichtteilsberechtigte hat nach § 2306 Abs. 2 entsprechende Rechte.[265]

551

Beispiel Der Erblasser E setzt in einem Testament seine Ehefrau F als Vorerbin und den gemeinsamen Sohn S als Nacherben ein. S ist nicht enterbt, da er Nacherbe der F geworden ist. Der Erbteil als Nacherbe ist größer als die Hälfte seines gesetzlichen Erbteils. S ist allerdings durch die Einsetzung als Nacherbe beschwert. Nach § 2306 Abs. 2 hat er die Wahl, ob er es bei der Anordnung der Nacherbfolge belässt oder die Nacherbeneinsetzung ausschlägt und den Pflichtteil verlangt. Auch die F ist durch die Einsetzung als Vorerbin beschwert. Sie hat ebenfalls nach § 2306 Abs. 1 die Möglichkeit die Einsetzung als Vorerbin auszuschlagen und ihren Pflichtteil zu verlangen.

2. Besonderheiten bei der Zugewinngemeinschaft

a) Enterbung des Ehegatten

Wird der überlebende Ehegatte von dem Erblasser enterbt und wird er auch nicht Vermächtnisnehmer, so hat er gegen die Erben einen Anspruch auf Zugewinnausgleich nach § 1931 Abs. 3 i.V.m. § 1371 Abs. 2, §§ 1373 ff., der nach güterrechtlichen Regelungen erfolgt. Daneben hat er einen Pflichtteilsanspruch, der sich nach dem nicht erhöhten gesetzlichen Erbteil berechnet (kleiner Pflichtteil). Nach h.M.[266] hat er kein Wahlrecht zwischen dem kleinen und dem großen Pflichtteil (**Einheitstheorie**). Das gleiche gilt bei Begründung einer eingetragenen Lebenspartnerschaft, wenn die Partner keinen anderen Vermögensstand vereinbart haben, § 6 S. 1 LPartG. Nach § 6 S. 2 LPartG gelten die §§ 1363 Abs. 2 und die 1364–1390 entsprechend.

552

---

[265] *Langenfeld* NJW 2009, 3122.
[266] *BGH* Urt. v. 25.6.1964 (Az. III ZR 90/63) = BGHZ 42, 182; *BGH* Urt. v. 17.3.1982 (Az. IVa ZR 27/81) = NJW 1982, 2497.

Beispiel Der Erblasser E hat seine Tochter T testamentarisch als Alleinerbin eingesetzt. Der Wert des Nachlasses beträgt 100 000 €, der von ihm erzielte Zugewinn beläuft sich auf 40 000 €. Seine Ehefrau F, die mit dem Erblasser in Zugewinngemeinschaft gelebt hat, hat nach § 1371 Abs. 2 einen Anspruch auf den rechnerischen Zugewinn von 20 000 € (40 000 € : 2). Daneben kann die F den kleinen Pflichtteil und damit 1/8 verlangen. Der Nachlasswert berechnet sich aus dem vorhandenen Aktivvermögen abzüglich der Verbindlichkeiten, zu denen auch der Anspruch der F auf den Zugewinnausgleich gehört. Der Pflichtteil beträgt daher 10 000 € [(100 000 € − 20 000 €) x 1/8]. Die F stünde besser, wenn sie den großen Pflichtteil aus dem erhöhten gesetzlichen Erbteil (1/4 von 100 000 € = 25 000 €) verlangen könnte. Nach der herrschenden Einheitstheorie steht F kein Anspruch auf den großen Pflichtteil zu. ■

> **Hinweis**
>
> Bei einem gleichzeitigen Versterben der Ehegatten kommt nach h.M.[267] ein Zugewinnausgleich nicht in Betracht. Nach Auffassung des BGH setzt das Entstehen der Zugewinnausgleichsforderung ein Überleben eines Ehegatten voraus.

b) Ausschlagung der Erbschaft durch den Ehegatten

553 Schlägt der Ehegatte die Erbschaft aus, so kann er neben dem Zugewinnausgleich gemäß § 1371 Abs. 3 Hs. 1 den kleinen Pflichtteil verlangen. Das gilt nach § 1371 Abs. 3 Hs. 2 allerdings nicht, wenn er durch einen mit seinem Ehegatten geschlossenen Vertrag auf sein gesetzliches Erbrecht oder seinen Pflichtteil verzichtet hat. Die Vorschrift des § 1371 Abs. 3 stellt zu § 2303, wonach nur derjenige pflichtteilsberechtigt ist, der durch eine letztwillige Verfügung von Todes wegen von der Erbfolge ausgeschlossen worden ist, eine Ausnahmeregelung dar.

Beispiel Der Erblasser setzt seine Tochter T zu 9/10 und seine Ehefrau zu 1/10 als Erben ein. F kann die Erbschaft ausschlagen und gemäß § 1371 Abs. 3 i.V.m. § 1371 Abs. 2 den rechnerischen Zugewinnausgleich und den kleinen Pflichtteil in Höhe von 1/8 verlangen. ■

c) Zusatzpflichtteil (§ 2305) und Restpflichtteil (§ 2307)

554 Der große Pflichtteil steht dem überlebenden Ehegatten im Umkehrschluss zu § 1371 Abs. 2 immer dann zu, wenn er Erbe oder Vermächtnisnehmer geworden ist. Der Ehegatte kann daher, wenn er mit einem Erbteil oder einem Vermächtnis bedacht ist, das geringer ist als sein gesetzlicher Erbteil wäre, einen Zusatzpflichtteil nach § 2305 bzw. einen Restpflichtteil nach § 2307 aus dem erhöhten gesetzlichen Erbteil geltend machen.

Beispiel Der Erblasser setzt seine Tochter T zu 9/10 und seine Ehefrau zu 1/10 als Erben ein. Die F kann nach h.M. einen Pflichtteilsrestanspruch in Höhe der Differenz zwischen ihrem Erbteil von 1/10 und ihrem Pflichtteil von 1/4 geltend machen. ■

---

267 *BGH* Urt. v. 28.6.1978 (Az. IV ZR 47/77) = NJW 1978, 1855.

3. Ermittlung der Höhe des Pflichtteils

a) Ausgangspunkt

Der Pflichtteilsanspruch ist ein schuldrechtlicher Geldanspruch, dessen Höhe in der Hälfte des gesetzlichen Erbteils besteht, zu dem der Pflichtteilsberechtigte berufen wäre, § 2303 Abs. 1 S. 2. Für die Berechnung des Pflichtteils muss zunächst die Höhe des gesetzlichen Erbteils ermittelt werden. Bei der Feststellung des gesetzlichen Erbteils werden nach § 2310 S. 1 diejenigen mitgezählt, die durch letztwillige Verfügungen von der Erbfolge ausgeschlossen worden sind, die die Erbschaft ausgeschlagen haben und die für erbunwürdig erklärt worden sind. Dagegen bleiben nach § 2310 S. 2 diejenigen außer Betracht, die vor dem Erblasser verstorben sind oder durch Erbverzicht von der Erbfolge ausgeschlossen worden sind.

Beispiel Der Erblasser E hat seine Tochter T testamentarisch als Alleinerbin eingesetzt. Im Zeitpunkt des Eintritts des Erbfalls leben seine Ehefrau F und sein Sohn S noch. Die F hat durch einen mit dem Erblasser geschlossenen Erbverzichtsvertrag auf ihr Erb- und Pflichtteilsrecht verzichtet. Die T schlägt die Erbschaft aus. S ist wegen des Ausschlusses von der Erbfolge pflichtteilsberechtigt. Aufgrund der Ausschlagung der T wäre der S gesetzlicher Alleinerbe, da die Erbschaft nach § 1953 Abs. 2 bei der Ausschlagung demjenigen anfällt, der als gesetzliche Erben berufen wäre, wenn der Ausschlagende zur Zeit des Erbfalls nicht mehr gelebt hätte. Die Vorschrift des § 2310 S. 1 regelt indes, dass der Erbteil der T bei der Berechnung des Pflichtteils des S mitgezählt wird. Da T und S als gesetzliche Erben jeweils die Hälfte geerbt hätten, beträgt der Pflichtteil des S nur 1/4. Der Erbteil der F bleibt bei der Berechnung des Pflichtteils nach § 2310 S. 2 unberücksichtigt. ■

> **Hinweis**
>
> Sind bei der Zugewinngemeinschaft neben dem überlebenden Ehegatten pflichtteilsberechtigte Verwandten vorhanden, ist bei der Berechnung ihres gesetzlichen Erbteils der erhöhte gesetzliche Erbteil des Ehegatten anzusetzen.[268] Der nicht erhöhte gesetzliche Erbteil ist nur dann zu berücksichtigen, wenn der Ehegatte weder Erbe noch Vermächtnisnehmer geworden ist oder wenn er nach Ausschlagung der Erbschaft, den kleinen Pflichtteil und den Ausgleich des Zugewinns wählt.

Die Höhe des Wertes des Nachlasses wird nach § 2311 Abs. 1 S. 1 nach dem Bestand und nach dem Verkehrswert bestimmt, den der Nachlass zur Zeit des Erbfalles hatte (**Stichtagsprinzip**).[269] Nachlassverbindlichkeiten mindern den Pflichtteilsanspruch. Bei der Berechnung des Nachlasswertes bleiben nach § 2313 Abs. 1 S. 1 Rechte und Verbindlichkeiten, die von einer aufschiebenden Bedingung abhängig sind, außer Ansatz. Sind diese von einer auflösenden Bedingung abhängig, so kommen sie als unbedingt in Ansatz, § 2313 Abs. 1 S. 2. Für ungewisse und unsichere Rechte sowie für zweifelhafte Verbindlichkeiten gilt nach § 2313 Abs. 2 S. 1 das gleiche wie für Rechte und Verbindlichkeiten, die unter einer aufschiebenden Bedingung stehen. Deshalb bleiben bei Berechnung des Pflichtteilsanspruchs dingliche Belastungen von Nachlassgegenständen unberücksichtigt, wenn und solange ihre Verwirklichung unsicher ist.[270] Eine Ausnahme gilt nur für Vermächtnisse und Auflagen, da sie nach

---

[268] *BGH* Urt. v. 21.3.1962 (Az. IV ZR 251/61) = BGHZ 37, 58.
[269] *BGH* Urt. v. 25.3.1954 (Az. IV ZR 146/53) = BGHZ 13, 45.
[270] *BGH* Urt. v. 10.11.2010 (Az. IV ZR 51/09) = BGHZ 187, 304.

§ 1991 Abs. 4, § 327 Abs. 1 InsO dem Pflichtteilsanspruch im Rang nachgehen. Dadurch ist es rechnerisch möglich, dass die Summe von Pflichtteilsanspruch und Vermächtnis den Wert des Nachlasses übersteigt. In diesem Fall verteilt § 2319 die Pflichtteilslast zwischen dem Erben und dem Vermächtnisnehmer (Rn. 559).

b) Anrechnung und Ausgleichung

aa) Anrechnung

557 Nach § 2315 Abs. 1 muss sich der Pflichtteilsberechtigte auf den Pflichtteil das anrechnen lassen, was ihm von dem Erblasser mit der Bestimmung zugewandt worden ist, dass es auf den Pflichtteil angerechnet werden soll. Der Begriff der Zuwendung ist weiter als der der Schenkung, er umfasst jedes freiwillige Verschaffen eines Vorteils, das das Vermögen des Erblassers mindert und dem Empfänger zugutekommt. Insbesondere sind Zuwendungen in Form einer vorweggenommenen Erbfolge oder eine Ausstattung grundsätzlich anrechnungsfähig. Die Anrechnung schmälert den Pflichtteil des Anrechnungspflichtigen um seinen **Vorempfang**. Auf die Pflichtteilsansprüche anderer Pflichtteilsberechtigter hat die Anrechnung keine Auswirkungen, § 2315 Abs. 2 S. 1. Wenn der Anrechnungspflichtige ein Abkömmling des Erblassers ist und vor diesem verstirbt, so treten nach §§ 2315 Abs. 3, 2051 Abs. 1 seine Abkömmlinge in die Anrechnungsverpflichtung ein.[271]

> **Beispiel** Der Erblasser E setzt einen Sohn S 1 als Alleinerben ein. Zu Lebzeiten hat der Erblasser seiner Tochter T 90 000 € unter Anrechnung auf ihr Pflichtteil gewährt. Der Wert des Nachlasses beträgt 600 000 €. T und ein weiterer Sohn des Erblasser S 2 machen gegen S 1 Pflichtteilsansprüche geltend. S 2 und T steht jeweils ein Pflichtteil in Höhe von 1/6 und damit 100 000 € zu. Für die Ermittlung des Wertes des Pflichtteils der T wird nach § 2315 Abs. 2 zunächst fiktiv die Zuwendung zu dem Nachlass addiert, so dass sich ein Nachlasswert in Höhe von 690 000 € und ein Pflichtteil der T in Höhe von 115 000 € ergibt. Davon werden der zugewendete Betrag in Höhe von 90 000 € abgezogen, so dass ein Pflichtteilsanspruch der T in Höhe von 25 000 € besteht. ∎

bb) Ausgleichung

558 Von der Anrechnung ist die **Ausgleichung nach § 2316 zu unterscheiden.** Die Ausgleichung hat den Zweck die nach §§ 2050 ff. bei der gesetzlichen Erbfolge stattfindende Ausgleichung unter Abkömmlingen auch bei der Berechnung des Pflichtteils zu berücksichtigen. Nach § 2316 Abs. 1 berechnet sich der Pflichtteil eines Abkömmlings danach, was auf den gesetzlichen Erbteil unter Berücksichtigung der nach §§ 2050 ff. bestehenden Ausgleichspflicht bei der Teilung entfallen wäre. Die Anordnung der Pflichtteilsausgleichung nach § 2316 führt zu keiner Pflichtteilsentlastung des Nachlasses, sondern nur zu einer **Umverteilung** des Pflichtteils zu Gunsten derjenigen Pflichtteilsberechtigten, die keine oder weniger Vorempfänge erhalten haben.

> **Beispiel** Der Erblasser E setzt seinen Freund F testamentarisch als Alleinerben ein. Er hinterlässt drei Töchter A, B und C. A hat zu Lebzeiten eine Ausstattung von 10 000 €, B hat zu Lebzeiten eine Ausstattung in Höhe von 6000 €, erhalten. Der Nachlasswert beträgt 50 000 €. Nach § 2055 Abs. 1 S. 2 sind zunächst alle ausgleichpflichtigen Zuwendungen dem Nachlass hinzuzurechnen. Der fiktive Nachlasswert beträgt damit 66 000 € und der

---

[271] *Langenfeld* NJW 2009, 3122.

fiktive gesetzliche Erbteil der drei Töchter jeweils 22 000 €. Unter Berücksichtigung der ausgleichspflichtigen Vorempfänge stünde der B ein Erbteil von 16 000 €, der A von 12 000 € und der C von 22 000 € zu. Da der Ausgleichspflichtteil in der Hälfte des gesetzlichen Ausgleichserbteils besteht, kann B ein Pflichtteil von 8000 €, die A ein Pflichtteil von 6000 € und die C ein Pflichtteil von 11 000 € verlangen. ■

Erfolgt eine Zuwendung im Wege der vorweggenommenen Erbfolge unentgeltlich, ist für die Pflichtteilsberechnung durch Auslegung zu ermitteln, ob der Erblasser damit eine Ausgleichung nach §§ 2316 Abs. 1, 2050 Abs. 3, eine Anrechnung gemäß § 2315 Abs. 1 oder kumulativ eine Ausgleichung und Anrechnung nach § 2316 Abs. 4 anordnen wollte[272].

c) Schuldner der Pflichtteilslast

559 Der Pflichtteilsanspruch des Pflichtteilsberechtigten ist eine Nachlassverbindlichkeit, deren Erfüllung dem Erben nach § 2303 Abs. 1 S. 1 obliegt. **Vermächtnisse** und **Auflagen**, die dem Erben auferlegt worden sind, kann der Erbe gemäß § 2318 Abs. 1 insoweit kürzen, dass die Pflichtteilslast von ihm und dem Vermächtnisnehmer bzw. dem Auflagennehmer verhältnismäßig getragen wird. Ist der Vermächtnisnehmer selbst pflichtteilsberechtigt, ist die Kürzung gemäß § 2318 Abs. 2 nur insoweit zulässig, als sie seinen eigenen Pflichtteil nicht beeinträchtigt. Nach § 2318 Abs. 3 kann der pflichtteilsberechtigte Erbe wegen der Pflichtteilslast das Vermächtnis und die Auflage insoweit kürzen, dass ihm sein Erbteil in Höhe des Pflichtteils verbleibt.[273] Sind mehrere Erben vorhanden, haften sie nach § 2058 für die Erfüllung der Pflichtteilsansprüche als Gesamtschuldner. Ist einer der Miterben selbst pflichtteilsberechtigt, so kann er gemäß § 2319 S. 1 nach der Nachlassteilung die Befriedigung eines Pflichtteilsberechtigten insoweit verweigern, dass ihm sein Erbteil in Höhe seines eigenen Pflichtteils verbleibt. Die anderen Miterben haften dabei für seinen Ausfall bei der Erfüllung der Pflichtteilslast, § 2319 S. 2. Im Innenverhältnis haften die Erben nach dem Verhältnis ihrer Erbteile. Nach § 2320 hat der Miterbe, der anstelle des Pflichtteilsberechtigten gesetzlicher Erbe wird oder durch eine letztwillige Verfügung das Erbteil des Pflichtteilsberechtigten erhält, im Verhältnis zu den Miterben die Pflichtteilslast in Höhe des erlangten Vorteils alleine zu tragen.

Beispiel Der Erblasser E hinterlässt seine Ehefrau F und seinen Sohn S und seine Tochter T. Er hat in einem Testament seinen Sohn S enterbt und es im Übrigen bei der gesetzlichen Erbfolge belassen. Für die Erfüllung des Pflichtteils des S in Höhe von 1/8 haften die T und die F im Außenverhältnis als Gesamtschuldner, § 2058. Da der gesetzliche Erbteil der F auch ohne die Enterbung des S 1/2 betragen hätte, hat nur die T nach § 2320 Abs. 1 im Innenverhältnis der Miterben den Pflichtteil des S zu erfüllen. Ohne die Enterbung des S hätte sie nur ein gesetzliches Erbteil in Höhe von 1/4 statt von 1/2 erhalten, so dass nur sie einen Vorteil von dem Ausschluss des S von der Erbfolge hat. ■

560 Die Pflichtteilslast entsteht mit dem Erbfall sofort und in voller Höhe ohne Rücksicht darauf, ob der Erbe zu zumutbaren Bedingungen seiner Zahlungsverpflichtung nachkommen kann. Jeder Erbe und damit nicht nur der Erbe, der pflichtteilsberechtigt ist, kann nach § 2331a Abs. 1 Stundung des Pflichtteilsanspruchs verlangen. Einen Stundungsanspruch hat der Erbe dann, wenn die Erfüllung der Pflichtteilslast für ihn eine „**unbillige Härte**" darstellt.[274]

---

272 *BGH* Urt. v. 27.1.2010 (Az. IV ZR 91/09) = BGHZ 183, 376.
273 *BGH* Urt. v. 10.7.1985 (Az. IVa ZR 151/83) = BGHZ 95, 222.
274 *Langenfeld* NJW 2009, 3122.

IV. Pflichtteilsergänzungsanspruch, § 2325

1. Zweck

561 Mit dem Pflichtteilsergänzungsanspruch soll verhindert werden, dass der Erblasser den Nachlass durch Schenkungen unter Lebenden schmälert, um Pflichtteilsansprüche der Pflichtteilsberechtigten zu vereiteln oder herabzusetzen. Anders als bei § 2287 kommt es bei § 2325 nicht auf eine Beeinträchtigungsabsicht des Erblasses an. Die Vorschrift des § 2325 bestimmt, dass der Wert der Schenkung dem Nachlass hinzugerechnet wird und der Pflichtteil von dem auf diese Weise erhöhten Pflichtteil berechnet wird.

> **Beispiel** Der Erblasser E hat seinen Sohn S testamentarisch enterbt und seine Geliebte G zur Alleinerbin eingesetzt. Kurz vor seinem Tod hat der Erblasser seiner Geliebten 20 000 € geschenkt. Der von dem Erblasser hinterlassene Nachlass hat einen Wert von 100 000 €. Der Pflichtteilsanspruch des Sohnes S beträgt nach § 2303 Abs. 1 50 000 € (100 000 € : 2). Da für die Berechnung des Pflichtteilsergänzungsanspruchs der Wert der Schenkung dem Nachlass fiktiv hinzugerechnet wird, beläuft sich der fiktive Nachlass auf 120 000 €, so dass S zudem einen Pflichtteilsergänzungsanspruch in Höhe von 10 000 € hat (120 000 € : 2 = 60 000 €).

2. Ergänzungspflichtige Schenkungen

562 Zu berücksichtigen sind alle Schenkungen i.S.v. §§ 516 Abs. 1 ff. Der Schenker und der Beschenkte müssen sich über die Unentgeltlichkeit der Leistung einig sein. Bei einem groben Missverhältnis zwischen der Leistung und der Gegenleistung spricht eine tatsächliche Vermutung dafür, dass eine Einigkeit der Vertragsparteien über die Unentgeltlichkeit im Hinblick auf die Wertdifferenz vorliegt (gemischte Schenkung). Nach § 2330 unterliegen dem Pflichtteilsergänzungsanspruch keine Pflicht- und Anstandsschenkungen. Eine Schenkung, die als Gegenleistung für einen Pflichtteilsverzicht einem Pflichtteilsberechtigten von dem Erblasser gewährt wird, stellt nach dem BGH[275] keine ergänzungspflichtige Schenkung dar. An der Unentgeltlichkeit der Schenkung fehlt es auch, wenn der Beschenkte im Gegenzug die Pflege des Erblassers übernimmt.[276] Dabei kann nach dem BGH[277] die Vereinbarung der Gegenleistung auch noch nachträglich nach dem Bewirken der Schenkung getroffen werden.

>> Lesen Sie zu den unbenannten Zuwendungen noch einmal oben bei Rn. 134 nach. <<

563 Obwohl die Lebensversicherungssumme nach § 331 Abs. 1 nicht in den Nachlass fällt, werden die Pflichtteilsberechtigten nach dem BGH[278] über § 2325 geschützt. In dieser Entscheidung wurden als Ergänzungspflichtig nicht die an den Begünstigten ausgezahlte Versicherungssumme angesehen, sondern nur die von dem Erblasser eingezahlten Prämien. Diese Rechtsprechung hat der BGH[279] aufgegeben und entschieden, dass es allein auf den Wert ankommt, den der Erblasser aus den Rechten seiner Lebensversicherung in der letzten – juristischen – Sekunde seines Lebens nach objektiven Kriterien für sein Vermögen hätte umsetzen können. In aller Regel kommt es dabei auf den Rückkaufswert an. Gründet der Erb-

---

275 *BGH* Urteil vom 3.12.2008 (Az. IV ZR 58/07) = ZEV 2009, 77.
276 *OLG Koblenz* Urt. v. 17.10.2001 (Az. 9 U 166/01) = ZEV 2002, 460.
277 *BGH* Urt. v. 14.2.2007 (Az. IV ZR 258/05) = ZEV 2007, 326.
278 *BGH* Urt. v. 4.2.1976 (Az. IV ZR 156/73) = FamRZ 1976, 616.
279 *BGH* Urt. v. 28.4.2010 (Az. IV ZR 73/08) = BGHZ 185, 252.

lasser eine Stiftung, wird dies wie eine ergänzungspflichtige Schenkung behandelt.[280] **Unbenannte Zuwendungen** unter Ehegatten, die der Verwirklichung der ehelichen Lebensgemeinschaft dienen, werden im Erbrecht nach dem BGH[281] wie Schenkungen behandelt und unterliegen daher auch dem Pflichtteilsergänzungsanspruch.

3. Zehnjahresfrist

564 Nach der bisherigen Fassung des § 2325 Abs. 3 führten Schenkungen des Erblassers an einen Dritten dann zu Pflichtteilsergänzungsansprüchen, wenn zur Zeit des Erbfalls noch keine zehn Jahren verstrichen waren.

Beispiel Übergab der Erblasser seinen Gewerbebetrieb dem Sohn in vorweggenommener Erbfolge, so konnte die hierdurch übergangene Tochter, wenn bei Eintritt des Erbfalls seit der Übergabe die Zehnjahresfrist noch nicht verstrichen war, als Ergänzung ihres Pflichtteils den Betrag verlangen, um den sich ihr Pflichtteil erhöht, wenn der Wert des Betriebs dem Nachlass hinzugerechnet wird. Starb der Erblasser einen Tag vor Ablauf der Frist, so trat die volle Ergänzungspflicht ein. Für den vorrangig zur Pflichtteilsergänzung verpflichteten Erben sowie für den subsidiär verpflichteten beschenkten Nichterben ging es daher bei dieser Frist um alles oder nichts.

565 Die Neuregelung in § 2325 Abs. 3 S. 1 führt stattdessen eine Abschmelzung pro rata temporis ein. Die Schenkung wird nur noch innerhalb des ersten Jahres vor dem Erbfall vollständig, im zweiten Jahr vor dem Erbfall nur noch zu neun Zehnteln, im dritten Jahr zu acht Zehnteln usw. berücksichtigt.[282] Die Frist beginnt in dem Zeitpunkt zu laufen, in dem der Leistungserfolg vollständig vollzogen worden ist.[283] Bei einer Grundstücksschenkung ist daher für den Fristbeginn nicht auf die Auflassung, sondern auf die Eintragung im Grundbuch abzustellen.[284] Nach § 2325 Abs. 3 S. 2 bleibt die Schenkung unberücksichtigt, wenn seit dem Erbfall 10 Jahre verstrichen sind.

566 Auch nach der Neuregelung bleiben indes weiterhin wichtige Ausschlussgründe bestehen. Nach § 2325 Abs. 3 S. 3 n.F. beginnt bei Zuwendungen unter Ehegatten die Frist nicht vor der Auflösung der Ehe zu laufen, wodurch auch keine Wertabschmelzung erfolgen kann. Gleiches gilt bei Partnern einer eingetragenen Lebensgemeinschaft nach § 10 Abs. 6 S. 2 LPartG i.V.m. § 2325 Abs. 3 S. 3. Behält sich der Erblasser bei der Schenkung eines Grundstückes den Nießbrauch uneingeschränkt vor, gibt er den Genuss des verschenkten Gegenstandes nicht auf, so dass eine Leistung i.S. von § 2325 Abs. 3 Hs. 1 nicht vorliegt[285]. Aus diesem Grund wird die Ansicht[286] vertreten, dass wegen des fehlenden Schenkungsvollzuges die Frist des § 2325 Abs. 3 nicht zu laufen beginne. Der BGH[287] hat allerdings im Rahmen einer Rückforderung einer Schenkung wegen Verarmung des Schenkers entschieden, dass der Beginn der in § 529 Abs. 1 Hs. 2 vorgesehene Zehnjahresfrist nicht dadurch gehindert werde, dass sich der Schenker an dem verschenkten Grundstück ein lebenslanges Nutzungsrecht vorbehalte.

---

280 *RG* Urteil v. 30.4.1903 (Az. IV 29/03) = RGZ 54, 399; *BGH* Urt. v. 10.12.2003 (Az. IV ZR 249/02) = BGHZ 157, 178.
281 *BGH* Urt. v. 27.11.1991 (Az. IV ZR 164/90) = BGHZ 116, 167.
282 *Langenfeld* NJW 2009, 3122.
283 *BGH* Urt. v. 17.9.1986 (Az. IVa ZR 13/85) = BGHZ 98, 226.
284 *BGH* Urt. v. 2.12.1987 (Az. IVa ZR 149/86) = BGHZ 102, 289.
285 *BGH* Urt. 27.4.1994 (Az. IV ZR 132/93) = BGHZ 125, 395.
286 *OLG Düsseldorf* Urt. v. 11.4.2008 (Az. IV ZR 7 U 70/07) = ZEV 2008, 525.
287 *BGH* Urt. v. 19.7.2011 (Az. IV ZR 140/10) = BGHZ 190, 281.

4. Wert der Schenkung

567 Nach § 2325 Abs. 2 S. 1 kommt eine verbrauchbare Sache mit dem Wert in Ansatz, den sie zur Zeit der Schenkung hatte. Bei einem anderen Gegenstand ist nach § 2325 Abs. 2 S. 2 auf den Wert abzustellen, der im Zeitpunkt des Erbfalls bestand. Hatte der Gegenstand im Zeitpunkt der Schenkung einen geringeren Wert, so ist nach § 2325 Abs. 2 S. 2, auf diesen Wert für die Pflichtteilsergänzungsansprüche abzustellen (**Niederstwertprinzip**).

5. Gläubiger des Pflichtteilsergänzungsanspruchs

568 Ein Pflichtteilsergänzungsanspruch bestand nach der früheren Rechtsprechung des BGH[288] nur dann, wenn im **Zeitpunkt der Schenkung** der Anspruchsteller bereits pflichtteilsberechtigt war.

> **Beispiel** Der Ehefrau des Erblassers standen keine Pflichtteilsergänzungsansprüche hinsichtlich solcher Schenkungen zu, die der Erblasser vor der Eheschließung gemacht hat. Der BGH stützte dies darauf, dass nur in diesem Fall ein schützenswertes Vertrauen des Pflichtteilsberechtigten entstanden sei. ■

569 Diese Rechtsprechung hat der BGH[289] aufgegeben. Für einen Pflichtteilsergänzungsanspruch kommt es nunmehr nur noch darauf an, dass die Pflichtteilsberechtigung dem Grunde nach im Zeitpunkt des Erbfalles besteht. Die Pflichtteilsberechtigung muss nicht mehr im Zeitpunkt der Schenkung bestehen. Die Änderung der bisherigen Rechtsprechung stützt der BGH darauf, dass es ansonsten zu einer mit dem Gleichheitsgrundsatz des Art. 3 Abs. 1 GG nicht zu vereinbarenden Ungleichbehandlung von Abkömmlingen des Erblassers komme. Nach der früheren Rechtsprechung des BGH sei das Bestehen eines Pflichtteilsergänzungsanspruches nur von dem zufälligen Umstand abhängig gewesen, ob die Abkömmlinge vor oder erst nach der Schenkung geboren worden seien.

Der Pflichtteilsergänzungsanspruch ist zudem auch **unabhängig von dem Bestehen eines Pflichtteilsanspruchs** gegeben. Der Pflichtteilsberechtigte kann nach § 2326 S. 1 die Ergänzung des Pflichtteils auch dann verlangen, wenn ihm die Hälfte des gesetzlichen Erbteils oder mehr hinterlassen worden ist.

> **Beispiel** Der Erblasser E, der zu Lebzeiten fast sein gesamtes Vermögen verschenkt hat, setzt seinen Sohn S in Höhe seines Pflichtteils als Erben ein. Da der S in Höhe seines Pflichtteils zum Erben eingesetzt worden ist, steht ihm kein Pflichtteilsanspruch zu. Er kann jedoch nach § 2326 S. 1 Pflichtteilsergänzungsansprüche geltend machen. ■

570 Ist dem Pflichtteilsberechtigten mehr als Hälfte des gesetzlichen Erbteils hinterlassen worden, so ist der Anspruch auf Pflichtteilsergänzung nach § 2326 S. 2 ausgeschlossen, soweit der Wert des mehr Hinterlassenen reicht. Hat der Pflichtteilsberechtigte selbst eine Schenkung von dem Erblasser erhalten, so ist auch das Geschenk dem Nachlass hinzurechnen und sodann auf den Ergänzungsanspruch anzurechnen, § 2327 Abs. 1 S. 1.

---

[288] *BGH* Urt. v. 25.6.1997 (Az. IV ZR 233/96) = NJW 1997, 2676; Urt. v. 21.6.1972 (Az. IV ZR 69/71) = BGHZ 59, 210; a.A. *Brox/Walker* Rn. 562.
[289] *BGH* Urt. v. 23.5.2011 (Az. IV ZR 250/11) = NJW 2012, 2730.

Beispiel Der verwitwete Erblasser E hat sein einziges Kind, die Tochter T, testamentarisch enterbt. Der Wert des Nachlasses beträgt 100 000 €. Ein Jahr vor seinem Tod hat E der T 10 000 € und seiner Geliebten 20 000 € geschenkt. Der Pflichtteil der T beträgt 50 000 € (100 000 € : 2). Der Pflichtteilsergänzungsanspruch der T beträgt 15 000 € (20 000 € + 10 000 € : 2). Auf den Pflichtteilsergänzungsanspruch muss sich die T ihre eigene Schenkung nach § 2327 Abs. 1 S. 1 anrechnen lassen, so dass ihr ein Ergänzungsanspruch in Höhe von 5000 € zusteht.

6. Schuldner des Pflichtteilsergänzungsanspruchs

Der Ergänzungsanspruch ist eine Nachlassverbindlichkeit, die dem Erben oder den Miterben nach § 2325 zur Last fällt. Der Erbe kann den Pflichtteilsergänzungsanspruch in gleicher Weise wie den Pflichtteilsanspruch auf die Vermächtnisnehmer und die Auflagenempfänger verteilen. Ist der Erbe selbst pflichtteilsberechtigt ist, kann er nach § 2328 die Ergänzung des Pflichtteils insoweit verweigern, dass ihm sein eigener Pflichtteil verbleibt. **571**

Soweit der Erbe zur Ergänzung des Pflichtteils nicht verpflichtet ist, weil dieser seine Haftung nach § 1975 oder §§ 1990, 1992 auf den Nachlass beschränkt hat und der Nachlass zur Pflichtteilsergänzung nicht ausreicht, **haftet der Beschenkte gemäß § 2329 Abs. 1 S. 1 nach Bereicherungsgrundsätzen auf Herausgabe des Geschenks**. Er kann die Herausgabe des Geschenks durch Zahlung des an dem Pflichtteil fehlenden Geldbetrags abwenden, § 2329 Abs. 2. Der Anspruch aus § 2329 steht auch dem pflichtteilsberechtigten Erben zu, § 2329 Abs. 1 S. 2. **572**

7. Auskunftsanspruch

Nach § 2314 hat der Pflichtteilsberechtigte einen Anspruch auf Auskunft über den Bestand des Nachlasses. Zu dem Bestand des Nachlasses gehören auch die Zuwendungen des Erblassers nach §§ 2050 ff., die bei der Berechnung des Nachlasses nach § 2316 auszugleichen sind. Auskunft ist auch über die von dem Erblasser innerhalb der letzten zehn Jahre vor dem Erbfall bewirkten Schenkungen an Dritte zu erteilen. Der Auskunftsanspruch richtet sich grundsätzlich gegen den Erben. Da dieser in Regel keine Angaben über die an Dritte bewirkte Schenkungen machen kann, billigt der BGH[290] in erweiternder Auslegung des § 2314 dem Pflichtteilsberechtigten auch einen Anspruch gegen den Beschenkten zu. **573**

V. Pflichtteilsentziehung

Durch die Pflichtteilsentziehung wird die Testierfreiheit des Erblassers erweitert, da der zunächst mit dem Pflichtteilsrecht belastete Nachlass oder Nachlassteil wieder zur freien Verfügung steht. Die Neuregelung der Pflichtteilsentziehungsgründe in § 2333 Abs. 1 hat die Testierfreiheit des Erblassers nicht wesentlich erweitert. Der Entziehungsgrund des ehrlosen und unsittlichen Lebenswandels ist entfallen. Nach § 2333 Abs. 1 Nr. 4 n.F. kann dem Pflichtteilsberechtigten der Pflichtteil entzogen werden, wenn er wegen einer vorsätzlichen Straftat zu einer Freiheitsstrafe von mindestens einem Jahr ohne Bewährung verurteilt wurde und seine Teilhabe am Nachlass deshalb für den Erblasser unzumutbar ist. Gleiches gilt, wenn wegen einer ähnlich schwerwiegenden vorsätzlichen Tat eine Unterbringung in einer psychi- **574**

---

290 *BGH* Urt. v. 1.3.1971 (Az. III ZR 37/68) = BGHZ 55, 378; Urt. v. 9.11.1983 (Az. IVa ZR 151/82) = BGHZ 89, 24.

atrischen Anstalt angeordnet wurde. In der die Entziehung des Pflichtteils aussprechenden Verfügung von Todes wegen muss nicht nur wie bisher der Entziehungsgrund angegeben werden, sondern es sind auch die – das Merkmal der Unzumutbarkeit konkretisierenden – Umstände darzulegen. Hierin liegt eine Verschärfung des Begründungszwangs, die zur ausführlichen und damit angreifbaren Wiedergabe auch subjektiver Wertungen des Erblassers führen wird. Für alle Entziehungsgründe gilt, dass das Recht, den Pflichtteil zu entziehen, durch Verzeihung erlischt, § 2337. Nach einer Entscheidung des Oberlandesgerichts Frankfurt[291] kann eine Entziehung des Pflichtteils nach § 2333 Abs. 1 Nr. 3 nicht darauf gestützt werden, dass der Pflichtteilsberechtigte es unterlassen hat, den Erblasser zu pflegen. Da Unterhalt grundsätzlich nur als Geldleistung (§ 1612) geschuldet wird, kann die Pflichtteilsentziehung nach § 2333 Abs. 1 Nr. 3 nicht auf die Versagung persönlicher Pflege im Krankheitsfall gestützt werden. Für eine böswillige Verletzung der Unterhaltspflicht genügt nicht die bloße Leistungsverweigerung; diese muss vielmehr auf einer verwerflichen Gesinnung beruhen.

J. Verjährung erbrechtlicher Ansprüche

575 Das Schuldrechtsmodernisierungsgesetz hatte erbrechtliche Ansprüche von der Einführung der Regelverjährung von drei Jahren des § 195 ausgenommen und für sie in § 197 Abs. 1 Nr. 2 eine 30-jährige Verjährungsfrist bestimmt. Nachdem sich dies nach allgemeiner Ansicht nicht bewährt hat, wurde § 197 Abs. 1 Nr. 2 gestrichen. Nach der **Neuregelung** gilt auch für diese Ansprüche die dreijährige Verjährungsfrist des § 195, die nach § 199 Abs. 1 mit Ablauf des Jahres beginnt, in dem der Inhaber von seinem Anspruch Kenntnis erlangt oder ohne grobe Fahrlässigkeit erlangen könnte. Für den Beginn der Verjährung des Pflichtteilsanspruchs kommt es nicht auf die Kenntnis des Pflichtteilsberechtigten von Zusammensetzung und Wert des Nachlasses an. Die Verjährungsfrist beginnt nicht erneut zu laufen, wenn der Pflichtteilsberechtigte erst später von der Zugehörigkeit eines weiteren Gegenstandes zum Nachlass erfährt.[292] Abweichend von der allgemeinen Verjährungshöchstfrist von zehn Jahren tritt nach § 199 Abs. 3a die Verjährung von Ansprüchen, die auf einem Erbfall beruhen oder deren Geltendmachung die Kenntnis einer Verfügung von Todes wegen voraussetzt, kenntnisunabhängig spätestens 30 Jahre nach der Anspruchsentstehung ein.[293]

Online-Wissens-Check

Wer gehört zum Kreis der pflichtteilsberechtigten Personen?

Überprüfen Sie jetzt online Ihr Wissen zu den in diesem Abschnitt erarbeiteten Themen. Unter **www.juracademy.de/skripte/login** steht Ihnen ein Online-Wissens-Check speziell zu diesem Skript zur Verfügung, den Sie kostenlos nutzen können. Den Zugangscode hierzu finden Sie auf der Codeseite.

---

[291] *OLG Frankfurt* Urt. v. 29.10.2013 (Az. 15 U 61/12) = ZEV 2014, 54.
[292] *BGH* Urt. v. 16.1.2013 (Az. IV ZR 232/12) = NJW 2013, 1086.
[293] *Langenfeld* NJW 2009, 3122.

Sachverzeichnis

Die Zahlen verweisen auf die Randnummern.

Abstammung 3, 227
Abwesenheitspfleger 274
Adoption 3
Änderungsvorbehalt 384
Andeutungstheorie 325
Anfall eines Vermächtnisses 446
Anfangsvermögen 127
Anfechtung Erbvertrag 393
Anfechtung von Annahme und Ausschlagung 472
Anfechtungsberechtigung 362
Anfechtungsfrist 365
Annahme eines Vermächtnisses 447
Annahme Erbschaft 466
Anwartschaftsrecht 113
Aufgebotseinrede 509
Aufgebotsverfahren 504
Auflage 371, 401, 462, 559
Ausgleichung 558
Auslegung eines Testaments 311
Auslegungsregel 316
Ausschlagung eines Vermächtnisses 447
Ausschlagung Erbschaft 466
Ausschluss des Unterhalts 209
außerordentliches Testament 324

Befreiungsvermächtnis 458
Berliner Testament 412
Beschwerter durch Vermächtnis 452
Besitzvermächtnis 457
Betreuer 271
Betreuungsunterhalt 252
Bürgermeistertestament 330

Datumsangabe 328
diligentia quam in suis 71
dingliche Surrogation 427
Dreimonatseinrede 509
Dreißigster 443
Dreizeugentestament 330
Dürftigkeitseinrede 507
Düsseldorfer Tabelle 249

ehebezogene Zuwendung 136
Ehefähigkeit 22
Ehegatteninnengesellschaft 40, 159
Ehegattenunterhalt 198
Eheherstellungsklage 43
eheliche Lebensgemeinschaft 26, 42, 188
Ehemündigkeit 22
Ehename 77, 218
Ehestörer 49 f.
Ehevertrag 91, 171
eigenhändiges Testament 326
Eigentumsvermutung 74
Einheitslösung 416
Einheitsprinzip 412
Einheitstheorie 552
Einrede der Anfechtbarkeit 365
einseitiger Erbvertrag 370
Eintrittsprinzip 285
Einwilligungsvorbehalt 272
Einzeltheorie 99
elterliche Sorge 211
Endvermögen 142
Erbe 276
Erbeinsetzung 371, 401
Erbfähigkeit 277
Erbfall 275
Erbfallschulden 501
Erblasser 275
Erblasserschulden 501
Erbprätenden 516
Erbrecht des Ehegatten 288
Erbrecht des Fiskus 300
Erbscheinserbe 534
Erbunwürdigkeit 478
Erbvertrag 301, 321, 367
Erbvertragsgemäße Verfügungen 371
Ergänzungspfleger 274
Erklärungsirrtum 351
Ersatzerbe 438
Ersatzvermächtnis 451
Erschöpfungseinrede 505

Sachverzeichnis

Familie 2
Familienunterhalt 81
Forderungsvermächtnis 458

Gattungsvermächtnis 460
Geliebtentestament 335
gemeinschaftliches Ehegattentestament 396
gemeinschaftliches Vermächtnis 451
Gesamtrechtsnachfolge 279
Gesamttheorie 98
Geschäfte zur angemessenen Deckung des Lebensbedarfs 55
Gestaffelte Nacherbenfolge 423
Getrenntleben 64, 76, 82, 212
Getrenntleben der Ehegatten 193
Gewahrsamsvermutung 75
gewillkürte Erbfolge 283
gleichgeschlechtlicher Lebenspartner 299
Gradualprinzip 287
Großfamilie 2
Gütergemeinschaft 173, 294
Gütertrennung 40, 166, 171, 293

Haftungsbeschränkung des Alleinerben 503
Haftungsmaßstab in der Ehe 71
Haushaltsführung 31, 80
Haushaltsgegenstand 110
Häusliche Gemeinschaft 27
Hausrat 30, 88, 197
Höchstpersönlichkeit 321
Höferecht 280

Inhaltsirrtum 350
Inventarverzeichnis 510

Kindesunterhalt 215
Kleinfamilie 2
Konvaleszenz 106

Lebensbedarf der Familie 65
Lebenspartnerschaft 219
Leistungsfähigkeit des Unterhaltsschuldners 208
Linienprinzip 286
Liquidationsgemeinschaft 497
Lottogewinn 133

Mietwohnung 281
Miterben 276

Miterbengemeinschaft 482
Motivirrtum 352
Mutter 228

Nacherbe 414, 423
Nacherbenvermerk 429
Nacherbfolge 429
Nachlass 278
Nachlasserbenschuld 501
Nachlassinsolvenzverfahren 503
Nachlassverbindlichkeit 501, 559
Nachvermächtnis 451
nasciturus 277
Nichtehe 23
nichteheliche Kinder 252
nichteheliche Lebensgemeinschaft 76, 223
Niederstwertprinzip 567
Nottestament 331

Oder-Konto 164
Öffentlicher Glaube des Erbscheins 529
öffentliches Testament 329
ordentliches Testament 324

Parentelsystem 284
Personengesellschaften 282
Personensorge 211
Pflegeheim 333
Pflegschaft 274
Pflichtteilsberechtigte 276, 544
Pflichtteilsentziehung 574
Pflichtteilsergänzungsanspruch 561
Pflichtteilsrecht 543
Potestativbedingung 323
Privilegiertes Vermögen 133
Prozessstandschaft 116

Repräsentationprinzip 285
Revokationsrecht 115
Rücksichtnahmegebot 29
Rücktritt vom Erbvertrag 388

Schenkungen des Erblassers 375
Schlüsselgewalt 55
Schlusserbe 415
Schwägerschaft 4
Seetestament 330
Seitenlinie 3

Sachverzeichnis

Selbstanfechtung 410
Singularsukzession 279
Sonderrechtsnachfolge 279
Sorgeerklärung 264
Stämme 285
Stammesprinzip 285
Stiefeltern 5
Stiefkinder 5

Teilungsanordnung 442, 465, 498
Testament 301, 306, 309, 321
Testamentsanfechtung 348
Testamentsvollstreckung 442
Testierfähigkeit 309
Testierfreiheit 303
Testierwille 302
Trennungsprinzip 412
Trennungsunterhalt 82

Überschuldung des Nachlasses 473
Umgangsrecht 266
unbenannte Zuwendungen 148, 166, 563
Universalsukzession 279
Universalvermächtnis 444
Unterhaltsanspruch 78
Unterhaltsbedarf 206
Unterhaltsbedürftigkeit 207
Unterlassungsanspruch des Ehegatten 45
Unterschrift 327
Untervermächtnis 452

Vater 230
Verbraucherschutz 67
Verfügungsbeschränkungen des Vorerben 427
Vergütungsanspruch des Ehegatten 39
Verjährung 575
Verlöbnis 6

Vermächtnis 371, 401, 443, 559
Vermächtnisformen 455
Vermächtnisnehmer 276, 448
Vermächtnisvereitelung 378
Vermögenssorge 211
Verschaffungsvermächtnis 456
Verschweigenseinrede 506
Versöhnung der Ehegatten 196
Versorgungsausgleich 210
Vertretung des Kindes 260
Verwaltung durch Miterben 491
Verwandtenunterhalt 240
Verwandtschaft 3
Vor- und Nacherbe 423
Voraus 443
Voraus des Ehegatten 298
Vorausvermächtnis 449
Vorempfang 557
Vorerbe 423
Vorkaufsrecht 490
vorläufiger Erbe 476
Vormund 267
vorweggenommene Erbfolge 139

Wahlvermächtnis 459
Wechselbezügliche Verfügungen 401
Widerruf des Widerrufs 346
Widerruf eines Testaments 340
Wiederverheiratungsklausel 417

Zerrüttung der Ehe 187
Zugewinn 121
Zugewinnausgleich 121
Zugewinngemeinschaft
    91, 167, 295
Zweckvermächtnis 461
zweiseitiger Erbvertrag 369

Ihre Prüfer sind unsere Autoren!

Die Reihe „Unirep Jura"

- von Prüfern geschrieben, die wissen, was drankommt
- Prüfungssicherheit durch Strukturverständnis und eigenständige Problemlösungsstrategien
- mit topaktuellen leading-cases der Obergerichte

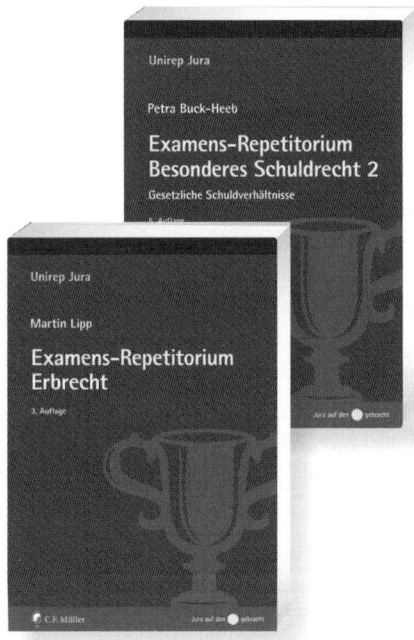

Prof. Dr. Jens Petersen
**Examens-Repetitorium
Allgemeines Schuldrecht**
7. Auflage 2015. € 20,99

Prof. Dr. Peter Huber/ Dr. Ivo Bach
**Examens-Repetitorium
Besonderes Schuldrecht 1**
Vertragliche Schuldverhältnisse
4. Auflage 2013. € 21,99

Prof. Dr. Petra Buck-Heeb
**Examens-Repetitorium
Besonderes Schuldrecht 2**
Gesetzliche Schuldverhältnisse
5. Auflage 2015. € 20,99

Prof. Dr. Martin Lipp
**Examens-Repetitorium
Familienrecht**
4. Auflage 2013. € 19,99

Prof. Dr. Martin Lipp
**Examens-Repetitorium
Erbrecht**
3. Auflage 2013. € 19,95

Alle Bände der Reihe und weitere Infos unter: **www.cfmueller-campus.de/unirep**

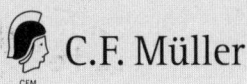 C.F. Müller   Jura auf den ● gebracht